Verwaltungsrecht I

Hemmer/Wüst/Grieger

Hemmer/Wüst Verlagsgesellschaft
Hemmer/Wüst/Grieger, Verwaltungsrecht I

ISBN 978-3-86193-478-3

13. Auflage 2016

gedruckt auf chlorfrei gebleichtem Papier
von Schleunungdruck GmbH, Marktheidenfeld

VORWORT

Verwaltungsrecht I mit der hemmer-Methode

Wer in vier Jahren sein Studium abschließen will, kann sich einen Irrtum in Bezug auf Stoffauswahl und -aneignung nicht leisten. Hoffen Sie nicht auf leichte Rezepte und den einfachen Rechtsprechungsfall. Hüten Sie sich vor Übervereinfachung beim Lernen. Stellen Sie deswegen frühzeitig die Weichen richtig.

Im Öffentlichen Recht gilt: Wenig Dogmatik – viel Gesetz. Vermittelt wird anwendungsorientierte Methodik. Es werden in unseren Skripten die im Verwaltungsrecht typischerweise vorkommenden Problemkreise dort behandelt, wo sie im Klausuraufbau zu prüfen sind. Damit können die Skripten wie ein großes Schema gelesen werden. Lernen Sie mit der **hemmer-Methode** die richtige Einordnung. Nur so macht auch „Ö-Recht“ Spaß.

Die zentrale Klageart der VwGO ist die Anfechtungsklage. Im Skript **Verwaltungsrecht I** sind die klausurtypischen Probleme sowohl der Zulässigkeit (z.B. Vorliegen eines VA; Probleme der Klagebefugnis, Vorverfahren) als auch der Begründetheit (z.B. Ermächtigungsgrundlage, formelle Rechtmäßigkeit des VA, Rücknahme und Widerruf von VAen) entsprechend der Reihenfolge in der Klausur grundlegend dargestellt.

Die **hemmer-Methode** vermittelt Ihnen die **erste richtige Einordnung** und das **Problembewusstsein**, welches Sie brauchen, um an einer Klausur bzw. dem Ersteller nicht vorbeizuschreiben. Häufig ist dem Studenten nicht klar, warum er schlechte Klausuren schreibt. Wir geben Ihnen **gezielte Tipps**! Vertrauen Sie auf unsere **Expertenkniffe**.

Durch die ständige Diskussion mit unseren Kursteilnehmern ist uns als erfahrenen Repetitoren klar geworden, welche **Probleme** der Student hat, sein **Wissen anzuwenden**. Wir haben aber auch von unseren Kursteilnehmern profitiert und von ihnen erfahren, welche **Argumentationsketten** in der Prüfung zum Erfolg geführt haben.

Die **hemmer-Methode** gibt **jahrelange Erfahrung** weiter, erspart Ihnen viele schmerzliche Irrtümer, setzt richtungsweisende Maßstäbe und begleitet Sie als **Gebrauchsanweisung** in Ihrer Ausbildung:

1. Grundwissen:

Die **Grundwissenskripten** sind für den Studenten in den ersten Semestern gedacht. In den Theoriebänden Grundwissen werden leicht verständlich und kurz die wichtigsten Rechtsinstitute vorgestellt und das notwendige Grundwissen vermittelt. Die Skripten werden durch den jeweiligen Band unserer **Reihe „Die wichtigsten Fälle“** ergänzt.

2. Basics:

Das Grundwerk für Studium und Examen. Es schafft schnell **Einordnungswissen** und mittels der hemmer-Methode richtiges Problembewusstsein für Klausur und Hausarbeit. Wichtig ist, **wann und wie** Wissen in der Klausur angewendet wird.

3. Skriptenreihe:

Vertiefendes Prüfungswissen: Über 1.000 Klausuren wurden auf ihre „essentials" abgeklopft.

Anwendungsorientiert werden die für die Prüfung nötigen Zusammenhänge umfassend aufgezeigt und wiederkehrende Argumentationsketten eingeübt.

Gleichzeitig wird durch die **hemmer-Methode** auf **anspruchsvollem Niveau** vermittelt, nach welchen Kriterien Prüfungsfälle beurteilt werden. Mit dem Verstehen wächst die Zustimmung zu Ihrem Studium. Spaß und Motivation beim Lernen entstehen erst durch Verständnis.

Lernen Sie, durch Verstehen am juristischen Sprachspiel teilzunehmen. Wir schaffen den „background“, mit dem Sie die innere Struktur von Klausur und Hausarbeit erkennen: **„Problem erkannt, Gefahr gebannt“**. Profitieren Sie von unserem **strategischen Wissen**. Wir werden Sie mit unserem know-how auf das Anforderungsprofil einstimmen, das Sie in Klausur und Hausarbeit erwartet.
Die Theoriebände Grundwissen, die Basics, die Skriptenreihe und der Hauptkurs sind als **modernes, offenes und flexibles Lernsystem** aufeinander abgestimmt und ergänzen sich ideal. Die **studentenfreundliche Preisgestaltung** ermöglicht den **Erwerb als Gesamtwerk**.

4. Hauptkurs:

Schulung am examenstypischen Fall mit der Assoziationsmethode. Trainieren Sie unter professioneller Anleitung, was Sie im Examen erwartet und wie Sie bestmöglich mit dem Examensfall umgehen.

Nur wer die Dramaturgie eines Falles verstanden hat, ist in Klausur und Hausarbeit auf der sicheren Seite! Häufig hören wir von unseren Kursteilnehmern: **„Erst jetzt hat Jura richtig Spaß gemacht“**.

Die Ergebnisse unserer Kursteilnehmer geben uns Recht. Maßstab ist der Erfolg. Die Examensergebnisse zeigen, dass unsere Kursteilnehmer überdurchschnittlich abschneiden.

Die Examensergebnisse unserer Kursteilnehmer können auch Ansporn für Sie sein, intelligent zu lernen: Wer nur auf vier Punkte lernt, landet leicht bei drei.
Lassen Sie sich aber nicht von diesen Supernoten verschrecken, sehen Sie dieses Niveau als Ansporn für Ihre Ausbildung.

Wir hoffen, als Repetitoren mit unserem Gesamtangebot bei der Konkretisierung des Rechts mitzuwirken und wünschen Ihnen **viel Spaß beim Durcharbeiten** unserer Skripten.

Wir würden uns freuen, mit Ihnen als Hauptkursteilnehmer mit der **hemmer-Methode** gemeinsam Verständnis an der Juristerei zu trainieren. Nur wer erlernt, was ihn im Examen erwartet, lernt richtig!

So leicht ist es, uns kennenzulernen: Probehören ist jederzeit in den jeweiligen Kursorten möglich.

Karl-Edmund Hemmer & Achim Wüst

Kursorte im Überblick

Augsburg
Wüst
Mergentheimer Str. 44
97082 Würzburg
Tel.: (0931) 79 78 230
Fax: (0931) 79 78 234
Mail: augsburg@hemmer.de

Bayreuth
Daxhammer/d´Alquen
Parkweg 7
97944 Boxberg
Tel.: (07930) 99 23 38
Fax: (07930) 99 22 51
Mail: bayreuth@hemmer.de

Berlin-Dahlem
Gast
Schumannstraße 18
10117 Berlin
Tel.: (030) 240 45 738
Fax: (030) 240 47 671
Mail: mitte@hemmer-berlin.de

Berlin-Mitte
Gast
Schumannstraße 18
10117 Berlin
Tel.: (030) 240 45 738
Fax: (030) 240 47 671
Mail: mitte@hemmer-berlin.de

Bielefeld
Lück
Salzstr. 14/15
48143 Münster
Tel.: (0251) 67 49 89 70
Fax.: (0251) 67 49 89 71
Mail: bielefeld@hemmer.de

Bochum
Schlömer/Sperl
Salzstr. 14/15
48143 Münster
Tel.: (0251) 67 49 89 70
Fax.: (0251) 67 49 89 71
Mail: bochum@hemmer.de

Bonn
Ronneberg/Clobes/Geron
Simrockstr. 5
53113 Bonn
Tel.: (0228) 91 14 125
Fax: (0228) 91 14 141
Mail: bonn@hemmer.de

Bremen
Kulke/Hermann
Mergentheimer Str. 44
97082 Würzburg
Tel.: (0931) 79 78 257
Fax: (0931) 79 78 240
Mail: bremen@hemmer.de

Dresden
Stock
Zweinaundorfer Str. 2
04318 Leipzig
Tel.: (0341) 6 88 44 90
Fax: (0341) 6 88 44 96
Mail: dresden@hemmer.de

Düsseldorf
Ronneberg/Clobes/Geron
Simrockstr. 5
53113 Bonn
Tel.: (0228) 91 14 125
Fax: (0228) 91 14 141
Mail: duesseldorf@hemmer.de

Erlangen
Grieger/Tyroller
Mergentheimer Str. 44
97082 Würzburg
Tel.: (0931) 79 78 230
Fax: (0931) 79 78 234
Mail: erlangen@hemmer.de

Frankfurt/M.
Geron
Dreifaltigkeitsweg 49
53489 Sinzig
Tel.: (02642) 61 44
Fax: (02642) 61 44
Mail: frankfurt.main@hemmer.de

Frankfurt/O.
Gast
Schumannstraße 18
10117 Berlin
Tel.: (030) 240 45 738
Fax: (030) 240 47 671
Mail: mitte@hemmer-berlin.de

Freiburg
Behler/Rausch
Rohrbacher Str. 3
69115 Heidelberg
Tel.: (06221) 65 33 66
Fax: (06221) 65 33 30
Mail: freiburg@hemmer.de

Gießen
Sperl
Parkweg 7
97944 Boxberg
Tel.: (07930) 99 23 38
Fax: (07930) 99 22 51
Mail: giessen@hemmer.de

Göttingen
Schlömer/Sperl
Kirchhofgärten 22
74635 Kupferzell
Tel.: (07944) 94 11 05
Fax: (07944) 94 11 08
Mail: goettingen@hemmer.de

Greifswald
Burke/Lück
Buchbinderstr. 17
18055 Rostock
Tel.: (0381) 3 77 74 00
Fax: (0381) 3 77 74 01
Mail: greifswald@hemmer.de

Halle
Ra. J. Luke
Rödelstr. 13
04229 Leipzig
Tel.: (0341) 49 25 54 70
Fax: (0341) 49 25 54 71
Mail: halle@hemmer.de

Hamburg
Schlömer/Sperl
Steinhöft 5-7
20459 Hamburg
Tel.: (040) 317 669 17
Fax: (040) 317 669 20
Mail: hamburg@hemmer.de

Hannover
Daxhammer/Sperl
Matzenhecke 23
97204 Höchberg
Tel.: (0931) 400 337
Fax: (0931) 404 3109
Mail: hannover@hemmer.de

Heidelberg
Behler/Rausch
Rohrbacher Str. 3
69115 Heidelberg
Tel.: (06221) 65 33 66
Fax: (06221) 65 33 30
Mail: heidelberg@hemmer.de

Jena
Hemmer/Wüst
Mergentheimer Str. 44
97082 Würzburg
Tel.: (0931) 79 78 257
Fax: (0931) 79 78 240
Mail: jena@hemmer.de

Kiel
Schlömer/Sperl
Kirchhofgärten 22
74635 Kupferzell
Tel.: (07944) 94 11 05
Fax: (07944) 94 11 08
Mail: kiel@hemmer.de

Köln
Ronneberg/Clobes/Geron
Simrockstr. 5
53113 Bonn
Tel.: (0228) 91 14 125
Fax: (0228) 91 14 141
Mail: koeln@hemmer.de

Konstanz
Guldin/Kaiser
Hindenburgstr. 15
78467 Konstanz
Tel.: (07531) 69 63 63
Fax: (07531) 69 63 64
Mail: konstanz@hemmer.de

Leipzig
Ra. J. Luke
Rödelstr. 13
04229 Leipzig
Tel.: (0341) 49 25 54 70
Fax: (0341) 49 25 54 71
Mail: leipzig@hemmer.de

Mainz
Geron
Dreifaltigkeitsweg 49
53489 Sinzig
Tel.: (02642) 61 44
Fax: (02642) 61 44
Mail: mainz@hemmer.de

Mannheim
Behler/Rausch
Rohrbacher Str. 3
69115 Heidelberg
Tel.: (06221) 65 33 66
Fax: (06221) 65 33 30
Mail: mannheim@hemmer.de

Marburg
Sperl
Parkweg 7
97944 Boxberg
Tel.: (07930) 99 23 38
Fax: (07930) 99 22 51
Mail: marburg@hemmer.de

München
Wüst
Mergentheimer Str. 44
97082 Würzburg
Tel.: (0931) 79 78 230
Fax: (0931) 79 78 234
Mail: muenchen@hemmer.de

Münster
Schlömer/Sperl
Salzstr. 14/15
48143 Münster
Tel.: (0251) 67 49 89 70
Fax.: (0251) 67 49 89 71
Mail: muenster@hemmer.de

Osnabrück
Fethke
Liebknechtstr. 35
99086 Erfurt
Tel.: (0541) 18 55 21 79
Fax.: ---
Mail: osnabrueck@hemmer.de

Passau
Köhn/Rath
Mergentheimer Str. 44
97082 Würzburg
Tel.: (0931) 79 78 230
Fax: (0931) 79 78 234
Mail: passau@hemmer.de

Potsdam
Gast
Schumannstraße 18
10117 Berlin
Tel.: (030) 240 45 738
Fax: (030) 240 47 671
Mail: mitte@hemmer-berlin.de

Regensburg
Daxhammer/d´Alquen
Parkweg 7
97944 Boxberg
Tel.: (07930) 99 23 38
Fax: (07930) 99 22 51
Mail: regensburg@hemmer.de

Rostock
Burke/Lück
Buchbinderstr. 17
18055 Rostock
Tel.: (0381) 3777 400
Fax: (0381) 3777 401
Mail: rostock@hemmer.de

Saarbrücken
Bold
Preslesstraße 2
66987 Thaleischweiler-Fröschen
Tel.: (06334) 98 42 83
Fax: (06334) 98 42 83
Mail: saarbruecken@hemmer.de

Trier
Geron
Dreifaltigkeitsweg 49
53489 Sinzig
Tel.: (02642) 61 44
Fax: (02642) 61 44
Mail: trier@hemmer.de

Tübingen
Guldin/Kaiser
Hindenburgstr. 15
78465 Konstanz
Tel.: (07531) 69 63 63
Fax: (07531) 69 63 64
Mail: tuebingen@hemmer.de

Würzburg - ZENTRALE -
Mergentheimer Str. 44
97082 Würzburg
Tel.: (0931) 79 78 230
Fax: (0931) 79 78 234
Mail: wuerzburg@hemmer.de

Kommentare:

Eyermann/Fröhler Verwaltungsgerichtsordnung Kommentar

Kopp/Schenke Verwaltungsgerichtsordnung

Kopp/Ramsauer Verwaltungsverfahrensgesetz

Redeker/von Oertzen Verwaltungsgerichtsordnung

Lehrbücher:

Knemeyer Bayerisches Verwaltungsrecht

Maurer Allgemeines Verwaltungsrecht

Pietzner/Ronellenfitsch Assessorexamen im öffentlichen Recht

Schenke Verwaltungsprozessrecht

Schmalz Allgemeines Verwaltungsrecht

Schmitt-Glaeser/Horn Verwaltungsprozessrecht

Schoch Übungen im öffentlichen Recht II

Schwerdtfeger Öffentliches Recht in der Fallbearbeitung

Stern Verwaltungsprozessuale Probleme in der öffentlich-rechtlichen Klausur

Ule/Laubinger Verwaltungsverfahrensrecht

§ 1 EINFÜHRUNG

A) Die verwaltungsrechtliche Klausur im Juristischen Staatsexamen

Grundbegriffe

1 In jedem juristischen Staatsexamen wird die Bewältigung wenigstens einer öffentlich-rechtlichen Klausur verlangt. Regelmäßig handelt es sich dabei um eine verwaltungsrechtliche Klausur, bei der Fragen des prozessualen (VwGO) als auch des materiellen Verwaltungsrechts (z.B. VwVfG, Baurecht, Kommunalrecht, Polizeirecht) eine Rolle spielen.

Abgrenzung zur Verfassungsrechtsklausur

In Abgrenzung zur Verfassungsrechtsklausur, bei der Verfassungsbeschwerde, Organstreitverfahren und abstrakte sowie konkrete Normenkontrolle im Vordergrund stehen, behandelt die verwaltungsrechtliche Klausur schwerpunktmäßig einen Sachverhalt, bei dem es um die erstinstanzliche Überprüfung von Maßnahmen (bzw. Unterlassungen) der Verwaltung gegenüber dem Bürger geht.

Bspe.: *A will eine Genehmigung erteilt bekommen, die ihm von der Behörde versagt wird. B will gegen die Baugenehmigung seines Nachbarn vorgehen. C möchte Subventionen ausgezahlt bekommen, die ihm bereits bewilligt wurden. Die radikale D-Partei möchte eine Stadthalle für ihre Parteiversammlung anmieten. E will als Schausteller auf einem Volksfest zugelassen werden. F möchte gerne einen Studienplatz für Medizin, obwohl sie den n.c. nicht „erfüllt“. Die Gemeinde G weist einen Obdachlosen in eine gemeindliche Unterkunft ein, etc.*

Es stellt sich in diesen Fällen regelmäßig die Frage, ob und unter welchen Voraussetzungen der von der öffentlichen Gewalt betroffene Bürger erstinstanzlich gerichtlichen Rechtsschutz verlangen kann.

Gebot umfassenden Rechtsschutzes, Art. 19 IV GG

2 Gemäß Art. 19 IV GG ist dies grundsätzlich möglich, denn danach hat der Bürger ein Recht auf gerichtliche Kontrolle auch gegenüber den Maßnahmen der öffentlichen Gewalt, worunter unstreitig zumindest die Exekutive zu verstehen ist[1]. Dieses Recht ist zwingende Folge des Prinzips der Gewaltenteilung (Art. 20 II S. 2 GG), wonach die Exekutive (= Verwaltung) die Zielvorgaben des Gesetzgebers umsetzen und die Judikative als dritte Gewalt über die Maßnahmen der Verwaltung wachen soll.

B) Überblick

Systematik d. Darstellung

3 Das vorliegende Skript Verwaltungsrecht I hat die Zulässigkeit und die Begründetheit der Anfechtungsklage zum Gegenstand. In den Skripten **Hemmer/Wüst, Verwaltungsrecht II und III** werden die weiteren Klagearten der VwGO, der vorläufige und der vorbeugende Rechtsschutz, die Rechtsmittel und andere Sonderprobleme dargestellt.

Für das Verständnis ist es zunächst nötig, sich einen Überblick über diejenigen möglichen Rechtsbehelfe[2] zu verschaffen, die eine erstmalige (ursprüngliche) Kontrolle von Verwaltungshandlungen ermöglichen. Diese dienen sowohl dem durch Art. 19 IV GG garantierten subjektiven Rechtsschutz zugunsten eines Betroffenen, als auch der gem. Art. 20 III GG gebotenen objektiven Kontrolle der Einhaltung von „Gesetz und Recht“.

1 Vgl. m.w.N. Schmidt-Bleibtreu/Klein, Art. 19 GG, Rn. 24 ff.

2 Die Rechtsmittel dienen hingegen der Kontrolle gerichtlicher Entscheidungen.

I. Arten der Rechtsbehelfe

gerichtliche u. außergerichtliche Rechtsbehelfe

Den Oberbegriff der Rechtsbehelfe kann man zunächst in gerichtliche und außergerichtliche Rechtsbehelfe aufteilen. Als weiteres Unterscheidungsmerkmal kann man das Begriffspaar förmlich/formlos heranziehen. Dabei ist zu beachten, dass gerichtliche Rechtsbehelfe stets auch förmliche Rechtsbehelfe sind. 4

förmliche u. formlose Rechtsbehelfe

Anders als die förmlichen Rechtsbehelfe sind die formlosen weder an eine Form noch an Fristen gebunden, der Rechtsbehelfsführer muss keine eigene Beschwer geltend machen. Formlose Rechtsbehelfe können wiederholt eingelegt werden. Sie haben weder Suspensiveffekt (aufschiebende Wirkung) noch Devolutiveffekt (Überleitung des Verfahrens auf eine höhere Instanz).[3]

<u>Mögliche Rechtsbehelfe:</u>

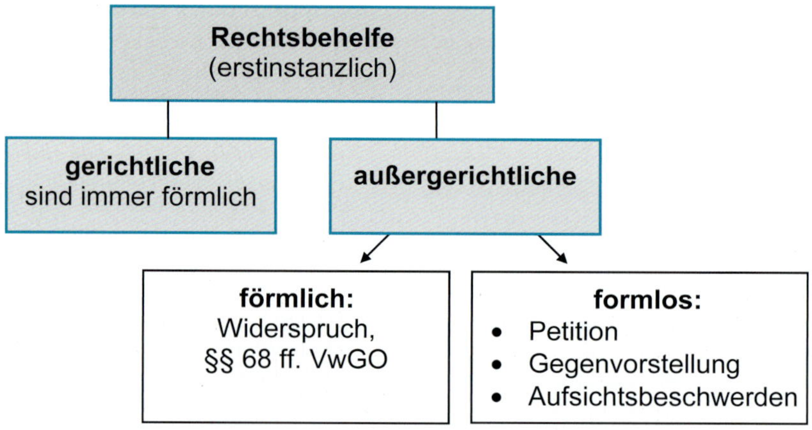

II. Außergerichtliche Rechtsbehelfe

1. Widerspruch

Widerspruch als Verwaltungsverfahren

Der Widerspruch ist der einzige examensrelevante außergerichtliche förmliche Rechtsbehelf. Er ist in den §§ 68 ff. VwGO geregelt und hat die Überprüfung der Recht- und Zweckmäßigkeit von Verwaltungsakten (abgekürzt VA) i.S.d. § 35 VwVfG zum Ziel. Das Widerspruchsverfahren ist ein reines Verwaltungsverfahren. Seine (ordnungsgemäße und erfolglose) Durchführung ist als Vorschaltrechtsbehelf grundsätzlich Sachurteilsvoraussetzung für Anfechtungs- und Verpflichtungsklage, vgl. den Wortlaut des § 68 VwGO. 5

hemmer-Methode: Prüfungsrelevant ist der Widerspruch in zwei Fallkonstellationen, nämlich

1. **als Sachurteilsvoraussetzung i.R.d. Zulässigkeitsprüfung von Anfechtungs- und Verpflichtungsklage[4] und**
2. **i.R.d. Widerspruchsklausur, wenn es um die Beurteilung der Erfolgsaussichten eines eingelegten Widerspruchs geht.[5]**

3 Vgl. ausführlich Schmitt Glaeser/Horn, Rn. 5 ff.

4 Vgl. unten Rn. 146 ff.

5 Siehe dazu **Hemmer/Wüst, Verwaltungsrecht III, Rn. 1 ff.** (im Folgenden VWR III).

2. Formlose außergerichtliche Rechtsbehelfe

vier formlose Rechtsbehelfe

<u>Im Wesentlichen gibt es vier formlose Rechtsbehelfe:</u> 6

- ⇨ Petition (i.w.S.)
- ⇨ Gegendarstellung
- ⇨ Aufsichtsbeschwerde
- ⇨ Dienstaufsichtsbeschwerde

Den formlosen Rechtsbehelfen kommt allenfalls im Hinblick auf die Abgrenzung zum Widerspruch Klausurbedeutung zu. Sie werden deshalb in Abgrenzung zum Widerspruch unter Rn. 149 ff. ausführlicher dargestellt.

III. Gerichtliche Rechtsbehelfe

förmliche gerichtliche Rechtsbehelfe

Die – stets förmlichen – verwaltungsgerichtlichen Rechtsbehelfe kann man nach verschiedenen Gesichtspunkten aufteilen. Gebräuchlich sind vor allem zwei Einteilungskriterien: 7

Grundtypen = Klageformen

Zum einen kann man nach der Art der gerichtlichen Entscheidung (Tenorierungsart und Wirkung der Urteile) die Rechtsbehelfe nach Grundtypen bzw. Verfahrensarten wie folgt unterscheiden:

<u>Verfahrensarten:</u>

- ⇨ Leistungsklagen
- ⇨ Gestaltungsklagen
- ⇨ Feststellungsklagen

Unterfälle = *Klagearten*

Anders als die gesetzlich nicht geregelten Grundtypen (im Folgenden bezeichnet als Klageformen), hat der Gesetzgeber als Unterfälle der Grundtypen verschiedene Klage- und Antragsarten bestimmt, die entsprechend der gesetzlichen Systematik folgendermaßen eingeteilt werden können: 8

<u>Klage- und Antragsarten:</u>

- ⇨ Anfechtungsklage (§ 42 I Alt. 1 VwGO)
- ⇨ Verpflichtungsklage (§ 42 I Alt. 2 VwGO)
- ⇨ Fortsetzungsfeststellungsklage (§ 113 I S. 4 VwGO)
- ⇨ allgemeine Leistungsklage (§§ 43 II, 40 I, 111, 113 IV VwGO),
- ⇨ allgemeine Feststellungsklage (§ 43 VwGO)
- ⇨ Normenkontrollantrag (§ 47 VwGO)
- ⇨ Antrag auf Gewährung vorläufigen Rechtsschutzes (§§ 80 V, 80a, 123, 47 VI VwGO).

hemmer-Methode: Die Skripten Hemmer/Wüst, Verwaltungsrecht I - III folgen in ihrer Darstellung dieser gesetzlichen Systematik.
Im Bereich der Einführung sollen jedoch einmal die einzelnen Klagearten (bzw. Antragsarten) unter die an der Art der gerichtlichen Entscheidung orientierten Oberbegriffe Leistungs-, Gestaltungs- und Feststellungsklage subsumiert werden.

Dies dient vor allem dem Verständnis: Z.B. die Aufteilung in die Leistungsklage als Oberbegriff, die allgemeine Leistungsklage als spezielle Klageart und die Leistungs-Vornahme-Klage als Unterfall der allgemeinen Leistungsklage können Sie nur so richtig nachvollziehen.
Im Examen wird von Ihnen erwartet, dass Sie diese Begriffe beherrschen und auseinander halten können. Terminologische Unklarheiten in Ihrer Klausurlösung gehen zu Ihren Lasten.

1. Leistungsklage als Klageform

Grundtyp eins: Leistungsklage

Unter der Leistungsklage im weiteren Sinne versteht man eine Klage, die der Geltendmachung von öffentlich-rechtlichen Ansprüchen auf ein Tun, Dulden oder Unterlassen dient und die Voraussetzung für eine Zwangsvollstreckung nach den §§ 167 ff. VwGO darstellt. 9

Leistungsklagen in diesem Sinne sind:

⇨ Verpflichtungsklage (§§ 42 I Alt. 2, 113 V VwGO),

⇨ allgemeine Leistungsklage (§§ 40 I, 43 II, 111, 113 IV VwGO).[6]

Verpflichtungs- u. allgemeine Leistungsklage

Verpflichtungsklage und allgemeine Leistungsklage unterscheiden sich dabei vor allem in Hinblick auf den Rechtscharakter der begehrten Leistung. Während mit der im Gesetz ausdrücklich geregelten Verpflichtungsklage ein Verwaltungsakt begehrt wird, greift die gesetzlich nicht abschließend geregelte allgemeine Leistungsklage nur in den Fällen ein, in denen kein VA, sondern ein sonstiges Verwaltungshandeln begehrt wird. Die Verpflichtungsklage schließt also innerhalb ihres Anwendungsbereiches die (wie schon der Name sagt) „allgemeinere" Leistungsklage aus. Begründet wird dies damit, dass für die Verpflichtungsklage spezielle Zulässigkeitsvoraussetzungen geregelt sind (z.B. Vorverfahren und Klagefrist).[7]

hemmer-Methode: Die Klageform der Leistungsklage ist damit Oberbegriff zur Klageart der allgemeinen Leistungsklage sowie der Verpflichtungsklage. Die Klageart der allgemeinen Leistungsklage ist ihrerseits Oberbegriff zu den weiteren Unterfällen der Leistungs-Vornahme und Leistungs-Unterlassungs-Klage.[8] Beachten Sie deshalb die Doppeldeutigkeit des Begriffs „Leistungsklage". Meint man die Klageart, so sollte man unbedingt von der „allgemeinen Leistungsklage" sprechen. Beachten Sie zur richtigen Einordnung noch einmal die Gesamtübersicht unter Rn. 10 ff.

2. Gestaltungsklage als Klageform

Grundtyp zwei: Gestaltungsklage

Anders als bei der Leistungsklage, bei der der Kläger einen Anspruch durchsetzen will, dient die Gestaltungsklage der unmittelbaren Änderung der Rechtslage durch das Urteil selbst. Eine Zwangsvollstreckung ist hier weder möglich noch nötig. 10

Die Rechtsänderung tritt dabei mit Rechtskraft des Urteils (vgl. § 121 VwGO) von selbst ein.

6 Soweit über § 173 VwGO auf § 894 ZPO auf Abgabe einer Willenserklärung geklagt wird, handelt es sich ebenfalls um einen Fall der Leistungsklage, z.B. bei Klage auf Anpassung des öffentlich-rechtlichen Vertrags nach § 60 VwVfG, vgl. Kopp/Ramsauer, § 60 VwVfG, Rn. 13 f.

7 Kopp/Schenke, § 42 VwGO, Rn. 14; auch **Hemmer/Wüst, VWR II, Rn. 192** (im Folgenden VWR II).

8 Vgl. im Einzelnen **Hemmer/Wüst, VWR II, Rn. 174 ff.**

Die Unterfälle der Gestaltungsklage sind jedoch nicht nur allein der VwGO, sondern über den Verweis in § 173 VwGO teilweise auch der ZPO zu entnehmen.

Gestaltungsklagen sind:

⇨ Anfechtungsklage (§§ 42 I Alt. 1, 113 I VwGO),

⇨ Abänderungs- und Vollstreckungsabwehrklage (§ 173 VwGO i.V.m. §§ 323, 767 ZPO),[9]

⇨ allgemeine Gestaltungsklage (str.).

insbes. Anfechtungsklage

Die allgemeine Gestaltungsklage unterscheidet sich von der Anfechtungsklage (ähnlich wie Verpflichtungs- und allgemeine Leistungsklage) im Hinblick auf den Klagegegenstand: Bei der Anfechtungsklage als besonderer Gestaltungsklage ist Gegenstand ein VA i.S.v. § 35 VwVfG, bei der allgemeinen Gestaltungsklage ist der Klagegegenstand kein VA, sondern eine sonstige hoheitliche Maßnahme. Allerdings ist zu beachten, dass die h.M. eine allgemeine Gestaltungsklage nicht für zulässig erachtet.[10] Im Hinblick auf Gestaltungsklagen sei die VwGO abschließend.[11] Im Bereich des schlichten Verwaltungshandelns wird vielmehr die allgemeine Leistungsklage mit dem Ziel angewendet, die Verwaltung zur Aufhebung des jeweiligen Hoheitsaktes zu verpflichten.[12]

Die Gegenansicht, die die Zulässigkeit einer allgemeinen Gestaltungsklage – wie dies bei der allgemeinen Leistungsklage der h.M. entspricht – auf §§ 40 I, 43 II VwGO stützt,[13] hat sich bislang nicht durchsetzen können.[14]

hemmer-Methode: Eine allgemeine Gestaltungsklage ist für den effektiven Rechtsschutz im Sinne des Art. 19 IV GG nicht erforderlich. Während ein VA bei Rechtswidrigkeit dennoch wirksam ist, § 43 II, III VwVfG, und deshalb der richterliche Gestaltungsakt der Aufhebung nach § 113 I S. 1 VwGO erforderlich ist, ist sonstiges öffentlich-rechtliches Handeln im Fall der Rechtswidrigkeit unwirksam, so dass die Feststellungsklage als effektiver Rechtsschutz genügt! Auch aus diesem Grund ist mit der h.M. eine allgemeine Gestaltungsklage abzulehnen!
Die Klagearten, die über den Verweis in § 173 VwGO der ZPO zu entnehmen sind, haben wohl nur i.R.d. Schwerpunktbereichs oder aber des Zweiten Staatsexamens Bedeutung. Die allgemeine Systematik der Verweisung des § 173 VwGO auf die ZPO sollte aber jedem Examenskandidaten bekannt sein.

3. Feststellungsklage als Klageform

Grundtyp drei: Feststellungsklage

11 Dritte Klageform ist die Feststellungsklage. Feststellungsklagen dienen ebenfalls nicht der Durchsetzung eines Klägeranspruchs, ihr Urteilstenor enthält also keinen Leistungsbefehl, weshalb die Reichweite des Feststellungsurteils geringer ist als die des Leistungsurteils. Andererseits haben Feststellungsurteile auch keine Gestaltungswirkung, die Rechtslage wird also durch das Urteil nicht unmittelbar verändert. Die Rechtslage wird nur verbindlich festgestellt.

9 Zur Reichweite des § 173 VwGO vgl. Kopp/Schenke, § 167 VwGO, Rn. 2; bzgl. weiterer Sonderfälle vgl. Schmitt Glaeser/Horn, Rn. 370.

10 Vgl. etwa Schmitt Glaeser/Horn, Rn. 26, 369.

11 BadWürttVGH, BaWüVBl. 1973, 137.

12 Vgl. OVG Lüneburg, DVBl. 1986, 476.

13 Vgl. Pietzner-Ronellenfitsch, § 9, Rn. 2 ff. m.w.N.

14 Vgl. hierzu auch Stumpf, „Die allgemeine Gestaltungsklage im Kommunalverfassungsstreit“, BayVBl. 2000, 103.

Als Unterfall der Feststellungsklagen ist auch die Normenkontrolle nach § 47 VwGO anzusehen.[15] Eine Norm ist bei Rechtswidrigkeit grundsätzlich automatisch unwirksam, so dass die Feststellung der Ungültigkeit ausreicht. 12

Allerdings weist die Normenkontrolle in vielerlei Hinsicht Besonderheiten auf, weshalb sie oft als eigene Klagekategorie behandelt wird.[16]

Feststellungsklagen sind:

- ⇨ allgemeine Feststellungsklage nach § 43 I Alt. 1 VwGO
- ⇨ Nichtigkeitsfeststellungsklage nach § 43 I Alt. 2 VwGO
- ⇨ Zwischenfeststellungsklage nach § 173 VwGO i.V.m. § 256 II ZPO
- ⇨ Fortsetzungsfeststellungsklage nach § 113 I S. 4 VwGO direkt bzw. analog
- ⇨ Normenkontrollantrag nach § 47 VwGO

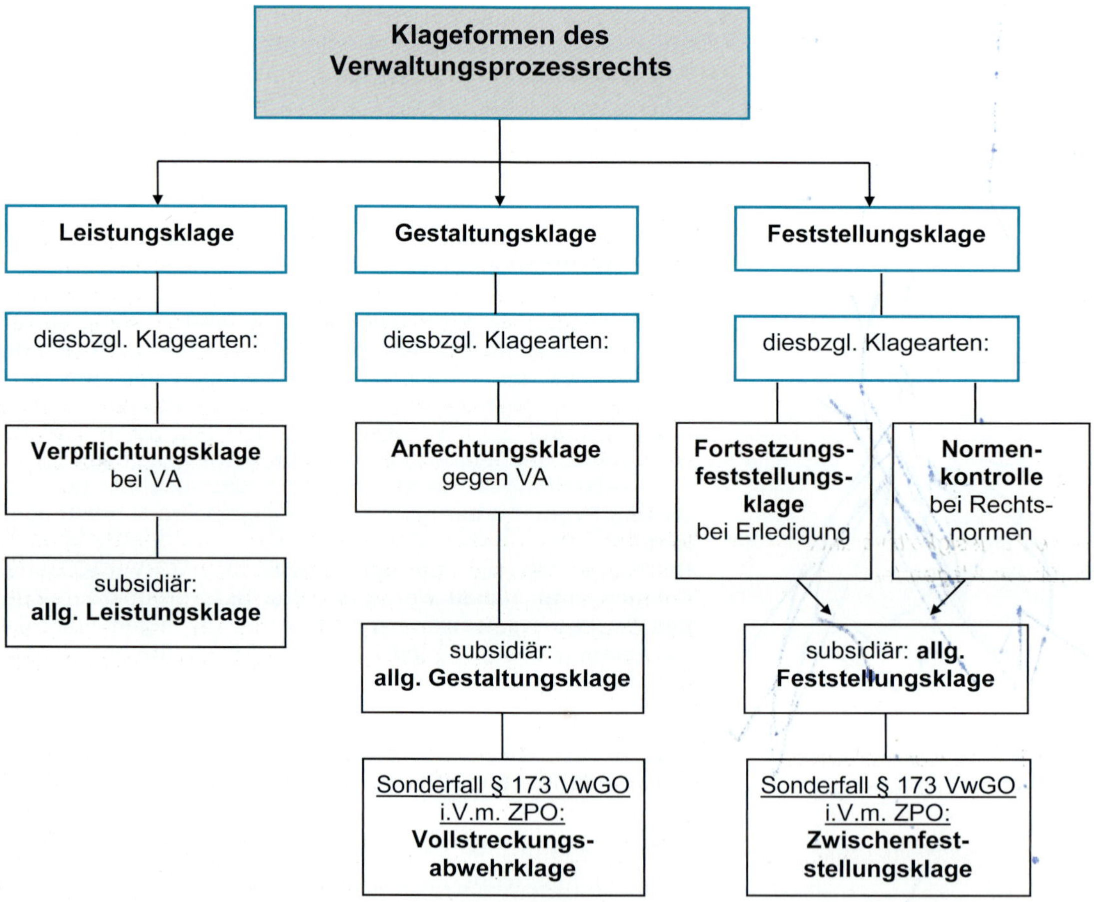

hemmer-Methode: Von diesen Klageformen ist die Gestaltungsklage die rechtsschutzintensivste, da hier der Richter unmittelbar die Rechtslage im Interesse des Klägers ändert, während die Leistungsklage dem Kläger nur einen vollstreckbaren Titel gibt. Die Feststellungsklage führt nicht einmal zu einem Vollstreckungstitel. Bedeutung erlangt dies immer dann, wenn mehrere Klagearten zum Ziel führen, also eigentlich statthaft sind. Ein Rechtsschutzbedürfnis besteht dann nur für die rechtsschutzintensivste Klage. Ein Beispiel hierfür ist die Rücknahme eines begünstigenden Verwaltungsakts. Hier kann theoretisch die Rücknahme angefochten werden oder Verpflichtungsklage auf einen Neuerlass erhoben werden.[17]

15 Pietzner-Ronellenfitsch, § 11, Rn. 1.

16 So z.B. Schmitt Glaeser/Horn, Rn. 404 ; vgl. ausführlich **Hemmer/Wüst, VWR II, Rn. 368 ff.**

17 Ausführlich hierzu Rn. 452 ff.

C) Technik der Zulässigkeitsprüfung

Einstieg in eine verwaltungsprozessuale Klausur ist stets die Prüfung der Eröffnung des Verwaltungsrechtswegs gem. § 40 I S. 1 VwGO.[18] 13

ohne Zulässigkeitsvoraussetzungen nur Prozessurteil

Anschließend ist die Zulässigkeit der Klage zu erörtern. Der Gesetzgeber hat in der VwGO zusätzliche Anforderungen an die Möglichkeit, vor dem Verwaltungsgericht zu klagen, gestellt (z.B. Klagefristen, Klagebefugnis und behördliches Vorverfahren als Zulässigkeitsvoraussetzungen).

Die Verwaltungsgerichte sollen und dürfen eine Entscheidung in der Sache selbst nur treffen, wenn alle Zulässigkeitsvoraussetzungen erfüllt sind. Man nennt diese Prüfungspunkte deshalb auch Sachurteilsvoraussetzungen, weil dann, wenn auch nur eine von ihnen fehlt, kein Sachurteil ergeht, sondern die Klage durch Prozessurteil als unzulässig abgewiesen wird.

> ***Bsp.:** Ist die Klage verfristet, so ist sie bereits unzulässig. Die Frage, ob der angefochtene Verwaltungsakt rechtswidrig war, wird vom Gericht gar nicht mehr geprüft.*

hemmer-Methode: Beachten Sie, dass eine Klage, die als unzulässig abgewiesen werden kann, für den Verwaltungsrichter „weniger Arbeit" bedeutet. Er muss sich erst gar nicht in komplizierte Akten einlesen, die dem Rechtsstreit zugrunde liegen. Auch muss er sich im Urteil nicht zur Begründetheit äußern.
Anders aber i.R.d. Ersten Juristischen Staatsexamens: Selbst wenn Sie zu dem Ergebnis kommen, dass eine Klage unzulässig ist, so haben Sie in 99 Prozent der Fälle gutachtlich – hilfsweise – alle im Sachverhalt angesprochenen Probleme weiter zu überprüfen. Bedenken Sie, dass Sie sich bei der Feststellung, die Klage sei unzulässig, auch getäuscht haben könnten (z.B. weil Sie eine Frist falsch berechnet oder einen Fehler in der Rechtsmittelbelehrung übersehen haben). Gleiches ist dann der Fall, wenn Sie sich i.R.d. Zulässigkeit einer Mindermeinung anschließen: Nur durch das Hilfsgutachten erhalten Sie sich dann die Möglichkeit, alle weiteren Punkte der Klausur zu sammeln.

allgemeine Zulässigkeitsvoraussetzungen für alle Klagearten

Welche Zulässigkeitsvoraussetzungen bestehen, regelt für den Bereich der verwaltungsrechtlichen Klausur die VwGO. Sie sind, je nachdem, welche Klageart in Betracht kommt, unterschiedlich ausgestaltet. Insoweit ist es auch verständlich, wenn man von den verschiedenen „Zulässigkeitsschemata" der verwaltungsrechtlichen Klagen spricht. 14

besondere Zulässigkeitsvoraussetzung für einzelne Klagearten

> ***Bsp.:** Eine Anfechtungsklage (§ 42 I Alt. 1 VwGO) hat andere Zulässigkeitsvoraussetzungen als eine Feststellungsklage (§ 43 VwGO). Diese ist ihrerseits von der Fortsetzungsfeststellungsklage (§ 113 I S. 4 VwGO) zu unterscheiden. Eine allgemeine Leistungsklage hat wiederum andere Voraussetzungen als eine Verpflichtungsklage (§ 42 I Alt. 2 VwGO). Schließlich gibt es auch noch die Normenkontrolle nach § 47 VwGO oder auch „Exoten" wie die vorbeugende Unterlassungsklage oder die echte bzw. unechte Normerlassklage.*[19]

Einen der Schwerpunkte der verwaltungsrechtlichen Examensklausur kann deshalb die Problematik darstellen, welche Klageart im zu lösenden Fall die richtige ist und ob all ihre Zulässigkeitsvoraussetzungen erfüllt sind. Nur wenn dies bejaht wird, kann man unproblematisch (ohne Hilfsgutachten) zu den Fragen der Begründetheit vorstoßen.

---

18 Zur Frage, wo dieser Prüfungspunkt einzuordnen ist, vgl. sogleich unten Rn. 16.

19 Vgl. Kopp/Schenke, § 47 VwGO, Rn. 9 (str.).

hemmer-Methode: Mit der erfolgreichen Bewältigung aller Zulässigkeitsprobleme allein ist im Examen meist kein Blumentopf zu gewinnen. Allenfalls dann, wenn gezielt und ausschließlich nach der Zulässigkeit der Klage gefragt ist (z.B. im bayer. Examensfall 95 II 7[20]), kommt es nicht mehr auf die Begründetheit an. Fast immer wird aber die Begründetheit über das Bestehen oder Nichtbestehen der Klausur entscheiden.
Die Zulässigkeit dient dann vor allem der Notendifferenzierung und dem „Punktesammeln". Insoweit kommt es aber darauf an, dass man hier keine groben Fehler macht, die eine ansonsten gute Klausur in die Tiefe ziehen.
Beachten Sie darüber hinaus, dass sich i.R.d. Zulässigkeit schon die Weichen für die Begründetheitsprüfung stellen: Je nachdem, für welche Klageart Sie sich i.R.d. Zulässigkeit entscheiden, ist auch die Begründetheitsprüfung aufzubauen. So zeigen schon die Regelungen des § 113 I bzw. V VwGO, dass Anfechtungs- und Verpflichtungsklage einen anderen Begründetheitsaufbau voraussetzen. Wieder anders wird die Begründetheit der Feststellungs- oder Leistungsklage geprüft.

20 BayVBl. 1997, 542/574.

§ 2 ANFECHTUNGSKLAGE

§ 42 I Alt. 1 VwGO: Anfechtungsklage gegen VA

Die zentrale Klageart in der VwGO ist die sog. Anfechtungsklage, § 42 I Alt. 1 VwGO. Mit ihr wird die Anfechtung eines Verwaltungsaktes i.S.v. § 35 VwVfG begehrt. 15

Sachentscheidungsvoraussetzungen der Anfechtungsklage, § 42 I Alt. 1 VwGO

A) Sachentscheidungskompetenz des Gerichts – v.a. Eröffnung des Verwaltungsrechtswegs, § 40 I S. 1 VwGO

B) Zulässigkeit der Anfechtungsklage

- **I.** Anfechtung eines VA i.S.v. § 35 VwVfG
- **II.** Klagebefugnis, § 42 II VwGO
- **III.** Vorverfahren, §§ 68 ff. VwGO
- **IV.** Klagefrist, § 74 VwGO
- **V.** Weitere Zulässigkeitsvoraussetzungen, sofern problematisch

A) Eröffnung des Verwaltungsrechtsweges, § 40 I S. 1 VwGO

Obersatz, § 40 I S. 1 VwGO

Der Weg zu den Verwaltungsgerichten ist gem. § 40 I S. 1 VwGO in allen öffentlich-rechtlichen Streitigkeiten nichtverfassungsrechtlicher Art gegeben, soweit diese Streitigkeit nicht einem anderen Gericht gesetzlich ausdrücklich zugewiesen ist. 16

hemmer-Methode: Nach § 17a II GVG muss ein Gericht von Amts wegen an das zuständige Gericht des richtigen Rechtsweges verweisen, wenn die Klage im falschen Rechtsweg anhängig gemacht wurde. Das bedeutet, dass eine Klage niemals mit der Begründung der Unzulässigkeit des Rechtsweges mittels Prozessurteil (also als unzulässig) abgewiesen werden kann. Über § 83 VwGO gilt § 17a II GVG im Verwaltungsprozess auch hinsichtlich der Zuständigkeit des Gerichts.
Deshalb ist es dogmatisch richtig, schon im Aufbau deutlich zwischen der Sachentscheidungskompetenz, insbesondere aber der Rechtswegeröffnung und Zulässigkeit der Klage im Übrigen zu unterscheiden. Andererseits ist die Frage, ob überhaupt der Rechtsweg zu den deutschen Gerichten eröffnet ist, durchaus weiterhin eine Zulässigkeitsfrage. Wäre diese Frage zu verneinen, dürfte nicht verwiesen werden, sondern die Klage müsste als unzulässig abgewiesen werden. Die früher übliche Verortung des § 40 I S. 1 VwGO innerhalb der Zulässigkeitsprüfung dürfte daher kaum negativ angerechnet werden, zumal sie von vielen Professoren noch heute so an die Studenten weitergegeben wird. Die Musterlösungen zu den Examensklausuren sind in diesem Punkt ebenfalls nicht einheitlich. Am elegantesten wäre es, die „Zulässigkeit" unter der Überschrift „Sachurteilsvoraussetzungen" zu prüfen. Solange sich dieser Aufbau aber nicht durchgesetzt hat, ist er nur mit Vorsicht „zu genießen".[21]
Die konsequente Prüfung auch der (örtlichen) Zuständigkeit vor der eigentlichen Zulässigkeit wird oft nicht möglich sein, da die Zuständigkeit abgesehen von den Fällen des § 52 Nr. 1 VwGO von der statthaften Klageart abhängt (ausführlich unten Rn. 231 ff). In den Fällen des § 52 Nr. 1 VwGO, v.a. also in Baurechtsfällen, sollten Sie aber einheitlich die Rechtswegeröffnung und die Zuständigkeit des Gerichts vor der Zulässigkeit als Sachentscheidungskompetenz des Gerichts prüfen.

21 Umfassend zu diese Aufbaufrage Fischer, „Zulässigkeit der Klage und Zulässigkeit des Rechtswegs", JURA 2003, 748.

in der Regel kein Problem

§ 40 I S. 1 VwGO ist in „normalen" Examensklausuren selten ein Problem. Es wird dann auch erwartet, dass der Bearbeiter kein Problem daraus macht, nur um sein Wissen auszubreiten. Dieser Versuch wird eher negativ bewertet und verbraucht zudem kostbare Zeit. Insbesondere sollte man sich davor hüten, die bekannten Theorien zur Qualifikation von Normen als öffentlich-rechtlich unnötig auszubreiten.[22] 17

hemmer-Methode: Es empfiehlt sich deshalb das Zurechtlegen einer Standardformulierung, die man ohne großen Zeitverlust anwenden kann, z.B. für Baurechtsfälle:
„Der Verwaltungsrechtsweg gem. § 40 I S. 1 VwGO ist eröffnet, da es sich um eine Streitigkeit auf dem Gebiet des öffentlichen Baurechts handelt (die nicht verfassungsrechtlicher Art ist und für die keine anderweitige Zuweisung ersichtlich ist)."[23]
Beachten Sie daher bitte Folgendes: Am Anfang der Klausur darf Ihnen „nichts anbrennen". Der Anfang ist wichtig für den Korrektor. Hier kann sich entscheiden, ob er mit herunterhängenden oder heraufgezogenen Mundwinkeln korrigiert. Polen Sie also mit einem starken Anfang sein Vorverständnis gleich richtig.
Der Anfang ist aber auch wichtig für Sie: In der Examenssituation ist der unmittelbare Zugriff auf Ihr Faktengedächtnis (Wissen) häufig durch Angst blockiert. Der entscheidende Punkt ist, aus der Angststarre heraus in Fluss zu kommen. Diese Leistung muss Ihr Verfahrensgedächtnis (Können) erbringen, welches Sie aus fallbezogenem Arbeiten gewonnen haben. Wenn Ihr Können erst einmal in Gang ist, wird die Angst umgangen und das Wissen aus seiner Starre befreit. Deswegen sind die ersten Schritte in der Zulässigkeit besonders wichtig. Sie müssen diese Schritte immer wieder üben, damit Sie im Ernstfall unterhalb der Angstblockade über das Rückenmark laufen können. Danach sind Sie schon mitten in der Klausur drin. Die Angst ist vergessen, und Ihr Verfahrensgedächtnis bringt Sie auf den Lösungsweg.

Dennoch gibt es eine Anzahl von Fällen, bei denen die Prüfung der Eröffnung des Verwaltungsrechtsweges Probleme bereitet.

I. Vorabprüfung: Aufdrängende Sonderzuweisung

Aufdrängende Sonderzuweisung: § 40 I S. 1 VwGO nicht anwendbar

Die verwaltungsgerichtliche Generalklausel des § 40 I S. 1 VwGO kommt schon gar nicht zur Anwendung, wenn die Zuständigkeit des Verwaltungsgerichtes bereits durch ein spezielles Gesetz begründet wird (sog. aufdrängende Sonderzuweisung). 18

wichtig: § 126 BBG bzw. § 54 BeamtStG

Klausurrelevant sind eigentlich nur § 126 BBG für Bundesbeamte bzw. § 54 BeamtStG für Landesbeamte.

II. Vorliegen einer Streitigkeit

justizfreie Hoheitsakte

Soweit der Sachverhalt dazu Anlass bietet, ist an dieser Stelle vorab zu klären, ob für die Streitigkeit überhaupt ein staatlicher Rechtsweg offen steht, weil sie keine rechtliche Relevanz besitzt bzw. ihrem Wesen nach niemanden in seinen Rechten verletzt. Das Problem wird unter dem Stichwort „justizfreie Hoheitsakte" abgehandelt. 19

Hierher gehören Regierungsakte (Maßnahmen, die in den Bereich der Staatsleitung fallen) sowie Gnadenakte.[24]

entfällt gerichtliche Kontrolle überhaupt?

Bei solchen Akten ist fraglich, ob sie nicht generell der gerichtlichen Kontrolle entzogen sind.

22 Vgl. dazu unten Rn. 40 ff.

23 Vgl. insoweit auch die Formulierung in der amtlichen Musterlösung zur bayer. Examenklausur 1989/II, 6, BayVBl. 1991, 544/573. In dem Baurechtsfall vom Termin 1990/I verzichtet die Lösung ganz auf eine Erwähnung dieses Prüfungspunktes, BayVBl. 1992, 30/61.

24 Vgl. bayerische Examensklausur 71/II, 6; BayVBl. 1973, 362/388.

1. Regierungsakte

Regierungsakte

Obwohl Regierungsakte Rechtsakte sind (das zeigt schon ihre Verankerung in Art. 63 ff. GG sowie die Existenz der Organstreitigkeit), wird ein Bürger nur im Einzelfall durch sie unmittelbar in seinen Rechten betroffen sein. Soweit dies der Fall ist, muss nach Art. 19 IV S. 1 GG auch eine gerichtliche Kontrolle möglich sein.[25] Damit ist jedoch noch nicht entschieden, ob der Verwaltungsrechtsweg einschlägig ist oder ob es sich um eine verfassungsrechtliche Streitigkeit handelt.[26] 20

Daneben ist der politische Gestaltungsspielraum bei Regierungsakten derart groß, dass der Einzelne nur im Ausnahmefall eine Verletzung seiner Rechte vorbringen kann (Problem der Klagebefugnis).

Gnadenakte

2. Gnadenakte

Literatur (+)

Der Rechtsaktcharakter von Gnadenakten ist umstritten. Die wohl h.M. in der Lit. bejaht diesen generell mit dem Hinweis auf die Verrechtlichung der Gnadenakte in Art. 60 II, III GG bzw. Art. 47 IV S. 1 BV.[27] 21

Rechtsprechung z.T. (-)

Demgegenüber steht die hauptsächlich von der Rechtsprechung vertretene Ansicht, dass Gnadenentscheidungen, da „Gnade vor Recht" ergehe, nicht justitiabel seien. Das BVerfG hält eine gerichtliche Überprüfung nur dann für möglich, wenn eine dem Betroffenen zuvor im Gnadenweg erteilte Rechtsstellung wieder verschlechtert wird.[28]

wegen Art. 19 IV GG grds. überprüfbar

Wenn aber solche Maßnahmen Rechtsakte sind, die den Einzelnen betreffen können, so muss schon wegen Art. 19 IV GG eine gerichtliche Überprüfung möglich sein.

hemmer-Methode: Diese Problematik wird im Examen sehr selten vorkommen[29] und darf keinesfalls mit der Klagebefugnis nach § 42 II VwGO verwechselt werden. I.R.d. § 40 I VwGO ist nur zu überprüfen, ob die genannten Akte überhaupt überprüfbar sind. Das ist in der Klausur grundsätzlich zu bejahen. Das eigentliche Problem stellt sich erst bei der Klagebefugnis und in der Begründetheit mit der Frage, in welchem Umfang eine Überprüfung möglich ist.

positiv-rechtliche Ausnahmen

Damit gibt es, von den im Grundgesetz bestimmten Ausnahmen abgesehen (Art. 10 II S. 2, 19 IV S. 3 GG sowie Art. 44 IV S. 1 GG) keine Akte der vollziehenden Gewalt, die grundsätzlich der gerichtlichen Kontrolle entzogen sind.

3. Innerkirchliche Streitigkeiten

Art. 140 GG i.V.m. Art. 137 III S. 1 WRV räumt den Kirchen ein Selbstverwaltungsrecht ein. Aus diesem Grund sind rein innerkirchliche Streitigkeiten der Kontrolle der staatl. Gerichtsbarkeit entzogen.[30] Dabei darf – um den verfassungsrechtlich gewährleisteten Justizgewährungsanspruch nicht auszuhöhlen – eine rein innerkirchliche Streitigkeit nur ausnahmsweise bejaht werden. 21a

25 Kopp/Schenke, § 40 VwGO, Rn. 5b.

26 Hierzu Rn. 44 ff.

27 Kopp/Schenke, § 40 VwGO, Rn. 5a.

28 BVerfGE 30, 108; vgl. aber BVerfGE 25, 352.

29 Vgl. bayerische Examensklausur 71/II, 6; BayVBl. 1973, 362/388.

30 Vgl. Kopp/Schenke, § 40 VwGO, Rn. 5c, 38; BVerfG, NJW 2009, 1195 = **Life&Law 2009, 126 ff.**

Bspe.: Die Exkommunikation, die Aufhebung der „vor Gott“ geschlossenen Ehe sind rein innerkirchliche Streitigkeiten[31], nicht aber das Dienstrecht der Geistlichen.[32]

hemmer-Methode: Streitigkeiten mit einer Kirche kommen als öffentlich-rechtliche Streitigkeiten dann in Betracht, wenn die entsprechende Kirche nach Art. 140 GG, Art. 137 V WRV Körperschaft des öffentlichen Rechts ist und diese im Einzelfall gerade in ihrer Funktion als Kirche gehandelt hat.[33]

4. Besonderes Gewaltverhältnis (Sonderstatusverhältnis)[34]

Streitigkeiten i.S.d. § 40 VwGO sind auch solche in besonderen Gewaltverhältnissen. Die hierzu teilweise vertretene Impermeabilitätstheorie, die diese Streitigkeiten in einen „rechtsfreien Raum” verorten will, ist angesichts des Wortlauts des § 40 I VwGO sowie der umfassenden Grundrechtsgeltung nicht haltbar.[35] 21b

III. Vorliegen einer öffentlich-rechtlichen Streitigkeit

Abgrenzung zum Privatrecht

Dieses Merkmal dient vor allem der Abgrenzung gegenüber den privatrechtlichen Streitigkeiten i.S.v. § 13 GVG, die den ordentlichen Gerichten zugewiesen sind. 22

1. Gedankliche Vorprüfung

Prüfung im Dreierschritt

Der Prüfung, ob eine öffentlich-rechtliche Streitigkeit vorliegt, ist gedanklich folgender Dreierschritt voranzustellen: 23

a) Festlegung des Streitgegenstandes (z.B. „A begehrt die Nutzung der Stadthalle“)

b) Nach welchen Rechtsnormen beurteilt sich diese Streitigkeit? (Zuordnungsproblem)

c) Sind diese streitentscheidenden Normen solche des öffentlichen Rechts? (Qualifikationsproblem)

hemmer-Methode: § 40 I VwGO ist in der „normalen“ Klausur kein Problem. Am ehesten kann die genaue Bestimmung des Streitgegenstands fraglich sein. Angenommen die Parteien streiten um die Benutzung einer Gemeindehalle. Es genügt dann nicht zu sagen, der Streit betrifft Gemeinderecht. Oder noch schlimmer: Es geht bei dem Streit um die Reichweite von Grundrechten. Sie müssen vielmehr vom Klagebegehren (dem Antrag) her überlegen, worin das Ziel des Klägers liegt. Geht es ihm um die Erstzulassung oder wendet er sich gegen eine Rücknahme. Besteht Streit über das „Ob“ der Benutzung oder lediglich über das „Wie“. Wenn Sie hier einen Fehler begehen, führt Ihre Lösung in die vollkommen falsche Richtung.
Weitere Schwierigkeiten können entstehen bei der Frage, welche Normen den Streit regieren [oben b)] bzw., wenn sich eine streitentscheidende Norm nicht finden lässt, welchem Rechtsbereich die konkrete Streitigkeit zuzuordnen ist. Hier tauchen die bekannten Probleme (z.B. Benutzung öffentl. Einrichtungen, Subventionen, Rechtsschutz gegen Immissionen usw.) auf.
Punkt c) dagegen, die Qualifikation der gefundenen Norm nach den bekannten Abgrenzungstheorien, ist so gut wie nie ein Problem und kann daher grundsätzlich knapp abgehandelt werden.

31 Kopp/Schenke, § 40 VwGO, Rn. 39.

32 BVerwG, Urteil vom 27.02.2014, 2 C 19/12; BVerfG, Beschluss vom 22.10.2014, 2 BvR 661/12.

33 Vgl. hierzu **Hemmer/Wüst, VWR II, Rn. 171**.

34 Ausführlich unten Rn. 96 ff.

35 Kopp/Schenke, § 40 VwGO, Rn. 5c.

2. Streitgegenstand

Fixierung des Streitgegenstandes

Streitgegenstand ist das vom Kläger aufgrund eines bestimmten Sachverhalts an das Gericht gerichtete Begehren auf Rechtsschutz durch Erlass einer Entscheidung mit einem näher bezeichneten Inhalt. 24

Der Streitgegenstand des Klausurfalles sollte durch eine Formulierung wie „Die Parteien streiten um ... " kurz dargestellt werden. Sodann kann das Zuordnungsproblem angegangen werden. Der Begriff des Streitgegenstands ist einer der wichtigsten im Verwaltungsprozessrecht überhaupt. 25

hemmer-Methode: Beim Justizprüfungsamt werden zwei Arten von Klausuren eingereicht:
Praktikerklausuren eher von Richtern und theoretische Klausuren eher von Professoren. Theoretische Klausuren haben ihren Schwerpunkt meist in der Begründetheit. Sie müssen Verständnis für die Grundstrukturen des Rechts zeigen und dogmatische Probleme fallorientiert darstellen können.
Praktische Klausuren dagegen verlangen vor allem prozessuales Verständnis. Sie müssen die Interessen der Parteien in eine sinnvolle prozessuale Form bringen und zu einem – auch außerhalb der dogmatischen Diskussion – plausiblen Ergebnis kommen. Zentral für praktisches prozessuales Verständnis ist der Begriff des Streitgegenstandes. Dieser Begriff nimmt die Interessenlage der Parteien auf und entscheidet darüber, mit welchen Antrags- oder Klagearten diese Interessen durchgesetzt werden. Als zentraler Orientierungspunkt Ihrer Überlegungen ist er vor allem für Praktikerklausuren unverzichtbar.

zweigliedriger Streitgegenstandsbegriff

Der Streitgegenstand ist nach wohl überwiegender Meinung zweigliedrig. Er besteht aus:

⇨ dem Antrag des Klägers und

⇨ dem dazugehörigen Lebenssachverhalt.

Um den Streitgegenstand zu bestimmen, stellen Sie also zwei Fragen:

a) Was will der Kläger?

b) Auf welcher tatsächlichen Grundlage (Lebenssachverhalt)?

hemmer-Methode: Denken Sie in übergreifenden Zusammenhängen! Der Streitgegenstand bestimmt neben dem Verwaltungsrechtsweg noch andere Fragen. Er entscheidet:

- **über die Wahl der richtigen Klage- und Antragsart**
- **über die sachliche und örtliche Zuständigkeit des Gerichts (§§ 45 ff. VwGO)**
- **über den Umfang der Rechtshängigkeit**
- **über den Umfang der Rechtskraft und damit die Bindungswirkung eines Urteils (§ 121 VwGO)**
- **über die verschiedenen Formen der Klagehäufung (§ 44 VwGO)**
- **über die Klageänderung nach § 91 VwGO**
- **über die Frage, wann eine neue selbstständige Belastung i.S.d. § 79 II VwGO vorliegt**
- **über die Notwendigkeit der Beiladung nach § 65 VwGO**

3. Zuordnungsprobleme

Standardformulierung

Ist die Natur des Rechtsstreits problematisch, lässt sich eine der folgenden Standardformulierungen voranstellen: 26

„Eine öffentlich-rechtliche Streitigkeit ist dann gegeben, wenn sich das Klagebegehren als Folge eines Sachverhalts darstellt, der nach öffentlichem Recht zu beurteilen ist."[36]

oder

„Die streitentscheidenden Normen müssten solche des öffentlichen Rechts sein".

Ergeben sich keine Zuordnungsprobleme, sind etwa die streitentscheidenden Normen eindeutig solche des öffentlichen Baurechts, kann gleich mit kurzer Erwähnung der jeweils passenden Qualifikationstheorie das Vorliegen einer öffentlich-rechtlichen Streitigkeit nach § 40 I VwGO bejaht werden.

Zuordnungsprobleme ergeben sich immer dann, wenn als streitentscheidende Normen sowohl solche des Privatrechts als auch solche des öffentlichen Rechts in Frage kommen können.

a) Hausverbotsfälle

Hier kann das Hausverbot sowohl aufgrund der privatrechtlichen Eigentümerbefugnis (§ 903 BGB) als auch aufgrund der öffentlich-rechtlichen Sachherrschaft der Behörde ergehen. 27

hemmer-Methode: Ergeht das Hausverbot etwa gegen ein Gemeinderatsmitglied, so kann allerdings an dieser Stelle die Qualifikation der Rechtsnatur offen bleiben, da dann normalerweise eine kommunalverfassungsrechtliche Streitigkeit vorliegen wird, die jedenfalls öffentlich-rechtlicher Natur ist. Die öffentlich-rechtliche Streitigkeit ist auch dann eindeutig zu bejahen, wenn in der Gemeindeordnung selbst die Verweisung von Gemeindebürgern aus dem Sitzungssaal geregelt ist, da es hier eindeutig um eine öffentlich-rechtliche Rechtsgrundlage geht, die die Funktionsfähigkeit des Gemeinderats sicherstellen soll. Der Bürgermeister nimmt in solchen Fällen nicht das zivilrechtliche Hausrecht wahr.[37]

Im Wesentlichen stehen sich in den Hausverbotsfällen zwei Ansichten gegenüber.

aa) Abstellen auf den Besuchszweck

Zweck des Besuches

Einerseits wird auf den Zweck, den der Besucher beim Betreten des Behördengebäudes verfolgt, abgestellt, da die Zweckbestimmung öffentlicher Gebäude auch das Recht des Bürgers umfasse, sie zu betreten, um seine behördlichen Angelegenheiten persönlich zu erledigen.[38] 28

---

36 Kopp/Schenke, § 40 VwGO, Rn. 6.

37 Vgl. Art. 53 I BayGO und vergleichbare Vorschriften anderer Bundesländer.

38 OVG Münster, NJW 1998, 1425: Hausverbot jedenfalls dann öffentlich-rechtlich zu bewerten, wenn ein dem öffentlichen Recht entspringender Benutzungsanspruch vereitelt wird.

Demnach ist das Hausverbot immer dann öffentlich-rechtlich, wenn der Bürger an einer der öffentlichen Zweckbestimmung entsprechenden Inanspruchnahme gehindert wird. Zum Beispiel, wenn er das Gebäude betritt, um einen Passantrag zu stellen, nicht dagegen, wenn er es betritt, um der Gemeinde Büroklammern zu verkaufen.

bb) Abstellen auf den Zweck des Hausverbotes

Zweck des Hausverbotes

Die Gegenmeinung[39] stellt auf den Zweck des Hausverbotes ab und hält es für öffentlich-rechtlich, wenn es der Sicherung der Erfüllung der öffentlichen Aufgaben im Verwaltungsgebäude dient. 29

cc) Vorgehen in der Klausur

im Zweifel öffentl.-rechtl.

In der Fallbearbeitung[40] wird sich eine Streitentscheidung normalerweise erübrigen, da beide Ansichten meist zum gleichen Ergebnis führen. Sollten sich doch einmal Zweifel ergeben, so ist in einer Verwaltungsrechtsklausur regelmäßig die Aufrechterhaltung der Ordnung zur Erfüllung öffentlicher Aufgaben in den Vordergrund zu stellen. 30

hemmer-Methode: Ein wesentliches Abgrenzungskriterium ist die äußere Form. Wenn die Behörde das Hausverbot in Form eines Bescheides mit Rechtsbehelfsbelehrung erteilt, spricht bereits Art. 19 IV GG für die Bejahung des Verwaltungsrechtswegs.

b) Subventionsfälle

Subventionen - Definition

Subventionen sind vermögenswerte Zuwendungen des Staates oder eines anderen Verwaltungsträgers an Privatpersonen, welche mindestens zum Teil ohne Gegenleistung zur Förderung eines im öffentlichen Interesse liegenden Zwecks gewährt werden, vgl. auch § 264 VII StGB.[41] 31

hemmer-Methode: Diese Definition sollte man in der Klausur immer erwähnen.

Im Einzelnen sind Subventionen: nicht zurückzuzahlende Geldleistungen (verlorener Zuschuss), Darlehen, Vergabe von Sicherungen für Darlehen sowie Realförderungen. Nicht unter den verwaltungsrechtlichen Subventionsbegriff fallen Steuerverschonungen.

aa) Typische Fallkonstellationen bei der Anfechtungsklage

Anfechtung der Rücknahme

(1) Eine Subvention ist bewilligt worden, wird aber aus irgendeinem Grund wieder zurückgenommen. Der ursprünglich Begünstigte wendet sich nun gegen die Rücknahme. 32

Konkurrentenklage

(2) Eine Subvention ist bewilligt worden. Ein Konkurrent des Begünstigten fühlt sich benachteiligt, sei es, dass er auch für sich eine Subvention beansprucht, weil er sich unter Verletzung des Gleichbehandlungsgrundsatzes übergangen fühlt, sei es, dass er durch die besondere Förderung des Konkurrenten eigene wirtschaftliche Nachteile befürchtet und dessen Förderung beseitigt wissen will.

39 Knemeyer, DÖV 1970, 596 ff.

40 Vgl. bayer. Examensklausur 85/I, 7, BayVBl. 1987, 157/188.

41 Maurer, § 17, Rn. 5.

bb) Zuordnungsproblem und Zwei-Stufen-Theorie

hemmer-Methode: Die Zwei-Stufen-Theorie gewinnt in der Klausur fast ausschließlich i.R.d. Verpflichtungsklage, speziell bei der Zulassung zu einer öffentlichen Einrichtung oder bei der Gewährung von Subventionen, Bedeutung.[42] In besonderen Fallgestaltungen wie der Aufhebung oder Drittanfechtung einer Bewilligung kann sie aber auch i.R.d. Anfechtungsklage von Bedeutung sein, sodass auch diesbezüglich Grundzüge der Zwei-Stufen-Theorie bekannt sein sollten.

Zwei-Stufen-Theorie

Mögliche Rechtsgrundlage für eine in Streit stehende Aufhebung des Bewilligungsbescheides sind die §§ 48, 49 VwVfG. Daneben ist aber auch eine Aufhebung der Bewilligung nach zivilrechtlichen Vorschriften denkbar. In Betracht kommen etwa ein Rücktrittsvorbehalt oder eine Anfechtung. 33

Auch bei der Drittanfechtung ist eine Beurteilung der Streitigkeit sowohl nach Privatrecht (etwa: Gewährung bzw. Rückabwicklung eines Darlehens, §§ 488 ff. BGB) als auch nach öffentlichem Recht (öffentlich-rechtlicher Bewilligungsbescheid) denkbar.[43]

Nach der Zwei-Stufen-Theorie ist deshalb grundsätzlich zwischen der Gewährung (dem „Ob") der Subvention und ihrer Abwicklung (dem „Wie") zu unterscheiden.

Hintergrund dieser Theorie ist das Ziel, den aus dem öffentlichen Recht entspringenden Anspruch auf die Subvention nicht dadurch dem Risiko der Entwertung auszusetzen, dass der Bürger ihn gegebenenfalls vor den Zivilgerichten durchsetzen müsste. Dies wäre schon deshalb eine starke Beeinträchtigung, weil dem Zivilrecht ein Kontrahierungszwang grundsätzlich fremd ist.

Die Gewährung der Subvention geschieht aus diesem Grund durch erststufigen öffentlich-rechtlichen Bewilligungsakt, die Abwicklung des Leistungsverhältnisses erfolgt nach Wahl der Behörde durch zweitstufigen privatrechtlichen oder öffentlich-rechtlichen Vertrag. Sowohl die Aufhebung der Bewilligung als auch die Anfechtung durch den Dritten betreffen die erste Stufe, sodass jeweils der Verwaltungsrechtsweg eröffnet ist.

hemmer-Methode: Die Annahme eines Zwei-Stufen-Verhältnisses wird teilweise als Fiktion kritisiert, mit der ein einheitlicher Lebenssachverhalt künstlich auseinander gerissen werde. Als Alternative wird die Annahme eines einheitlichen Subventionsverhältnisses vorgeschlagen, das öffentlich-rechtlicher Natur sei. Das Ergebnis bleibt also i.d.R. gleich. Die Zwei-Stufen-Theorie ist deshalb in Klausuren vorzuziehen, zumal auch ihre Kritiker in Drei-Personen-Verhältnissen auf sie zurückgreifen müssen.[44]

(1) Verlorene Zuschüsse

verlorene Zuschüsse: einheitlich öffentl.-rechtl.

Staatliche Leistungen, die nicht zurückerstattet werden müssen – sog. verlorene Zuschüsse –, sind nicht nach der Zwei-Stufen-Theorie zu beurteilen. Die Auszahlung der Leistung hat dann nicht mehr die Bedeutung einer eigenständigen zweiten Stufe, sondern ist nur Erfüllung des Bewilligungsbescheides. Es liegt ein einheitliches Rechtsverhältnis vor, das ausschließlich öffentlich-rechtlich zu beurteilen ist. 34

---

42 Vgl. **Hemmer/Wüst, VWR II, Rn. 6**.

43 Wobei zugegebenermaßen es im Zivilrecht schwer fällt, eine Anspruchsgrundlage des Dritten auf Rückabwicklung gegen den Darlehensgeber zu finden. Denkbar ist jedenfalls § 826 BGB.

44 Vgl. Maurer, § 17, Rn. 11 ff.

(2) Andere Fälle

Anders verhält es sich in den anderen oben (Rn. 31) genannten Fällen: Dort kann auf zweiter Stufe tatsächlich der Abschluss eines privatrechtlichen Vertrages (Darlehensvertrag, Bürgschaftsvertrag, Werkvertrag o.Ä.) angenommen werden. 35

(a) Darlehen

Darlehen: Anwendung der Zwei-Stufen-Theorie

Im Falle des Subventionsdarlehens kann deutlich zwischen den Akten der Bewilligung und der Abwicklung des Darlehens unterschieden werden. Die Zwei-Stufen-Theorie greift ein. 36

Geht es demnach um das „Ob“ der Gewährung des Darlehens, so ist die Streitigkeit öffentlich-rechtlicher Natur. Die Einschaltung einer Privatbank ändert daran nichts. Nimmt die Bank nur die Auszahlung des Darlehens vor, so ist sie Erfüllungsgehilfin des Staates. Die Beurteilung der Streitigkeit bleibt gleich. Hat die Bank einen gewissen eigenen Entscheidungsspielraum, so wird sie jedenfalls nur auf der zweiten Stufe (Abwicklung des Darlehens) tätig. Die streitentscheidenden Normen bleiben solche des öffentlichen Rechts.

(b) Subvention durch Stellung von Sicherheiten

Sicherheitsstellung: ebenfalls Zwei-Stufen-Theorie

Die Subvention kann auch in der Zur-Verfügung-Stellung einer Sicherheit (z.B. Staatsbürgschaft) an einen dritten Darlehensgeber (Bank) bestehen. Die Behörde bewilligt dann auf erster Stufe dem Darlehensnehmer eine Sicherheit für dessen Kredit. Auf zweiter Stufe schließt die Behörde mit dem Darlehensgeber den Bürgschaftsvertrag ab. 37

Im Verhältnis Staat-Darlehensnehmer kann es dann ohnehin nur um das „Ob“ der Subvention gehen, eine Streitigkeit ist öffentlich-rechtlich. Streitigkeiten zwischen Darlehensgeber und Staat sind konstruktiv auf der zweiten Stufe zu verorten, es handelt sich um eine zivilrechtliche Streitigkeit. (Allerdings bleibt es dem Staat unbenommen, auch diese zweite Stufe öffentlich-rechtlich auszugestalten, die Vorschriften des BGB wären dann entsprechend anwendbar, vgl. § 62 VwVfG.)

Zweifelhaft ist dann nur, ob der Staat – etwa durch Rücknahme oder Widerruf des gegenüber dem Bürger ergangenen Bewilligungsbescheides – sich seinen vertraglichen Pflichten gegenüber dem Darlehensgeber entziehen kann. Das würde aber auf eine Umgehung der im Zivilrecht zur Verfügung gestellten Mittel (Anfechtung, Rücktritt, Kündigung u.Ä.) hinauslaufen und ist daher nicht zulässig.

hemmer-Methode: Für die Zulässigkeit des Verwaltungsrechtsweges kommt es grundsätzlich aber nur darauf an, wie der Staat tatsächlich gehandelt hat, nicht, wie er hätte handeln müssen. Versucht er, sich seinen (privatrechtlichen) Vertragspflichten durch VA zu entziehen, liegt eine öffentlich-rechtliche Streitigkeit vor. Die Rechtmäßigkeit der Maßnahme ist von der Rechtsnatur zu trennen[45] und wird erst i.R.d. Begründetheit relevant.

45 Schenke, Rn. 113 f.

(c) Realförderung

Realförderung: wieder Zwei-Stufen-Theorie

Auch die Subventionierung durch Realförderung (Vergabe öffentlicher Aufträge an bestimmte bevorzugte Privatpersonen oder zu besonderen Konditionen) kann nach der Zwei-Stufen-Theorie beurteilt werden. Abzustellen ist auf die Auswahl des Geförderten als erststufigen Akt sowie den Abschluss des jeweiligen privatrechtlichen Vertrages (Kaufvertrag, Werkvertrag etc.) auf zweiter Stufe. 38

Streitigkeiten zwischen Staat und zu Förderndem über das „Ob" der Förderung sind dann öffentlich-rechtlich zu beurteilen.

Klagt ein Konkurrent gegen die Bevorzugung des Geförderten, so ist streitentscheidend, ob die Förderung Grundrechte des Konkurrenten (Art. 12, 14, 2 I GG – Wettbewerbsfreiheit, zumindest aber Art. 3 I GG) und damit öffentlich-rechtliche Vorschriften verletzt. Im Übrigen geht es auch in diesen Dreiecksverhältnissen um die erststufige Bewilligung der Förderung, sodass wiederum auf dem Boden der Zwei-Stufen-Theorie argumentiert werden könnte.

hemmer-Methode: Die Klage des Konkurrenten wird aber häufig an der Klagebefugnis nach § 42 II VwGO scheitern![46]

<u>Zusammenfassung: Zwei-Stufen-Theorie bei Subventionen</u>

I. Begriff der Subvention:

1. öffentliche Mittel
2. an Private
3. mindestens z.T. ohne Gegenleistung
4. zur Förderung gesellschaftspolitischer Zwecke

II. Abwicklung:

Neben verwaltungsrechtlichem Vertrag und mitwirkungsbedürftigem VA ist zweistufige Gewährung die Regel.

1. Stufe: Über das „Ob" wird öffentlich-rechtlich entschieden.

2. Stufe: privatrechtlicher Vertrag

Ausnahme ist der verlorene Zuschuss, welcher einstufig öffentlich-rechtlich abgewickelt wird.

Konkurrentenklage (positiv auf Zulassung oder negativ gegen die Zulassung des Konkurrenten) bezieht sich auf erste Stufe.

c) Benutzung öffentlicher Einrichtungen

Zulassung zu öffentlichen Einrichtungen

Die gleichen Probleme wie im Rahmen von Subventionsstreitigkeiten können in einer Klausur auftreten, wenn es um die Zulassung zu einer öffentlichen Einrichtung nach Art. 21 (Bay)GO[47] geht. Ist diese Zulassung von der öffentlichen Hand zivilrechtlich ausgestaltet, z.B. in Form eine Mietvertrages, ist zu unterscheiden zwischen dem „Ob" der Zulassung, das vor den Verwaltungsgerichten auszufechten ist, und dem „Wie", das vor den Zivilgerichten landet.[48]

---

46 Vgl. hierzu Rn. 139 ff.

47 Und entsprechender Vorschriften anderer Bundesländer.

48 Ein Beispiel für das „Ob" der Zulassung ist die Bewirtung der Stadthalle, vgl. BayVGH, BayBl. 2002, 565.

Voraussetzung für die Anwendbarkeit der Zwei-Stufen-Theorie ist aber, dass tatsächlich eine öffentliche Einrichtung vorliegt.

Hierunter ist eine Einrichtung zu verstehen, die

⇨ im öffentlichen Interesse unterhalten wird

⇨ durch einen Widmungsakt

⇨ der allgemeinen Benutzung durch die Gemeindeangehörigen zugänglich gemacht wird und

⇨ die in der Verfügungsgewalt der Gemeinde steht.

hemmer-Methode: Von diesen Voraussetzungen wird am ehesten die Verfügungsgewalt der Gemeinde ein Problem darstellen, bspw. dann, wenn die Einrichtung durch einen Privaten betrieben wird, der sie von der Gemeinde gepachtet hat.[49]
In einer Anfechtungsklage werden sich diese Fragen allerdings nur dann stellen, wenn entweder ein Dritter die Zulassung eines Konkurrenten zur öffentlichen Einrichtung anficht, oder wenn die bereits erfolgte Zulassung rückgängig gemacht wird und der Bürger hiergegen klagt.

4. Qualifikationsproblem

Qualifikationsproblem

Ist das Problem der Zuordnung der Streitigkeit zu dem richtigen Normenkomplex gelöst, ist nur noch zu klären, ob die streitentscheidenden Normen öffentlich-rechtlich sind (Qualifikationsproblem). 39

a) Normalfall: keine Probleme

grds. unproblematisch

Die Frage, wann Normen solche des öffentlichen Rechts sind, versuchen diverse Theorien (Interessentheorie, Subordinationstheorie, modifizierte Subjektstheorie) zu beantworten. Problematisch ist die Qualifikation einer Norm als öffentlich-rechtlich oder privatrechtlich eigentlich nie. 40

hemmer-Methode: Eine Diskussion, welche Qualifikationstheorie die richtige ist, wird sich in der Klausur damit regelmäßig erübrigen. Im Examen wird i.d.R. allerdings erwartet, dass der Bearbeiter die gefundene Norm unter Rückgriff auf eine oder mehrere der einschlägigen Theorien kurz qualifiziert.

Formulierungsvorschläge:

Es genügt demnach, etwa folgendermaßen zu formulieren:

> „Die streitentscheidende Norm des Art. 21 BayGO[50] wendet sich zumindest auf der einen Seite des durch sie geregelten Rechtsverhältnisses ausschließlich an einen Träger öffentlicher Gewalt (modifizierte Subjektstheorie), eine öffentlich-rechtliche Streitigkeit liegt damit vor."

Oder:

> „Die Anordnung des P gegenüber A erging im Über-/Unterordnungsverhältnis (Subordinationstheorie) und war auf eine Rechtsnorm (Marktsatzung) gestützt, die sich nur an einen Träger öffentlicher Gewalt wendet."[51]

---

49 Vgl. ausführlich zu diesem Thema **Hemmer/Wüst, VWR II, Rn. 6 ff.**, insbesondere **Rn. 11**.

50 Und entsprechender Vorschriften anderer Bundesländer.

51 Bayer. Examensklausur 85/I, 6; BayVBl. 1987, 29/60.

hemmer-Methode: Wie die Formulierungen in Originalexamensklausuren zeigen, kann der Bearbeiter bei der Qualifikation der gefundenen Normen durchaus auf die gerade am besten passende Theorie zurückgreifen.

b) Qualifikationstheorien

aa) Interessentheorie

Interessentheorie

Nach der Interessentheorie[52] sind jene Rechtsnormen öffentlich-rechtlich, die das öffentliche Interesse im Auge haben. Allerdings bestehen auch zahlreiche privatrechtliche Vorschriften im öffentlichen Interesse (z.B. Unterhaltsvorschriften des BGB) und öffentliche Normen im Privatinteresse (z.B. Baunachbarrecht). 41

Die Interessentheorie ist daher wenig konkret und sollte nur hilfsweise angewandt werden.

bb) Subordinationstheorie

Subordinationstheorie

Nach der Subordinations- oder Subjektionstheorie sind Normen dann öffentlich-rechtlich, wenn sie ein Rechtsverhältnis regeln, in dem sich die Streitenden in einem Über-/Unterordnungsverhältnis gegenüberstehen. Die Theorie ermöglicht vor allem im Polizei- oder Sicherheitsrecht eine klare Qualifikation. 42

Sie versagt aber dann, wenn sich mehrere gleichrangige Träger öffentlicher Gewalt gegenübertreten (mehrere Gemeinden bauen gemeinsam – evtl. aufgrund eines koordinationsrechtlichen Vertrages – eine Straße) oder wenn ein Hoheitsträger sich mit dem Bürger auf die gleiche Ebene begibt (Vertragsverhältnis). Auch bei der Einordnung von Realakten, die sowohl öffentlich-rechtlich als auch privatrechtlich möglich sind, hilft sie nicht weiter.

hemmer-Methode: Zu beachten ist, dass die Subordinationstheorie streng genommen nicht der Qualifikation von Normen als öffentlich-rechtlich dient, sondern vielmehr ein Rechtsverhältnis beschreibt, das eine öffentlich-rechtliche Streitigkeit indiziert. Die Subordinationstheorie sollten Sie deshalb auch nur i.R.d. Eingriffsverwaltung verwenden, da diese Theorie i.R.d. Leistungsverwaltung kaum zu brauchbaren Ergebnissen führt.

cc) Modifizierte Subjektstheorie

h.M.: modifizierte Subjektstheorie

Herrschend ist die sog. modifizierte Subjektstheorie, nach der eine Rechtsnorm dann öffentlich-rechtlicher Natur ist, wenn sie sich – zumindest auf der einen Seite des durch sie geregelten Rechtsverhältnisses – ausschließlich an einen Träger öffentlicher Gewalt in dieser Funktion wendet. Eine Rechtsnorm ist dann privatrechtlich, wenn in dem durch sie geregelten Rechtsverhältnis in jeder Rolle jedermann beteiligt sein kann. 43

Auch diese Theorie versagt allerdings dann, wenn das Handeln der Verwaltung nicht durch einen Rechtssatz bestimmt wird (sog. gesetzesfreie Verwaltung), z.B. bei der – im öffentlichen Interesse liegenden – Wirtschaftsförderung.[53]

52 Publicum ius est quod ad statum rei romani spectat, privatum quod ad singulorum utilitatem, Ulpian (170 - 228 n.Chr.).

53 Schenke, Rn. 109.

hemmer-Methode: Keine der Theorien ermöglicht damit lückenlos eine Abgrenzung zwischen öffentlichem und privatem Recht. Das leistet nur ihre Kombination. Ist daher eine Norm auch nach nur einer der Theorien eindeutig öffentlich-rechtlich, so kann diese in der Klausur zur Qualifikation herangezogen werden.
In den in der BayVBl. abgedruckten Examenslösungen werden die Erwägungen auf zweiter (Zuordnung) und dritter (Qualifikation) Stufe oft vermengt. Das wird man, weil die Qualifikation der Norm als öffentlich-rechtlich grundsätzlich nicht problematisch ist, bei der Niederschrift der Klausur zulassen können. Lassen Sie sich davon nicht verwirren. Dogmatisch sauber, wenn auch oft nicht erforderlich, ist es, zumindest gedanklich den oben angegebenen Dreierschritt zu vollziehen.

IV. Streitigkeit nichtverfassungsrechtlicher Art

doppelte Verfassungsunmittelbarkeit

Eine Streitigkeit ist dann verfassungsrechtlicher Art i.S.d. § 40 I S. 1 VwGO, wenn zwei Verfassungsorgane bzw. unmittelbar am Verfassungsleben beteiligte Rechtsträger über Rechte und Pflichten streiten, die unmittelbar in der Verfassung geregelt sind, sog. doppelte Verfassungsunmittelbarkeit.[54] 44

Demgemäß scheidet der Verwaltungsrechtsweg für alle Streitigkeiten aus, die Bundes- oder Landesverfassungsrecht im materiellen Sinne betreffen und deren Beteiligte in einem Verfassungsrechtsverhältnis zueinander stehen.[55]

hemmer-Methode: In normalen Examensklausuren ist dieser Prüfungspunkt nur sehr selten problematisch, so dass die bloße Feststellung, die vorliegende Streitigkeit sei nichtverfassungsrechtlicher Art, genügt.

Daraus folgt aber nicht, dass für jede verfassungsrechtliche Streitigkeit auch der Verfassungsrechtsweg eröffnet ist. Für die Zulässigkeit eines Rechtsstreits vor den Verfassungsgerichten gilt das Enumerationsprinzip.[56] Nur in den gesetzlich bestimmten Fällen ist die Anrufung des Verfassungsgerichts zulässig. Es gibt also verfassungsrechtliche Streitigkeiten, die gerichtlich nicht überprüfbar sind.[57]

Das Schlagwort der doppelten Verfassungsunmittelbarkeit sollte eigentlich nur in den folgenden zwei Konstellationen erwähnt werden: 45

1. Es wird über Rechte gestritten, die direkt in der Verfassung verankert sind.

Verfassungsnormen streitentscheidend

Beruft sich der Einzelne unter anderem auch auf die Verletzung von Grundrechten durch Verwaltungshandeln, so fehlt es an der doppelten Verfassungsunmittelbarkeit jedenfalls deshalb, weil der einzelne Bürger kein unmittelbar am Verfassungsleben beteiligter Rechtsträger ist. Die Streitigkeit ist nicht verfassungsrechtlicher Art.

> ***Bsp.:*** *Auch die Klage auf Verbescheidung einer Petition (Art. 17 GG bzw. Art. 115 BV) ist vor dem Verwaltungsgericht zu erheben.*
>
> Eine Ausnahme ist allenfalls zu machen, wenn der Bürger selbst unmittelbar am Verfassungsleben teilnimmt; so etwa als Initiator eines Volksbegehrens.[58]

---

54 Schmitt Glaeser/Horn, Rn. 56; str., a.A. Kopp/Schenke, § 40 VwGO, Rn. 32a; zur sog. kommunalverfassungsrechtlichen Streitigkeit, bei der die doppelte Verfassungsunmittelbarkeit unstreitig fehlt, vgl. **Hemmer/Wüst, VWR II, Rn. 274**.

55 BayVGH, BayVBl. 1990, 721.

56 Vgl. § 13 BVerfGG und Art. 2 BayVerfGHG.

57 BVerfGE 13, 54 (96); BayVGH, BayVBl. 1990, 721 f. Darin liegt i.Ü. auch kein Verstoß gegen Art. 19 IV GG, da diese Vorschrift nur den lückenlosen Rechtsschutz von Individualrechten garantiert. § 40 VwGO greift in diesen Fällen also auch nicht ersatzweise ein (Schmitt Glaeser/Horn, Rn. 55 ff.).

58 BayVGH, BayVBl. 1990, 721.

Nur ein Verfassungsorgan beteiligt

2. Einer der Beteiligten ist ein Verfassungsorgan (Bundestag, Bundespräsident, Parteien, soweit sie ihren Auftrag aus Art. 21 GG wahrnehmen etc.). 46

Auch hier ist nicht den Erfordernissen der doppelten Verfassungsunmittelbarkeit genügt. Dass nur einer der Beteiligten ein Verfassungsorgan ist, reicht nicht aus.[59]

hemmer-Methode: I.R.d. statthaften Klageart wird sich hier meist das Problem stellen, ob die Maßnahme einen VA i.S.d. § 35 VwVfG darstellt. Fraglich ist das Handeln einer „Behörde".[60]

V. Keine andere Rechtswegzuweisung, § 40 I S. 1 HS. 2 und S. 2 VwGO (sog. abdrängende Sonderzuweisung)

abdrängende Zuweisungen

Der Rechtsweg zu den allgemeinen Verwaltungsgerichten ist nach § 40 I S. 1 HS. 2 VwGO nicht gegeben, wenn eine Zuweisung an die besonderen Zweige der Verwaltungsgerichtsbarkeit (§ 51 SGG an die Sozialgerichte, § 33 FGO an die Finanzgerichte) besteht. Daneben kommt eine Zuweisung vor allem an die ordentlichen Gerichte in Betracht. 47

hemmer-Methode: Examensrelevant ist grundsätzlich nur diese letztgenannte Zuweisung. Die einschlägigen Einzelfälle sollten bei § 40 I VwGO kommentiert werden. Dazu gehören insbesondere Art. 14 III S. 4, 34 S. 3 GG, § 40 II S. 1 VwGO, § 49 VI S. 3 VwVfG, Art. 18 II S. 2, 73 PAG,[61] die i.R.d. Anfechtungsklage aber nur von geringerer Bedeutung sind.

§ 23 I S. 1 EGGVG, Justizverwaltungsakte

Besonders klausurrelevant ist die Frage nach dem einschlägigen Rechtsweg, wenn die Polizei gehandelt hat. In diesen Fällen könnte nämlich die Sonderzuweisung des § 23 EGGVG in Betracht kommen. 48

hemmer-Methode: In den häufigsten Fällen hat sich die Polizeimaßnahme bei Klageerhebung schon erledigt, so dass die Fortsetzungsfeststellungsklage analog § 113 I S. 4 VwGO die richtige Klageart ist. Doch auch in der Anfechtungsklage kann polizeiliches Handeln Prüfungsgegenstand sein, wenn z.B. die Beschlagnahme einer Sache noch andauert. Dann sollte § 23 EGGVG erwähnt werden.

Gem. § 23 I S. 1 EGGVG entscheiden die ordentlichen Gerichte über die Rechtmäßigkeit sog. Justizverwaltungsakte. Instanziell zuständig ist dann gem. § 25 EGGVG das OLG.

Doppelfunktion der Polizei

Justizverwaltungsakte sind alle Maßnahmen, die von Justizbehörden im funktionellen Sinne zur Wahrnehmung einer Aufgabe aus den in § 23 I S. 1 EGGVG genannten Gebieten getroffen werden. Problematisch ist, wann die Polizei funktionell als Justizbehörde handelt, da sie eine Doppelfunktion besitzt.

präventive Aufgaben: Verwaltungsrechtsweg

Handelt sie z.B. zur Gefahrenabwehr und -beseitigung (also im präventiv-polizeilichen Bereich; Aufgabeneröffnung im BayPAG regelmäßig über Art. 2 I PAG[62]), so ist der Verwaltungsrechtsweg gem. § 40 I S. 1 VwGO gegeben.

59 Zu den hiergegen gerichteten Bedenken vgl. Kopp/Schenke, § 40 VwGO, Rn. 32a; diese Gegenansicht wird relevant v.a. beim Handeln eines Bundestagsuntersuchungsausschusses; vgl. hierzu auch Bayerischer Verfassungsgerichtshof, Entscheidung vom 17.11.2014, Vf. 70-VI-14 = Life&Law 01/2015, der bei Klagen gegen Maßnahmen eines Untersuchungsausschusses den Verwaltungsrechtsweg für eröffnet sieht.

60 Vgl. hierzu Rn. 67.

61 Und entsprechender Vorschriften anderer Bundesländer.

62 Und entsprechender Vorschriften anderer Bundesländer.

Ausnahmen sind Art. 18 II S. 2, 24 I S. 2 sowie 73 I BayPAG – in diesen Fällen ist der ordentliche Rechtsweg eröffnet.[63]

Repressive Aufgaben: ordentliche Gerichte

Wird die Polizei im repressiven Bereich, also zur Ermittlung und Verfolgung strafbarer Handlungen, tätig, ist der ordentliche Rechtsweg nach § 23 EGGVG gegeben. Die Eröffnung des Aufgabenbereichs der Polizei ergibt sich in diesen Fällen normalerweise aus § 163 StPO. Geht es nicht um Straftaten, sondern „nur" um Ordnungswidrigkeiten, bestimmt § 68 OWiG die Zuständigkeit der ordentlichen Gerichte, die Aufgabeneröffnung bzw. sachliche Zuständigkeit regelt § 53 OWiG.

Spezialfall: § 81b Alt. 2 StPO

Eine Sonderstellung hat allerdings § 81b Alt. 2 StPO. Es handelt sich um eine Befugnisnorm für präventiv-polizeiliches Handeln in der StPO. Nimmt die Polizei Lichtbilder oder Fingerabdrücke eines Beschuldigten für Zwecke des Erkennungsdienstes auf, so ergeht kein Justizverwaltungsakt, da diese Tätigkeit der vorbeugenden Verbrechensbekämpfung zuzuordnen ist (anders allerdings für § 81b Alt. 1 StPO). Über § 40 I VwGO ergibt sich die Zuständigkeit der Verwaltungsgerichte. 49

doppelfunktionale Maßnahmen

Das eigentliche Problem stellt sich hier dann, wenn die Polizei bei einer Maßnahme sowohl präventive als auch repressive Zwecke verfolgt. Da ein Wahlrecht des Betroffenen, welchen Rechtsweg er einschlagen will, wegen der Gefahr widersprüchlicher Entscheidungen ausscheidet,[64] muss abgegrenzt werden.[65] 50

abstellen auf Schwergewicht

Abzustellen ist dabei darauf, in welchem Aufgabenbereich das Schwergewicht[66] der polizeilichen Maßnahme liegt. Bei der Ermittlung dieses Schwergewichts ist ein objektiver Maßstab anzulegen. Besondere Bedeutung hat dabei die Begründung, mit der die Polizei ihr Handeln rechtfertigt.[67]

hemmer-Methode: Lässt sich kein Schwergewicht feststellen, ist davon auszugehen, dass der Aufgabenbereich der Polizei sowohl in präventiver als auch in repressiver Hinsicht eröffnet ist. I.R.d. Begründetheit ist dann zu prüfen, ob irgendeine Befugnisnorm (aus beiden Bereichen) das Verhalten der Polizei rechtfertigt.

VI. Richterliche Entscheidung

§§ 17a, 17b GVG

Schließlich kommt eine Rechtswegzuweisung durch richterliche Entscheidung in Frage (§§ 17a, 17b GVG). Ein Verwaltungsgericht kann auf zwei Arten über die Zulässigkeit eines Rechtswegs entscheiden. 51

positive Entscheidung mit Bindungswirkung

Das VG kann den Verwaltungsrechtsweg vorab durch Beschluss für zulässig erklären, § 17a III S. 1 GVG (positive Entscheidung). Auf Antrag einer Partei muss es das tun (§ 17a III S. 2 GVG). Gem. § 17a I GVG sind andere Gerichte nach Rechtskraft des Beschlusses an diese Entscheidung gebunden.

negative Entscheidung: Bindungswirkung hinsichtlich des Rechtsweges

Das VG kann den Verwaltungsrechtsweg für unzulässig erklären (negative Entscheidung). Diese Feststellung geschieht anders als oben von Amts wegen. Gem. § 17a II S. 2 GVG kann der Kläger bei mehreren zuständigen Gerichten eines auswählen. Unterlässt er das, wird das andere Gericht von Amts wegen bestimmt. 52

63 Umfassend hierzu **Hemmer/Wüst, Polizei- und Sicherheitsrecht Bayern, Rn. 37 ff.**

64 Pietzner-Ronellenfitsch, § 5, Rn. 16.

65 A.A. Schenke, Rn. 140: beide Rechtswege seien zu beschreiten.

66 Vgl. hierzu BayVGH, BayVBl. 1993, 429 ff. (430); BayVGH, Beschluss vom 05.11.2009, Az. 10 C 09.2122 = **Life&Law 5/2010**; Schenke Rechtsschutz gegen doppelfunktionale Maßnahmen der Polizei, NJW 2011, 2838 ff.

67 BVerwGE 47, 255.

Entscheidend ist, dass das Gericht, an das verwiesen wurde, an den Verweisungsbeschluss des VG hinsichtlich des Rechtsweges (nicht jedoch hinsichtlich der örtlichen und instanziellen Zuständigkeit) gebunden ist (§ 17a I, II S. 3 GVG). Eine Weiterverweisung ist dann ausgeschlossen, wobei sich die Bindung nicht auf anwendbares Prozess- oder Sachrecht bezieht.[68]

VII. Besonderheit bei § 17 II GVG

Vorfragenkompetenz

Grundsätzlich ist es dem VG nicht verwehrt, über zivilrechtliche Fragen, die seiner Entscheidung vorgreiflich sind, zu entscheiden, vgl. § 17 II GVG. Ebenso kann ein Zivilgericht eine verwaltungsrechtliche Vorfrage entscheiden. Das gilt selbst dann, wenn die Vorfrage Streitgegenstand eines Verfahrens vor einem anderen Gericht ist. Es liegt dann im Ermessen des Gerichts, die Verhandlung bis zur Entscheidung des anderen (sachnäheren) Gerichtes auszusetzen, vgl. § 94 S. 1 VwGO. 53

hemmer-Methode: Das Gericht muss das Verfahren aussetzen, wenn es von der Verfassungswidrigkeit eines formellen Gesetzes überzeugt ist, sofern es auf dessen Gültigkeit für die Entscheidung ankommt, Art. 100 GG, § 94 S. 1 VwGO analog.

Möglichkeit zur „Durchentscheidung“

Nach § 17 II GVG können die Gerichte aber nicht nur Vorfragen aus anderen Rechtsgebieten klären, sondern auch durchentscheiden. D.h. solange es um denselben Streitgegenstand geht (Antrag und Lebenssachverhalt), kann das Gericht auch weitere rechtswegfremde Anspruchsgrundlagen beurteilen.

> ***Bsp.:*** *Ein Beamter fordert von seinem Dienstherrn wegen derselben Handlung Schadensersatz aus dem Beamtenverhältnis sowie aus § 839 BGB.*
>
> Hier könnte das nach § 126 BBG zuständige VG durchentscheiden, obwohl über den Amtshaftungsanspruch nach Art. 34 S. 3GG eigentlich die ordentlichen Gerichte zur Entscheidung berufen sind. Allerdings macht § 17 II S. 2 GVG eine Ausnahme für Ansprüche aus Art. 34 GG, sodass eine Sachentscheidung durch das VG ausscheidet.

hemmer-Methode: Grenze ist aber der Streitgegenstand. Es gibt also kein Durchentscheiden, wenn sich ein Bürger gegen den Widerruf eines VA wendet (§ 40 I VwGO) und außerdem noch Schadensersatz aus § 839 BGB bzw. Entschädigung aus § 49 VI VwVfG fordert.[69] Die Anfechtung des Widerrufs und die Entschädigung sind zwei verschiedene Streitgegenstände. Damit muss die Streitigkeit über die Entschädigung an die ordentlichen Gerichte abgegeben werden, § 49 VI S. 3 VwVfG, § 17a II GVG.

VIII. Zusammenfassung

§ 40 I VwGO bei der Anfechtungsklage

I. Aufdrängende Zuweisung:

Sonderzuweisung an VG: insb. § 126 BBG bzw. § 54 BeamtStG

68 BayVGH, BayVBl. 1999, 399.

69 Zum Problem der Aufrechnung mit einer rechtswegfremden Forderung BVerwG, NJW 1999, 160.

II. Öffentlich-rechtliche Streitigkeit:

Vorgehensweise dreistufig:

1. Was ist Streitgegenstand (Antrag)?
2. Welche Norm regiert?
3. Wie ist die Norm zu qualifizieren?

Problembereiche:
Realakte, Unterlassung und Widerruf, Vertrag, Zwei-Stufen-Theorie, Anstaltsnutzung, Hausverbot, Verwaltungsprivatrecht, Kirche

III. Nichtverfassungsrechtlicher Art:

doppelte Verfassungsunmittelbarkeit: Es streiten zwei Verfassungsorgane (jetzt str.) um Verfassungsrecht.

IV. Keine abdrängende Sonderzuweisung

1. an die ordentlichen Gerichte
   Staatshaftung: Art. 14 III GG, § 40 II VwGO, § 49 VI VwVfG
   Ordnungsrecht: § 21 VI BImSchG, § 23 EGGVG
2. an andere Gerichte („besondere VGe"): § 33 FGO, § 51 SGG, § 41 BDO

V. Sonderprobleme:

§ 17 II GVG / Justiziabilität im besonderen Gewaltverhältnis

hemmer-Methode: Soweit es möglich ist, sollten Sie wie oben bereits ausgeführt konsequent sein und auch die sachliche und örtliche Zuständigkeit vor der Zulässigkeit im engeren Sinn prüfen. Da die örtliche Zuständigkeit aber in den Fällen des § 52 Nr. 2 u. 3 VwGO von der statthaften Klageart abhängt, wird dies aber nur in den Fällen des § 52 Nr. 1 u. 4 VwGO möglich sein.[70]

B) Zulässigkeit der Anfechtungsklage

I. Statthafte Klageart

Klagebegehren entscheidet, § 88 VwGO

Die statthafte Klageart wird durch das Klagebegehren und den Klagegegenstand bestimmt. Mit diesem oder einem ähnlichen Satz sollte die Prüfung der Klageart in der Klausur begonnen werden. Das Klagebegehren ist dabei durch verständige richterliche Würdigung des Klägerantrags zu ermitteln (§ 88 VwGO); eine Bindung an den Antrag besteht allerdings nicht. Jedoch wird das Gericht i.d.R. einen Hinweis auf Stellung eines sachdienlichen Antrags geben (§ 86 III VwGO), wenn sich das Klagebegehren als unklar erweist. 54

hemmer-Methode: Viele Klausurbearbeiter können mit dem Wort „Statthaftigkeit" nicht richtig umgehen. Die Statthaftigkeit betrifft die Frage, welche Rechtsschutzform im konkreten Fall die richtige und vom Gesetz vorgesehene zum Erreichen des angestrebten Zieles ist. Merken Sie sich diese Definition mit dem Schlagwort „richtige Klageart?".

Anfechtungs- und Verpflichtungsklage vorrangig

Bei der Prüfung, welche Verfahrensart in Frage kommt, sollten Sie mit einer Anfechtungs- oder Verpflichtungsklage beginnen. Falls diese Klagen insbesondere an der Erledigung des VA scheitern sollten, ist an eine Fortsetzungsfeststellungsklage nach § 113 I S. 4 VwGO direkt oder analog zu denken.

70 Ausführlich hierzu Rn. 231 ff.

Leistungs- oder (subsidiär) Feststellungsklage

Lässt sich auch dadurch das Begehren des Klägers nicht erreichen, kommt nach § 43 II S. 1 VwGO zunächst eine allgemeine Gestaltungs- oder Leistungsklage in Betracht und erst subsidiär die allgemeine Feststellungsklage nach § 43 I VwGO.

VwGO-Klagen nicht abschließend

Da Art. 19 IV S. 1 GG effektiven Rechtsschutz garantiert, können die verwaltungsgerichtlichen Klagearten der VwGO nicht abschließend sein. Lässt sich der Rechtsschutz auf keinem anderen Wege erreichen, muss eine atypische (d.h. in der VwGO nicht geregelte) Klage zugelassen werden. Eine solche atypische (Aufhebungs- oder Feststellungs-)Klage wird z.B. bei kommunalen Organstreitigkeiten diskutiert.[71]

hemmer-Methode: Gerade in Praktikerklausuren liegt im Klageantrag häufig ein Schwerpunkt. Wenn der im Sachverhalt geschilderte Antrag des Klägers unklar oder ungenau ist, kann der Bearbeiter nur weiterkommen, wenn er prozessuales Verständnis hat. Hier liegt dann eine entscheidende Weichenstellung für die Richtung der Klausur nach unten oder oben.
Vorgehensweise: Sie lehnen sich zurück und fühlen sich ein in die Rolle des gütigen Richters. Tief unten vor Ihrer Richterbank steht ein kleiner Laie, der ein dunkles Wollen äußert. Ihre Aufgabe ist es, sein Stammeln zur Klarheit eines juristischen Antrags zu läutern.
Sie können dazu zwei Instrumente verwenden.
1. § 88 VwGO: Auslegung des Klageantrages mit der Grenze des eindeutigen Wortlautes.
2. § 86 III VwGO: Hinwirken auf sachdienliche Anträge. Hier sucht der Richter das kameradschaftliche Rechtsgespräch. Er ist gebunden an das Ziel des Klägers (Streitgegenstand!), kann ihm aber in diesen Grenzen ein anderes Mittel vorschlagen.
Durchführung in der Klausur: Bei der Prüfung bemerken Sie, dass der vom Kläger erhobenen Verpflichtungsklage das Rechtsschutzbedürfnis fehlt, weil er für das angestrebte Verhalten entgegen der Auffassung der Behörde gar keine Genehmigung braucht. Nachdem Sie das festgestellt haben, formulieren Sie Folgendes: Der Richter muss nach § 86 III VwGO auf sachdienliche Anträge hinwirken. Es ist davon auszugehen, dass der Kläger nach entsprechendem Hinweis seine Klage auf eine Feststellungsklage umstellt. Dann prüfen Sie weiter die Feststellungsklage, gerichtet auf die Feststellung der Genehmigungsfreiheit.

1. VA als Gegenstand der Anfechtungsklage

Anfechtungsklage gegen VAe

Die Anfechtungsklage gemäß § 42 I Alt. 1 VwGO richtet sich gegen einen bereits erlassenen VA, der noch nicht seine Erledigung gefunden hat. Der VA wird in § 35 S. 1 VwVfG als Maßnahme einer Behörde auf dem Gebiet des öffentlichen Rechts zur rechtsfolgenbegründenden Regelung eines Einzelfalls mit Außenwirkung bezeichnet. Die Anfechtungsklage ist eine Gestaltungsklage und hat die Aufhebung des VA durch das Verwaltungsgericht zum Ziel. 55

hemmer-Methode: Dogmatisch ist an dieser Stelle korrekt, hier auf einen eigenständigen verwaltungsprozessualen VA-Begriff oder zumindest auf § 35 VwVfG des Bundes und nicht auf die Landesverwaltungsverfahrensgesetze abzustellen, da ein Landesgesetz nicht als Legaldefinition für ein Bundesgesetz herangezogen werden kann, vgl. Art. 31 GG. Angesichts der wörtlichen Übereinstimmung der Legaldefinitionen spielt es allerdings im Ergebnis überhaupt keine Rolle, auf welchen VA-Begriff man nun abstellt.[72]

Formulierungsvorschlag

Der Bearbeiter muss also die Rechtsnatur des vom Kläger angegriffenen Behördenhandelns klären. Es kann etwa folgendermaßen formuliert werden: 56

71 Vgl. z.B. Stumpf, die allgemeine Gestaltungsklage im Kommunalverfassungsstreit, BayVBl. 2000, 103.

72 Kopp/Schenke, Anh. § 42 VwGO, Rn. 2, i.d.R. ist beim Handeln einer Landesbehörde allerdings auf das Landesverwaltungsverfahrensgesetz abzustellen, vgl. § 1 III VwVfG.

„Der Kläger begehrt Aufhebung/Beseitigung der Belastung. Statthafte Klageart könnte hier die Anfechtungsklage nach § 42 I Alt. 1 VwGO sein. Dazu müsste es sich bei dem angegriffenen Akt um einen VA i.S.d. § 35 S. 1 VwVfG handeln." Vertretbar ist es auch, kurz die Tatbestandsmerkmale des § 35 S. 1 VwVfG als gegeben zu zitieren.

VA-Begriff nicht überbewerten

Die erhebliche Überbewertung, die dem VA-Begriff in der Ausbildungsliteratur zuteilwird, lässt sich geschichtlich erklären. Vor Inkrafttreten der VwGO war das Vorliegen eines VA nämlich rechtsschutzeröffnend. 57

Geklagt werden konnte also nur, wenn die in Frage stehende behördliche Maßnahme auch tatsächlich als VA qualifiziert werden konnte. Diese rechtsschutzeröffnende Funktion des VA gibt es nicht mehr. Vielmehr steht dem Adressaten eines „Nicht-VA" die allg. Leistungsklage offen.

hemmer-Methode: Für die Klausur heißt das, dass der VA-Begriff an sich nur von geringer Bedeutung ist. Ein näheres Eingehen auf ihn wird nur noch in den Bereichen notwendig, wo der VA auch heute noch seine Bedeutung hat bzw. dann, wenn der Klausurersteller durch Hinweise im Sachverhalt deutlich zu verstehen gibt, dass eine Auseinandersetzung mit dem VA-Begriff erwünscht ist.

2. Prozessuale Bedeutung des VA-Begriffs

Funktionen des VA-Begriffs

Prozessuale Bedeutung kommt dem VA heute eigentlich nur noch in folgender Hinsicht zu: 58

„rechtsschutzeröffnende" Funktion (Widerspruch)

a) Er wirkt insoweit rechtsschutzeröffnend, als nur gegen VAe das Widerspruchsverfahren statthaft ist (dieses muss andererseits als zwingende Zulässigkeitsvoraussetzung der Anfechtungsklage auch durchgeführt werden, § 68 I S. 1 VwGO).

hemmer-Methode: In der Klausur kann die Klärung, ob es sich um einen VA handelt, etwa deswegen von Bedeutung sein, weil der Kläger ein notwendiges (Verwaltungs-) Vorverfahren versäumt hat. Hat nämlich der Kläger Leistungsklage erhoben, stellt sich aber heraus, dass es sich tatsächlich um einen VA handelt, so wird ihn der Richter zwar auf die Umstellung seines Klageantrages hinweisen, eine Verpflichtungsklage kann aber mangels ordnungsgemäßer Durchführung eines Vorverfahrens unzulässig sein.

klageartbestimmende Funktion

b) Er wirkt klageartbestimmend, denn nur gegen VAe steht die Anfechtungsklage offen und nur auf Erlass eines VAs kann die Verpflichtungsklage erhoben werden, § 42 I VwGO.

hemmer-Methode: An dieser Stelle zeigt sich die rechtsschutzerweiternde Funktion des Verwaltungsaktes. Der Rechtsschutz gegen einen Verwaltungsakt ist mit der Suspensivwirkung des § 80 I VwGO besonders effektiv ausgestaltet. Dies spricht dafür, die Rechtsnatur einer Maßnahme nach dem äußeren Erscheinungsbild zu bestimmen.[73] Schaut eine Maßnahme wie ein Verwaltungsakt aus, muss sich die Behörde hieran festhalten lassen!

In der Klausur kann sich eine besondere Notwendigkeit, den VA-Begriff eingehend zu prüfen, auch aus einem deutlichen Hinweis des Klausurerstellers ergeben: So war in einer bayerischen Examensklausur[74] eine sog. Künstlerbescheinigung ausführlich auf ihren VA-Charakter zu untersuchen, obwohl die Abgrenzung für die weitere Klausur letztlich gleichgültig war, da dem Kläger jedenfalls die allgemeine Leistungsklage zur Verfügung stand.

73 Vgl. unten Rn. 60.

74 Bayerisches Staatsexamen 81/II, 7; BayVBl. 1984, 700.

vorläufiger Rechtsschutz nach § 80 I S. 1 VwGO

c) Nur gegen VAe gibt es – erleichterten – vorläufigen Rechtsschutz durch den von Gesetzes wegen bestehenden Suspensiveffekt gem. § 80 I S. 1 VwGO.

Wird vor Gericht vorläufiger Rechtsschutz begehrt, ist in der Klausur die Qualifikation der behördlichen Maßnahme für die Abgrenzung zwischen dem vorläufigen Rechtsschutz nach § 123 VwGO bzw. § 80 V VwGO entscheidend.

hemmer-Methode: Denken Sie bei zweifelhaften Abgrenzungsfragen an die grundlegenden Funktionen des VA. Der VA hat zwei grundlegende Funktionen:
1. Regelungsfunktion:
Sie besagt, dass der VA nach Bestandskraft Bindungswirkung hat gegenüber dem Bürger, der erlassenden Behörde (allerdings noch Aufhebungsermessen nach §§ 48, 49 VwVfG) und gegenüber anderen Behörden. Die Intensität dieser Bindungswirkung lässt sich noch weiter abstufen:
a) Tatbestandswirkung:
Dies ist der Regelfall. Danach bezieht sich die Bindung auf den Tenor (den verfügenden Teil) des VA, während seine Begründung davon nicht erfasst wird.
Wichtig wird die Tatbestandswirkung in den „Zwei-Genehmigungs-Fällen“: Jemand hat eine Baugenehmigung, welche die Nutzung als Gaststätte vorsieht und will jetzt eine Gaststättengenehmigung. Die Gaststättengenehmigung ist eine raumbezogene Personalkonzession, die Baugenehmigung eine reine Realkonzession (d.h. sie ergeht rein anlagenbezogen und wird auch dann erteilt, wenn der Bauherr Analphabet oder Trinker ist). Wenn nun die Baugenehmigung schon vorliegt, kann wegen ihrer Bindungswirkung die Gaststättengenehmigung nicht mehr aus raumbezogenen Gründen nach § 4 I Nr. 2 u. 3 GastG verweigert werden, soweit der Prüfungsgegenstand von Baugenehmigung und Gaststättenerlaubnis kongruent ist. Sie kann aber sehr wohl noch verweigert werden wegen fehlender persönlicher Zuverlässigkeit des Bewerbers nach § 4 I Nr. 1 GastG. Denn die persönliche Zuverlässigkeit hat die Baubehörde nicht überprüft.
b) Feststellungswirkung:
Hier bezieht sich die Bindung nicht nur auf den Tenor, sondern auch auf die Gründe des VA. Dieser Ausnahmefall tritt nur ein, wenn ein Gesetz dies anordnet. Einziger praktischer Fall ist im Recht der Vertriebenen angesiedelt und daher zu vernachlässigen. Ansonsten findet sich eine Feststellungswirkung nur im Verhältnis von Urteil und VA. Nach § 4 StVG und § 35 III GewO ist die Behörde bei der Erlaubniserteilung und anderen Maßnahmen nur an die Gründe des Urteils gebunden, wenn das Gericht in den Gründen zu der Frage wirklich Stellung genommen hat.
c) Konzentrationswirkung:
Hier ersetzt eine Genehmigung alle Genehmigungen, die für die Verwirklichung des Vorhabens erforderlich sind. Auch dies gilt nur, wenn ein Gesetz dies anordnet. Beispiele sind § 13 BImSchG und § 75 VwVfG. Die Anlagengenehmigung und der Planfeststellungsbeschluss beinhalten grundsätzlich alle für die Realisierung des Vorhabens erforderlichen Erlaubnisse.
2. Titelfunktion:
Der Bürger kann nach Abschaffung des Faustrechtes seine Regelung nicht mehr selbst vollstrecken, sondern muss den Umweg über die Gerichte nehmen. Die Verwaltung hingegen kann bestimmte VAe auch selbst vollstrecken. Grundlage dafür ist das VwVG.[75] Unnötig ist dies bei feststellenden VAen (Dienstaltersstufe des Beamten) und bei gestaltenden VAen (Baugenehmigung hebt präventives Bauverbot auf). Nötig ist eine Vollstreckung bei VAen, die auf Handlung, Duldung oder Unterlassung gerichtet sind (Gebote und Verbote).

3. actus-contrarius-Theorie

actus-contrarius-Theorie

Häufig tauchen in der Klausur Verwaltungsmaßnahmen auf, die anderen Verwaltungsmaßnahmen entgegengesetzt sind und diese aufheben. 59

75 Bzw. die Vollstreckungsgesetze der Länder, z.B. das BayVwZVG.

In diesen Fällen kann für die Qualifikation der Verwaltungsmaßnahme die sog. actus-contrarius-Theorie angewandt werden. Danach ist die Verwaltungsmaßnahme, die einen Verwaltungsakt aufhebt, ebenfalls Verwaltungsakt.

Es muss also darauf abgestellt werden, ob die aufgehobene Grundmaßnahme ein VA ist. Eine Überprüfung der Tatbestandsmerkmale des § 35 S. 1 VwVfG ist also nicht etwa erlässlich. Die actus-contrarius-Theorie befreit nur von einer Qualifikation der per se oftmals nicht eindeutig einzuordnenden Aufhebungsmaßnahme.

4. Qualifikation nach dem äußeren Erscheinungsbild

a) Grundsatz: äußere Form für Qualifikation ausreichend

Abgrenzung der Handlungsformen der Verwaltung

Es können Fälle auftreten, in denen abgegrenzt werden muss, ob das behördliche Handeln durch VA oder eine der anderen Handlungsmöglichkeiten der Verwaltung (Normsetzung durch Satzung/Verordnung, schlichtes Verwaltungshandeln/Realakt) erfolgte. 60

Abgrenzung nach formalen Gesichtspunkten

Die Abgrenzung ist in erster Linie nach formalen Gesichtspunkten vorzunehmen. Maßgebend ist der objektiv erkennbare Wille der Behörde, wie er sich einem verständigen Empfänger nach Würdigung der Gesamtumstände darstellt.[76] Stellt sich das behördliche Handeln äußerlich eindeutig als VA dar, so bestimmt sich der Rechtsschutz nach § 42 I Alt. 1 VwGO selbst dann, wenn die Behörde anders hätte handeln müssen. Ob die rechtmäßige Vorgehensweise der Verwaltung dabei Rechtsverordnung, Satzung o.a. gewesen wäre, kann bei der Prüfung der Statthaftigkeit der Anfechtungsklage offen bleiben.

Das entspricht der rechtsstaatlichen Erwägung, dass der Bürger effektiven Rechtsschutz nur erlangen kann, wenn klar erkennbare Abgrenzungsmöglichkeiten für die Art des Rechtsschutzes vorgegeben sind.[77]

> ***Bsp.:*** *Hat die Behörde die Benutzung ihrer öffentlichen Einrichtung privatrechtlich geregelt, so stehen ihr i.R.d. Benutzungsverhältnisses nur Mittel des Privatrechts zur Verfügung (Gleichordnungsverhältnis). Das obrigkeitsstaatliche Mittel „VA" hingegen ist ihr verwehrt. Fordert sie ihren Mietzins dann dennoch mit Leistungsbescheid, der objektiv nach außen hin einen VA darstellt (Indizien: Bezeichnung, Rechtsbehelfsbelehrung u.a.), so ist hiergegen die Anfechtungsklage zulässig.*

hemmer-Methode: Die Frage, ob die Behörde auch so handeln durfte, ist eine Frage der Begründetheit, nämlich der sog. VA-Befugnis.

Reichweite des Rechtsschutzes

Weiter kann hier als Argument angeführt werden, dass die Qualifizierung des Rechtsaktes auch für die Intensität des Rechtsschutzes bestimmend ist. Während nämlich VA-Klagen nur inter partes eine Klärung bringen, § 121 VwGO, wirkt das Normenkontroll-Urteil inter omnes, stellt also mit Allgemeingültigkeit die Nichtigkeit einer Norm fest, § 47 V S. 2 VwGO. 61

> ***Bsp.:*** *Hat die Behörde der Form nach eine Verordnung erlassen, die sich dem Inhalt nach als ein VA darstellt, so ist die Anfechtungsklage weniger rechtsschutzintensiv, weil diese nur die Rechtswidrigkeit im Verhältnis zum Kläger feststellen könnte, die „Norm" im Übrigen wirksam bliebe.*

---

76 Vgl. Kopp/Ramsauer, § 35 VwVfG, Rn. 16, zur Gegenansicht Kopp/Schenke, Anh. § 42 VwGO, Rn. 5.

77 Vgl. BVerwG, BayVBl. 1999, 411, BayVGH, BayVBl. 1999, 341; OVG Schleswig, NVwZ 2000, 577.

hemmer-Methode: An sich ist das Kriterium „äußeres Erscheinungsbild" ausreichend, um die Statthaftigkeit der Anfechtungsklage begründen zu können. In der Klausur kann es aber opportun sein, das Argument „äußeres Erscheinungsbild" gewissermaßen nachzuschieben und zunächst die Einzelmerkmale des VA nach § 35 S. 1 VwVfG zu untersuchen.

b) Sonderproblem: Als VA behandelter Nicht-VA

als VA behandelter Nicht-VA

Nach dem BVerwG[78] soll auch dann ein VA vorliegen, wenn die Widerspruchsbehörde einen Nicht-VA als VA behandelt, den (unzulässigen!) Widerspruch also in der Sache verbescheidet. 62

Anfechtungsklage wegen Widerspruchsbescheides?

Gegenstand der Anfechtungsklage sei gem. § 79 I Nr. 1 VwGO der ursprüngliche Verwaltungsakt in der Gestalt, die er durch den Widerspruchsbescheid erhalten hat. Die VwGO behandelt nämlich das Verfahren vor der Ausgangs- und vor der Widerspruchsbehörde grundsätzlich als Einheit.

Wird also eine schlichte verwaltungsbehördliche Willenserklärung erst nachträglich durch den Widerspruchsbescheid zu einem VA gemacht, muss die Ausgangsbehörde diesen Fehler mit vertreten (§ 78 I Nr. 1 VwGO).[79]

keine Anfechtungsklage, da Widerspruch unzulässig

Anderer Ansicht ist der BayVGH:[80] Der Charakter einer Rechtshandlung könne nicht durch nachträgliches rechtswidriges Handeln dritter Behörden bestimmt werden; demnach sei keine Anfechtungsklage statthaft.

Dieses rein formale Argument vermag allerdings im Hinblick auf den Grundsatz des effektiven Rechtsschutzes (Art. 19 IV GG) nicht zu überzeugen. Dem Bürger darf die falsche Qualifikation durch die Widerspruchsbehörde nicht zur Last fallen.

5. Abstellen auf den Inhalt der Maßnahme

Form nicht aufschlussreich: Inhalt der Maßnahme

Erweist sich die Maßnahme der Form nach als mehrdeutig oder fehlen eindeutige äußere Merkmale überhaupt, so ist auf den Inhalt der Maßnahme abzustellen. 63

Subsumtion unter § 35 VwVfG

Hier muss anhand der von § 35 S. 1 VwVfG vorgegebenen VA-Merkmale abgegrenzt werden. Es kann eine schulmäßige Subsumtion demonstriert werden. In den problematischen Fällen wird entweder der Regelungsgehalt der Maßnahme, der Einzelfallcharakter (Norm oder konkrete Regelung) oder die Außenwirkung in Frage stehen. Diese Merkmale lassen sich am besten aus ihrer Funktion heraus verstehen, den VA gegenüber anderen Formen des Verwaltungshandelns abzugrenzen.

a) Handeln einer Behörde

Behördenbegriff des § 1 IV VwVfG

Ob eine Behörde gehandelt hat, wird kaum jemals zweifelhaft sein. Ergeben sich doch einmal Zweifel, ist vom verwaltungsverfahrensrechtlichen Behördenbegriff i.S.d. § 1 IV VwVfG auszugehen. 64

78 NVwZ 1988, 51.

79 Vgl. auch OVG Magdeburg, NJW 2000, 1132.

80 NVwZ 1990, 776.

hemmer-Methode: Probleme können hier auftauchen, wenn bspw. der Bundestagspräsident Bescheide erlässt. Dieser ist eigentlich Teil der Legislative und damit gerade nicht Behörde i.S.d. § 1 IV VwVfG. Maßgeblich ist aber nicht diese generelle Zuordnung, sondern die konkrete Handlung im Einzelfall. Es kommt darauf an, ob der Bundestagspräsident verwaltende Aufgaben wahrnimmt oder Teil der Gesetzgebungsaktivitäten des Bundestags ist.

Abzugrenzen ist die behördliche Maßnahme vor allem von Akten der Legislative und Judikative sowie vom Handeln eines Privatmannes, der nicht Beliehener oder Verwaltungshelfer ist.

b) Auf dem Gebiet des öffentlichen Rechts

öffentliches Recht?

Ob ein Handeln auf dem Gebiet des öffentlichen Rechts vorliegt, wurde im Allgemeinen schon bei der Frage nach der Eröffnung des Verwaltungsrechtsweges geklärt.[81] 65

c) Regelung

Regelungsgehalt

Wie sich aus der VA-Definition ergibt, muss die Maßnahme auf Setzung einer Rechtsfolge gerichtet sein, d.h. es muss die unmittelbare Regelung eines Rechtsverhältnisses bezweckt sein. Ein VA und damit eine Anfechtungs- wie auch Verpflichtungsklage scheiden dagegen aus, wenn es an diesem Regelungscharakter fehlt. 66

Besondere Probleme ergeben sich in folgenden Fällen:

aa) Realakte

Den wichtigsten Fall bilden die sog. Realakte der Verwaltung. So werden diejenigen Verwaltungsmaßnahmen bezeichnet, die nicht auf einen rechtlichen, sondern vielmehr auf einen tatsächlichen Erfolg gerichtet sind. Hierunter fallen reine Wissenserklärungen (Auskünfte, Warnungen, Berichte, Ansprachen, usw.) und tatsächliche Verrichtungen (Betrieb der Klär-/Wasserversorgungs-/Sirenenanlage, Dienstfahrt, Geldzahlungen usw.). 67

(1) Keine Regelung bezweckt

Zweckrichtung der Tathandlung

Zwar können auch diese tatsächlichen Verrichtungen und Erklärungen mittelbar Rechtswirkungen entfalten. Diese sind von der Behörde aber nicht bezweckt, sondern stellen sich vielmehr als faktische Beeinträchtigungen dar. So kann die Geruchsbelästigung, die durch den tatsächlichen Betrieb der gemeindlichen Kläranlage entsteht, sicherlich eine Gesundheitsbeeinträchtigung für die Anwohner darstellen, unmittelbar bezweckt ist sie jedoch nicht. Durch eine unrichtige Auskunft der Verwaltung kann der Betreffende zu schädigenden Vermögensdispositionen veranlasst worden sein, durch einen Unfall während einer Dienstfahrt ein Passant verletzt worden sein, bezweckt waren diese Rechtswirkungen jedoch nicht. Mangels Regelungscharakter scheidet ein VA und damit eine Anfechtungsklage aus.

hemmer-Methode: Natürlich bestehen für den Betroffenen auch in diesen Fällen Rechtsschutzmöglichkeiten. In Frage kommen hier entweder die allgemeine Leistungsklage (Beseitigungs- oder Wiederherstellungsanspruch) oder ein Anspruch aus § 839 BGB auf Schadensersatz, für den der Zivilrechtsweg gegeben ist.

81 Vgl. oben Rn. 22 ff.

(2) Konkludente Duldungsanordnung

konkludente Duldungsanordnung

Manche Tatmaßnahmen der Polizei oder der Vollstreckungsbehörden gelten als VAe, weil sie zugleich die konkludente Anordnung enthalten, die Maßnahme als rechtmäßig zu dulden. Derartige Duldungsanordnungen liegen immer dann vor, wenn aus der Maßnahme selbst klar wird, dass sie diesen Erklärungswert hat. So hat etwa die Sicherstellung eines Messers gleichzeitig den objektiven Erklärungswert, die Sicherstellung als rechtmäßig zu dulden – es handelt sich daher um einen VA. Ebenso enthalten Maßnahmen des unmittelbaren Zwanges, wie der berühmte Schlag mit dem Polizeiknüppel, die konkludente Anordnung, die Zwangsmaßnahme als rechtmäßig hinzunehmen und sind damit VAe. *68*

hemmer-Methode: Hier lässt sich mit der Gegenansicht auch die Einstufung als Realakt vertreten, zumal die prozessualen Folgeprobleme dadurch an Bedeutung verloren haben, dass das BVerwG mittlerweile bei einer Fortsetzungsfeststellungsklage analog § 113 I S. 4 VwGO auf die Fristbindung verzichtet.
Damit ist der wesentliche Unterschied zur allgemeinen Feststellungsklage als dem gegen Realakte einschlägigen Rechtsschutz weggefallen.[82]

bb) „Zweitbescheid" und „wiederholende Verfügung"

zwei gleichlautende VAe

Das Problem, ob eine rechtliche Regelung vorliegt, stellt sich auch bei wiederholenden Verfügungen bzw. Zweitbescheiden, nachdem bereits ein unanfechtbar gewordener VA in der Sache vorliegt. *69*

wiederholende Verfügung: Verweis auf ErstVA

Bei sog. wiederholenden Verfügungen verweist die Behörde nur auf den Inhalt eines früheren VA, ohne erneut in eine Sachprüfung einzutreten.

Nach h.L.[83] liegt darin kein VA, da eben keine neue Regelung getroffen werde, sondern nur auf den bestehenden VA hingewiesen wurde.

neue Sachentscheidung: neuer VA

Hat der Betroffene jedoch - ggf. konkludent - einen Antrag auf erneute inhaltliche Prüfung gestellt (etwa nach § 51 VwVfG), liegt in der wiederholenden Verfügung die konkludente Ablehnung einer solchen Prüfung und damit ein Verwaltungsakt.[84] *70*

> ***Fall:*** *A wird durch Ordnungsverfügung aufgegeben, die baurechtswidrig erstellten Fundamente eines Zaunes wieder zu beseitigen. A lässt diese Verfügung bestandskräftig werden. Kurz darauf wendet er sich wieder an die Behörde mit der Bitte, noch einmal zu prüfen, ob die Verfügung rechtmäßig ergangen ist. Die Behörde reagiert mit der Wiederholung des dem A bereits zugegangenen, bestandskräftigen VA und verweist auf dessen Unanfechtbarkeit.*
>
> Hierbei handelt es sich, soweit die Entscheidung in der Sache betroffen ist, um die schlichte Wiederholung des ersten VA ohne eigene Regelungswirkung; insoweit ist eine Anfechtungsklage unzulässig. Soweit es aber um die Ablehnung der Bitte um erneute Prüfung geht, liegt eine Regelung (und zwar die Ablehnung eines Wiederaufgreifens nach § 51 VwVfG) und damit ein VA vor.

hemmer-Methode: Da die Regelung in diesen Fällen aber gerade darin besteht, das Verfahren nicht nach § 51 VwVfG wiederaufzugreifen, ist im Regelfall keine Anfechtungsklage, sondern eine Verpflichtungsklage in Form der Versagungsgegenklage statthaft.

---

82 BVerwG, NVwZ 2000, 63 = BayVBl. 2000, 439.

83 Pietzner-Ronellenfitsch, § 9, Rn. 14 m.w.N.

84 Str., so Maurer, § 11 Rn. 56; a.A. Pietzner-Ronellenfitsch, § 9, Rn. 14 m.w.N.; da dieses Problem typischerweise i.R.d. Verpflichtungsklage auftaucht, sei hier auf die Ausführungen im Skript **Hemmer/Wüst, VerwR II, Rn. 89 f.** verwiesen.

Diese ist allerdings nicht isoliert auf das Wiederaufgreifen gerichtet, obwohl diese eine Entscheidung einen Verwaltungsakt darstellt, sondern das Klagebegehren ist die eigentliche Sachentscheidung. Das Wiederaufgreifen nach § 51 VwVfG ist dabei nur Vorfrage.

Entscheidet die Behörde erneut in der Sache, liegt ein sog. Zweitbescheid vor, und zwar auch dann, wenn eine inhaltlich gleichlautende Regelung erfolgt. Er ist in jedem Fall ein VA.

cc) Gesetzeskonkretisierender VA

bloße Gesetzeswiederholung oder eigener Regelungsgehalt?

Eine ähnliche, häufige Problematik stellt sich beim sog. gesetzeskonkretisierenden VA. 71

Hier geht es um die Frage, ob eine behördliche Erklärung nur das Gesetz wiederholt und damit nicht unmittelbar auf die Herbeiführung einer Rechtsfolge gerichtet ist oder (zusätzlich) die verbindliche Klärung und Durchsetzung der gesetzlichen Rechtslage bezweckt. Nur im letzten Fall liegt ein feststellender VA vor.

Abgrenzung nach Empfängerhorizont

Hier wie im Fall der Abgrenzung Zweitbescheid/wiederholende Verfügung ist durch Auslegung zu ermitteln, ob ein VA vorliegt, was in diesen Fällen rechtsschutzeröffnend wirkt. Es kommt also darauf an, wie der Bürger nach Treu und Glauben die Maßnahme auffassen durfte.

Regelungskriterien sind dabei (wie auch bei der Frage, ob die Anfechtungsklage nicht schon deswegen statthaft ist, weil es sich der Form nach um einen VA handelt) die erkennbare Absicht der Behörde, eine Regelung zu treffen, sowie die Frage, ob auch aus Sicht des Bürgers ein klärungsbedürftiges Rechtsverhältnis vorliegt.

***Bsp.:** Die Gemeinde G verlangt von A berechtigterweise Verwaltungskosten.[85] Der Zahlungsbescheid enthält den Hinweis, dass der Beitrag bis 31.12.2015 zu zahlen sei, anderenfalls Zwangsbeitreibung erfolge. Handelt es sich bei diesem Hinweis um einen VA?*

bloßer Hinweis auf Art. 23 I BayVwZVG?

Hier handelt es sich um einen Hinweis auf die Vollstreckung von VAen, mit denen eine Geldleistung gefordert wird, nach Art. 23 f. BayVwZVG.[86] Es könnte sich lediglich um die Wiederholung gesetzlicher Voraussetzungen nach Art. 23 I Nr. 1 und 2 BayVwZVG handeln. Dann wäre das Schreiben kein VA.

aber: rechtlich notwendig

Ein rechtlicher Regelungsgehalt ist aber in diesem Fall zu bejahen, weil der Zwangsvollstreckung notwendig ein Hinweis auf dieselbe gem. Art. 23 BayVwZVG voranzugehen hat.

Anders liegt es im folgenden Fall:

A wurde mit Bescheid der zuständigen bayerischen Behörde vom 20.01.2016 aufgefordert, eine tote Katze von seinem Grundstück zu beseitigen. Falls das bis zum 27.01.2016 nicht geschehen sei, werde ein Zwangsgeld in Höhe von 50,- € fällig. Am 29.01.2016 erhält A ein Schreiben, in dem ihm die Fälligkeit des Zwangsgeldes mitgeteilt wird. Handelt es sich bei diesem (zweiten) Schreiben um einen VA? 72

keine selbstständige Regelung

Die Feststellung der Fälligkeit eines Zwangsgeldes (Art. 31 III S. 3, 23 I Nr. 2 BayVwZVG[87]) ist kein anfechtbarer VA, da sie keine Regelung enthält. Der Hinweis auf die Fälligkeit ist keine notwendige Voraussetzung der Zwangsvollstreckung. Die gesetzlich vorgeschriebene Androhung des Zwangsmittels wurde hier mit dem Ausgangs-VA verbunden.

---

85 Bspw. nach dem Bayerischen Kostengesetz bzw. entsprechender Vorschriften anderer Bundesländer.

86 Und entsprechender Vorschriften anderer Bundesländer.

87 Und entsprechender Vorschriften anderer Bundesländer bzw. des Bundes, vgl. §§ 11 ff. VwVG.

Das Vorliegen eines VA könnte hier nur dann angenommen werden, wenn die behördliche Feststellung als nochmalige rechtsgestaltende Festsetzung des Zwangsgeldes verstanden werden müsste (Auslegung). Dazu fehlen aber besondere Anhaltspunkte.

dd) Negative Feststellungen

Feststellender VA oder bloße Auskunft?

Zweifelhaft ist das Vorliegen einer Regelung auch, wenn eine behördliche Maßnahme die Feststellung enthält, dass es einer bestimmten Regelung gerade nicht bedarf. Dabei könnte es sich entweder um einen feststellenden VA (dann Regelungswirkung) oder um ein bloßes Negativattest ohne Regelungscharakter handeln. 73

hemmer-Methode: Die Begrifflichkeit kann hier verwirrend sein. In der Literatur werden einerseits Negativatteste und VAe als Gegenbegriffe verwendet, andererseits sollen auch bestimmte (gesetzlich geregelte) Negativatteste VAe sein. Stellen Sie also bei der Abgrenzung nicht auf die bloße Begrifflichkeit ab, sondern orientieren Sie sich konsequent am Regelungsgehalt der Maßnahme.

Bsp.: *Die zuständige Behörde bescheinigt A schriftlich, dass er keiner Reisegewerbekarte bedarf, da seine Tätigkeit von der gesetzlichen Regelung nicht erfasst werde. Ein Konkurrent des A wendet sich gegen diese Bescheinigung. Ist eine Anfechtungsklage dem Grunde nach statthaft?*

Problematisch ist hier, ob es sich bei der Bescheinigung um einen VA i.S.d. § 35 S. 1 VwVfG handelt, insbesondere, ob eine Regelung i.d.S. getroffen wird. Hier könnte es sich um ein bloßes „Negativattest" handeln, durch das die Behörde bescheinigt, dass A keiner Reisegewerbekarte gem. § 55 GewO bedarf. Immerhin ist auch eine solche Bescheinigung in der Gewerbeordnung nicht vorgesehen.

Andererseits hat die Bescheinigung insoweit einen Regelungsgehalt, als A, wenn er beim Straßenhandel auf das Vorliegen einer Erlaubnis kontrolliert wird, gegenüber dem handelnden Beamten nachweisen kann, dass er keiner Reisegewerbekarte bedarf. Eine Regelung liegt demnach vor, es handelt sich um einen VA.

hemmer-Methode: Mit guter Argumentation lässt sich hier das Vorliegen eines Verwaltungsaktes auch ablehnen. Es wäre dann eine allgemeine Feststellungsklage zu prüfen. Problematisch beim vorliegenden Fall ist - wie bei allen Fällen der Drittanfechtung - i.Ü. die Klagebefugnis.

ee) Vorbereitende Regelungen

nur endgültige Regelungen sind VA

Grundsätzlich sind Regelungen i.S.d. § 35 S. 1 VwVfG nur endgültige Regelungen.[88] Vorbereitende Maßnahmen fallen nicht darunter. Erst die endgültige Regelung hat VA-Charakter und gegen sie ist ein Widerspruchsverfahren statthaft. 74

Bsp.: *Noten in einzelnen Klausuren sind nur vorbereitend für die Zeugnisnote.[89]*

§ 44a VwGO

Bei einer vorbereitenden Maßnahme wird sich in vielen Fällen auch aus § 44a VwGO die Unzulässigkeit einer Klage ergeben, wenn die vorbereitende Maßnahme eine behördliche Verfahrenshandlung ist.

anders: Vorbescheid

Anders liegt es aber, wenn die vorbereitende Maßnahme bereits einen endgültigen Regelungsgehalt hat, wie z.B. der bau- oder immissionsschutzrechtliche Vorbescheid, der einzelne rechtliche Voraussetzungen eines Vorhabens vorab verbindlich und endgültig entscheidet. Gegen ihn ist eine Anfechtungsklage statthaft.[90] 75

---

88 Schmalz, S. 388.

89 Kopp/Ramsauer, § 35 VwVfG, Rn. 58 f.

90 Vgl. zum Vorbescheid und dessen Bindungswirkung bspw. **Hemmer/Wüst, Baurecht Bayern, Rn. 23 ff.**

d) Einzelfallbezogenheit

VA oder Rechtsnorm?

Durch die Einzelfallbezogenheit unterscheiden sich VAe von Rechtsnormen. 76

aa) Abgrenzungen

Norm: abstrakt generell

Rechtsnormen sind abstrakt-generelle Regelungen. 77

> **Bsp.:** *Pflicht aller Grundstückseigentümer, die Gehwege von Schnee frei zu halten.*

VA: konkret individuell

Der VA-„Normalfall“ dagegen ist die konkret-individuelle Regelung. 78

> **Bsp.:** *S wird aufgegeben, den Gehweg vor seinem Haus von dem am 01.01.2016 gefallenen Schnee zu befreien.*

Form vor Inhalt

Nach überwiegender Ansicht kommt es bei der Abgrenzung primär auf die äußere Form der Regelung an, nicht auf den abstrakten oder konkreten Inhalt. Auf den Inhalt ist nur abzustellen, wenn die Form mehrdeutig ist.[91]

Für die Abgrenzung ist zu fragen, ob die fragliche Regelung abstrakt, d.h. den geregelten Fall nur begrifflich umschreibt, oder konkret ist, d.h. Zeit, Ort und Personen des Falles sind derart bestimmt, dass der Fall sich so nur einmal ereignen kann.

Weiterhin ist zu untersuchen, ob der Adressatenkreis individuell, d.h., die Regelung wendet sich an ganz bestimmte zahlenmäßig feststehende Personen, oder generell ist, d.h. es steht bei Erlass noch nicht fest, wer von der Regelung betroffen sein wird.

	individuell	**generell**
konkret	VA	Allgemeinverfügung
abstrakt	VA *	VO/Satzung

> **Kühlturmfall:** *Immer wenn (abstrakt!) die Temperatur unter 5°C. fällt, muss Kühlturmbetreiber A (individuell!) wegen des gefrierenden Dampfes auf der Straße streuen.*

Rechtsschutzform

Die Abgrenzung zwischen VA und Rechtsnorm spielt bei der Frage nach der Art des Rechtsschutzes eine Rolle. Liegt eine konkret- oder abstrakt-individuelle Regelung vor, ist mit Anfechtungs- bzw. Verpflichtungsklage vorzugehen, gegen eine landesrechtliche abstrakt-generelle Regelung ist die Normenkontrollklage gegeben, wenn die AGVwGO des jeweiligen Bundeslandes eine Ausführungsbestimmung zu § 47 I Nr. 2 VwGO enthält, anderenfalls besteht nur die Möglichkeit der Verfassungsbeschwerde nach Art. 93 I Nr. 4a GG. 79

bb) Insbesondere Allgemeinverfügung

(1) Allgemeines

Allgemeinverfügung: konkret generell

Im Schnittpunkt dieser beiden Möglichkeiten des Verwaltungshandelns steht die Allgemeinverfügung nach § 35 S. 2 VwVfG. 80

91 Vgl. oben Rn. 60 dieses Skripts.

Dabei handelt es sich um einen VA, bei dem nur das Merkmal der Einzelfallbezogenheit modifiziert ist. Die Abgrenzung ist hier besonders schwierig, da es sich um konkret-generelle Regelungen handelt. Anders als eine Rechtsnorm, die eine abstrakt-generelle Regelung trifft, wird ein konkreter Einzelfall mit Rechtsfolgen für eine Vielzahl von Personen geregelt.

formelle Qualifikationskriterien

Bei der Abgrenzung der Allgemeinverfügung von der Rechtsverordnung ist nach h.M. primär auf formelle Gesichtspunkte abzustellen. Indizien sind dabei die Bezeichnung, das Erlassverfahren und die Art der Bekanntgabe.[92] Diese Kriterien sind im Übrigen auch anzuwenden bei der Abgrenzung zwischen VA und Weisung bzw. Gesetz und Verwaltungsvorschrift.[93] Nur wenn die Form mehrdeutig ist, ist der Inhalt der Regelung zu untersuchen. Es ist dann zu fragen, ob die Regelung einen konkreten (bestimmbaren) Fall betrifft oder einen abstrakten (noch nicht absehbaren) Fall regeln will.

hemmer-Methode: In der Klausur empfiehlt es sich, taktisch vorzugehen. Liegen die Probleme etwa darin, dass ein Widerspruch aufschiebende Wirkung entfalten bzw. dass die aufschiebende Wirkung aus irgendwelchen Gründen entfallen könnte, ist bei den Vorüberlegungen davon auszugehen, dass es sich bei der in Frage stehenden Regelung um einen VA in Form der Allgemeinverfügung handelt.
Sodann ist unter Nennung der einschlägigen Alternative des § 35 S. 2 VwVfG exakt zu subsumieren (die Merkmale des § 35 S. 1 VwVfG dürfen nicht vergessen werden) und zur abstrakt-generellen Regelung abzugrenzen.

verfahrensrechtliche Besonderheiten:

Klausurwichtig sind die für Allgemeinverfügungen geltenden verfahrensrechtlichen Besonderheiten, die auf ihre konkret-generelle Ausgestaltung zurückzuführen sind: 81

keine Anhörung

So kann die Behörde von der Anhörung der Beteiligten gem. § 28 II Nr. 4 VwVfG absehen.

öffentliche Bekanntgabe

Die Allgemeinverfügung kann öffentlich bekannt gegeben werden, wenn eine individuelle Bekanntgabe unzweckmäßig ist, § 41 III S. 2 VwVfG.

keine Begründung

Eine öffentlich bekannt gegebene Allgemeinverfügung bedarf keiner Begründung, § 39 II Nr. 5 VwVfG.

(2) Einzelfälle des § 35 S. 2 VwVfG

drei Fälle des § 35 S. 2 VwVfG

Zu unterscheiden sind drei Fälle, nämlich die adressatenbezogene Allgemeinverfügung, Alt. 1, die sachbezogene Allgemeinverfügung, Alt. 2 und die benutzungsregelnde Allgemeinverfügung, Alt. 3. 82

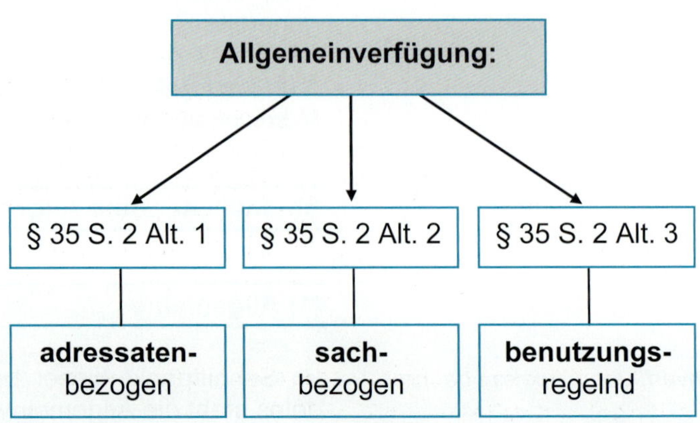

92 Kopp/Ramsauer, § 35 VwVfG, Rn. 16 ff.; a.A. Kopp/Schenke, Anh. § 42 VwGO, Rn. 5.

93 Vgl. Rn. 87 dieses Skripts.

(a) § 35 S. 2 Alt. 1 VwVfG

adressatenbezogene Allgemeinverfügung

Bei der Frage nach der Bestimmbarkeit des Personenkreises reicht es nach h.M. aus, dass der Adressatenkreis im Wesentlichen bestimmt ist. Auch wenn der in Frage stehende Personenkreis zahlenmäßig nicht exakt bestimmbar ist, genügt es für eine adressatenbezogene Allgemeinverfügung, wenn es sich nur um die Regelung eines konkreten Falles handelt.[94] 83

So ergeht etwa ein Fahrverbot bei überraschender gefährlicher Glatteisbildung in Form der Allgemeinverfügung (konkreter Einzelfall).

In den Smog-Alarm-Fällen dagegen wird zum Teil angenommen, dass keine Allgemeinverfügung, sondern eine RechtsVO vorliege, da nicht vorhersehbar sei, wie viele Personen in ein Smog-Gebiet einreisen. Allerdings ist dies für eine Allgemeinverfügung nach § 35 S. 2 Alt. 1 VwVfG typisch, sodass mit der Gegenansicht von einer solchen auszugehen ist.[95]

(b) § 35 S. 2 Alt. 2 VwVfG

sachbezogene Allgemeinverfügung

Darunter fallen vor allem Widmung und Entwidmung einer öffentlichen Sache. Widmung ist dabei die Erklärung einer Behörde, dass eine Sache einem bestimmten öffentlichen Zweck dienen und deshalb den öffentlich-rechtlichen Vorschriften unterstehen soll. Die Widmung zur öffentlichen Straße ist eher in den Schwerpunktbereich „Öffentliches Straßen- und Wegerecht" und ins Kommunalrecht zu verorten. Klausurrelevant dürfte aber die Widmung zu einer öffentlichen Einrichtung im Sinne der Gemeindeordnungen sein, vgl. bspw. Art. 21 BayGO.[96] 84

hemmer-Methode: Beachten Sie die Zusammenhänge! Geeigneter Aufhänger für eine Klausur in Hinblick auf § 35 S. 2 Alt. 2 VwVfG kann z.B. die Umbenennung einer Straße sein (vgl. Art. 52 BayStrWG[97]). Hierbei wird die Eröffnung weiterer Problemfelder ermöglicht, z.B. i.R.d. Klagebefugnis (Art. 52 BayStrWG ist Ermessensnorm) sowie bei der Berechnung der Widerspruchsfrist (vgl. zur Bekanntgabe einer schriftlichen oder elektronischen Allgemeinverfügung § 41 IV S. 3 VwVfG).

(c) § 35 S. 2 Alt. 3 VwVfG

benutzungsregelnde Allgemeinverfügung

Klassisches Beispiel einer benutzungsregelnden Allgemeinverfügung ist das Verkehrsschild, das ein Gebot oder ein Verbot (§ 41 StVO – anders Gefahrzeichen nach § 40 StVO, die keine Regelung treffen) enthält. Gebots- und Verbotsschilder regeln das Verhalten der Verkehrsteilnehmer in einem konkreten Straßenabschnitt. 85

Verkehrsschilder

Da die Schilder eine Vielzahl von Verkehrsfällen regeln, sieht eine Mindermeinung in derartigen Verkehrszeichen Rechtsnormen.[98] Das Problem, dass bei einer Einordnung des Verkehrszeichens als VA ein Widerspruch gem. § 80 I VwGO aufschiebende Wirkung hätte, löst die h.M. mit dem Hinweis auf eine Parallelität zu unaufschiebbaren Anordnungen von Polizeivollzugsbeamten, § 80 II S. 2 Nr. 2 VwGO, bei denen eine aufschiebende Wirkung entfällt.

---

94 Vgl. hierzu den „Endiviensalatfall", **Hemmer/Wüst, Classics Ö-Recht, Fall 28**.

95 Zum Meinungsstand Kopp/Ramsauer, § 35 VwVfG, Rn. 103.

96 Vgl. z.B. **Hemmer/Wüst, Kommunalrecht/Bayern, Rn. 130 ff.**

97 Und entsprechender Vorschriften anderer Bundesländer.

98 BVerwGE 59, 221; BayVGH, DVBl. 1979, 742; der BayVGH hat seine frühere Rechtsprechung, nach der Verkehrszeichen als Rechtsverordnungen bewertet wurden, ausdrücklich aufgegeben.

e) Außenwirkung

Richtung auf Außenwirkung

Die Regelung muss auf Außenwirkung gerichtet sein. Auch bei der Außenwirkung kommt es wie bei der Regelung also auf Finalität an. Eine solche Richtung auf Außenwirkung ist gegeben, wenn die angeordneten Rechtsfolgen gegenüber einer außerhalb der Verwaltung stehenden natürlichen oder juristischen Person eintreten sollen, indem deren Rechtsposition erweitert oder eingeschränkt oder auf sonstige Weise regelnd in sie eingegriffen werden soll. 86

Abgrenzung zum Behördeninternum

Bei diesem Merkmal des VA geht es um die Abgrenzung zum bloßen Behördeninternum, also um die Frage, ob die getroffene Regelung in einen anderen Rechtskreis eingreift. Problematisch ist das vor allem bei Gemeinderatsbeschlüssen, Mitwirkung anderer Behörden bei Genehmigungserteilung,[99] kommunalverfassungsrechtlichen Akten, Fachaufsichtsmaßnahmen sowie Akten im besonderen Gewaltverhältnis.

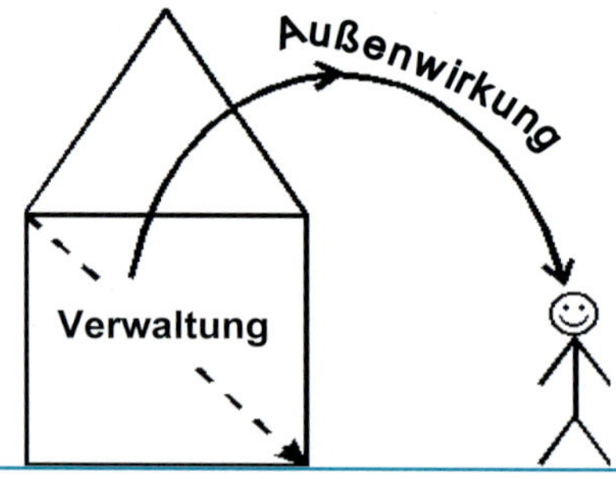

aa) Innerdienstliche Weisungen

Maßnahmen des Vorgesetzten

Anweisungen des Vorgesetzten an seine Untergebenen hinsichtlich ihrer dienstlichen Stellung und Tätigkeit sind grundsätzlich keine VAe, da sie den verwaltungsinternen Bereich nicht verlassen. 87

Verwaltungsvorschriften

Hierher gehören auch Verwaltungsvorschriften, die ihrem Zweck nach nichts anderes sind als vorformulierte innerdienstliche Weisungen, die der Koordinierung und Einheitlichkeit der Verwaltungstätigkeit dienen. Sie sind weder Rechtsnormen noch VAe.

Auftragssperre

> **Bsp. 1:** *Weist die Regierung die ihr nachgeordnete Polizeidienststelle an, dem Abschleppunternehmer U künftig keine Aufträge mehr zu erteilen, da U nicht zuverlässig sei, und will U gegen diese Weisung vorgehen, so kann er dies nicht auf direktem Wege vor dem Verwaltungsgericht tun. Vielmehr muss er sich vor dem Zivilgericht gegen die Auftragssperre wehren. Das Verhältnis zwischen Abschleppunternehmer und Polizei ist rein zivilrechtlich zu beurteilen.[100] Das Zivilgericht prüft dann inzident die Rechtmäßigkeit der innerdienstlichen Weisung mit.* 88

grundrechtlich geschützter Eigenbetrieb

> **Bsp. 2:** *Weist der Bürgermeister einer Stadt den Intendanten des von der Stadt als Regiebetrieb geführten Theaters an, zukünftig den Theaterbetrieb nicht für politische Stimmungsmache zu nutzen, so entfaltet die Weisung Außenwirkung. Das Theater steht einer juristischen Person des öffentlichen Rechts gleich und kann sich (ausnahmsweise, vgl. die Geltung von Art. 5 I GG für Rundfunkanstalten, Art. 4 GG für öffentlich-rechtlich organisierte Religionsgesellschaften, Art. 5 III GG für Hochschulen) auf die Kunstfreiheit, Art. 5 III GG, berufen. Dieser durch Art. 5 III GG geschützte Bereich steht außerhalb der (städtischen) Verwaltung. Die Weisung des Bürgermeisters hat daher für das Theater Außenwirkung und ist mithin als VA mit der Anfechtungsklage angreifbar.*

99 Beispiele hierfür sind § 9 II FStrG, § 36 I BauGB. Die typische Klausursituation ist die Verpflichtungs- bzw. allgemeine Leistungsklage auf die Mitwirkungshandlung. Diese Fälle können sehr häufig auch über § 44a VwGO gelöst werden, der Ausdruck für das fehlende Rechtsschutzbedürfnis ist, vgl. Kopp/Ramsauer, § 35 VwVfG, Rn. 77.

100 Maurer, § 3, Rn. 7.

bb) Maßnahmen der Kommunalaufsicht

Kommunalaufsicht

Ob alle Maßnahmen der Kommunalaufsicht Außenwirkung entfalten, ist umstritten. Jedenfalls haben aufsichtliche Akte Außenwirkung, wenn sie die Gemeinde als selbstständige Rechtssubjekte betreffen. 89

(1) Maßnahmen der Rechtsaufsicht

Rechtsaufsicht: immer auf Außenwirkung gerichtet

Maßnahmen der Rechtsaufsicht sind daher immer auf Außenwirkung gerichtet, da sie das Selbstverwaltungsrecht der Gemeinde in Angelegenheiten des eigenen Wirkungskreises berühren. 90

(2) Maßnahmen der Fachaufsicht

Fachaufsicht

Umstritten ist, ob auch Weisungen im übertragenen Wirkungskreis[101] (vgl. Art. 8, 58 BayGO) Außenwirkung entfalten. Die Gemeinde ist zwar auch hier juristisch eigenständiger Verwaltungsträger, aber organisatorisch Teil des hierarchischen Staatsaufbaus, so dass dem Grunde nach eine normale innerdienstliche Weisung vorliegen könnte. 91

(a) Außenwirkung fraglich

e.A: Außenwirkung immer gegeben

Eine Ansicht argumentiert hier schlicht damit, dass jedenfalls auch im übertragenen Wirkungskreis die Gemeinde eigenständiges Rechtssubjekt ist; allerdings fehle im Regelfall die Klagebefugnis.[102] 92

a.A.: nur wenn Selbstverwaltungsrecht berührt

Nach der Gegenansicht ist die Außenwirkung fachaufsichtlicher Maßnahmen grundsätzlich zu verneinen, da die Gemeinde im Rahmen der Fachaufsicht (nur) intern als Teil der Staatsorganisation betroffen ist und damit eine Verletzung des Selbstverwaltungsrechts ausscheidet. 93

Die Gemeinde kann sich aber darauf berufen, dass eine Maßnahme den Rahmen der Fachaufsicht überschreitet und sie insoweit in ihrem Selbstverwaltungsrecht verletzt.

Die Aufsichtsbehörde entscheide konkludent mit, dass die entsprechende Aufgabe in den übertragenen Wirkungskreis fällt, und die Gemeinde zur Befolgung verpflichtet sei.[103]

(b) Keine Richtung auf Außenwirkung

nicht auf Außenwirkung gerichtet

Nach einem weiteren Lösungsansatz soll es nicht darauf ankommen, ob eine Maßnahme tatsächlich Außenwirkung hat, sondern vielmehr – streng nach dem Wortlaut von § 35 S. 1 VwVfG – allein darauf, ob sie auf Außenwirkung gerichtet ist.[104] 94

Diese Richtung auf Außenwirkung ist aber in derartigen Fällen von der Aufsichtsbehörde nie beabsichtigt, so dass schon von vornherein ein VA nicht in Frage kommt. Das heißt nicht, dass gegen derartige Maßnahmen kein Rechtsschutz gegeben ist. Je nach Eigenart des Falles ist dann eine Leistungsklage, eine Unterlassungsklage oder eine Feststellungsklage zulässig. Bei der Klagebefugnis, § 42 II VwGO, ist dann nur zu prüfen, ob ein Eingriff in den Bereich der Selbstverwaltung möglich ist. 95

101 Die Begrifflichkeit ist hier von Bundesland zu Bundesland unterschiedlich.

102 Knemeyer, Bay. KommunalR, Rn. 327.

103 Maurer, § 23, Rn. 23.

104 Schwerdtfeger, Rn. 765.

hemmer-Methode: Die letztgenannte Ansicht überzeugt nicht wirklich. Wenn die Gemeinde auch im übertragenen Wirkungskreis ein eigenes Rechtssubjekt darstellt, sind Maßnahmen der Fachaufsicht zwangsläufig auf Außenwirkung gerichtet, ob die Behörde dies nun will oder nicht.
Gerade in Bundesländern wie Bayern, wo durch Art. 109 II S. 2 BayGO[105] die geschützte Rechtsstellung der Gemeinde auch im übertragenen Wirkungskreis besonders betont wird,[106] kann deshalb gut vertretbar auch auf die erste Ansicht abgestellt werden. Hierfür spricht auch der Wortlaut des Art. 120 Nr. 2 GO, der von fachaufsichtlichen Verwaltungsakten ausgeht, also voraussetzt, dass entsprechende Maßnahmen Außenwirkung haben (können). Zudem stellt Art. 6 GO klar, dass auch der übertragene Wirkungskreis zum allseitigen Wirkungskreis der Gemeinden gehört, es sich also keineswegs mehr um eine reine Staatsaufgabe handelt.

cc) Sonderstatusverhältnisse (früher: besondere Gewaltverhältnisse)[107]

Die wichtigsten – klausurrelevanten – Fälle sind folgende: Beamte und Richter, Schüler und Studenten, Soldaten und Ersatzdienstleistende sowie Strafgefangene. 96

Sonderstatusverhältnisse: besondere Beziehung zum Staat

Diese Personengruppen stehen zum Staat in einem besonders engen Rechtsverhältnis. Rechtliches Hauptproblem in diesen Fällen ist die Frage, inwieweit Behörden auch ohne gesetzliche Ermächtigung (Gesetzesvorbehalt, Art. 20 III GG) belastende Maßnahmen vornehmen dürfen.

Fraglich ist aber auch, inwieweit in diesen Sonderverhältnissen die verwaltungsrechtlichen Handlungsformen und der gesetzlich normierte Rechtsschutz gegen sie anwendbar sind, an diesem Prüfungspunkt also die Frage, ob es sich bei Anordnungen in Sonderstatusverhältnissen um VAe handelt. Im Einzelnen:

(1) Beamte (Art. 33 GG), Richter (Art. 97, 98 GG)

Beamte: früher Grund-/Betriebsverhältnis

Hier wird unterschieden, ob die in Frage stehende Maßnahme das sog. (externe) Grundverhältnis des Beamten zum Staat oder das sog. (interne) Betriebsverhältnis betrifft. Regelungen des Grundverhältnisses sind dabei alle Fragen, die den Bestand des Beamtenverhältnisses selbst betreffen, also z.B. Ernennung und Entlassung, aber auch die Versetzung. Regelungen des Betriebsverhältnisses hingegen sind Maßnahmen, die nur den inneren Dienstbetrieb regeln sollten. 97

heute: Amts-/persönliche Rechtsstellung

Die Unterscheidung in Grund- und Betriebsverhältnis wird teilweise als unscharf kritisiert. Sie vernachlässige insbesondere, dass auch im Betriebsverhältnis Fälle mit Außenwirkung denkbar sind, etwa wenn der Beamte bewusst von seinem Dienstherrn diskriminiert wird. Aus diesem Grund wird z.T. differenziert, ob die Maßnahme die Amtsstellung (Organisationsakt) oder die persönliche Rechtsstellung (Statusakt) des Beamten betrifft.[108] 98

Tritt also im konkreten Fall der Beamte dem Dienstherrn als Rechtspersönlichkeit mit selbstständigen Rechten gegenüber, und geht die Maßnahme über die beamtenrechtliche Gehorsamspflicht hinaus, so liegt eine Regelung mit Außenwirkung, also ein VA vor.

---

105 Und entsprechender Vorschriften anderer Bundesländer.

106 Kopp/Schenke, Anh. § 42 VwGO, Rn. 77; vgl. auch BayVGH, BayVBl. 1985, 368 (369 f.).

107 Vgl. hierzu umfassend Kopp/Ramsauer, § 35 VwVfG, Rn. 82 ff.

108 Vgl. Kopp/Schenke, Anh. zu § 42 VwGO, Rn. 68.

Ist der Beamte dagegen nur in seiner Funktion als Glied der Verwaltung betroffen, bleibt die Maßnahme behördenintern und ist kein VA.[109]

hemmer-Methode: In der Sache ist diese Abgrenzungsformel auch nicht klarer als die von Grund- bzw. Betriebsverhältnis. Es handelt sich wohl nur um eine andere Beschreibung der Begrifflichkeiten.

(2) Schüler und Studenten

Schüler und Studenten: Schulbetrieb oder eigene Rechtsstellung

Auch im Bereich Schule und Universität gelten die für das Beamtenrecht entwickelten Grundsätze. Abzustellen ist darauf, ob die jeweilige Maßnahme (nur) den laufenden Schulbetrieb intern regelt oder aber sich als Eingriff in die Stellung des Schülers als Träger eigenständiger Rechte darstellt. 99

> **Bsp.:** *Abordnung zum Tafeldienst ist kein VA; Gebot, zu einer mündlichen „Abfrage" an die Tafel zu kommen, ist kein VA. Die Androhung der Verweisung von der Schule ist VA (einerseits hat sie Regelungscharakter, da sie der Verweisung selbst notwendig vorausgeht, andererseits betrifft sie die persönliche Rechtsstellung des Schülers und hat damit Außenwirkung).*

Zu beachten ist, dass gegen Maßnahmen des Schulbetriebes grundsätzlich die allg. Leistungsklage bzw. die allg. Feststellungsklage gegeben ist. Eine Klage eines Schülers wird aber normalerweise an der Klagebefugnis scheitern, da keine Rechte eines Schülers hinsichtlich der Gestaltung des Schulbetriebs ersichtlich sind.

(3) Strafgefangene, andere zwangsweise Inhaftierte sowie Soldaten und Ersatzdienstleistende

andere Sonderstatusverhältnisse: es gelten die gleichen Grundsätze

Diese Gruppen tauchen in Pflichtfachklausuren seltener auf. Grundsätzlich können die gleichen Argumentationstopoi wie oben fruchtbar gemacht werden. Dabei ist wie oben stets zu berücksichtigen, dass in diesen Sonderstatusverhältnissen manche Grundrechte nicht oder nur eingeschränkt gelten. Je nachdem, welche Intensität das Näheverhältnis zwischen dem Einzelnen und dem Staat hat, ist dann eine Außenwirkung der Maßnahme gegeben oder nicht. 100

hemmer-Methode: Denken Sie in Zusammenhängen! Beim besonderen Gewaltverhältnis wartet der Korrektor neben einer Definition auch auf bestimmte Schlagwörter!
Definition: Liegt vor, wenn der Bürger über das allgemeine Gewaltverhältnis hinaus in den Innenbereich des Staates einbezogen ist.
Schlagwörter:
1. **Impermeabilitätstheorie (rechtsfreier Raum): aber Art. 20 III GG!**
2. **Theorie des Grundrechtsverzichts: aber § 17a GG!**
3. **Theorie des Sonderrechtsverhältnisses: aber Systematik der Grundrechte!**

(4) Prüfungsstandort

<u>Verortung im Klageschema:</u>

1. **§ 40 I VwGO:** nach Impermeabilitätstheorie nicht justitiabel, Wortlaut des § 40 VwGO, Art. 19 IV GG und Art. 20 III GG.
2. **Klageart:** VA nur bei Außenwirkung. Nach Theorie des Sonderrechtsverhältnisses nur, wenn Grundverhältnis betroffen, nicht bei Betriebsverhältnis.

109 Bspe. dazu finden Sie bei Kopp/Schenke, Anh. zu § 42 VwGO, Rn. 69 ff.

3. **Klagebefugnis:** nicht wenn Theorie des Grundrechtsverzichts gilt bzw. nach Theorie des Sonderrechtsverhältnisses das Betriebsverhältnis betroffen ist.

4. **Ermächtigungsgrundlage:** nach Impermeabilitätstheorie nicht erforderlich. Nach der Theorie des Sonderrechtsverhältnisses reicht der Anstaltszweck, soweit das Betriebsverhältnis betroffen ist. Nach dem BVerfG ist für wesentliche Entscheidungen, die über Organisationsgewalt hinausgehen, eine Ermächtigungsgrundlage erforderlich.

6. Sonderfälle zur Statthaftigkeit der Anfechtungsklage

a) Anfechtungsklage gegen Rücknahme-/WiderrufsVAe

hemmer-Methode: Bei den nachfolgenden Sonderfällen ist vor allem entscheidend, dass im Hinblick auf das Klagebegehren mehrere verschiedene Klagearten denkbar sind. Hauptproblem ist dann die Frage, ob die Anfechtungsklage gegenüber einer anderen Klageart die einfachere Form des Rechtsschutzes darstellt, ob und bzgl. welcher Klageart das Rechtsschutzbedürfnis besteht bzw. fehlt.
Zwar ist das Rechtsschutzbedürfnis grds. ein eigener Prüfungspunkt im Zulässigkeitsschema (vgl. unten Rn. 249 ff.), gleichwohl empfiehlt es sich oft, die Frage des Rechtsschutzbedürfnisses mit der Frage der Statthaftigkeit einer Klage zu verbinden.

Anfechtung der Aufhebung

Häufig kommt es in Klausurfällen vor, dass ein Beteiligter im Besitz einer Genehmigung, einer Erlaubnis oder einer sonstigen durch VA erteilten Begünstigung ist, dieser Vorteil ihm aber durch einen AufhebungsVA (Rücknahme nach § 48 VwVfG, Widerruf nach § 49 VwVfG bzw. nach spezielleren Vorschriften) wieder genommen wird. 101

§ 43 II VwVfG

In diesen Fällen ist es nicht notwendig, eine Verpflichtungsklage auf Neuerteilung der einmal innegehabten Vergünstigung zu erheben. Vielmehr genügt es, den Widerrufsakt (nach der actus-contrarius-Theorie ein VA) mit der Anfechtungsklage anzugreifen. Ist die Anfechtungsklage erfolgreich, so lebt die – von dem Widerrufsakt gewissermaßen überlagerte – ursprüngliche Vergünstigung wieder auf. Keinesfalls wird die ursprüngliche Begünstigung durch den Widerrufsakt mit endgültiger Wirkung beseitigt. Aus § 43 II VwVfG (lesen!) ergibt sich, dass ein VA solange wirksam bleibt, wie er nicht zurückgenommen ist. Das heißt nun nicht etwa, dass der Ursprungs-VA durch Rücknahme bzw. Widerruf erlischt. Vielmehr beseitigt eine erfolgreiche Anfechtungsklage den Aufhebungs-VA mit Wirkung von Anfang an (ex tunc). Der ursprüngliche (meist begünstigende) VA bleibt dann bestehen.

Bsp.: *G ist seit zehn Jahren Inhaber einer Gaststätte und besitzt auch die dafür erforderliche Erlaubnis nach § 2 GastG (Sartorius Nr. 810). Eines Tages widerruft die Genehmigungsbehörde die gaststättenrechtliche Erlaubnis gem. § 15 II GastG unter Verweis darauf, dass G nicht mehr die gem. § 4 I Nr. 1 GastG erforderliche Zuverlässigkeit für das Betreiben des Gewerbes besitzt.*

G erhebt nach erfolglosem Widerspruchsverfahren Verpflichtungsklage zum Verwaltungsgericht, „um seine Erlaubnis wieder erteilt zu bekommen". Ist seine Vorgehensweise richtig?

Die Klageart richtet sich nach dem Begehren des G. Da G beantragte, seine Erlaubnis wieder zu erhalten, käme an sich eine Verpflichtungsklage in Betracht, § 42 I Alt. 2 VwGO, da es sich bei der Erlaubnis um einen VA i.S.d. § 35 S. 1 VwVfG handelt.

Es ist allerdings zu beachten, dass G, bevor die Genehmigungsbehörde gegen ihn vorging, bereits eine Rechtsposition innehatte. Nach § 43 II VwVfG bleibt ein VA solange wirksam, wie er nicht widerrufen worden ist. Aufgrund der ex-tunc-Wirkung der Anfechtungsklage bedeutet dies, dass richtige Klageart in den Fällen, in denen der Kläger ursprünglich Inhaber einer durch behördlichen Akt erteilten Rechtsposition war, die Anfechtungsklage gem. § 42 I Alt. 1 VwGO ist.

Einer Verpflichtungsklage fehlt insoweit das Rechtsschutzbedürfnis, da sie zum einen dem Kläger nicht unmittelbar den begehrten VA verschafft, vgl. § 113 V VwGO (Vorrang der Gestaltungsklage), und zum anderen mehr Erfolgsvoraussetzungen hat. Während die Anfechtungsklage „lediglich" die Rechtswidrigkeit der Aufhebung voraussetzt, hat die Verpflichtungsklage nur dann Erfolg, wenn tatsächlich ein Anspruch auf den begehrten VA gegeben ist.

Die ursprüngliche Begünstigung (der Grund-VA) lebt durch die Beseitigung des actus contrarius wieder auf. Gem. § 86 III S. 1 VwGO muss das Verwaltungsgericht im Rahmen seiner Aufklärungs- und Hinweispflicht auf diese Sachlage aufmerksam machen und darauf hinwirken, dass G seinen Klageantrag umstellt.

b) Isolierte Anfechtungsklage auch gegen Versagungsbescheide?

Anfechtungsklage statt Verpflichtungsklage?

Normalerweise versucht der Bürger nach Ablehnung seines Antrags auf Erlass eines begünstigenden VAs, sein Begehren mit Hilfe der Verpflichtungsklage durchzusetzen. Da aber auch der ablehnende Bescheid ein VA ist, kann der Bürger grundsätzlich auch „isoliert" gegen ihn Anfechtungsklage erheben. Problematisch ist, dass die Anfechtungsklage im Falle der Begründetheit nur zur Aufhebung der ablehnenden Entscheidung führt, aber noch nicht zum Erlass des begehrten VA. Der Kläger hat noch nicht das, was er eigentlich wollte. 102

h.M.: unzulässig, da Rechtsschutz über Verpflichtungsklage weitergehend

Nach h.M. ist eine solche isolierte Anfechtungsklage daher grundsätzlich unzulässig. Dem Kläger fehle es hierfür am Rechtsschutzbedürfnis[110] bzw. die sei Verpflichtungsklage als speziellere Klageart gegen die Ablehnung eines begünstigenden VA vorrangig.[111]

dag.: Bindung der Behörde an das Gesetz, Art. 20 III GG

Dagegen wird aber Folgendes vorgebracht: Zwar habe in der Tat der Kläger nach einer als erfolgreich unterstellten Anfechtungsklage noch nicht die gewünschte Genehmigung, die Behörde sei aber aufgrund ihrer Bindung an Recht und Gesetz, Art. 20 III GG, nun verpflichtet, von sich aus dem Antrag zu entsprechen.[112] Es wird auf die entsprechende Rechtsprechung der Zivilgerichte zur Zulässigkeit der Feststellungsklage (anstelle der Leistungsklage) gegen den Staat verwiesen.

aber: Verpflichtungsklage sonst überflüssig

Mit dieser Sicht ließe sich die Zulässigkeit der isolierten Anfechtungsklage gegen ablehnende Bescheide aber fast immer begründen. Anders als vor den Zivilgerichten ist nämlich vor dem VG regelmäßig, bzw. bei der Anfechtung eines Verwaltungsaktes immer eine Behörde Klagegegner.

Zwar ist die Verwaltung in der Tat an Recht und Gesetz gebunden und müsste grundsätzlich nach der Gerichtsentscheidung im Sinne des Klägers verfahren, die VwGO stellt dafür aber ein anderes Mittel zur Verfügung – die Verpflichtungsklage in Form der Versagungsgegenklage. Ließe man in diesen Fällen eine isolierte Anfechtungsklage zu, wäre die Versagungsgegenklage regelmäßig überflüssig.

---

110 Schmitt Glaeser/Horn, Rn. 126 ff.

111 Schenke, Rn. 282.

112 BVerwGE 38, 99 (102); so auch noch die 10. Auflage von Kopp, VwGO, vgl. Kopp/Schenke, § 42 VwGO, Rn. 30.

Ausnahme: VA im Moment nicht begehrt

Gleichwohl ist ausnahmsweise auch eine isolierte Anfechtungsklage zulässig. Das ist einmal dann der Fall, wenn der Kläger zwischenzeitlich das Interesse am begehrten VA verloren hat, sich aber für die Zukunft die Möglichkeit der Neuerteilung erhalten und daher verhindern will, dass die Ablehnung bestandskräftig wird. 103

Bsp.: *Die beantragte Baugenehmigung wurde als planungsrechtlich unzulässig abgelehnt. Der Bauwerber verfolgt sein Vorhaben zurzeit nicht weiter. Eine Verpflichtungsklage entspricht hier nicht seinem Rechtsschutzbegehren, da die erstrittene Baugenehmigung gemäß Art. 69 BayBO nach vier Jahren ohnehin wieder erlöschen würde. Durch die Anfechtungsklage kann er aber verhindern, dass die Genehmigungsbehörde sich bei einem erneuten Bauantrag auf die Ablehnung berufen kann.*

Vertreten lässt sich eine isolierte Anfechtungsklage auch bei Ermessensentscheidungen. In diesen Fällen nämlich kann der Kläger auch mit der Versagungsgegenklage die Behörde gerichtlich nur zur Neuverbescheidung unter Gebrauch ihres Ermessens verpflichten.[113] Erhebt er daher isolierte Anfechtungsklage, so steht er nach deren Erfolg genauso da wie im Fall der erfolgreichen Versagungsgegenklage. Die Anfechtungsklage könnte daher der einfachere Rechtsbehelf sein. 104

hemmer-Methode: In der Klausur sollte auf diese Problematik nur näher eingegangen werden, wenn der Sachverhalt begründeten Anlass dazu gibt. Es ist aber sicherlich unschädlich, in Fällen, in denen nach der Literaturmeinung eine isolierte Anfechtungsklage in Betracht kommt, mit einem kurzen Satz auf das Problem hinzuweisen, z.B.: „Nicht in Betracht kommt dagegen eine isolierte Anfechtungsklage". Zwar wäre im Erfolgsfalle die Behörde wegen Art. 20 III GG prinzipiell gezwungen, nun einen rechtmäßigen VA zu erlassen; würde man ein solches Vorgehen aber zulassen, wäre die in der VwGO vorgesehene Versagungsgegenklage als Rechtsschutzmittel obsolet."

c) Isolierte Anfechtung des Widerspruchsbescheides

Da die erfolglose Durchführung eines Widerspruchsverfahrens (mit den Ausnahmen in § 68 I S. 2 VwGO) Zulässigkeitsvoraussetzung ist, liegen dem Gericht mit ursprünglichem VA und Widerspruchsbescheid in der Regel zwei Verwaltungsakte zur Überprüfung vor. Nach § 79 I Nr. 1 VwGO werden beide VAe vom Gericht als Einheit behandelt und im Falle der Begründetheit nach § 113 I S. 1 VwGO beide aufgehoben. Dabei kann das Gericht in seiner Entscheidung auch nur den Widerspruchsbescheid gesondert aufheben, wenn es nur diesen für rechtswidrig hält.[114] 105

Fälle des § 79 I Nr. 2 VwGO bzw. § 79 II VwGO

Daneben besteht in den Fällen des § 79 I Nr. 2 und II VwGO die Möglichkeit, auch nur den Abhilfebescheid oder den Widerspruchsbescheid anzufechten.

aa) § 79 I Nr. 2 VwGO

Der Fall des § 79 I Nr. 2 VwGO ist in zwei Konstellationen denkbar: 106

Abänderung zu Lasten des Dritten

(1) Ein drittbegünstigender VA wird im Widerspruchsverfahren zum Nachteil eines Dritten verändert

Bsp.: *Im Widerspruchsbescheid oder Abhilfebescheid wird die einen Nachbarn begünstigende Auflage zu einer Baugenehmigung aufgehoben. Der Nachbar kann nun Anfechtungsklage nur gegen den Widerspruchsbescheid/Abhilfebescheid erheben.*

113 Eyermann/Fröhler, § 42 VwGO, Rn. 16.

114 Kopp/Schenke, § 79 VwGO, Rn. 5.

Abänderung zu Lasten des Adressaten

(2) Ein begünstigender VA wird aufgrund Widerspruchs eines Dritten zum Nachteil des Adressaten abgeändert

Bsp.: *Einer Baugenehmigung wird durch den Widerspruch des Nachbarn eine belastende Nebenbestimmung hinzugefügt. Dann ist der Bauherr durch den Widerspruchsbescheid/Abhilfebescheid erstmalig beschwert i.S.d. § 79 I Nr. 2 VwGO. Ihm steht die Anfechtungsklage gegen den Widerspruchsbescheid offen.*

Klageziel: Wiederherstellung des VA

Klageziel ist, dass durch Aufhebung des Widerspruchsbescheides/Abhilfebescheides der ursprüngliche VA wieder hergestellt wird. 107

Die isolierte Anfechtung und Aufhebung des Widerspruchsbescheides macht den Weg für eine erneute Überprüfung des Erst-VA durch die Widerspruchsbehörde frei. Das hat vor allem bei Ermessensakten, die nach § 114 S. 1 VwGO der Kontrolle der Gerichte z.T. entzogen sind, praktische Bedeutung.

hemmer-Methode: Hinsichtlich des Klagegegenstandes bei der reformatio in peius dürfte eher § 79 II VwGO als § 79 I Nr. 2 VwGO passen. Eine „Verböserung" stellt gerade keine erstmalige, sondern eine weitere Beschwer i.S.d. § 79 II VwGO dar, s. sogleich.[115]

bb) § 79 II VwGO

Hauptfall: reformatio in peius

Zusätzliche selbstständige Beschwer i.S.d. § 79 II VwGO ist jede Änderung des VA zu Ungunsten des Widerspruchsführers,[116] also insbesondere eine reformatio in peius (sog. Verböserung). Bei der reformatio in peius nimmt die Widerspruchsbehörde den Widerspruch zum Anlass, die Stellung des Widerspruchsführers noch weiter zu verschlechtern. 108

Bsp.: *A beantragt die Genehmigung eines achtstöckigen Wohnhauses. Die Behörde genehmigt ein siebenstöckiges. Auf den Widerspruch des A hin ändert die Widerspruchsbehörde den Bescheid dahingehend, dass nur ein sechsstöckiges Haus genehmigt wird. Hier kann A Verpflichtungsklage auf Erteilung einer Genehmigung eines achtstöckigen Hauses erheben. Er kann sich aber auch nur gegen die Verböserung wenden, etwa weil er einsieht, dass bestenfalls die Genehmigung eines siebenstöckigen Wohnhauses der gerichtlichen Prüfung standhalten kann. Der Widerspruchsbescheid hebt den ursprünglichen VA auf und enthält damit eine zusätzliche Beschwer. Er kann nach § 79 II VwGO alleiniger Klagegegenstand einer Anfechtungsklage sein.*

hemmer-Methode: Die reformatio in peius stellt aufgrund ihrer vielschichtigen Bedeutung in der Klausur (sowohl i.R.d. Zulässigkeit als auch i.R.d. Begründetheit) einen Spezialfall der Anfechtungsklage dar, der gesonderte Darstellung findet, vgl. dazu Rn. 514 ff.

Verletzung von Verfahrensvorschriften

Gem. § 79 II S. 2 VwGO kommt eine isolierte Anfechtung des Widerspruchsbescheides auch bei Verletzung wesentlicher Verfahrensvorschriften in Betracht. 109

Wesentlich sind solche Verfahrensnormen, deren Nichtbeachtung zur Rechtswidrigkeit des VA führt, die also nicht bloße Ordnungsvorschriften sind. Sie können der VwGO entstammen (z.B. § 72 VwGO, Notwendigkeit eines Abhilfeverfahrens; § 73 VwGO, zuständige Widerspruchsbehörde) oder dem VwVfG, sofern dessen Regelungen im Widerspruchsverfahren anwendbar sind (vgl. § 79 letzter HS VwVfG).[117]

115 Vgl. auch unten Rn. 504 ff., 506, 509.

116 BVerwGE 17, 148 (150); Kopp/Schenke, § 79 VwGO, Rn. 11.

117 Vgl. dazu im einzelnen Kopp/Schenke, § 79 VwGO, Rn. 13 ff., der darauf hinweist, dass bei der Anwendung der VwVfG-Vorschriften auf das Widerspruchsverfahren noch vieles ungeklärt ist.

hemmer-Methode: Strittig ist dabei das Verhältnis zu § 46 VwVfG. Während die h.M. § 79 VwGO als speziellere Vorschrift ansieht und den Begriff der wesentlichen Verfahrensvorschrift eigenständig aus der VwGO heraus bestimmt,[118] nimmt der BayVGH ein Zusammenwirken beider Vorschriften an. § 79 VwGO regelt die Zulässigkeit der isolierten Klage, § 46 VwVfG bestimmt dabei die wesentlichen Verfahrensvorschriften[119].

isolierte Anfechtung bei Ermessensentscheidung

Voraussetzung ist, dass die Widerspruchsentscheidung auf der Verletzung beruht. Dabei genügt die bloße Möglichkeit, dass der Verfahrensfehler kausal geworden ist. Das ist bei Ermessensentscheidungen, sofern das Ermessen nicht ausnahmsweise auf Null reduziert war, stets der Fall. *110*

BVerwG: keine isolierte Anfechtung bei gebundenem VA

Bei gebundenen VAen besteht dagegen nach Ansicht des BVerwG[120] trotz des Verfahrensfehlers grundsätzlich kein Rechtsschutzbedürfnis für die isolierte Anfechtung des Widerspruchsbescheides. § 79 II S. 1 u. S. 2 VwGO soll dem Betroffenen in erster Linie effektiven Rechtsschutz bei der Verfolgung seines materiellrechtlichen Begehrens gewährleisten. Ist die Entscheidung der Behörde in der Sache nicht zu beanstanden, sei dem Bürger mit der Aufhebung nur wegen des Verfahrensfehlers nicht gedient. Wenn die Widerspruchsbehörde nach Aufhebung des Widerspruchsbescheides in der Sache erneut wie zuvor entscheiden würde, ließe sich außerdem eine doppelte Inanspruchnahme des Gerichts nicht ausschließen.[121] *111*

keine isolierte Anfechtung bei bloßer Rechtsaufsicht

Die isolierte Anfechtbarkeit des verfahrensfehlerhaften Widerspruchsbescheides scheidet auch dann aus, wenn die Rechtsaufsichtsbehörde nach § 119 Nr. 1 BayGO[122] auf die Überprüfung der Rechtmäßigkeit des VAes der Gemeinde beschränkt war. Da die Rechtsaufsichtsbehörde in diesem Fall keine weitergehende Prüfungskompetenz als das Gericht hat, geht dem Betroffenen keine Ermessensebene verloren. Für die alleinige Anfechtung des Widerspruchsbescheides besteht kein Rechtsschutzbedürfnis.

hemmer-Methode: Allgemein gilt: Normalerweise ist das Widerspruchsverfahren nur Vorverfahren vor der gerichtlichen Entscheidung. Der Rechtsmittelführer hat nur dann ein Interesse an einer formell und materiell rechtmäßigen Entscheidung der Widerspruchsbehörde, wenn der VA im gerichtlichen Verfahren nicht mehr im selben Maße korrigiert werden kann. Nur dann bedarf es der isolierten Anfechtung des Widerspruchsbescheides, um den Weg für eine neue Entscheidung der Widerspruchsbehörde frei zu machen.[123]

7. Wirksamkeit des VA

Die Anfechtungsklage ist grundsätzlich nur dann statthaft, wenn der VA schon und noch wirksam ist.

Wirksamkeit ab Bekanntgabe

Voraussetzung für die Wirksamkeit und damit für die Statthaftigkeit der Anfechtungsklage ist nach § 43 I VwVfG die Bekanntgabe des VA. Hierunter versteht man, dass der VA mit Wissen und Wollen der Behörde an einen Betroffenen eröffnet wurde.[124]

118 Vgl. m.w.N. Kopp/Schenke, § 79 VwGO, Rn. 13 f.

119 BayVGH, BayVBl. 1998, 502.

120 E 61, 45 (50 f.); a.A.: Kopp/Schenke, § 79 VwGO, Rn. 12; OVG Münster, VRspr 27 (1976) Nr.170; BVerwG, NVwZ 1999, 641.

121 BVerwG, NJW 1981, 1683.

122 Und entsprechender Vorschriften anderer Bundesländer.

123 Vgl. OVG Niedersachsen NJW-RR 2009, 663 = **Life&Law 2009, 752**, das einen Anspruch auf einen Erlass des Widerspruchsbescheides zumindest bei gebundenen Verwaltungsakten verneint.

124 Ausführlich Rn. 180 ff.

hemmer-Methode: Für die Statthaftigkeit genügt es dabei, wenn der VA irgendeinem Betroffenen bekannt gegeben wurde. Es ist – anders als im Rahmen der Widerspruchs- bzw. Klagefrist nicht Voraussetzung, dass der VA gerade dem Kläger bekannt gegeben wurde.

Anfechtungsklage auch gegen nichtigen Verwaltungsakt

Allerdings lässt die h.M. auch eine Anfechtungsklage gegen nichtige und damit unwirksame Verwaltungsakte zu, da dem Kläger nicht das Risiko aufgebürdet werden darf, ob tatsächlich die Voraussetzungen der §§ 43 III, 44 VwVfG vorliegen oder ob der Verwaltungsakt nur rechtswidrig ist.[125]

bei Erledigung: Fortsetzungsfeststellungsklage

Die Anfechtungsklage ist weiterhin nur dann die richtige Klageart, wenn der angegriffene VA noch Rechtswirkungen entfaltet, sich also noch nicht erledigt hat. Dabei kommt es auf den Zeitpunkt der letzten mündlichen Verhandlung an. 112

Erledigt sich ein VA vor Klageerhebung oder nach Klageerhebung aber vor der letzten mündlichen Verhandlung, kommt dann nur noch die Fortsetzungsfeststellungsklage nach § 113 I S. 4 VwGO (ggf. analog) in Betracht. Dazu müssen deren Voraussetzungen (insb. berechtigtes Interesse an der Feststellung) vorliegen.

hemmer-Methode: Vertretbar ist es auch, das Rechtsschutzbedürfnis für eine Anfechtungsklage gegen erledigte VAe zu verneinen. Die Abgrenzung i.R.d. Klageart ist aber der bessere Aufbau, da sich der Bearbeiter so eine doppelte Prüfung der Zulässigkeitsvoraussetzungen erspart.[126]

Erledigung: Art. 43 II VwVfG

Wann Erledigung vorliegt, lässt sich in den meisten Fällen dem Gesetz entnehmen. Gem. § 43 II VwVfG liegt Erledigung vor, wenn der VA zurückgenommen, widerrufen, anderweitig aufgehoben oder durch Zeitablauf oder auf andere Weise erledigt ist (bei § 113 I S. 4 VwGO kommentieren!). Probleme bereitet insoweit nur die Frage, wann eine Erledigung auf „andere Weise" vorliegt. Das soll dann der Fall sein, wenn keiner der genannten Fälle vorliegt, eine gerichtliche Aufhebung des VA (Kassation) aber dennoch unmöglich geworden ist oder ihren Sinn verloren hat.

> **Bsp.:** *Alle Beteiligten gehen davon aus, dass die Sach- und Rechtslage auf dem Boden einer neuen Geschäftsgrundlage zu beurteilen ist.*[127]

Wichtig ist, dass eine Vollstreckung nicht zwangsläufig zur Erledigung des Verwaltungsaktes führt. Zum einen kann die Maßnahme möglicherweise rückgängig gemacht werden, zum anderen kann sie Grundlage für einen Kostenbescheid sein und somit den Betroffenen weiterhin beschweren.[128] Hier kommt es darauf an, ob im Rahmen des Kostenbescheides auch die Rechtmäßigkeit oder nur die Wirksamkeit des Grundverwaltungsaktes geprüft wird. In letzterem Fall tritt auch durch die Vollstreckung keine Erledigung ein, da die Aufhebung für den Kläger weiter Sinn macht, nämlich zur Rechtswidrigkeit des Kostenbescheides führen würde.

hemmer-Methode: Innerhalb der Anfechtungsklage ist die Frage der Erledigung nur dann zu erörtern, wenn sie problematisch erscheint. Anderenfalls genügt die bloße Feststellung, dass sich der VA noch nicht erledigt hat. Vertieft wird diese Problematik daher im Zusammenhang mit der Fortsetzungsfeststellungsklage behandelt.[129]

---

125 Vgl. unten Rn. 245.

126 Vgl. unten Rn. 245 ff.

127 Vgl. BVerwG, NVwZ 1998, 729.

128 BVerwG, NJW 2009, 122 = **Life&Law 2009, 407**.

129 **Hemmer/Wüst, VWR II, Rn. 99**.

8. Zusammenfassung der wichtigsten Problemkreise i.R.d. Statthaftigkeit

Statthaftigkeit der Anfechtungsklage – Zulässigkeit

A) **Sachentscheidungskompetenz des VG, v.a. Verwaltungsrechtsweg**

B) **Zulässigkeit**

I. **Klageart:**
Allgemein sind beim Antrag die §§ 88, 86 III VwGO zu beachten.

Statthaft gegen VA

Zunächst sind gesetzliche Vorgaben und die äußere Form maßgeblich. Begriffliche Erörterung nur, wenn wirklich fraglich.

1. **Behörde:** nicht Gesetzgebung, Rechtsprechung, Regierungsakte, Privatpersonen
2. **Regelung:** hier Abgrenzung zum Realakt, Zusicherung, öffentlich-rechtlicher Vertrag
Sonderprobleme: mehrstufiger VA, Vorbereitungshandlung, Androhung eines VA, polizeiliche Standardmaßnahme, Anwendung von Zwang, wiederholende Verfügung.
3. **auf dem Gebiet des öffentlichen Rechts**
4. **Regelung eines Einzelfalls**
5. **gerichtet auf Außenwirkung:**
Weisung, Sonderrechtsverhältnis, mehrstufiger VA, Maßnahme gegen Gemeinde

II. Klagebefugnis, § 42 II VwGO

Ausschluss der Popularklage

§ 42 II VwGO bezweckt, sog. Popularklagen auszuschließen, bei denen sich der Kläger zum Sachwalter der Interessen der Allgemeinheit (advocatus populi) macht. Außerdem will § 42 II VwGO Klagen verhindern, bei denen sich der Kläger auf Rechte Dritter beruft (er muss in seinen Rechten betroffen sein, keine gewillkürte Prozessstandschaft) oder bei denen der Kläger sich zwar auf ein eigenes Interesse berufen kann, dieses aber nicht durch ein subjektiv öffentliches Recht geschützt ist („in seinen Rechten"). 113

hemmer-Methode: Hintergrund ist Art. 19 IV GG, der einen Anspruch auf effektiven Rechtsschutz nur dann gibt, wenn und soweit der Einzelne geltend machen kann, durch die öffentliche Hand in „seinen" (Grund-)Rechten verletzt zu sein.

1. Möglichkeitstheorie

Möglichkeit der Rechtsverletzung

Nach allgemeiner Meinung genügt es für die Bejahung der Klagebefugnis, wenn sich aus dem Vortrag des Klägers zumindest die Möglichkeit einer eigenen Rechtsverletzung ergibt (Möglichkeitstheorie). 114

hemmer-Methode: Keinesfalls sollte eine Abgrenzung zwischen Möglichkeitstheorie und sog. Schlüssigkeitstheorie vorgenommen werden – die Möglichkeitstheorie hat sich durchgesetzt. Ein näheres Eingehen auf die Schlüssigkeitstheorie erübrigt sich also.[130]

130 Schwerdtfeger, Rn. 187 ff. mit ausführlicher Stellungnahme.

Für die Klausur genügt daher die bloße Feststellung, dass eine Rechtsverletzung des Klägers möglich ist, also denkbar erscheint. Die Frage, ob die Rechtsverletzung tatsächlich vorliegt, ist Gegenstand der Begründetheitsprüfung.

***Bsp.:** Rechtsanwalt A verlangt in eigenem Namen die Aufhebung der Baugenehmigung des C mit der Begründung, das Vorhaben des C überschreite – wie anhand des Bauplanes leicht feststellbar sei – den zulässigen Grenzabstand zum Nachbargrundstück seines Freundes X wesentlich und nehme diesem die Aussicht.*

Hier scheidet die Möglichkeit einer eigenen Rechtsverletzung des A von vornherein aus. Eine Klage ist mangels Klagebefugnis unzulässig.

a) Sog. Adressatentheorie

Adressatenstellung

Unproblematisch ist die Klagebefugnis i.R.d. Anfechtungsklage dann, wenn der Kläger Adressat eines ihn belastenden VA ist. Als Adressat kann er nämlich immer zumindest in seiner durch Art. 2 I GG geschützten allgemeinen Handlungsfreiheit verletzt sein. *115*

Oft ist durch das Verwaltungshandeln der Schutzbereich eines spezielleren Grundrechts eröffnet. Der pauschale Hinweis auf die mögliche Verletzung der allgemeinen Handlungsfreiheit ist dann nicht korrekt, das speziellere Grundrecht ist zu zitieren.

hemmer-Methode: Dass sich die Klagebefugnis bei einem belastenden VA aus der Adressatenstellung des Empfängers ergibt, wird in der Literatur teilweise als „Adressatentheorie“ bezeichnet. Vermeiden Sie diesen Ausdruck in der Klausur, denn eine solche Theorie gibt es nicht. Zu formulieren ist etwa: „Die Klagebefugnis des A ergibt sich hier aus seiner Stellung als Adressat des VA.“

Unterfall der Möglichkeitstheorie

Streng genommen ist die sog. Adressatentheorie nur ein Unterfall der Möglichkeitstheorie. Beim Adressaten eines belastenden VA ist eine Rechtsverletzung eben immer möglich, da Art. 2 I GG in seiner Ausformung als allgemeine Handlungsfreiheit das umfassende Recht gewährleistet, zu tun und zu lassen, was einem beliebt. Dieses Recht ist bei jeder Belastung zumindest möglicherweise verletzt.

b) Verletzung von Verfahrensvorschriften

Grundsatz: keine Klagebefugnis

Normalerweise lässt sich aus der bloßen Verletzung von Verfahrensvorschriften noch keine Klagebefugnis herleiten. Sie ist in diesen Fällen nur dann gegeben, wenn die Möglichkeit besteht, dass der VA bei Einhaltung der Verfahrensvorschrift anders ausgefallen wäre und der VA selbst eine nach materiellem Recht geschützte Rechtsstellung des Klägers berührt, vgl. § 46 VwVfG.[131] *116*

Ausnahme: eigene verfahrensrechtliche Rechtsposition

Eine Ausnahme besteht nur dann, wenn die Verfahrensvorschrift nicht nur der Ordnung des Verfahrensablaufs dient, sondern dem Betroffenen unabhängig vom materiellen Recht eine eigene, selbstständig durchsetzbare verfahrensrechtliche Rechtsposition gewähren will. Diese Frage beantwortet sich allein nach der Zielrichtung und dem Schutzzweck der Verfahrensvorschrift selbst. Aus ihr muss sich ergeben, dass die Regelung des Verwaltungsverfahrens mit einer eigenen Schutzfunktion zugunsten Einzelner ausgestattet ist, und zwar in einer Weise, dass der Begünstigte unter Berufung allein auf einen ihn betreffenden Verfahrensmangel, d.h. ohne Rücksicht auf das Entscheidungsergebnis in der Sache, die Aufhebung bzw. den Erlass einer verfahrensrechtlich gebotenen behördlichen Entscheidung gerichtlich soll durchsetzen können.[132]

131 Kopp/Schenke, § 42 VwGO, Rn. 78 a.E., 95.

132 Vgl. BVerwGE 41, 58 (64 f.); 44, 235 (239 f.); vgl. auch BVerfGE 53, 30 ff., „Mühlheim-Kärlich-Beschluss“, dazu auch Roßnagel, „Verfahrensfehler ohne Sanktion“, JuS 1994, 927.

hemmer-Methode: In der Klausur wird sich also im Normalfall aus der bloßen Verletzung von Verfahrensvorschriften die Klagebefugnis nicht herleiten lassen. Es ist weiter zu untersuchen, ob nicht auch materielle Positionen des Klägers tangiert sein können.

c) Drittbeteiligungsfälle

Problem: Drittbeteiligung

Problematisch wird die Frage nach der Klagebefugnis bei der Anfechtungsklage dann, wenn sich nicht der Adressat des VA gegen diesen wendet, sondern ein Dritter. Typische Konstellationen sind die Anfechtung der Baugenehmigung durch den Nachbarn, die Drittanfechtung der immissionsschutzrechtlichen Genehmigung, das Vorgehen eines Nachbarn gegen eine gaststättenrechtliche Sperrzeitverkürzung, die wirtschaftliche sowie die beamtenrechtliche Konkurrentenklage. 117

Schutznorm

Grundsätzlich ist ein Recht i.S.d. § 42 II VwGO jedes von der Rechtsordnung als schutzwürdig anerkannte Individualinteresse.[133]

Nach der Schutznormtheorie kommt es entscheidend darauf an, ob der in Frage stehende Rechtssatz nicht nur die Interessen der Allgemeinheit schützen soll, sondern – zumindest auch – den Individualinteressen des Klägers zu dienen bestimmt ist.[134] Nur dann kann auch ein Nicht-Adressat eine klagefähige Position innehaben.

aa) Keine Schutznorm, sondern rein objektiv-rechtliche Norm

Abgrenzung zum Rechtsreflex

Der Kläger kann sich nicht auf ein eigenes subjektiv öffentliches Recht berufen, wenn die Vorschrift nur dem Schutz der Allgemeinheit dient (rein objektives Recht)[135] und sich der Schutz des Bürgers als bloßer Reflex aus dieser nur objektiv-rechtlichen Norm ergibt. 118

Das entscheidende Kriterium, ob eine Norm drittschützend ist, ist deren Zweckbestimmung. Ist die drittschützende Wirkung von der Zwecksetzung nicht mit umfasst, liegt ein bloßer Rechtsreflex vor.

> ***Bsp.:*** *Verpflichtung der Rechtsaufsichtsbehörde, gegen rechtswidriges Handeln der Gemeinde einzuschreiten.*
>
> Hier hat der Bürger keinen Rechtsanspruch auf Einschreiten der Aufsichtsbehörde, da diese Norm nur im Interesse der Allgemeinheit an einer rechtmäßigen Verwaltung sowie zur Unterstützung der Gemeinden besteht, vgl. Art. 108 GO. Dies gilt selbst dann, wenn das rechtswidrige Handeln der Gemeinde den Bürger belastet.

hemmer-Methode: Zum Umdenken zwingt hier möglicherweise eine Entscheidung des EuGH, der bei einem Verstoß gegen eine Verordnung i.S.d. Art. 288 II AEUV, durch die Qualitätsnormen für Marktteilnehmer festgelegt werden, einem Konkurrenten schon deshalb ein Klagerecht einräumt, um die Durchsetzungskraft der Verordnung zu stärken. D.h. es genügt ein objektives Interesse der Allgemeinheit für die Klagebefugnis des Einzelnen. Inwieweit diese Entscheidung zu verallgemeinern ist und auch für das nationale Recht Geltung beanspruchen kann, bleibt allerdings abzuwarten.[136]

133 Schmitt Glaeser/Horn, Rn. 158.

134 BVerwGE 72, 226, 229; Kopp/Schenke, § 42 VwGO, Rn. 83.

135 Z.B. bayerische Examensklausur 81/II, 7, BayVBl. 1984, 671/700, dort Geltendmachung eines Schutzgutes des obj. Rechts (Kunst).

136 EuGH, DVBl. 2002, 1620.

Ermessens-VAe

bb) Sonderfall: Drittanfechtungsklage gegen Ermessens-VAe

Bsp.: Die Genehmigungsbehörde erteilt dem Betreiber eines Tanzlokals einen Dispens von der vorgeschriebenen Sperrzeit, vgl. § 18 I S. 2 GastG. Ein Nachbar wendet sich gegen diese Befreiung. 119

Die Verlängerung oder Verkürzung der Sperrzeit nach dem Gaststättengesetz steht im Ermessen der Genehmigungsbehörde. Überschreitet die Behörde die rechtlichen Grenzen des Ermessens (§ 40 VwVfG), kann sie eine subjektive Rechtsposition des Nachbarn verletzen.

Voraussetzung ist aber auch hier, dass die konkrete Norm zumindest auch im Individualinteresse des Dritten besteht, denn einen allgemeinen Anspruch des Bürgers auf fehlerfreie Ermessensausübung gibt es nicht. Dies ist hier der Fall, da § 18 GastG gerade auch die Nachbarn vor nächtlichen Lärmbelästigungen schützen soll.

hemmer-Methode: Diese Problematik kann sich auch bei der Verpflichtungsklage stellen. Nämlich z.B. dann, wenn ein Bürger behördliches Einschreiten gegen eine andere Privatperson verlangt und sich dazu auf eine Ermessensnorm (sicherheitsbehördliche Opportunität) beruft.

cc) Vorgehen in der Klausur

(1) Auffinden der einschlägigen Normen

welche Norm?

In den Drittbeteiligungsfällen ist demnach zunächst nach einer Norm Ausschau zu halten, aus der sich ein subjektives Abwehrrecht des Klägers gegen das Vorhaben des anderen Bürgers ergeben könnte. 120

Dies können grundsätzlich nur solche Normen sein, die bei Erlass des angefochtenen Verwaltungsaktes zum Prüfungsmaßstab gehören. Wichtig ist dies bei Anfechtungsklagen gegen Baugenehmigungen, da in vielen Landesbauordnungen für die meisten Bauvorhaben der Prüfungsmaßstab sehr eingeschränkt ist, insbesondere viele bauordnungsrechtliche Vorschriften nicht zwingend geprüft werden, vgl. bspw. Art. 59 BayBO.

hemmer-Methode: Allerdings kann die Bauaufsichtsbehörde in Bayern nach Art. 68 I S. 1 HS 2 BayBO die Baugenehmigung auch wegen der Verletzung solcher Vorschriften versagen, die nicht vom Prüfprogramm des Art. 59 BayBO erfasst sind. Dieser fakultative Prüfungsmaßstab soll aber nicht die Rechte der Nachbarn erweitern. Sie können also nicht eine Baugenehmigung mit der Begründung anfechten, die Baubehörde hätte über Art. 68 I S. 1 HS 2 BayBO weitere drittschützende Normen prüfen müssen.[137] Denkbar ist eine Berufung des Nachbarn auf sonstige drittschützende Vorschriften demnach nur dann, wenn die Behörde diese von sich aus geprüft hat.[138]

(2) Drittschutzcharakter der Norm

Drittschutz?

Die Norm muss weiter auch drittschützend sein. Es muss sich ein subjektiv-öffentliches Recht des Dritten aus ihr herleiten lassen.

---

137 BayVGH, BayVBl. 2011, 147 = **Life&Law 6/2011** = **juris**byhemmer.

138 BayVGH, BayVBl. 2011, 147 = **Life&Law 6/2011** = **juris**byhemmer.

grammatische Auslegung

In manchen Fällen lässt sich schon anhand des Wortlautes der gefundenen Norm ermitteln, ob sie drittschützende Wirkung haben soll oder nicht. 121

Bsp.: *§ 5 I Nr. 1 BImSchG „Nachbarschaft" hat drittschützende Wirkung; § 1 III S. 2 BauGB (kein Anspruch auf Bauleitplanung) schließt Drittschutz ausdrücklich aus.*

systematische, teleologische und historische Auslegung

Anderenfalls ist im Wege der Auslegung anhand der bekannten Auslegungsmethoden[139] (teleologisch, systematisch und historisch) zu ermitteln, ob sie tatsächlich drittschützend ist, bzw. i.R.d. Zulässigkeit, ob nicht die Möglichkeit besteht, dass sie Drittschutz vermittelt. 122

hemmer-Methode: Die Prüfung, ob eine Norm drittschützenden Charakter hat, ist dabei in der Klagebefugnis abschließend durchzuführen. Die Möglichkeitstheorie greift erst ein, wenn es um die anschließende Frage geht, ob diese drittschützende Vorschrift im vorliegenden Fall auch verletzt ist!

(3) Rückgriff auf Grundrechte

notfalls: Rückgriff auf Grundrechte

Lässt sich keine einfachgesetzliche drittschützende Norm finden, ist – im Notfall – auf den durch die Grundrechte geleisteten Individualschutz zurückzugreifen. 123

Dabei sollte aber sehr vorsichtig vorgegangen werden.[140]

Das BVerfG hat nur in einzelnen Fällen die Vermittlung von Drittschutz durch die Grundrechte angenommen. Insbesondere gewährt Art. 2 I GG, der an sich einen lückenlosen Schutz der Handlungsfreiheit garantiert, keinen allgemeinen Anspruch auf Schutz des Einzelnen gegen Dritte.

hemmer-Methode: Hintergrund ist, dass der Dritte regelmäßig nur mittelbar betroffen ist. Die Grundrechte schützen uneingeschränkt aber nur vor unmittelbaren, finalen Eingriffen. Wichtig ist der Rückgriff auf die Grundrechte v.a. im Bereich des Subventionsrechts, da hier i.d.R. gerade keine einfachgesetzlichen Normen existieren, auf die sich der Kläger berufen könnte.[141]

(4) Drittschutz zugunsten des Klägers?

Schutz gerade des Klägers?

Schließlich ist zu ermitteln, ob die gefundene drittschützende Norm gerade dem Schutz des Klägers dient. An dieser Stelle ist häufig der Begriff des „Nachbarn" zu diskutieren. 124

hemmer-Methode: Insgesamt ist daran zu denken, dass die Klagebefugnis in der Klausur recht großzügig gehandhabt wird und nur dann nicht vorliegt, wenn eine Rechtsverletzung offensichtlich und eindeutig nach jeder Betrachtungsweise ausscheidet. Eine derartige Handhabung ist auch zwingend, da die Zulässigkeitsprüfung nicht zur Vorwegnahme der Begründetheitsprüfung ausarten darf. Bedenken Sie schließlich auch, dass Sie in der Klausur ein Gutachten schreiben, und – anders als der Richter in der Praxis – nicht allein die möglichst effiziente Bewältigung von Aktenbergen als Ziel vor Augen haben.

139 Vgl. ausführlich (aber wenig klausurrelevant) Schmitt Glaeser/Horn, Rn. 166 ff.

140 Kopp/Schenke, § 42 VwGO, Rn. 121.

141 S. unten Rn. 275.

2. Problemfälle

a) Baurecht

Die Anfechtungsklage des Nachbarn gegen die Zulässigkeit eines Bauvorhabens ist nur erfolgreich, wenn bei der Genehmigung Vorschriften verletzt worden sind, die auch seinen Interessen zu dienen bestimmt sind. 125

aa) Nachbarschützende Normen

Bauordnungsrecht

Zunächst sind also die Normen aufzufinden, aus denen sich eventuell ein subjektiv-öffentliches Abwehrrecht des Nachbarn ergeben könnte. 126

Im Bauordnungsrecht sind dies etwa die Vorschriften über die Abstandsflächen, vgl. bspw. Art. 6 BayBO[142]; hier ergibt sich die drittschützende Wirkung aus dem Sinn und Zweck der Normen.

hemmer-Methode: Allerdings sind diese Normen häufig nicht vom Prüfungsmaßstab im vereinfachten Genehmigungsverfahren erfasst![143]

Bauplanungsrecht

Im Bauplanungsrecht gilt Folgendes:

§§ 30, 34, 35 BauGB nicht drittschützend

Die §§ 30, 34, 35 BauGB sind für sich genommen noch nicht drittschützend. Sie können aber in Verbindung mit dem sog. Gebot der Rücksichtnahme Drittschutz entfalten.

Gebot der Rücksichtnahme an sich nicht drittschützend

Nach Auffassung des BVerwG durchzieht das gesetzlich nicht fixierte Gebot der Rücksichtnahme das gesamte Bauplanungsrecht. Dieses Gebot der Rücksichtnahme wirkt an sich ebenfalls nicht drittschützend zugunsten des Nachbarn. 127

ausnahmsweise Drittschutz

Es entfaltet aber Drittschutz, „wenn und soweit in qualifizierter und zugleich individualisierter Weise auf schutzwürdige Interessen eines erkennbar abgegrenzten Kreises Dritter Rücksicht zu nehmen ist“.[144]

In der Klausurprüfung darf das Gebot der Rücksichtnahme nicht abstrakt herangezogen werden, sondern ist (in allen Planbereichen) in die gesetzlich normierten Zulässigkeitsvoraussetzungen hineinzulesen. Im Einzelnen gilt:

(1) § 30 BauGB

§ 30 BauGB, Bebauungsplan

Nach h.M. können in beplanten Gebieten nur die einzelnen Festsetzungen des Bebauungsplanes, nicht aber § 30 BauGB als solcher nachbarschützende Wirkung entfalten. 128

Ob eine Festsetzung nachbarschützend ist, lässt sich nach den obigen allgemeinen Grundsätzen ermitteln.[145]

---

142 Und entsprechender Vorschriften anderer Bundesländer; vgl. BayVGH, BayVBl. 1999, 534.

143 Vgl. oben Rn. 120.

144 BVerwGE 52, 122.

145 Vgl. BayVGH, BayVBl. 1998, 532.

Dabei ist davon auszugehen, dass Festsetzungen über die Art der baulichen Nutzung stets nachbarschützend sind.[146] Entspricht ein Vorhaben den Festsetzungen im Bebauungsplan, kann ein Dritter auch geltend machen, dass es gleichwohl das Gebot der Rücksichtnahme verletzt, wenn und soweit dieses Gebot drittschützend wirkt.

In Bebauungsplangebieten stellt § 15 I BauNVO die besondere gesetzliche Ausprägung des Rücksichtnahmegebotes dar.[147]

(2) § 31 BauGB

Für die im Bebauungsplan festgesetzten Ausnahmen im Sinne des § 31 I BauGB gilt das zu § 30 BauGB Gesagte. Für Befreiungen im Einzelfall nach § 31 II BauGB ergibt sich der mögliche Drittschutz aus dem Wortlaut „Würdigung nachbarlicher Interessen“. Hierbei handelt es sich wie bei § 15 BauNVO um eine Kodifizierung des Gebots der Rücksichtnahme.[148]

(3) § 34 BauGB

§ 34 BauGB, unbeplanter Innenbereich

Ebenso ist das Rücksichtnahmegebot in § 34 I BauGB (unbeplanter Innenbereich) Teil des gesetzlichen Tatbestandes insoweit, als sich das Vorhaben „einfügen" muss und dabei auf die Belange der Nachbarn Rücksicht zu nehmen hat.[149] 129

Für den Bereich des § 34 II BauGB gilt das zu § 30 BauGB Gesagte entsprechend. Der Drittschutz im Bereich des § 34 IIIa BauGB entspricht dem i.R.d. § 31 II BauGB.

(4) § 35 BauGB

§ 35 BauGB, Außenbereich

Im Außenbereich ist das in § 35 III S. 1 Nr. 3 BauGB normierte Gebot der Rücksichtnahme einer der öffentlichen Belange, die einem privilegierten Vorhaben i.S.d. § 35 I BauGB nicht entgegenstehen bzw. die ein nicht privilegiertes Vorhaben i.S.d. § 35 II BauGB nicht beeinträchtigen dürfen. 130

Ein Vorhaben kann aus diesem Grund auch dann unzulässig sein, wenn es schädlichen Umwelteinwirkungen einer bereits existierenden privilegierten Anlage ausgesetzt würde, § 35 III S. 1 Nr. 3 Alt. 2 BauGB, um den Betreiber dieser nach § 35 I Nr. 4 BauGB privilegierten Anlage vor nachträglichen Beschränkungen seines Betriebs zu schützen.[150]

Schutz des Nachbarn?

Ist eine Verletzung des Rücksichtnahmegebotes möglich und hat es im Einzelfall drittschützenden Charakter, so ist weiter zu fragen, ob der Kläger zu dem geschützten Personenkreis gehört, also Teil des „erkennbar abgegrenzten Kreises Dritter“ ist. Näher dazu unten c).

bb) Art. 14 GG im Baurecht

notfalls: Art. 14 GG

Findet sich keine Norm, die drittschützende Wirkung entfalten könnte, so ist notfalls auf Art. 14 GG zurückzugreifen.[151] 131

146 BVerwGE 45, 309 = DVBl. 1984, 285.

147 Erstmals: BVerwGE 67, 334.

148 BVerwG, BayVBl. 1999, 26; Battis/Krautzberger/Löhr, § 31 BauGB, Rn. 40 f.

149 BVerwG, DVBl. 1981, 928.

150 Das BVerwG erteilt allerdings Ansätzen, den Drittschutz in diesen Fällen direkt aus § 35 I BauGB abzuleiten, eine Absage, BVerwG, NVwZ 2000, 552 = **Life&Law 2000, 659**.

151 BVerwGE 52, 122.

Ein subjektiv-öffentliches Abwehrrecht des Nachbarn kann sich aber aus Art. 14 GG nur ergeben, wenn „ein schwerer und unerträglicher Eingriff" sowie eine „nachhaltige Veränderung der Grundstückssituation" nicht ausgeschlossen werden können. Unzumutbarkeit muss zumindest möglich erscheinen.

hemmer-Methode: Soweit einfachgesetzliche drittschützende Vorschriften existieren, ist ein Rückgriff auf Art. 14 GG nicht zulässig.[152] Konsequenz ist, dass kaum noch ein Anwendungsfall des Art. 14 GG denkbar ist.
Äußerst problematisch ist auch die Frage, ob ein Nachbar sich auf die Verletzung von Verfahrensvorschriften oder darauf **berufen kann, dass die sachlich[153] unzuständige Behörde die Baugenehmigung erteilt hat.[154]**

cc) Begriff des Nachbarn

Nachbarbegriff: dingliche Berechtigung erforderlich

Im Baurecht werden grundsätzlich nur boden- und grundstücksbezogene Rechte geschützt. Nachbarn sind also Eigentümer oder Inhaber solcher dinglichen Rechte, die eine eigentümerähnliche Stellung begründen (Erbbauberechtigte, Nießbraucher). **132**

Bloß obligatorisch Berechtigte, insb. Mieter, Pächter sowie Käufer sind i.d.R. nicht geschützt.[155] Das BVerfG[156] hat zwar entschieden, dass auch das Besitzrecht des Mieters unter bestimmten Voraussetzungen in den Schutzbereich von Art. 14 GG fallen kann. Diese Entscheidung betrifft aber nur das Verhältnis zwischen Mieter und Eigentümer und kann nicht auf die Beziehungen zu den Nachbarn ausgedehnt werden.[157] Aus diesem Grund lehnt es die Rechtsprechung auch ab, aus der Entscheidung des BVerfG heraus eine klagefähige Position des (bloßen) Mieters zu begründen.[158]

hemmer-Methode: Anders liegt es aber, wenn der Mieter gegen einen Bebauungsplan nach § 47 VwGO vorgehen will. In diesem Falle kann auch der Mieter durch den Bebauungsplan in seinen eigenen Rechten aus § 1 VII BauGB verletzt werden und ist daher i.S.d. § 47 II S. 1 VwGO antragsbefugt.[159]

Anwartschaft und Besitz genügen

Der Käufer ist jedoch dann klagebefugt, wenn auf ihn Besitz, Nutzungen und Lasten übergegangen sind und zu seinen Gunsten eine Auflassungsvormerkung im Grundbuch eingetragen ist.[160] Durch die Baugenehmigung wird dann das dingliche Anwartschaftsrecht beeinträchtigt.[161] **133**

Der Inhaber eines dinglich gesicherten Vorkaufsrechts ist jedoch nicht klagebefugt.[162] Der Unterschied zum obigen Fall der Auflassungsvormerkung besteht vor allem darin, dass der Eigentumsübergang von der Bedingung des Vorkaufsfalles abhängt, deren Eintritt überaus ungewiss ist.

---

152 Vgl. BayVGH, BayVBl. 1997, 665.

153 Zur örtlichen Unzuständigkeit vgl. § 46 VwVfG.

154 Vgl. hierzu VGH Mannheim, BauR 2006, 1291 ff. = **Life&Law 2007, 203**.

155 Vgl. BVerwG, NVwZ 1998, 956; s. auch **Life&Law 1998, 673 ff.**; anders z.T. die Literatur (Nachweise bei Kopp/Schenke, § 42 VwGO, Rn. 97).

156 BVerfG, NJW 1993, 2035.

157 BVerwG, NVwZ 1998, 956 = NJW 1998, 3582.

158 OVG Lüneburg, NVwZ 1996, 918; BVerwG, NVwZ 1998, 956.

159 Vgl. BVerwG, NJW 1999, 593 ff.; **Life&Law 1999, 188 ff.**

160 BVerwG, BayVBl. 1983, 337.

161 Zu beachten ist, dass laut bayer. Examensklausur 90/I, 6, BayVBl. 1992, 30/62, eine Auflassungsvormerkung für sich genommen noch nicht ausreicht.

162 So VGH Mannheim, NJW 1995, 1308.

dd) Ausschluss der Klagebefugnis

Art. 66 I S. 2 BayBO

Hat der Nachbar die Baupläne unterschrieben, wird dies in den meisten Landesbauordnungen als Verzicht auf Rechtsbehelfe ausgelegt, vgl. etwa Art 66 I S. 2 BayBO.[163] Widerspruch und Anfechtungsklage sind dann unzulässig, weil es an der Klagebefugnis fehlt.[164] 134

Nach anderer Ansicht schließt das Einverständnis das Rechtsschutzbedürfnis aus.

hemmer-Methode: Eine Präklusion existiert nicht nur im Baugenehmigungsverfahren, sondern auch im Bauplanungsrecht: Macht ein Bürger i.R.d. Bürgerbeteiligung im Planaufstellungsverfahren keine Einwendungen geltend, kann er nach § 4a VI BauGB präkludiert sein. Diese Präklusion führt u.U. zur Unzulässigkeit eines Normenkontrollantrags, § 47 IIa VwGO.[165] Auf die Anfechtung einer Baugenehmigung, die auf diesem Bebauungsplan beruht, wirkt sich diese Präklusion aber wohl nicht aus. Hier kann der Betroffene i.R.d. § 30 I BauGB weiter geltend machen, der Bebauungsplan sei unwirksam.

Nachbarschutz im Baurecht:

A) Landesbauordnung, soweit nicht nur Allgemeinheit geschützt.

B) Bauplanungsrecht: Differenzierung nach Gebiet

I. Qualifizierter Bebauungsplan

1. Schutz aus § 30 BauGB i.V.m. Bebauungsplan

2. Schutz aus § 30 BauGB i.V.m. BauNVO (Art)

3. Schutz aus § 30 BauGB i.V.m. § 15 BauNVO

4. Bei Ausnahme § 31 I BauGB i.V.m. § 5 BauNVO bzw. § 31 II BauGB selbst, der nach seinem Wortlaut Nachbarn erwähnt.

II. Unbeplanter Innenbereich

1. § 34 I BauGB: „Einfügen“

2. § 34 II BauGB i.V.m. § 15 BauNVO

III. Außenbereich

1. § 35 III S. 1 Nr. 3 BauGB

2. Rücksichtnahmegebot

b) Immissionsschutzrecht

aa) Drittschutznormen

Drittschutz durch § 5 I Nr. 1 BImSchG

Wichtige drittschützende Norm in diesem Bereich ist § 5 I Nr. 1 BImSchG, der die Nachbarschaft schon im Wortlaut erwähnt. § 5 I Nr. 1 BImSchG begründet daher ein subjektiv-öffentliches Recht des Nachbarn. 135

163 Und entsprechender Vorschriften anderer Bundesländer.

164 Vgl. BayVGH, BayVBl. 1998, 57; dieses Urteil behandelt den Sonderfall der Bindungswirkung der vom Rechtsvorgänger des jetzigen Nachbarn abgegebenen Unterschrift.

165 Zur Reichweite des § 47 IIa VwGO vgl. BVerwG, UPR 2011, 147 ff. = **Life&Law 2011, 666**.

bb) Nachbarbegriff

weiter Nachbarbegriff

Unterschiede zum Baurecht ergeben sich im Immissionsschutzrecht hinsichtlich des Nachbarbegriffs. Während im Baurecht nur grundstücks- und bodenbezogene Rechte, nicht aber obligatorische Berechtigungen geschützt werden, genügt im Immissionsschutzrecht eine dem engeren Lebensbereich zugehörige Beziehung von gewisser Dauer zu der Stelle, an der die Anlage errichtet werden soll. Unter den Nachbarbegriff des § 5 I BImSchG fallen damit auch Mieter und Berufstätige.[166] 136

cc) Präklusion

Präklusion des § 10 III 5 BImSchG

Im Immissionsschutzrecht ist stets an den möglichen Ausschluss der Klagebefugnis durch die materielle Präklusionswirkung des § 10 III S. 5 BImSchG zu denken. Hat der Kläger die Einwendungsfrist des § 10 III S. 2 BImSchG versäumt, so ist er mit seinen Einwendungen materiell präkludierte, d.h. er kann sie nicht mehr gerichtlich geltend machen. 137

dd) Fallbeispiel[167]

In der Gemeinde G soll im Industriegebiet eine Anlage nach der 4. BImSchVO errichtet werden. A, der im benachbarten Wohngebiet Eigentümer eines Hauses ist, bringt im Genehmigungsverfahren Einwendungen gegen die Anlage vor. Die Nutzung seines Grundstücks sei unzumutbar beeinträchtigt. Im Erörterungstermin lehnt er den Leiter der städtischen Rechtsabteilung als befangen ab. 138

Dem Befangenheitsantrag des A wurde nicht entsprochen. Gegen die Anlagengenehmigung will er nun klagen. Die Gemeinde meint, allein die Möglichkeit, Einwendungen gegen ein Vorhaben zu erheben, reiche für die Klagebefugnis nicht aus. Die Behandlung des Befangenheitsantrages sei für die Herleitung der Klagebefugnis ohne Belang. Auch sei eine Verletzung der Grundrechte des A von vornherein ausgeschlossen, da A nicht Adressat des streitigen Bescheids sei.

Ist A klagebefugt?

Einwendungsbefugnis als subjektiv-öffentl. Recht

1. Die Einwendungsbefugnis aus § 10 III S. 4 BImSchG reicht zur Bejahung der Klagebefugnis nicht aus. Argument: Die schlichte Möglichkeit, Einwendungen zu erheben, ist ein „Jedermann-Recht". Ein eigenes subjektives Recht kann sich aus ihr nicht ergeben.

Verfahrensverstoß

2. Verfahrensverstöße (hier: mögliche Befangenheit) sind grundsätzlich nur dann beachtlich, wenn die Möglichkeit besteht, dass ohne den Verfahrensfehler die Entscheidung anders ausgefallen wäre. Außerdem müsste durch den VA (Genehmigung) eine nach materiellem Recht geschützte Rechtsstellung des Klägers berührt sein. Nur wenn der Kläger eine solche geltend machen kann, kann sich aus dem Verfahrensfehler die Klagebefugnis ergeben.

§ 5 I Nr. 1 BImSchG

3. In Frage kommt eine Verletzung nachbarschützender Vorschriften. Eine immissionsschutzrechtliche Genehmigung kann gem. § 6 I Nr. 1 BImSchG nur erteilt werden, wenn sichergestellt ist, dass die sich aus § 5 I Nr. 1 BImSchG ergebenden Pflichten erfüllt werden. § 5 I Nr. 1 BImSchG schreibt die Abwendung schädlicher Umwelteinwirkungen und sonstiger Nachteile vom Nachbarn vor. Dass ein Nachbar durch Gerüche, die eine Fabrik emittiert, beeinträchtigt wird, kann zumindest nicht ausgeschlossen werden. Die Klagebefugnis ist demnach zu bejahen.

---

166 Vgl. Fall des Wohnwagenbesitzers im Anlagengenehmigungsfall bayer. Examensklausur 79/II, 6; BayVBl. 1983, 157/188.

167 Nach bayer. Examensklausur 88/I, 6, BayVBl. 1990, 30/61.

hemmer-Methode: Über §§ 6 I Nr. 2, 13 BImSchG kann auch auf drittschützende Vorschriften aus dem Baurecht abgestellt werden.

Art. 14, 2 II GG

4. Schließlich könnte sich die Klagebefugnis auch aus Grundrechten ergeben. Hier kommt eine Herleitung der Klagebefugnis aus Art. 2 II GG in Betracht; ob durch die Immissionen (schon) eine Gesundheitsgefährdung vorliegt, kann aber zweifelhaft sein.[168] Auszuschließen ist das aber wohl nicht, sodass sich die Klagebefugnis auch aus Art. 2 II GG herleiten lässt.

hemmer-Methode: Ein derart differenziertes Eingehen auf die Klagebefugnis kommt nur dann in Betracht, wenn im Sachverhalt eindeutig auf die Problematik hingewiesen wird (Echoprinzip). In Fällen der Drittbeteiligung spielt die Prüfung der Klagebefugnis im Examen allerdings regelmäßig eine Hauptrolle.

c) Konkurrentenklagen

aa) Begriffliche Klärung

Konkurrentenklage: keine eigene Klageart

Der Begriff der Konkurrentenklage bezeichnet keine eigenständige Klageart. Es handelt sich vielmehr um eine zusammenfassende Bezeichnung für Klagen, durch die ein Unternehmer versucht, unerwünschte Konkurrenz abzuwehren. Begrifflich zu unterscheiden ist diese „wirtschaftliche" Konkurrentenklage von der „beamtenrechtlichen Konkurrentenklage" (s.u.). **139**

bb) Einzelfälle

Zu unterscheiden sind zwei Fälle, nämlich, ob es um die Zulassung eines Konkurrenten oder um die Begünstigung eines bereits zugelassenen Konkurrenten geht. **140**

(1) Vorgehen gegen die Zulassung eines Konkurrenten

Drittanfechtung d. Zulassung = negative Konkurrentenklage: grds. (-)

Gegen die Zulassung eines Konkurrenten, sog. negative Konkurrentenklage, kann klageweise grundsätzlich nicht vorgegangen werden. Es fehlt i.d.R. an der Klagebefugnis. Die allgemeinen Vorschriften über die Zulassung zu einem Gewerbe dienen nicht dem Schutz anderer Gewerbetreibender vor Konkurrenz. Insbesondere ergibt sich auch durch die Grundrechte kein Schutz. Die Freiheit, dem eigenen Gewerbe nachzukommen, wird ja durch die Zulassung des Konkurrenten nicht berührt. **141**

Art. 12 GG stellt eine verfassungsrechtliche Grundentscheidung zugunsten des Wettbewerbs dar und dient insoweit nur den Interessen der Allgemeinheit. Bringen Zulassungsvorschriften einen tatsächlichen Schutz bereits etablierter Unternehmer mit sich, stellt dies lediglich einen Rechtsreflex dar.[169]

hemmer-Methode: Etwas anderes gilt dann, wenn die Zulassung des Konkurrenten zwingend mit der Zurückweisung eines eigenen Zulassungsantrages verbunden ist, da dann die Vergabe an den Konkurrenten automatisch die Verletzung des eigenen Zulassungsanspruchs sein kann. Allerdings hat die Rechtsprechung im Beamtenrecht lange Zeit auch in einem solchen Fall eine Anfechtungsklage gegen die Ernennung des Konkurrenten aufgrund des Grundsatzes der sog. Ämterstabilität verneint.

168 Vgl. Schwerdtfeger, Rn. 200 f. m.w.N.

169 BVerwGE 16, 187 (189); etwas anderes lässt sich allenfalls dann vertreten, wenn der Konkurrent der öffentlichen Hand zuzuordnen ist, da diese sich für ihre Tätigkeit gerade nicht auf Art. 2 I, 12 I, 14 I GG berufen kann.

Diese Rechtsprechung wurde zumindest teilweise aufgegeben. Die Ernennung des Konkurrenten ist zumindest dann anfechtbar, wenn der Kläger seine Rechte im Auswahlverfahren nicht effektiv geltend machen konnte.[170]

(2) Klage gegen die Förderung eines Konkurrenten

Drittanfechtung von Subventionen: Klagebefugnis (+)

Anders kann es in den Fällen der Förderung eines bereits zugelassenen Konkurrenten liegen. Hier ist die Klagebefugnis dann gegeben, wenn der Staat durch die Drittförderung (Subvention) derart schwerwiegend in die bestehenden Wettbewerbsverhältnisse eingreift, dass der Dritte in seiner Wettbewerbsfreiheit empfindlich beeinträchtigt sein kann.[171] Es sind also hohe Anforderungen zu stellen. 142

Die Klagebefugnis kann sich dann aus Art. 2 I, 12 GG, gegebenenfalls in Verbindung mit Art. 3 I GG (wenn sich der Kläger darauf beruft, durch die Drittförderung liege eine ungerechtfertigte Ungleichbehandlung vor) ergeben. Allerdings gibt Art. 3 I GG nur einen Anspruch auf Gleichbehandlung in dem Sinne, dass der Kläger ebenfalls eine Subvention verlangen kann. Statthafte Klageart ist deshalb die Verpflichtungs- und nicht die Anfechtungsklage.

(3) Fallbeispiel

M ist Taxiunternehmer in der Stadt W. Anfang 2013 beantragt auch A eine Konzession zur Führung eines Taxiunternehmens in W. Diese Konzession wird ihm antragsgemäß erteilt. M ist empört. Er meint, die Stadt würde durch die Erteilung der Konzession an A unzulässig in den Wettbewerb eingreifen. Die Zulassung eines weiteren Konkurrenten sei für ihn ruinös und verletze ihn in seinen Grundrechten aus Art. 12, 14 und 2 I GG. M möchte klageweise gegen die Konzession des A vorgehen. Wäre er klagebefugt? 143

M müsste plausibel darlegen, dass er durch die Konzession der Stadt W eventuell in seinen Rechten verletzt ist (Möglichkeitstheorie). Bei der Erteilung der Taxikonzession an A handelt es sich um einen VA. Hier ergibt sich die Klagebefugnis des M aber nicht schon aus der sog. Adressatentheorie, da M nicht der Adressat des VAs „Taxikonzession" ist.

§ 13 IV PBefG

Eine Rechtsverletzung könnte sich aus § 13 IV S. 1 PBefG (Sartorius, Nr. 950) ergeben, weil durch die Zulassung eines neuen Taxiunternehmers die Funktionsfähigkeit des örtlichen Taxigewerbes gefährdet werden könnte. Nach der h.M.[172] liegt die Funktionsfähigkeit aber alleine im öffentlichen Interesse und wirkt daher nicht schützend für Konkurrenten.

Art. 14 I GG

Es könnte eine mögliche Verletzung von Art. 14 I GG vorliegen. Art. 14 I GG schützt das Eigentum und somit das Erworbene. Art. 14 I GG schützt aber nicht künftige, unbestimmte Erwerbschancen und schützt auch nicht vor Konkurrenz. Auf Art. 14 I GG kann sich M daher nicht stützen.

Art. 12 I GG

M könnte aber durch die Erteilung der Taxikonzession an K eine mögliche Verletzung des Art. 12 I GG geltend machen.

Die hoheitliche Maßnahme greift aber nicht in die Berufsausübung des M ein, da ihm weiterhin die eigene Taxikonzession zusteht. Der Umstand, dass er in wirtschaftlicher Hinsicht durch einen weiteren Konkurrenten beeinträchtigt werden kann, verletzt nicht sein Grundrecht aus Art. 12 I GG.

170 BVerwGE 138, 102, vgl. auch BVerfG, NVwZ 2011,1191.

171 Vgl. Schenke, Rn. 523.

172 Pietzner-Ronellenfitsch, § 16, Rn. 7.

Geschützt wird nur die Berufsfreiheit (= Berufswahl, Berufsausübung), nicht aber bestimmte Wettbewerbsvorteile, zumal sich A auf das gleiche Grundrecht aus Art. 12 I GG berufen kann. Art. 12 I GG enthält vielmehr eine positivrechtliche Entscheidung zugunsten des Wettbewerbs. Damit ist auch Art. 12 I GG nicht einschlägig, da der Schutzbereich nicht betroffen ist.

Art. 2 I GG

M könnte in seinem Recht aus Art. 2 I GG (allgemeine Handlungsfreiheit) verletzt sein. Art. 2 I GG ist anwendbar, da weder der Schutzbereich von Art. 12 GG noch der von Art. 14 I GG betroffen ist. Aber auch Art. 2 I GG schützt nicht vor Konkurrenz. Zudem kann sich A i.R.d. allgemeinen Handlungsfreiheit des Art. 2 I GG ebenfalls auf dieses Grundrecht berufen. Somit scheidet auch Art. 2 I GG aus.

Der M kann keine Verletzung subjektiv-öffentlicher Rechte geltend machen. Die möglichen wirtschaftlichen Verluste des M stellen nur wirtschaftliche Interessen dar, die keine Rechtspositionen i.S.d. § 42 II VwGO sind. M ist nicht klagebefugt.

d) Sonderproblem: Verbandsklage

aa) „Egoistische" Verbandsklage

eigene Rechte des Verbandes

Unter dem Stichwort „Verbandsklage" werden zwei unterschiedliche Konstellationen zusammengefasst. Bei der sog. egoistischen Verbandsklage macht der Verband die Verletzung eigener subjektiver Rechte des Verbandes geltend. Hier ergeben sich keine Besonderheiten bzgl. der Klagebefugnis. 144

Bsp.: *§§ 63 f. BNatSchG räumten anerkannten Naturschutzverbänden ein subjektiv öffentliches Recht auf Beteiligung in bestimmten Planfeststellungsverfahren ein. Der Verband kann auf Beteiligung in diesen Verfahren klagen.*[173]

bb) „Altruistische" Verbandsklage

keine Prozessstandschaft

Bei der sog. altruistischen Verbandsklage macht der Verband im eigenen Namen Rechte seiner Mitglieder oder öffentliche Interessen geltend. Es handelt sich also um einen Fall der Prozessstandschaft. Anders als im Zivilprozess ist im Verwaltungsrecht die gewillkürte Prozessstandschaft grds. ausgeschlossen.[174] Das folgt daraus, dass die Geltendmachung fremder Rechte nach § 42 II VwGO nicht zulässig ist, „soweit gesetzlich nichts anderes bestimmt ist". Eine solche Bestimmung findet sich bspw. in § 63 BNatSchG, der anerkannten Naturschutzverbänden ein Klagerecht einräumt, „ohne in seinen Rechten verletzt zu sein".[175] Ein weiterer Fall einer Verbandsklage findet sich in § 2 I UmwRG - zumindest bei der gebotenen europarechtskonformen Auslegung.[176]

e) Sonderproblem: „Erkaufte Klagebefugnis"

Sperrgrundstücksfälle:

In diesem Zusammenhang kann sich das Problem der sog. erkauften Klagebefugnis stellen. Eine Naturschutzorganisation kauft sich ein (unbedeutendes) Grundstück in der Nachbarschaft eines Straßenbau- oder Großanlagenvorhabens, um gegen dieses vorzugehen, ohne dass jedoch eine Nutzungsabsicht vorliegt (Sperrgrundstücksfälle). 145

173 Ob die Verbände bei Verstoß gegen das Beteiligungsrecht einen materiell-rechtlichen Anspruch auf Aufhebung des Planfeststellungsbeschlusses geltend machen können, ist umstritten. Bejahend BVerwGE 87, 62 (71 f.); dagegen Pietzner-Ronellenfitsch, § 14, Rn. 30 m.w.N.

174 Schmitt Glaeser/Horn, Rn. 170.

175 Zur Neufassung des BNatSchG vgl. Callies, „Die unweltrechtliche Verbandsklage nach der Novellierung des Bundesnaturschutzgesetzes", NJW 2003, 96.

176 EuGH, Urteil vom 12.05.2011, C 115/09 = **Life&Law 2011, 446**.

e.A.: Abweisung in Begründetheit

Nach wohl h.M. ergibt sich die Klagebefugnis hier wie in jedem Fall zumindest aus einer möglichen Verletzung des Art. 14 GG, da eine Eigentümerstellung der Naturschutzorganisation jedenfalls vorliege. Wegen der geringen wirtschaftlichen Bedeutung ist dieses Eigentum aber in der planerischen Abwägung mit öffentlichen Belangen leicht zu überwinden. Die Klageabweisung erfolgt also erst auf Begründetheitsebene.[177]

a.A.: Rechtsmissbrauch

Dagegen ist die Klage nach anderer Ansicht bereits wegen Rechtsmissbrauchs unzulässig. Die Unzulässigkeit kann sich dabei einerseits aus einer Verwirkung der Klagebefugnis,[178] andererseits wegen fehlenden Rechtsschutzbedürfnisses[179] ergeben.

3. Zusammenfassende Übersicht zur Klagebefugnis

Klagebefugnis:

a) Für den Adressaten ist im Hinblick auf Art. 2 I GG die Klagebefugnis meist unproblematisch. Zu diskutieren ist sie bei der Beteiligung von Dritten. Denn nur wer eigene Rechte hat, soll klagen können.

b) Wann ist eine Norm drittschützend?

Dazu drei Fragen:

aa) Ist die Norm öffentlich-rechtlich?

bb) Schützt sie neben dem Allgemeininteresse auch die Interessen konkreter Dritter (abgrenzbarer Kreis)?
(Hier Schwerpunkt bei einfachem Recht mit Auslegung nach Wortlaut, Zweck und Systematik)

cc) Ist der Schutzbereich eröffnet? (Hier Schwerpunkt bei Grundrechten mit Stichwort funktionaler Schutzbereich)

c) Einzelprobleme: Genehmigung in BImSchG, Baurecht, Ermessensnorm, Verbandsklage, erkaufte Klagebefugnis, Begriff des Nachbarn
Beachte für Fehlen der Klagebefugnis:
Unterschrift des Nachbarn unter die Baugenehmigung sowie nach § 10 III BImSchG (materielle Präklusion)

III. Vorverfahren, §§ 68 ff. VwGO

Die Durchführung eines ordnungsgemäßen Vorverfahrens ist Zulässigkeitsvoraussetzung für die Anfechtungs- und Verpflichtungsklage (§ 68 I S. 1, II VwGO). 146

1. Allgemeines

anwendbare Normen

Das Widerspruchsverfahren ist ein Verwaltungsverfahren. Da es als Verwaltungsverfahren in der VwGO geregelt ist, ergibt sich das Problem, inwieweit die Vorschriften des VwVfG auf das Widerspruchsverfahren angewendet werden können. Grundsätzlich sind die Regeln der §§ 68 ff. VwGO heranzuziehen. Erst wenn sich hier eine Lücke ergibt, kann ergänzend auf das VwVfG zurückgegriffen werden, vgl. § 79 VwVfG. Insoweit ist im Einzelnen vieles streitig. 147

177 BVerwG, DVBl. 2001, 385 = **Life&Law 2001, 584** = BayBl. 2001, 569: In Einzelfällen kann die Klagebefugnis allerdings unter dem Gedanken des Rechtsmissbrauchs ausgeschlossen sein.

178 Pietzner-Ronellenfitsch, § 14, Rn. 34.

179 BayVGH, DöV 1989, 403.

In der Klausur wird die Frage, ob bestimmte Normen des VwVfG in concreto anwendbar sind, aber kaum jemals auftauchen. Fallrelevant ist wohl nur, ob § 31 VwVfG bei der Fristberechnung heranzuziehen ist; da diese Frage aber meist offen bleiben kann, ergeben sich in der Klausur regelmäßig keine Probleme.[180]

hemmer-Methode: Klausurrelevanz kommt dem Widerspruch neben der Prüfung als Zulässigkeitsvoraussetzung i.R.d. Anfechtungs- und Verpflichtungsklage vor allem in der Variante der sog. Widerspruchsklausur zu. Es geht dabei nicht um die gutachtliche Vorbereitung einer gerichtlichen Entscheidung, sondern um die Vorbereitung der Entscheidung der Widerspruchsbehörde über einen Widerspruch. Der Bearbeiter hat dann Zulässigkeit und Begründetheit des Widerspruchs gutachtlich zu würdigen. Diese Klausurvariante wird in Hemmer/Wüst, Verwaltungsrecht III, Rn. 1 ff. ausführlich dargestellt.
Informieren Sie sich hier über den zulässigen Prüfungsstoff in Ihrem Bundesland. In Bayern ist bspw. das Widerspruchsverfahren ab 2017 kein Examensstoff mehr. Ab diesem Zeitpunkt können zu den folgenden Fragen jedenfalls keine Details mehr erwartet werden.

2. Qualifikation eines Verhaltens als Widerspruch

Auslegung des Rechtsbehelfs

In der Klausur wird häufig verlangt, ein Verhalten des Klägers als Widerspruch zu qualifizieren. Formulierungen wie: „Der erboste A begibt sich zur Gemeinde und gibt zu Protokoll, er werde sich die Vorgehensweise der Gemeinde nicht bieten lassen" oder „A legt gegen die Belastung schriftlich Einspruch ein", weisen darauf hin, dass der Bearbeiter sich mit der Frage beschäftigen soll, ob im Fall tatsächlich ein Widerspruch in Abgrenzung zu den formlosen Rechtsbehelfen Gegenvorstellung, (Fach-) Aufsichtsbeschwerde und Dienstaufsichtsbeschwerde vorliegt. **148**

falsa demonstratio non nocet

§ 70 VwGO stellt keine inhaltlichen Anforderungen an den Widerspruch. Er muss insb. auch nicht als solcher bezeichnet werden.[181] Auch im öffentlichen Recht gilt insoweit der Grundsatz der „falsa demonstratio non nocet".

Günstigkeitsprinzip

Bei der Auslegung ist im Zweifelsfall entscheidend, welche Qualifikation für den Betroffenen die günstigste ist. Das wird für den Betroffenen regelmäßig die Qualifikation als Widerspruch sein, da nur der Widerspruch Suspensiveffekt entfaltet und dieser erforderlich ist, um eine spätere Überprüfung des VA durch die Verwaltungsgerichte offen zu halten. Ein Nachteil des Widerspruch gegenüber den formlosen Rechtsbehelfen ist allerdings, dass der Widerspruchsführer im Fall eines erfolglosen Widerspruchs die Kosten zu tragen hat, § 73 III VwGO, § 80 I S. 3 VwVfG. Ein formloser Rechtsbehelf ist deshalb v.a. dann in Betracht zu ziehen, wenn der Widerspruch verfristet ist.

Exkurs: Formlose Rechtsbehelfe

hemmer-Methode: Die formlosen Rechtsbehelfe wurden bereits unter Rn. 6 kurz dargestellt, um ihre Stellung im System der Rechtsbehelfe zu verdeutlichen. In der Klausur werden die formlosen Rechtsbehelfe jedoch vor allem bei der Abgrenzung zum Widerspruch als förmlichen außergerichtlichen Rechtsbehelf relevant.

180 Vgl. unten Rn. 179 sowie Schmitt Glaeser/Horn, Rn. 193, der sich mit dieser Problematik ausführlich auseinandersetzt.

181 Kopp/Schenke, § 69 VwGO, Rn. 5.

a) Allgemeines

Rechtsgrundlage: Art. 17 GG

Dogmatisch lassen sich die formlosen Rechtsbehelfe in Art. 17 GG (Petitionsrecht) verorten. 149

Sie sind weder an eine Form noch an Fristen gebunden; der Rechtsbehelfsführer muss keine eigene Beschwer vortragen. Es besteht also die Möglichkeit, sich zum Sachwalter der Allgemeinheit aufzuschwingen, sog. Popularbeschwerde.[182]

weder Devolutiv- noch Suspensiveffekt

Formlose Rechtsbehelfe haben keinen Devolutiveffekt (Überleitung des Verfahrens auf eine höhere Instanz) und keinen Suspensiveffekt (aufschiebende Wirkung). Wegen des fehlenden Devolutiveffekts erhält die Aufsichtsbehörde durch eine Aufsichtsbeschwerde auch keine eigene Zuständigkeit.

Abhilfe durch innerdienstliche Weisung

Will sie daher der Beschwerde abhelfen, so geht dies nur durch innerdienstliche Weisung an die untere Behörde. Die Aufsichtsbehörde ist für die Aufhebung des Aktes grundsätzlich nicht zuständig.[183] 150

Bei „Aufsichtsbeschwerden“ gegen Verwaltungsakte einer Gemeinde oder eines Landkreises muss die Kommunalaufsichtsbehörde die nach Art. 112 ff. BayGO[184] vorgesehenen Mittel der Kommunalaufsicht anwenden.

kein Anspruch auf Sachentscheidung

Wichtig ist, dass die formlosen Rechtsbehelfe kein subjektiv-öffentliches Recht auf (einen in der Sache) begründeten Bescheid geben. Eine Entscheidung in der Sache kann gerade nicht verlangt werden. Allerdings hat der Beschwerdeführer ein subjektiv-öffentliches Recht auf informatorischen Bescheid, also darauf, dass die Behörde den formlosen Rechtsbehelf entgegennimmt, prüft und ihn auch beantwortet.

Verwaltungsrechtsweg

Für die Durchsetzung dieses Rechts auf eine informatorische Verbescheidung ist der Verwaltungsrechtsweg gegeben. Das gilt auch für den Anspruch auf Verbescheidung nach Art. 17 GG; bei der grundgesetzlichen Petition ist zwar ein Verfassungsorgan (Parlament) beteiligt, das eine unmittelbar der Verfassung entspringende Pflicht wahrnimmt. 151

Ihm gegenüber steht aber ein Bürger, der sich in seinem Grundrecht aus Art. 17 GG verletzt fühlt. Es ist damit die typische Situation eines Verwaltungsrechtsstreits nach § 40 I VwGO gegeben.

praktische Bedeutung

Zu beachten ist schließlich, dass die formlosen Rechtsbehelfe keineswegs „form-, frist- und fruchtlos“ sind, wie ein Juristenwitz besagt, sondern von der Verwaltung durchaus ernst genommen werden und häufig gerade wegen des fehlenden Formzwangs schneller zur Beseitigung rechtswidriger Akte führen als die förmlichen Rechtsbehelfe.

b) Einzelne Rechtsbehelfe

hemmer-Methode: In Bezug auf die formlosen Rechtsbehelfe wird von Ihnen im Ersten Staatsexamen kein Spezialwissen verlangt. Die Begriffe und die wesentlichen Inhalte der einzelnen Rechtsbehelfe sollten Ihnen allerdings bekannt sein.

182 Schmitt Glaeser/Horn, Rn. 12.

183 Beachten Sie in Bayern die Möglichkeit für die Aufsichtsbehörde, nach Art. 3b BayVwVfG vorzugehen!

184 Und entsprechender Vorschriften anderer Bundesländer.

aa) Petition

Petition i.w.S.

Soweit mit dem Begriff der Petition ein formloser Rechtsbehelf gemeint ist, spricht man von Petition im weiteren Sinne. 152

Gemeint ist damit der Fall, dass sich ein Bürger mit einer Eingabe an einen Träger öffentlicher Gewalt wendet und ein bestimmtes Verwaltungshandeln kritisiert bzw. erstrebt.

> ***Bsp.:*** *X lagert auf seinem Grundstück giftige Abfälle. Nachbar N bemerkt dies, weshalb er ein formloses Schreiben an die Gemeindeverwaltung G richtet, dass diese X auffordern solle, den Abfall zu beseitigen.*

anders: Petition i.e.S. Art. 17 GG, Art. 115 BV

Zu unterscheiden ist der Begriff der Petition im weiteren Sinne von den verfassungsrechtlich verankerten Petitionen im engeren Sinne (Art. 17, 45c GG, Art. 115 BV).[185] 153

bb) Gegenvorstellung

Gegenvorstellung

Bei der Gegenvorstellung wendet sich der Belastete an die Erlassbehörde mit dem Ansinnen, dass diese die bereits vorgenommene Verwaltungshandlung aufhebt oder ändert. 154

cc) Fachaufsichtsbeschwerde

Fachaufsichtsbeschwerde

Bei der Fachaufsichtsbeschwerde wird anders als bei der Gegenvorstellung die Aufhebung der Verwaltungshandlung nicht von der Erlassbehörde, sondern von deren Aufsichtsbehörde begehrt. Hier können Abgrenzungsprobleme zum Widerspruch auftauchen. Zu beachten ist in Bayern die Möglichkeit der Kommunalaufsichtsbeschwerde zur staatlichen Kommunalaufsichtsbehörde, Art. 108 ff. BayGO. 155

dd) Dienstaufsichtsbeschwerde

Dienstaufsichtsbeschwerde

Bei der Dienstaufsichtsbeschwerde schließlich steht nicht die Rechtmäßigkeit einer Maßnahme im Vordergrund, sondern das persönliche Verhalten eines Angehörigen des öffentlichen Dienstes. Erstrebt wird eine dienst- bzw. disziplinarrechtliche Würdigung des Verhaltens durch den Dienstvorgesetzten; an ihn richtet sich daher in der Regel die Dienstaufsichtsbeschwerde. 156

c) Fallbeispiel[186]

> *„ ... ging bei der Polizeidirektion ein Schreiben der Eheleute ein, in dem sie ausführten, die Maßnahmen der Polizei seien rechtswidrig gewesen.“*

Abgrenzung

Hier war die Abgrenzung zwischen Widerspruch, Dienstaufsichtsbeschwerde und Fachaufsichtsbeschwerde verlangt. Diese müsste etwa folgendermaßen aussehen:

Dienstaufsichtsbeschwerde? Günstigkeitsprinzip

Die Eheleute rügen hier nicht das persönliche Verhalten eines Polizeibeamten, mithin scheidet eine Dienstaufsichtsbeschwerde aus. Angegriffen werden vielmehr die Maßnahmen der Polizei als solche. Demnach kommen sowohl eine Fachaufsichtsbeschwerde als auch ein Widerspruch in Betracht. Bei der Abgrenzung zwischen Fachaufsichtsbeschwerde und Widerspruch ist nicht auf die Bezeichnung durch den Beschwerdeführer abzustellen. Es ist vielmehr davon auszugehen, dass der Betroffene den für ihn günstigsten Rechtsbehelf einlegen will.

185 Dazu schon oben Rn. 149 ff.

186 Nach bayer. Examensklausur 82/II, 6, BayVBl. 1985, 543/573.

Wird daher die Kritik an der behördlichen Maßnahme innerhalb der Widerspruchsfrist vorgebracht, so muss das Vorbringen als Widerspruch angesehen werden, da nur der Widerspruch den Weg zur verwaltungsgerichtlichen Überprüfung der Maßnahme eröffnet.

Eine Fachaufsichtsbeschwerde kommt dagegen regelmäßig dann in Betracht, wenn die Widerspruchsfrist versäumt wurde, der Betroffene aber dennoch die Überprüfung der Rechtmäßigkeit der Maßnahmen erreichen möchte.

Eine solche Fachaufsichtsbeschwerde kann in dem Beispielsfall auch deshalb angedacht werden, weil sich die angegriffenen Maßnahmen bereits erledigt haben, für eine Fortsetzungsfeststellungsklage analog § 113 I S. 4 VwGO aber u.U. das besondere Feststellungsinteresse fehlt.

hemmer-Methode: Die Abgrenzung von Widerspruch und Fachaufsichtsbeschwerde ermöglicht auch einen beliebten Klausurtrick. Ist ein Widerspruch zu prüfen, wird aber festgestellt, dass dieser verfristet ist, so ist der Widerspruch als Fachaufsichtsbeschwerde zu behandeln, so dass auch bei Unzulässigkeit des Widerspruchs in die Begründetheitsprüfung eingestiegen werden kann.[187]
Ist der Widerspruch also offensichtlich verfristet, sollte man sich hüten, gewaltsam die Fristwahrung zu retten. Die Abgrenzung des Widerspruchs von den formlosen Rechtsbehelfen sollte jedenfalls für die mündliche Prüfung sicher beherrscht werden. Gerade Praktiker legen hierauf viel Wert.

Exkurs Ende

3. Entbehrlichkeit der Durchführung eines Widerspruchsverfahrens

a) Besondere gesetzliche Bestimmungen, § 68 I S. 2 HS 1 VwGO

aa) § 74 I S. 2 VwVfG i.V.m. § 70 VwVfG

Planfeststellungsverfahren

Eine wichtige gesetzlich bestimmte Ausnahme von der Notwendigkeit der Durchführung eines Vorverfahrens ist § 74 I S. 2 VwVfG i.V.m. § 70 VwVfG, wonach ein Vorverfahren entfallen kann, wenn es sich um einen Verwaltungsakt handelt, der in einem förmlichen Verwaltungsverfahren oder einem Planfeststellungsverfahren erlassen worden ist. 157

Das ist darauf zurückzuführen, dass die förmlichen Verwaltungsverfahren bereits eine Beteiligung von Personen, die Einwendungen erheben, vorsehen (vgl. § 73 VwVfG) und der Behörde besondere Pflichten (schriftliche Entscheidung, Begründungszwang etc.) auferlegen.

I.R.d. Planfeststellungsverfahrens nach §§ 72 ff. VwVfG ist die Vorschrift des § 73 VwVfG zu beachten, die für jedermann ein Einwendungsrecht begründet. Bei dieser Einwendung handelt es sich nicht um einen Rechtsbehelf, vielmehr um eine Ausprägung des Grundsatzes der mitverantwortlichen Entscheidung aller bei Fragen, die das gesamte Gemeinwesen betreffen.

187 Beispiel: 2. bayer. jur. Staatsexamen 69/II, BayVBl. 74, 82/113; vgl. auch Schmitt Glaeser/Horn, Rn. 197 a.E.

bb) § 75 S. 1 Alt. 1 VwGO

Untätigkeitsklage

§ 75 S. 1 Alt. 1 VwGO erlaubt, die Klage abweichend von §§ 68, 74 VwGO in den Fällen zu erheben, in denen die Behörde einen eingelegten Widerspruch nicht sachlich beschieden hat. Dem Betroffenen soll im Hinblick auf Art. 19 IV GG die Möglichkeit eröffnet werden, auch ohne Widerspruchsbescheid eine Entscheidung über sein Rechtsschutzbegehren zu erreichen. § 75 S. 1 Alt. 1 VwGO ist also keine Ausnahme vom Erfordernis eines Vorverfahrens generell, sondern verzichtet lediglich auf den Widerspruchsbescheid als Abschluss des Vorverfahrens. Zugleich spricht § 75 S. 1 Alt. 1 VwGO dagegen, dem Widerspruchsführer einen Anspruch auf Erlass des Widerspruchsbescheides zuzubilligen, den er mit einer Verpflichtungsklage durchsetzen könnte.[188] 158

hemmer-Methode: Verwechslungsgefahr! Die Untätigkeitsklage (im Sinne des § 75 VwGO) ist keinesfalls eine eigene Klageart, sondern vielmehr nur ein Sonderfall der Anfechtungs- oder Verpflichtungsklage, bei dem der Abschluss des Vorverfahrens keine Zulässigkeitsvoraussetzung ist.
Dabei kann § 75 S. 1 VwGO i.R.d. Anfechtungsklage nur mit seiner Alt. 1 einschlägig sein, während i.R.d. Verpflichtungsklage beide Varianten denkbar sind.[189]
Allerdings wird der Begriff Untätigkeitsklage auch für die Verpflichtungsklage nach § 42 I Alt. 2 UF 2 VwGO gebraucht. Hier handelt es sich um Sachverhaltskonstellationen, in denen die Behörde auf einen Antrag des Bürgers überhaupt nicht reagiert. Dies entspricht § 75 S. 1 Alt. 2 VwGO.

Drei-Monats-Grenze

§ 75 S. 2 VwGO setzt dabei eine abstrakte zeitliche Grenze von drei Monaten. Diese Frist muss aber – entgegen dem scheinbaren Wortlaut – wie alle Zulässigkeitsvoraussetzungen nicht schon bei Erhebung der Klage, sondern erst im Zeitpunkt der letzten mündlichen Verhandlung verstrichen zu sein.[190] Es handelt sich nicht um eine Zulässigkeitsvoraussetzung im engeren Sinn sondern um eine Sachentscheidungsvoraussetzung.

***Bsp.:** Am 03.03. wird der Ausgangsbescheid bekannt gegeben. Am 07.03. legt K Widerspruch ein und bereits am 03.05. Klage. Am 10.09. will das Gericht über die Klage entscheiden.*

Die Klage ist zulässig. Zwar liegt kein abgeschlossenes Widerspruchsverfahren vor, dieses ist aber nach § 75 S. 1 Alt. 1 VwGO entbehrlich, da mittlerweile seit der Einlegung des Widerspruchs mehr als drei Monate verstrichen sind. Maßgeblich ist insoweit entgegen des Wortlauts des § 75 S. 2 VwGO nicht der Zeitpunkt der Klageerhebung, sondern der der Entscheidung des Gerichts. Die „zu früh" erhobene Klage wächst in die Zulässigkeit hinein. Andernfalls müsste der Kläger seine unzulässige, weil verfrühte Klage zurücknehmen, um sie sodann sofort wieder zu erheben, was ersichtlich dem Gedanken der Prozessökonomie widerspricht.

Verzögerungsgrund?

Wenn eine angemessene Frist verstrichen ist, muss das Gericht prüfen, ob es für die Verzögerung einen hinreichenden Grund gibt. Ist das der Fall, setzt das Gericht nach § 75 S. 3 VwGO der Behörde eine Frist und entscheidet erst nach fruchtlosem Ablauf zur Sache.

drei Monate nicht abgelaufen

Sind zwischen Widerspruch und letzter mündlicher Verhandlung weniger als drei Monate vergangen, ist ebenfalls zur Sache zu entscheiden, wenn „besondere Umstände des Falles" das gebieten (§ 75 S. 2 Alt. 2 VwGO). Liegen keine solchen Umstände vor, weist das Gericht die Klage nicht als unzulässig ab, sondern setzt das Verfahren analog § 75 S. 3 VwGO ebenfalls aus.[191]

188 OVG Niedersachen, NJW-RR 2009, 663 = **Life&Law 2009, 752**.

189 Vgl. dazu **Hemmer/Wüst, VWwR II, Rn. 44 ff.**

190 Kopp/Schenke, § 75 VwGO, Rn. 8 f.

191 Kopp/Schenke, § 75 VwGO, Rn. 17.

Widerspruchsbescheid ergeht noch

Ergeht der Widerspruchsbescheid nach Erhebung der Klage doch noch, so ist nach dessen Inhalt wie folgt zu differenzieren: 159

stattgegeben: Erledigung

Wird dem Widerspruch stattgegeben, fehlt dem Kläger für die Fortführung der Klage das Rechtsschutzinteresse bzw. die Klage wird unstatthaft, da der angefochtene Verwaltungsakt bereits aufgehoben ist, also eine Aufhebung durch das Gericht überhaupt nicht mehr in Frage kommt.[192] Die Hauptsache ist für erledigt zu erklären; für die Entscheidung über die Kosten ist § 161 III VwGO zu beachten.

abgewiesen: § 79 I Nr. 1 VwGO

Wird dem Widerspruch nicht entsprochen, richtet sich die Anfechtungsklage nunmehr auch gegen den Widerspruchsbescheid (§ 79 I Nr. 1 VwGO) und das Verfahren ist fortzusetzen.[193]

Exkurs

Ablehnung eines VA-Antrags

Streitig ist dagegen, ob noch immer ein Widerspruchsverfahren durchzuführen ist oder ob die einmal erreichte Zulässigkeit der Klage nach § 75 VwGO genügt,[194] wenn der Antrag auf Erlass eines VA (§ 75 S. 1 Alt. 2 VwGO) nach Erhebung der Klage abgelehnt worden ist. 160

hemmer-Methode: Beachten Sie, dass sich diese Frage naturgemäß nur i.R. einer Verpflichtungsklage stellen kann!

Untätigkeitsklage bereits zulässig

(a) Die Untätigkeitsklage war bereits zulässig, d.h. die Drei-Monats-Frist des S. 2 bzw. die gerichtlich gesetzte Frist des S. 3 waren abgelaufen.

Dann entfällt ein Widerspruchsverfahren. Zwar muss grundsätzlich ein Widerspruchsverfahren durchgeführt werden, ist aber eine Klage einmal zulässig, so kann diese dem Kläger nicht wieder genommen werden.[195] Die Untätigkeitsklage kann also als Verpflichtungsklage aufrechterhalten werden.

(b) Die Untätigkeitsklage war noch nicht zulässig.

Untätigkeitsklage noch nicht zulässig

Dann muss nach überwiegender Ansicht das Vorverfahren nachgeholt werden.[196] Das Gerichtsverfahren ist auszusetzen. Es bedarf jedoch in diesem Fall nicht der ausdrücklichen Einlegung eines Widerspruchs. Sie ergibt sich schon aus der Untätigkeitsklage. 161

Exkurs Ende

cc) Landesrechtliche Bestimmungen

Auch durch landesrechtliche Bestimmungen kann das Vorverfahren für entbehrlich erklärt werden.

hemmer-Methode: Hiervon haben die Bundesländer in unterschiedlichem Umfang Gebrauch gemacht. In einigen Bundesländern, darunter Bayern, wurde das Vorverfahren für den Fall eines Verwaltungsaktes einer Landesbehörde nahezu vollständig abgeschafft, vgl. Art. 15 II BayAGVwGO.[197]

192 Kopp/Schenke, § 75 VwGO, Rn. 19.

193 Redeker/von Oertzen, § 75 VwGO, Rn. 8.

194 Vgl. Kopp/Schenke, § 75 VwGO, Rn. 21 f.

195 BVerwGE 66, 342; Kopp/Schenke, § 75 VwGO, Rn. 21.

196 BVerwGE 42, 108 (112).

197 Vgl. zur Frage, ob dies von § 68 I S. 2 VwGO gedeckt ist, VerfGH Bayern, Entscheidung vom 15.11.2006, Vf. 6-VII-05 = **Life&Law 5/2007**.

b) Erlassbehörde des Ausgangs-VA ist eine oberste Bundes- oder Landesbehörde, § 68 I S. 2 Nr. 1 VwGO

§ 68 I S. 2 Nr. 1 VwGO

Ein Vorverfahren ist auch entbehrlich, „wenn der VA von einer 162
obersten Bundesbehörde oder von einer obersten Landesbehörde erlassen worden ist, außer wenn ein Gesetz die Nachprüfung vorschreibt“.[198]

Arg.: besondere Sachkunde

Argument für diese Ausnahme ist die besondere Sachkunde und die zu unterstellende fachliche Qualifikation der obersten Behörden.

so auch bei Mandat; anders bei Delegierung

§ 68 I S. 2 Nr. 1 VwGO greift aber nicht ein, wenn die oberste Bundes- oder Landesbehörde die in ihren Kompetenzbereich fallende Entscheidung wieder nach unten delegiert hat – dann ist die besondere fachliche Qualifikation nicht mehr gegeben. Handelt die Unterbehörde dagegen im Namen und Auftrag (Mandat) der obersten Behörde, ist ein Vorverfahren entbehrlich,[199] weil der VA in diesem Fall der obersten Behörde zugerechnet wird.

Zu beachten ist weiter, dass ein Vorverfahren trotz § 68 I S. 2 Nr. 1 163
VwGO durchzuführen ist, wenn dies zwingend gesetzlich vorgeschrieben ist.

Ausnahmen: § 126 II BBG, § 54 II BeamtStG

Wichtigste Normen in diesem Zusammenhang sind § 126 II BBG (bzw. entsprechende Vorschriften in den Landesbeamtengesetzen) sowie § 54 II BeamtStG, die für beamtenrechtliche Streitigkeiten die Durchführung eines Vorverfahrens immer notwendig machen.

c) Erstmalige Beschwer, § 68 I S. 2 Nr. 2 VwGO

§ 68 I S. 2 Nr. 2 VwGO

Gem. § 68 I S. 2 Nr. 2 VwGO ist ein Vorverfahren weiterhin nicht 164
notwendig, wenn der Abhilfebescheid oder der Widerspruchsbescheid erstmalig eine Beschwer enthält. Nach dem (mittlerweile) eindeutigen Gesetzeswortlaut kann auch der ursprüngliche Adressat Beschwerter in diesem Sinne sein.

Zusammenhang mit § 71 VwGO

§ 68 I S. 2 Nr. 2 VwGO ist im Zusammenhang mit § 71 VwGO (kommentieren) zu sehen, wonach ein Dritter, der durch Abänderung des Ursprungs-VA im Widerspruchsverfahren erstmalig beschwert wird, vor Erlass des Abhilfe- oder Widerspruchsbescheids zu hören ist. Da der Beschwerte gehört wurde und die Behörde ihren VA bereits einmal überprüft hat, ist ein weiteres Widerspruchsverfahren nicht notwendig. Es kann sofort geklagt werden.

Es sind insbesondere zwei Konstellationen denkbar:

aa) Erste Variante 165

Bauherr B beantragt eine Baugenehmigung für den Bau eines zweigeschossigen Wohnhauses. Diese wird ihm erteilt, allerdings versehen mit Auflagen, die den Nachbarn N des B begünstigen. B legt Widerspruch ein und beantragt eine auflagenfreie Baugenehmigung. Daraufhin hebt die Behörde die Auflagen auf.

Nachbar N will sich das Hin und Her der Genehmigungsbehörde nicht bieten lassen. Hier kann N sofort, ohne Durchführung eines Widerspruchsverfahrens, gegen die Belastung durch den Widerspruchsbescheid klagen.

---

198 Keine obersten Bundesbehörden sind Bundesoberbehörden i.S.d. Art. 87 III GG(!), vgl. Kopp/Schenke, § 68 VwGO, Rn. 19.

199 Str. so Pietzner-Ronellenfitsch, § 31, Rn. 19; zweifelnd Kopp/Schenke, § 68 VwGO, Rn. 19 m.w.N.

bb) Zweite Variante 166

Bauherr B hat eine Genehmigung erhalten, die aber auf den Widerspruch des N hin aufgehoben wurde. B kann nun sofort, ohne Durchführung eines Widerspruchsverfahrens, gegen den Widerspruchsbescheid, durch den er erstmalig beschwert ist, gerichtlich vorgehen. Er ist erstmalig beschwert i.S.d. § 68 I S. 2 Nr. 2 VwGO.

hemmer-Methode: Klagegegenstand ist dann alleine der Widerspruchsbescheid, §§ 79 I Nr. 2, 115 VwGO. Diese Vorschriften gehören untrennbar zu § 68 I S. 2 Nr. 2 VwGO. Kommentieren Sie sich - soweit zulässig - Ihr Gesetz dementsprechend!

Exkurs: Abhilfeverfahren nach § 72 VwGO

Abhilfeverfahren, § 72 VwGO

§ 72 VwGO geht von dem Normalfall aus, dass es sich bei Aus- 167
gangsbehörde und Widerspruchsbehörde um über-/untergeordnete Behörden handelt. Dann soll der Ausgangsbehörde noch einmal die Möglichkeit gegeben werden, die Rechtmäßigkeit ihres Handelns zu überprüfen, ohne dann später von der übergeordneten Widerspruchsbehörde „zurechtgestaucht“ zu werden. Ein Abhilfeverfahren findet jedoch auch dann statt, wenn Ausgangs- und Widerspruchsbehörde identisch sind.[200]

besonders wichtig in Selbstverwaltungsangelegenheiten

Entscheidende Bedeutung für den Widerspruchsführer kann das 168
Abhilfeverfahren in Selbstverwaltungsangelegenheiten gewinnen. In diesen Fällen ist nämlich der Widerspruchsbehörde die Nachprüfung, ob die von der Selbstverwaltungsbehörde getroffene Entscheidung zweckmäßig war, versagt.[201]

Da auch das Verwaltungsgericht die Zweckmäßigkeit der Entscheidung nicht mehr überprüft, ist das Abhilfeverfahren insoweit gewissermaßen letztinstanzliche Entscheidung.

§ 73 I Nr. 3 VwGO

Allerdings erlässt gem. § 73 I Nr. 3 VwGO in Selbstverwaltungsangelegenheiten grundsätzlich die Selbstverwaltungsbehörde selber den Widerspruchsbescheid, sodass auch hier die Zweckmäßigkeit noch einmal überprüft wird.

Ausnahme: § 119 Nr. 1 GO

Durch Gesetz kann aber auch in Selbstverwaltungsangelegenheiten eine andere Behörde als Widerspruchsbehörde bestimmt werden (§ 73 I Nr. 3 HS 2 VwGO). Von dieser bundesgesetzlichen (VwGO) Ermächtigung hat bspw. der bayerische Gesetzgeber in Art. 119 Nr. 1 BayGO[202] Gebrauch gemacht.

Danach erlässt auch in Angelegenheiten des eigenen Wirkungskreises die Rechtsaufsichtsbehörde, Art. 110 BayGO,[203] den Widerspruchsbescheid. Der Rechtsaufsichtsbehörde ist es aber wegen Art. 28 II GG versagt, die Zweckmäßigkeit der Entscheidung einer Selbstverwaltungskörperschaft über eine eigene Angelegenheit zu überprüfen, vgl. auch Art. 119 Nr. 1 BayGO a.E.[204]

Um auch hier die Überprüfung der Zweckmäßigkeit zu ermöglichen, stellt Art. 119 Nr. 1 HS 2 BayGO klar, dass die Selbstverwaltungsbehörde in diesen Fällen i.R.d. Abhilfeverfahrens nach § 72 VwGO die Zweckmäßigkeit ihres Handelns nochmals überprüft.

---

200 Schmitt Glaeser/Horn, Rn. 208; a.A.: Pietzner-Ronellenfitsch, § 26, Rn. 10; Kopp/Schenke, § 72 VwGO, Rn. 1.

201 Vgl. Art. 119 BayGO und die entsprechenden Vorschriften anderer Bundesländer.

202 Und entsprechender Vorschriften anderer Bundesländer.

203 Und entsprechender Vorschriften anderer Bundesländer.

204 Vgl. Schmitt Glaeser/Horn, Rn. 208, 212.

hemmer-Methode: Da das Vorverfahren in Bayern weitgehend abgeschafft wurde, Art. 15 II AGVwGO, ist die Bedeutung von Art. 119 GO mittlerweile relativ gering. Klausurrelevanz können diese Vorschriften nur erlangen, wenn ausnahmsweise noch ein Vorverfahren stattfindet, bspw. beim Vorgehen gegen einen Abgabenbescheid, vgl. Art. 15 I Nr. 1 AGVwGO. Allerdings handelt es sich bei Abgabenbescheiden um gebundene Verwaltungsakte, sodass ohnehin keine Zweckmäßigkeitskontrolle stattfinden kann.

Durchführung des Abhilfeverfahrens

Die Ausgangsbehörde kann eine Abhilfeentscheidung sofort treffen, wenn der Widerspruch gem. § 70 I S. 1 VwGO bei ihr eingelegt wird. Wird der Widerspruch gem. § 70 I S. 2 VwGO bei der Widerspruchsbehörde eingelegt, so hat diese der Abhilfebehörde Gelegenheit zur Abhilfe zu geben. 169

In der Regel wird sie ihr die Widerspruchsschrift übersenden. Es kann aber auch eine formlose Anfrage genügen.[205] Ergeht der Widerspruchsbescheid ohne vorheriges Abhilfeverfahren, leidet er unter einem wesentlichen Verfahrensmangel i.S.v. § 79 II S. 2 VwGO und kann daher isoliert angefochten werden (§ 79 II S. 1 VwGO).

Entscheidungsvoraussetzungen

Die Abhilfeentscheidung setzt nach überwiegender Ansicht trotz des Wortlauts von § 72 VwGO „hält ... für begründet" auch die Zulässigkeit des Rechtsbehelfs voraus.[206] Der Abhilfebescheid kann nur zugunsten des Widerspruchsführers ergehen.[207] Ist der Widerspruch zulässig und begründet, ist die Ausgansbehörde zur Abhilfe verpflichtet.

hemmer-Methode: Entscheidet die Ausgangsbehörde trotz einer Versäumung der Widerspruchsfrist dennoch zur Sache, wird die Verfristung geheilt. Das Gericht ist an diese Entscheidung gebunden. Streng genommen ist dieses Vorgehen aber nicht als Abhilfeentscheidung, sondern als Zweitbescheid, ggf. in Verbindung mit einer konkludenten Aufhebung des Erstbescheides zu qualifizieren.
Dieser Zweitbescheid setzt eine neue Frist in Gang. Problematisch hieran ist, dass der Widerspruch gegen den Zweitbescheid bereits vor Erlass dieses Bescheides eingelegt wurde.

Verhältnis Abhilfebescheid – Widerspruchsbescheid

Die Abhilfebehörde kann dem Widerspruch ganz oder teilweise abhelfen. In diesem Fall ergeht ein förmlicher Abhilfebescheid.[208] Der Abhilfebescheid verdrängt den Widerspruchsbescheid nur dann, wenn dem Widerspruch in vollem Umfang abgeholfen wird.[209] 170

hemmer-Methode: § 72 VwGO ist eine eigenständige Rechtsgrundlage zur Aufhebung eines Verwaltungsaktes und von § 48 VwVfG getrennt zu sehen. Anders als bei § 48 VwVfG spielt der Vertrauensschutz bei § 72 VwGO keine Rolle.

Abhilfebescheid ist VA

Auch die Abhilfeentscheidung ist ein VA gem. § 35 S. 1 VwVfG. Es gelten die bei Erlass eines VA zu beachtenden Vorschriften, wobei bspw. § 71 VwGO lex specialis zu § 28 VwVfG ist. Nach h.M. hat die Abhilfebehörde auch dann noch die Zuständigkeit zur Abhilfe, wenn sie die Sache bereits der Widerspruchsbehörde vorgelegt hat.[210]

erstmalige Beschwer eines Dritten: Folge str.

Wird ein Beteiligter durch die Abhilfeentscheidung erstmalig beschwert, kann bzw. muss er direkt gegen den Abhilfebescheid Klage einreichen, § 79 I Nr. 2 VwGO. Ein nochmaliges Vorverfahren findet nicht statt, § 68 I S. 2 Nr. 2 VwGO.

Exkurs Ende

205 Pietzner-Ronellenfitsch, § 25, Rn. 5.

206 Vgl. Kopp/Schenke, § 72 VwGO, Rn. 3 m.w.N.; a.A. Schmitt Glaeser/Horn, Rn. 210.

207 Pietzner-Ronellenfitsch, § 27, Rn. 7.

208 Kopp/Schenke, § 72 VwGO, Rn. 3.

209 Schmitt Glaeser/Horn, Rn. 211.

210 Näher dazu **Hemmer/Wüst, VWR III, Rn. 7 ff.**; a.A. Kopp/Schenke, § 72 VwGO, Rn. 2 m.w.N. (Zweitbescheid).

d) Weitere ungeregelte Fälle der Entbehrlichkeit

entbehrlich auch bei Zweckerreichung

Weitere ungeregelte Fälle, bei denen der Widerspruch zwar entbehrlich, aber nicht unzulässig wäre, sind generell solche, bei denen der „Zweck des Widerspruchsverfahrens schon erreicht wurde oder offensichtlich nicht mehr erreicht werden kann".[211] 171

erfolgloser Widerspruch gegen früheren VA

aa) Der angefochtene VA ändert, ersetzt oder wiederholt nur einen VA, gegen den bereits ein Widerspruchsverfahren durchgeführt wurde. 172

In diesem Fall ist davon auszugehen, dass die Behörde, die ja um die Anhängigkeit eines Rechtsstreites wusste, den neuen VA unter sorgfältiger Prüfung der Sach- und Rechtslage erlassen hat. Es wäre überflüssiger Formalismus, in dieser Situation die Durchführung eines weiteren Widerspruchsverfahrens zu verlangen.

erfolgloser Widerspruch eines Dritten

bb) Das Widerspruchsverfahren wurde bereits von einem Dritten durchgeführt. 173

Dabei müssen aber jetziger Kläger und damaliger Widerspruchsführer aus einem einheitlichen Rechtsgrund gegen den VA vorgehen (z.B. Mitglieder einer Erbengemeinschaft).

Kopp/Schenke: notwendiger Streitgenosse

Kopp/Schenke[212] verlangt sogar eine notwendige Streitgenossenschaft i.S.d. § 64 VwGO, § 62 ZPO. Dafür spricht, dass es gerade Sinn der Vorschriften über die notwendigen Streitgenossen ist, Prozesshandlungen für und gegen den Streitgenossen wirken zu lassen. Würde man eine weniger enge Beziehung zwischen Kläger und Widerspruchsführer genügen lassen, würden die Vorschriften über die notwendigen Streitgenossen umgangen.

h.L.: einheitlicher Rechtsgrund genügt

Dagegen spricht aber, dass das Widerspruchsverfahren zwar auch dem Schutz des Betroffenen dient, seine Entbehrlichkeit aber vor allem ein Vorteil für ihn ist. Der Zweck des Vorverfahrens (die Selbstkontrolle der Verwaltung) ist bereits dann erreicht, wenn einer von mehreren Klägern das Widerspruchsverfahren durchgeführt hat.[213]

sachliche Einlassung der Widerspruchsbehörde

cc) Die Widerspruchsbehörde bzw. deren Rechtsträger, also der richtige Beklagte, hat sich sachlich auf die Klage eingelassen und deren Abweisung als unbegründet beantragt. 174

BVerwG: grds. (+)

Das BVerwG[214] hält die Durchführung des Vorverfahrens auch in diesen Fällen für entbehrlich, da dessen Zweck nicht mehr erreicht werden kann. Der Inhalt, den eine Widerspruchsentscheidung hätte, lässt sich schon der Klageerwiderung entnehmen. Zum Teil wird vertreten, dass auf das Widerspruchsverfahren nur in den Fällen verzichtet werden kann, in denen Ausgangs- und Widerspruchsbehörde identisch sind oder es ausschließlich um die Rechtmäßigkeitsprüfung geht.[215]

Problem: Hilfsweise Sacheinlassung

Sehr umstritten ist die Fallkonstellation, dass die Widerspruchsbehörde bzw. deren Rechtsträger die Nichtdurchführung des Vorverfahrens rügt und sich nur hilfsweise sachlich auf die Klage einlässt.[216] 175

---

211 BVerwGE 64, 325 (330).

212 § 68 VwGO, Rn. 8, 26.

213 Pietzner-Ronellenfitsch, § 17, Rn. 2 m.w.N.

214 DVBl. 1984, 91.

215 Gänzlich ablehnend Kopp/Schenke, § 68 VwGO, Rn. 28.

216 Dafür: BVerwGE 66, 39 (41); dagegen: BayVGH, BayVBl. 1983, 309.

Bsp.: *A erhält einen Gebührenbescheid. Da ihm die Sturheit des zuständigen Verwaltungsbeamten aus früheren Verfahren bekannt ist, hält er ein Widerspruchsverfahren für zwecklos und erhebt sogleich Anfechtungsklage zum Verwaltungsgericht. Der Beklagte, der mit der Widerspruchsbehörde identisch ist, weist zwar auf das Fehlen eines Vorverfahrens hin, erwidert aber die Klage und lässt sich sachlich auf einen Prozess ein. Ist die Klage zulässig?*

§ 40 I VwGO

Der Verwaltungsrechtsweg nach § 40 I VwGO ist hier eröffnet, da eine Maßnahme auf dem Gebiet des öffentlichen Rechts im Streit ist.

Klageart

Richtige Klageart ist die Anfechtungsklage. Die Klagebefugnis i.S.d. § 42 II VwGO ergibt sich aus der Stellung des A als Adressat eines belastenden Verwaltungsaktes.

Vorverfahren

Weiterhin müsste A gem. § 68 I S. 1 VwGO ein Vorverfahren ordnungsgemäß durchgeführt haben. Das hat er hier nicht getan. Fraglich ist aber, ob im vorliegenden Fall die Durchführung eines Vorverfahrens nicht entbehrlich sein könnte.

keine gesetzliche Ausnahme

Eine gesetzliche Ausnahme von der Pflicht zur Durchführung eines Vorverfahrens liegt hier nicht vor. Insbesondere ist keiner der Fälle des § 68 I S. 2 VwGO einschlägig.

Zweckerreichung?

Es könnte aber eine nicht ausdrücklich geregelte Ausnahme greifen. Grundsätzlich ist ein Vorverfahren auch dann entbehrlich, wenn seine Durchführung sinn- und zwecklos wäre. Es ist zu fragen, ob es nicht im Hinblick auf die Prozessökonomie sinnlos ist, auf der Durchführung eines Vorverfahrens zu bestehen, wenn der Beklagte sich nach materieller Prüfung der Rechtslage bereits sachlich auf die Klage eingelassen hat, da dann davon auszugehen ist, dass die Sicht der Widerspruchsbehörde auch im Widerspruchsverfahren keine andere sein wird.

Literatur: Vorverfahren nicht disponibel

In der Literatur[217] wird dazu vertreten, dass die Pflicht zur Durchführung eines Vorverfahrens zwingendes Recht sei, das nicht zur Disposition der Parteien stehe. Allein dadurch, dass die Widerspruchsbehörde sich schriftlich mit der gebotenen Intensität mit dem Fall auseinander setzt, werde in vielen Fällen eben doch schon auf dieser Ebene dem Bürger zu seinem Recht verholfen werden können.

Rechtsprechung: Verfahrensökonomie

Die Rechtsprechung[218] sieht es aber weitgehend anders. Dem Zweck des Widerspruchsverfahrens sei Genüge getan, wenn die Widerspruchsbehörde eindeutig klarstellt, dass sie das Vorbringen des Klägers nicht zu einer anderen Entscheidung in der Sache veranlassen wird.

Die frühere Rechtsprechung[219] fingierte sogar ausdrücklich die Klageerwiderung als Widerspruchsbescheid. Inzwischen beruft sie sich in erster Linie auf prozessökonomische Gründe: aus der Klageerwiderung ergebe sich zumindest der wahrscheinliche Inhalt einer Widerspruchsentscheidung.

Kritik: Rechtsschutzverkürzung bei Ermessensentscheidungen

Diese Sicht lässt sich für gebundene Entscheidungen sicherlich vertreten. Anders sieht es aber bei Ermessensentscheidungen aus. Würde man die Ersetzung des Vorverfahrens durch die Einlassung des Beklagten hier zulassen, wäre dem Betroffenen im Ergebnis eine Ermessensebene genommen, da das Gericht eine eigene Ermessensentscheidung nicht treffen kann. Einen solch erheblichen Eingriff in die Rechte des Bürgers rechtfertigt auch der Hinweis auf die Prozessökonomie nicht mehr (str.).[220]

Hiergegen kann allerdings eingewendet werden, dass hier A keine Ermessensebene genommen wird, sondern er selbst ganz bewusst auf diese verzichtet.

Folgt man der Meinung der Rechtsprechung, so ist die Klage des A zulässig.

217 Kopp/Schenke, Vorb. § 68 VwGO, Rn. 10.

218 BVerwGE 64, 325 (330).

219 BVerwGE 15, 306 (310).

220 Kopp/Schenke, Vorb. § 68 VwGO, Rn. 11.

hemmer-Methode: Wie bei den meisten Meinungsstreitigkeiten genügt es, wenn Sie sich die wesentlichen Argumente vergegenwärtigen: Dem Argument der Prozessökonomie wird von der Gegenansicht die Gefahr der Rechtsschutzverkürzung und der zwingende Charakter der §§ 68 ff. VwGO entgegengehalten.

Vorhersehbarkeit einer ablehnenden Entscheidung

dd) Das Verhalten der Widerspruchsbehörde vor oder während des gerichtlichen Verfahrens lässt mit großer Wahrscheinlichkeit erwarten, dass der Widerspruch keinen Erfolg haben wird 176

Das BVerwG macht auch in dieser Fallgruppe eine Ausnahme von § 68 I VwGO. Das wird – wie immer – damit begründet, dass der Zweck des Vorverfahrens hier nicht erreicht werden kann.[221]

Erledigung des VA

ee) Der VA hat sich schon vor Klageerhebung während der laufenden Widerspruchsfrist erledigt.[222] In diesem Fall ist eine Fortsetzungsfeststellungsklage analog § 113 I S. 4 VwGO zulässig. Hier ist nach h.M. ein Widerspruch nicht nur entbehrlich, sondern sogar unzulässig, da Sinn und Zweck des Widerspruchs hier nicht mehr erreicht werden können.[223] 177

hemmer-Methode: Dieses Ergebnis ist zwingend, wenn man in dieser Situation nicht auf eine analoge Anwendung des § 113 I S. 4 VwGO, sondern auf die allgemeine Feststellungsklage nach § 43 VwGO zurückgreift, auf die die §§ 68 ff. VwGO schon nach ihrem eindeutigen Wortlaut nicht anwendbar sind.

keine Umgehung der Voraussetzungen der Anfechtungsklage

Tritt die Erledigung des VA erst nach Ablauf der Widerspruchsfrist ein, bedarf es aber zumindest der frist- und formgerechten Widerspruchseinlegung. Durch die Erledigung kann es nicht zu einer Erweiterung des Rechtsschutzes kommen.

Eine wegen „Verfristung" unzulässige Klage bleibt auch nach Erledigung unzulässig. Allerdings darf nach Erledigung nach h.M. kein Widerspruchsbescheid mehr ergehen, so das der Beschwerte sofort mit der Erledigung Klage erheben kann.

Erledigt sich der VA nach Klageerhebung vor Ablauf der letzten mündlichen Verhandlung, ist eine Anfechtungsklage nicht mehr statthaft. Der Kläger kann seine Klage aber auf eine Fortsetzungsfeststellungsklage (FFK) nach § 113 I S. 4 VwGO umstellen.[224] Hier muss das Vorverfahren ordnungsgemäß durchgeführt worden sein. Durch die Umstellung auf die Fortsetzungsfeststellungsklage dürfen die Voraussetzungen der (ursprünglichen) Anfechtungsklage nicht umgangen werden.

4. Form des Widerspruchs, § 70 I S. 1 VwGO

Form: geringe Anforderungen

Der Widerspruch ist schriftlich oder zur Niederschrift bei der Ausgangsbehörde bzw. bei der Widerspruchsbehörde einzulegen. 178

An das Schriftformerfordernis sind keine allzu hohen Anforderungen zu stellen. Insbesondere genügt, wenn der Widerspruchsführer vergessen hat, den Widerspruch zu unterschreiben, dass sich „aus dem Schriftstück mit möglicherweise beigefügten Anlagen hinreichend sicher – d.h. ohne Notwendigkeit einer Klärung durch Rückfrage oder durch Beweiserhebung – ergibt, dass es von dem Widersprechenden herrührt und mit dessen Willen in den Verkehr gebracht wurde".[225]

221 NVwZ 1988, 721 (724); a.A. Kopp/Schenke, § 68 VwGO, Rn. 32: Regelmäßig sei in diesen Fällen die Klage nach § 75 VwGO zulässig, was allerdings die rechtzeitige und ordnungsgemäße Erhebung eines Widerspruchs voraussetzt.

222 Str., vgl. Kopp/Schenke, Vor § 68 VwGO, Rn. 2 ff.

223 Ausführlich hierzu **Hemmer/Wüst, VWR II, Rn. 144**.

224 Vgl. ausführlich zur FFK **Hemmer/Wüst, VWR II, Rn. 99**.

225 BVerwGE 30, 274 (276).

hemmer-Methode: Zum Einsatz neuer Medien bei der Rechtsmitteleinlegung vgl. unten Rn. 216!

mündlich genügt nicht

Die mündliche Einlegung des Widerspruchs genügt nicht, außer sie erfolgt zur Niederschrift bei der Behörde, § 70 I S. 1 Alt. 2 VwGO.

5. Frist des Widerspruchs, § 70 I S. 1 VwGO[226]

Frist: ein Monat

Der Widerspruch ist gem. § 70 I VwGO innerhalb eines Monats nach ordnungsgemäßer Bekanntgabe des VA zu erheben. 179

a) Fristberechnung

Paragraphenketten (str.)

Ob die Fristberechnung nach § 57 II VwGO i.V.m. § 222 I ZPO i.V.m. §§ 187 ff. BGB[227] oder nach §§ 79, 31 I VwVfG i.V.m. §§ 187 ff. BGB erfolgt, kann regelmäßig dahinstehen, da die Verweisungsketten jedenfalls bei den §§ 187 ff. BGB enden bzw. § 222 II ZPO und § 193 BGB inhaltsgleiche Regelungen enthalten.

hemmer-Methode: Dieser Streit ist weitgehend ohne praktische Relevanz, da in Hinblick auf die Fristberechnung identische Ergebnisse erzielt werden. Folgende Formulierung sei daher empfohlen: „Fristbeginn für die Einlegung des Widerspruchs war – sei es, dass man für die Fristberechnung § 57 II VwGO i.V.m. § 222 ZPO i.V.m. §§ 187 ff. BGB heranzieht, sei es dass die Berechnung über §§ 79, 31 I VwVfG und §§ 187 ff. BGB erfolgt – gem. § 187 I BGB der 15.11.2013.“ Der Streit spielt auch im Hinblick auf eine mögliche Wiedereinsetzung keine Rolle: Eine Wiedereinsetzung kann auch beim Widerspruch wegen der Regelung des § 70 II VwGO nur entsprechend § 60 I VwGO, also nicht nach dem VwVfG, erfolgen.

aa) Bekanntgabe eines VA[228]

Bekanntgabe

Die Monatsfrist beginnt nur zu laufen, wenn der VA ordnungsgemäß bekannt gegeben worden ist. Vor Bekanntgabe ist die Einlegung eines Widerspruchs unzulässig. 180

(1) Allgemeines

Definition

Bekanntgabe ist die Eröffnung des VA an den Betroffenen mit Willen und Wissen der Behörde. 181

Sie richtet sich grds. nach § 41 VwVfG, wobei auch § 37 II VwVfG (kommentieren) zu beachten ist.

Nach § 3a VwVfG ist auch eine elektronische Bekanntgabe möglich.[229] Voraussetzung ist allerdings, dass der Empfänger hierfür einen Zugang eröffnet hat, vgl. § 3a I S. 2 VwVfG. Von einer Zugangseröffnung in diesem Sinne ist grundsätzlich nicht schon dann auszugehen, wenn ein privater Empfänger über einen E-Mail-Account verfügt und die E-Mail-Adresse der Behörde bekannt ist. Vielmehr ist zusätzlich erforderlich, dass der private Empfänger der Behörde die E-Mail-Adresse gezielt in dem betreffenden Verfahren mitgeteilt hat und dass bereits in der Vergangenheit in diesem Verfahren zwischen der Behörde und dem Bürger auf diesem Weg korrespondiert wurde.

226 Umfassend hierzu **„Bekanntgabe, Zustellung, Fristen in der öffentlich-rechtlichen Klausur“, Life&Law 1, 3, 6/2007, 60, 208, 418**.

227 Kopp/Schenke, § 70 VwGO, Rn. 6.

228 Vgl. umfassend hierzu **„Bekanntgabe, Zustellung, Fristen in der öffentlich-rechtlichen Klausur“, Life&Law 1, 3, 6/2007, 60, 208, 418.**

229 Hierzu vgl. Rossnagel, „Das elektronische Verwaltungsverfahren“, NJW 2003, 469.

Für Behörden, geschäftliche Nutzer und Rechtsanwälte gilt demgegenüber ein strengerer Maßstab. Bei diesen Verfahrensakteuren kann eine Zugangseröffnung regelmäßig schon dann angenommen werden, wenn sie eine elektronische Adresse auf ihren Briefköpfen oder auf ihrer Homepage im Internet als Kontaktadresse angeben.[230]

Fiktion des § 41 II VwVfG

Bei der Bekanntgabe durch einfachen Brief (also nicht durch förmliche Zustellung wie etwa durch Einschreiben) sowie bei einer elektronischen Übermittlung ist die Drei-Tages-Fiktion aus § 41 II S. 1, 2 VwVfG zu beachten. Danach gilt ein mit der Post übermittelter VA als am dritten Tage zugegangen, auch wenn der VA tatsächlich früher zugegangen ist. Der Zeitpunkt des tatsächlichen Zugangs spielt für die Fristberechnung nur dann eine Rolle, wenn dieser Zeitpunkt nach dem Ablauf der Drei-Tages-Fiktion liegt, § 41 II S. 3 VwVfG. Ein früherer Zugang ist dagegen irrelevant.

Fällt das Ende der Drei-Tages-Fiktion auf einen Sonn- oder Feiertag, so spielt das keine Rolle für den Fristbeginn. Es handelt sich um eine Fiktion und nicht um eine Frist. Dem Adressaten kommt aus diesem Grund nicht auch noch die Feiertagsregelung des § 31 III VwVfG zugute, wenn das Ende der Fiktion auf ein Wochenende fällt. Außerdem geht es hierbei um die Bestimmung des Fristanfangs und nicht um das Fristende.[231]

(2) Beispiel:

Mit Schreiben vom 13.11.2014 (Donnerstag), zugegangen am 14.11.2014, wird der Antrag des A auf Erteilung einer Baugenehmigung abgelehnt. A legt am, 17.12.2014 Widerspruch gegen diese Ablehnung ein. Ist der Widerspruch noch rechtzeitig? **182**

Gem. § 70 I S. 1 VwGO ist der Widerspruch binnen eines Monats nach Bekanntgabe des VAs einzulegen. Hier erfolgte die Bekanntgabe durch einfachen Brief, von dem der A am 13.11.2014 Kenntnis erlangte. Fraglich ist, ob damit auch eine Bekanntgabe i.S.d. § 70 I VwGO erfolgt ist.

anwendbare Vorschriften

Da der Brief nicht förmlich zugestellt wurde, ist nicht auf das Landeszustellungsgesetz oder das VwZG des Bundes, sondern auf die Bekanntgabevorschriften des (Landes-)VwVfG abzustellen. Für die Bekanntgabe mit einfachem Brief findet sich dort in § 41 II S. 1 VwVfG die Regelung, dass der VA mit dem dritten Tage nach Aufgabe zur Post als bekannt gegeben gilt. Hier muss vom 13.11.2014 als Aufgabedatum ausgegangen werden, da der Brief von diesem Tag stammt und A bereits am nächsten Tag zuging. Demnach gilt der Bescheid unabhängig vom tatsächlichen Zugang am 14.11.2014 als am 16.11.2014 (Sonntag) als bekannt gegeben, so dass die Widerspruchsfrist am 17.11.2014 um 0:00 Uhr zu laufen beginnt (§ 187 I BGB).

keine Sonntagsregelung bei Drei-Tages-Fiktion

Dabei spielt es keine Rolle, dass das Ende dieser Drei-Tages-Fiktion auf einen Sonntag fällt, es findet nach h.M. keine weitere Verschiebung auf den folgenden Montag nach dem Rechtsgedanken der § 193 BGB, § 31 III VwVfG statt.

Diese fristverschiebenden Vorschriften können auf eine gesetzliche Fiktion nicht angewendet werden.[232] Es geht hier um die Berechnung des Fristbeginns und nicht des Fristendes. Gem. § 188 II BGB endete damit die Widerspruchsfrist am 16.12.2014 um 24:00 Uhr. Der am 17.12.2014 eingelegte Widerspruch war damit verfristet.

230 OVG Münster, Beschluss vom 13.11.2014, 2 B 1111/14 = **juris**byhemmer.

231 Zur h.M. Kopp/Ramsauer, § 31 VwVfG, Rn. 32; zur Gegenansicht BFH, NJW 2004, 94 = **Life&Law 2004, 207**.

232 BayVGH, BayVBl. 1990, 693; Kopp/Ramsauer, § 41 VwVfG, Rn. 44.

hemmer-Methode: Anderer Ansicht ist der BFH. Nach seiner Ansicht fällt das Ende der Drei-Tages-„Frist" auf einen Sonntag, sodass § 193 BGB Anwendung finden soll.[233] Der BFH verkennt damit den Charakter des § 193 BGB als bloße Fiktion. Hier wird eine Entscheidung des Gemeinsamen Senats der Obersten Gerichtshöfe erforderlich sein, um Klarheit zu schaffen.

(3) Zustellung des VA

Unter einer Zustellung ist eine förmliche Bekanntgabe zu verstehen, vgl. § 41 V VwVfG, § 2 VwZG.

AusgangsVA: Zustellung nur im Ausnahmefall

Grundregel ist, dass für den Erst-VA normalerweise keine besondere Form der Bekanntgabe erforderlich ist. 183

Ausnahmen sind aber z.B. Art. 68 II S. 3, 66 I S. 6 BayBO[234] für die Baugenehmigung oder § 74 IV S. 1 VwVfG, der die Zustellung des Planfeststellungsbeschlusses (VA) regelt.

Widerspruchsbescheid: immer zuzustellen

Der Widerspruchsbescheid ist dagegen stets zuzustellen, § 73 III S. 1 VwGO. Die Zustellung erfolgt immer nach dem VwZG des Bundes, vgl. § 73 III S. 2 VwGO.

Folge fehlerhafter Zustellung

Ist ausnahmsweise die förmliche Zustellung des VA vorgeschrieben, so setzt eine andere Art der Bekanntgabe die Frist des § 70 I VwGO nicht in Lauf.[235]

hemmer-Methode: Häufig haben Klausurbearbeiter Probleme, die Begriffe (einfache) Bekanntgabe und Zustellung auseinander zu halten. Die Zustellung ist nur eine besondere (förmliche) Art der Bekanntmachung, die den Zugang eines Verwaltungsaktes sichern soll. Sie richtet sich bei den bayerischen Behörden grundsätzlich nach Art. 1 ff. BayVwZVG,[236] bei Bundesbehörden nach dem (Bundes-)VwZG. Widerspruchsbescheide aller (auch Landes-) Behörden werden gemäß §§ 73 III S. 2 VwGO nach dem (Bundes-)VwZG zugestellt, vgl. auch Art. 1 I S. 2 BayVwZVG. Lesen Sie unbedingt diese Normen, um sich den Regel-Ausnahme-Zusammenhang einmal zu verdeutlichen.

(4) Mangelhafte Bezeichnung des Adressaten

Bestimmtheitsmangel

Ist der Betroffene nicht ausreichend bezeichnet (z.B. aus einem Abgabenbescheid wird nicht klar, wer Schuldner ist), so ist dies kein Bekanntgabemangel. Es mangelt dem VA vielmehr an Bestimmtheit, § 37 VwVfG. Die Monatsfrist des § 70 VwGO beginnt also zu laufen, wenn der Mangel nicht so gravierend ist, dass er den VA nach § 44 VwVfG nichtig macht. 184

Bekanntgabe bei mehreren Adressaten

Die Bekanntgabe muss an jeden Einzelnen in seinen Rechten Betroffenen erfolgen, bei nicht rechtsfähigen Gesellschaften oder Gemeinschaften also an jeden einzelnen Gesellschafter (z.B. ungeteilte Erbengemeinschaft, BGB-Gesellschaft).[237]

233 BFH, NJW 2004, 94 = **Life&Law 2004, 207**.

234 Und entsprechender Vorschriften anderer Bundesländer.

235 Redeker/von Oertzen, § 70 VwGO, Rn. 2.

236 Und entsprechender Vorschriften anderer Bundesländer.

237 Soweit man die BGB-Gesellschaft in Fortführung der Rechtsprechung des BGH zu deren Teilrechtsfähigkeit als handlungsfähig ansieht, vgl. Kopp/Ramsauer, § 11 VwVfG, Rn. 13b, müsste konsequenterweise auch eine Bekanntgabe an die Gesellschaft möglich sein. Beachte für die Zustellung an Eheleute die Vorschrift des Art. 8a BayVwZVG.

Ein Bekanntgabemangel führt gem. § 43 I VwVfG zur Unwirksamkeit des VA dem Betroffenen gegenüber. Der Betroffene, der vom Ergehen eines VA Kenntnis hat oder hätte haben müssen, muss sich aber so behandeln lassen, als wäre ihm der VA ordnungsgemäß bekannt gegeben worden, er muss also die Widerspruchsfrist ab dieser (möglichen) Kenntniserlangung einhalten.

(5) Öffentliche Bekanntgabe

öffentliche Bekanntgabe

Insbesondere bei Allgemeinverfügungen nach § 35 S. 2 VwVfG ist an die Möglichkeit einer öffentlichen Bekanntgabe durch ortsübliche Bekanntmachung gem. § 41 III S. 2, IV VwVfG zu denken. Die ortsübliche Bekanntmachung richtet sich dabei nach Art. 27 II, 26 II BayGO.[238] 185

> ***Bsp.:*** *Die Bekanntmachung erfolgt am 03.02.2016, gem. § 41 IV S. 3 VwVfG gilt dann (der VA) am 17.02.2016 als bekannt gegeben. Fristbeginn für Einlegung des Widerspruchs ist der 18.02.2016, Fristende der 17.03.2016.*

Für Verkehrszeichen als Allgemeinverfügungen i.S.d. § 35 S. 2 Var. 3 VwVfG hat die Rechtsprechung den sog. Sichtbarkeitsgrundsatz entwickelt. Sie sind demnach sobald und solange wirksam, wie sie von den Verkehrsteilnehmern gesehen und erfasst werden können.[239] Dabei ist zu trennen zwischen der Bekanntgabe als Wirksamkeitsvoraussetzung nach § 43 I VwVfG und der Bekanntgabe als fristauslösendem Ereignis, § 70 I VwGO.

Während es für die Wirksamkeit allein auf die Sichtbarkeit als solche ankommt, wird bei der Frist danach gefragt, wann der konkret betroffene Verkehrsteilnehmer dieses Schild das erste Mal wahrgenommen hat bzw. wahrnehmen konnte.[240]

bb) Fehlende Bekanntgabe

Bekanntgabe ist Wirksamkeitserfordernis

Der VA wird erst dann wirksam, wenn er zumindest einem Betroffenen gegenüber bekannt gegeben wird (vgl. §§ 41 I S. 1, 43 I S. 1 VwVfG). Ab diesem Zeitpunkt ist er rechtlich existent[241] und kann von allen Beteiligten angefochten werden.[242] 186

Fristen: individuelle Betrachtung

Für den Lauf der Rechtsbehelfsfristen ist dagegen auf die Bekanntgabe gerade an den einzelnen Rechtsbehelfsführer abzustellen. Die Frist nach §§ 70, 58 VwGO beginnt nicht zu laufen, wenn der VA den Betroffenen gar nicht bekannt gemacht wurde bzw. die Bekanntgabe nicht den gesetzlichen Vorschriften entsprach. Der Rechtsbehelf ist in diesen Fällen grundsätzlich unbefristet.[243] Das gilt auch dann, wenn der VA Dritten bekannt gegeben worden ist[244] oder wenn der Betroffene anderweitig (zufällig) Kenntnis vom VA erlangt hat.

Verwirkung

In diesen Fällen ist das Recht zur Einlegung des Widerspruchs allerdings durch den Grundsatz von Treu und Glauben zeitlich eingeschränkt:

---

238 Und entsprechender Vorschriften anderer Bundesländer.

239 Vgl. BVerwG, NJW 2008, 2867; BVerwG, Urteil vom 23.09.2010, 3 C 37/09 = **Life&Law 2011, 189**; BayVGH, Urteil vom 03.07.2015 – 11 B 14.2809 = **Life&Law 2016, Heft 2** = **juris**byhemmer.

240 Vgl. BVerwG, Urteil vom 23.09.2010, 3 C 37/09 = **Life&Law 2011, 189**.

241 Kopp/Ramsauer, § 43 VwVfG, Rn. 34.

242 Vgl. OVG Magdeburg, **Life&Law 2008, 825**.

243 BVerwGE 44, 294 ff.

244 Kopp/Schenke, § 70 VwGO, Rn. 6.

Der Dritte kann sein Widerspruchsrecht verwirken, wenn er durch sein Verhalten zurechenbar den Eindruck erweckt hat, dass er den VA nicht angreifen wolle und sich der durch den VA Begünstigte hierauf eingerichtet hat.[245] Ein gleichwohl eingelegter Widerspruch wäre dann unzulässig.[246]

Die Rspr. hat diese Grundsätze für den (praktisch wichtigsten) Fall des baurechtlichen Nachbarwiderspruchs konkretisiert.[247]

Wurde dem Nachbarn die Baugenehmigung nicht bekanntgegeben, muss er sich – aus Rücksicht auf das nachbarschaftliche Gemeinschaftsverhältnis – ab dem Zeitpunkt, ab dem er von der Baugenehmigung zuverlässig Kenntnis erlangt hat oder hätte erlangen können, gleichwohl in der Regel so behandeln lassen, als sei ihm die Baugenehmigung bekanntgegeben worden. Das hat zur Folge, dass er binnen Jahresfrist Widerspruch einlegen muss (§§ 70, 58 II VwGO analog)

cc) Richtige Rechtsbehelfsbelehrung

(1) Allgemeines

keine Monatsfrist ohne Rechtsbehelfsbelehrung

Bei fehlender oder unrichtiger Rechtsbehelfsbelehrung beginnt die Monatsfrist nicht zu laufen (§§ 70 II, 58 I VwGO). Stattdessen gilt über § 70 II VwGO die Jahresfrist des § 58 II VwGO. 187

strenge Anforderungen

Unzutreffende oder irreführende Zusätze führen zur Unrichtigkeit, wenn sie in irgendeiner Art und Weise geeignet sind, die Rechtsbehelfseinlegung zu erschweren, z.B. dadurch, dass sie einen Irrtum über die tatsächlichen formellen oder materiellen Anforderungen bei der Einlegung des Rechtsbehelfs hervorrufen.[248]

(2) Fehlerhafte Rechtsbehelfsbelehrungen

Einzelfälle

Von der Rechtsprechung als unrichtig beanstandet wurden etwa Rechtsbehelfsbelehrungen, die 188

- ⇨ eine Pflicht zur Beilegung mehrerer Abschriften des Widerspruchs enthielten[249]
- ⇨ die Stellung eines bestimmten Antrags zwingend verlangten (§ 82 I S. 2 VwGO)[250]
- ⇨ durch eine Vielzahl von Informationen den Eindruck erweckt diese seien abschließend[251]
- ⇨ die keinen Hinweis auf die Möglichkeit der Einlegung auch zur Niederschrift, § 81 I S. 2 VwGO, enthielten.[252]

245 Schenke, Rn. 677.

246 BVerwGE 44, 300 f; BVerwG, NVwZ 2001, 206.

247 BVerwGE 78, 85 (89 f.). Die Problematik ist im Übrigen im Examen schon häufiger aufgetaucht und sollte daher bekannt sein, vgl. z.B. Bayerisches Erstes Staatsexamen 2001 I.

248 BVerwGE 28, 178.

249 BVerwGE 57, 190 (191).

250 BVerwGE 28, 178.

251 BVerwG, BayBl. 2002, 678 = DVBl. 2002, 1553 = **Life&Law 2003, 47**.

252 BVerwGE 57, 190 (191).

hemmer-Methode: Immer wenn im Sachverhalt eine Rechtsbehelfsbelehrung wörtlich abgedruckt ist, steckt in ihr auch ein Fehler bzw. wird zumindest eine Auseinandersetzung mit der Formulierung erwartet.
Zur Nachprüfung, ob eine Rechtsbehelfsbelehrung richtig und vollständig ist, empfiehlt sich stets ein Vergleich mit den Musterrechtsbehelfsbelehrungen in Z/T, Nr. 904 (bei § 58 II VwGO an den Rand kommentieren). Dabei handelt es sich aber nicht um Gesetze, sondern um reine Verwaltungsvorschriften des Staatsministeriums. Auch Rechtsbehelfsbelehrungen mit abweichendem Inhalt sind daher grundsätzlich zulässig, wenn die Anforderungen der VwGO eingehalten werden.

(3) Fallbeispiel

Ein VA des Landratsamtes/der Kreisbehörde (Widerspruchsbehörde sei die Regierung) ist mit folgender Rechtsbehelfsbelehrung versehen: 189

„Gegen diesen Bescheid kann innerhalb von vier Wochen nach seiner Bekanntgabe Widerspruch erhoben werden. Der Widerspruch ist schriftlich bei der Regierung von X-Stadt, Peterplatz 2 einzulegen."

Die Rechtsbehelfsbelehrung enthält mehrere Fehler: Als Frist wird nicht die Monatsfrist des § 70 I S. 1 VwGO, sondern eine Vier-Wochen-Frist genannt. Weiter wird nicht auf die 2. Alternative des § 70 I S. 1 VwGO „zur Niederschrift bei der Behörde" aufmerksam gemacht, auch wird ausschließlich die Widerspruchsbehörde als Ort für die Einlegung des Widerspruchs bezeichnet.

Weiterhin wird nicht auf die Möglichkeit einer Untätigkeitsklage nach § 75 VwGO für den Fall, dass über den eingelegten Widerspruch nicht oder nicht rechtzeitig entschieden wird, aufmerksam gemacht.

(4) Weiteres Beispiel

Subtil ist das Beispiel im bayerischen Examensfall 89/II, 6: Dort war folgende Rechtsbehelfsbelehrung abgedruckt (da es sich allerdings um einen Widerspruchsbescheid handelte, war die Klagefrist problematisch). 190

hemmer-Methode: Die Rechtsbehelfsbelehrung aus der Klausur geben wir im vollen Wortlaut wieder, damit Sie sehen, womit Sie im Examen zu kämpfen haben.

„Gegen den Bescheid der Stadt Aburg vom 31.10.1988 kann innerhalb eines Monats nach Zustellung dieses Widerspruchsbescheides Klage beim Verwaltungsgericht Aburg schriftlich oder zur Niederschrift des Urkundsbeamten der Geschäftsstelle dieses Gerichts erhoben werden. Die Klage muss den Kläger, den Beklagten und den Streitgegenstand bezeichnen und soll einen bestimmten Antrag enthalten. Die zur Begründung dienenden Tatsachen und Beweismittel sollen angegeben, der angefochtene Bescheid und dieser Widerspruchsbescheid sollen in Urschrift oder in Abschrift beigefügt werden. Die Klage und alle Schriftsätze sind fünffach einzureichen."

Einziger Fehler ist hier die Formulierung „Die Klage und alle Schriftsätze sind fünffach einzureichen". § 81 II VwGO ist eine Sollvorschrift. Allein dass sie hier als Mussvorschrift zitiert wird, macht die Rechtsbehelfsbelehrung unrichtig; für die Erhebung der Klage gilt die Jahresfrist des § 58 II VwGO.

b) Einlegung des Widerspruchs bei der falschen Behörde

aa) Einordnung als Fristproblem

Einlegung bei falscher Behörde: Fristproblem

Die Einlegung des Widerspruchs bei der unzuständigen Behörde lässt den Widerspruch nicht unzulässig werden, sondern führt lediglich zu Fristproblemen, wenn diese Behörde das Schreiben nicht sofort weiterleitet. Zwar besteht eine Amtspflicht zur Weiterleitung, aber aus dem Grundsatz der Einheit der Verwaltung kann nicht gefolgert werden, dass ein bei der falschen Behörde eingelegter Widerspruch ordnungsgemäß erhoben ist.[253] Das wäre mit dem Wortlaut des § 70 VwGO nicht vereinbar. Wird der Widerspruch also erst nach Ablauf der Frist weitergeleitet, ist er verfristet. Allerdings kommt eine Wiedereinsetzung nach §§ 70 II, 60 I VwGO in Betracht, wenn der Widerspruch bei ordnungsgemäßem Geschäftsgang noch innerhalb der Widerspruchsfrist bei der zuständigen Behörde eingegangen wäre, die Weiterleitung also nur verzögert erfolgte.[254] 191

bb) Fallbeispiel[255]

Die unterfränkische Große Kreisstadt[256] K erlässt einen Bescheid über Kommunalabgaben gegen A. Dieser erhebt gegen diese Verfügung am letzten Tag der Monatsfrist des § 70 I S. 1 VwGO um 23:30 Uhr Widerspruch bei der Regierung von Unterfranken. Hat A die Widerspruchsfrist eingehalten?[257] 192

Monatsfrist

Der Widerspruch ist nach § 68 I S. 2 VwGO i.V.m. Art. 15 I Nr. 1 (Bay) AGVwGO statthaft. Grundsätzlich ist der Widerspruch gem. § 70 I S. 1 VwGO innerhalb eines Monats, nachdem der VA dem Beschwerten bekannt gegeben ist, zu erheben. Hier hat A laut Sachverhalt die Monatsfrist gewahrt.

Widerspruchsbehörde bei Großer Kreisstadt

Fraglich ist aber, ob er den Widerspruch auch bei der richtigen Behörde eingelegt hat. Für die Fristwahrung genügt es nämlich nicht, irgendeine staatliche Stelle anzugehen, vielmehr ist gem. § 70 I S. 1 bzw. S. 2 VwGO der Widerspruch entweder bei der Ausgangsbehörde oder aber bei der Widerspruchsbehörde zu erheben.

Die von A angegangene Regierung von Unterfranken könnte bestenfalls zuständige Widerspruchsbehörde sein. Große Kreisstädte sind kreisangehörige Gemeinden, Art. 5 I BayGO,[258] die sich von normalen kreisangehörigen Gemeinden lediglich dadurch unterscheiden, dass ihr Aufgabenbereich erweitert wurde, vgl. Art. 9 II BayGO. Widerspruchsbehörde über kreisangehörige Gemeinden ist – wenn diese wie hier im eigenen Wirkungskreis tätig werden - nach § 73 I S. 1 Nr. 3 VwGO i.V.m. Art. 119 Nr. 1, 110 S. 1 BayGO aber das Landratsamt. Die Regierung ist nur in dem hier nicht einschlägigen Fall des Art. 115 II BayGO Widerspruchsbehörde, wenn die Große Kreisstadt eigentlich dem LRA obliegende Aufgaben erfüllt.

Anregung an Rechtsaufsichtsbehörde

Damit hat A seinen Widerspruch nicht bei der richtigen Behörde eingelegt. Die Zulässigkeit des Widerspruchs hängt hier also davon ab, ob der Widerspruch noch rechtzeitig, also innerhalb der Monatsfrist des § 70 I VwGO, bei der Ausgangsbehörde oder Widerspruchsbehörde eingeht.

---

253 Kopp/Schenke, § 70 VwGO, Rn. 7 (Fn. 13); vgl. aber BVerwG, NJW 1981, 835.

254 OVG Münster NVwZ-RR 2005, 449.

255 Nach 82/I, 6, BayVBl. 1984, 542/573.

256 Solche großen Kreisstädte gibt es nicht in jedem Bundesland. Es handelt sich um kreisangehörige Gemeinden, denen kraft Gesetzes bestimmte Aufgaben übertragen werden, die „normalerweise" von der unteren staatlichen Verwaltungsbehörde wahrgenommen werden, vgl. Art. 9 II GO.

257 Für Bayern: Beachten Sie, dass ab 2017 das Widerspruchsverfahren und das Kommunalabgabengesetz nicht mehr zum Prüfungsstoff gehören, so dass hier jedenfalls keine Details mehr gefragt sein werden.

258 Und entsprechender Vorschriften anderer Bundesländer.

Das ist hier nicht mehr möglich, der Widerspruch ist mithin unzulässig. Er ist aber als Anregung an das Landratsamt/die Kreisbehörde zu eventuellem aufsichtlichem Einschreiten zu verstehen, sodass im vorliegenden Fall jedenfalls unter diesem Gesichtspunkt in eine materielle Prüfung eingestiegen werden kann.

c) Möglichkeit der Wiedereinsetzung[259]

schuldlose Fristversäumung: Wiedereinsetzung

Bei schuldloser Fristversäumung besteht die Möglichkeit der Wiedereinsetzung in den vorigen Stand gem. §§ 70 II, 60 I - IV VwGO. § 32 VwVfG ist nicht anwendbar, da § 70 II VwGO auf § 60 I - IV VwGO verweist, vgl. § 79 I VwVfG. 193

hemmer-Methode: Es kann nur betont werden, wie abschreckend folgende – häufig vorkommende – Rechtschreibfehler auf den Klausurenkorrektor wirken: Wiederspruch statt Widerspruch bzw. Widereinsetzung statt Wiedereinsetzung!
Beachten Sie, dass die Wiedereinsetzung vor allem auch i.R.d. Klagefrist des § 74 I VwGO eine Rolle spielt. Die folgenden Ausführungen gelten dort – sofern es nicht um spezifische Probleme im Zusammenhang mit dem Vorverfahren geht – entsprechend.

aa) Allgemeines

Antrag: auch konkludent

Der Antrag muss zwei Wochen nach Wegfall des Hindernisses, aber grundsätzlich innerhalb eines Jahres nach Fristablauf (§ 60 III VwGO) gestellt werden. Er kann sich konkludent aus der Einlegung des Widerspruchs ergeben. 194

Wiedereinsetzung in Wiedereinsetzungsfrist möglich

Bei Versäumung der Wiedereinsetzungsfrist ist ebenfalls eine Wiedereinsetzung möglich, da es sich um eine gesetzliche Frist i.S.d. § 60 I VwGO handelt.

zuständig: grds. Widerspruchsbehörde

Für die Wiedereinsetzung ist analog § 60 IV VwGO die Widerspruchsbehörde zuständig. Will die Ausgangsbehörde dem Widerspruch abhelfen, ist sie auch befugt, über den Wiedereinsetzungsantrag zu entscheiden.[260] Hilft sie nicht ab, darf sie auch keine (isolierte) Wiedereinsetzung gewähren.[261]

Wiedereinsetzung ist VA

Die Wiedereinsetzung ist ein VA und als solcher, auch wenn er – wie in der Regel – als Bestandteil des Widerspruchsbescheides erlassen wird, isoliert anfechtbar.[262]

Er durchbricht die bereits eingetretene Bestandskraft des angefochtenen VA.

Besonders problematisch ist in Klausurfällen regelmäßig die Beurteilung der Frage, ob die Frist schuldlos versäumt wurde. Dies ist natürlich eine Frage des jeweils einschlägigen Einzelfalls.[263] Besonders hingewiesen sei jedoch auf § 45 III S. 1 VwVfG: Fehlt einem VA die Begründung oder ist die erforderliche Anhörung eines Beteiligten vor Erlass des VA unterblieben und ist dadurch die rechtzeitige Anfechtung des VA versäumt worden, so gilt die Versäumung der Rechtsbehelfsfrist als nicht verschuldet.

---

259 Umfassend dazu **Life&Law 2005, 531 ff.**

260 Pietzner-Ronellenfitsch, § 34, Rn. 4.

261 Str.; vgl. Pietzner-Ronellenfitsch, § 34, Rn. 4 m.w.N.

262 Problematisch ist dabei i.d.R. allerdings die Klagebefugnis des Anfechtenden.

263 Beispiele in **Life&Law 2005, 531 ff.**

hemmer-Methode: Diese Vorschrift müssen Sie kennen. Dadurch vermeiden Sie überflüssige Ausführungen zur Verschuldensfrage und vor allem ein falsches Ergebnis.
Zur Wiedereinsetzung sollten Sie zudem § 85 II ZPO kennen bzw. sich diese Vorschrift entsprechend kommentieren. Diese Norm regelt abschließend die Zurechnung des Verschuldens des Anwalts, d.h. es wird nur dessen Verschulden, nicht aber (etwa über § 278 BGB) das seiner Gehilfinnen zugerechnet. Es kann im Einzelfall aber ein Auswahl- oder Überwachungsverschulden des Rechtsanwalts vorliegen!

bb) Rechtsschutz gegen die Entscheidung über die Wiedereinsetzung

Rechtsschutz

Die Entscheidung über die Wiedereinsetzung im Vorverfahren ist (anders als im Verwaltungsprozess, § 60 V VwGO, auf den in § 70 II VwGO nicht verwiesen wird) gerichtlich überprüfbar. Umstritten ist die Form des Rechtsschutzes. 195

(1) Wiedereinsetzung wird zu Unrecht abgelehnt

h.M.: Wahlrecht

Wird die Wiedereinsetzung abgelehnt und der Widerspruch als unzulässig abgewiesen, hat der Widerspruchsführer nach h.M. ein Wahlrecht. Er kann die Hauptsacheklage vor dem VG erheben. Das Gericht prüft dann i.R.d. Zulässigkeit, ob das Vorverfahren ordnungsgemäß durchgeführt worden ist. 196

Hält es die Voraussetzungen des § 60 I - IV VwGO für gegeben, gewährt es die Wiedereinsetzung selbst und entscheidet zur Sache.[264]

Der Widerspruchsführer kann aber auch den Widerspruchsbescheid nach § 79 II VwGO isoliert anfechten, da die Nichtgewährung der Wiedereinsetzung einen wesentlichen Verfahrensfehler darstellt.

Bei erfolgreicher Anfechtung muss die Widerspruchsbehörde in der Sache entscheiden. Damit erhält sich der Widerspruchsführer eine zweite Ermessensebene.

a.A.: nur Verpflichtungsklage auf Wiedereinsetzung

Die Gegenansicht hält nur die Verwaltung für befugt, Wiedereinsetzung zu gewähren und beruft sich dabei auf § 60 IV VwGO analog.[265] Der Widerspruchsführer muss also eine Verpflichtungsklage erheben; das Gericht darf die Wiedereinsetzung nicht selbst gewähren.

(2) Wiedereinsetzung ist zu Unrecht erfolgt

Ist die Wiedereinsetzung zu Unrecht erfolgt, aber der Widerspruch in der Sache abgelehnt worden, ist streitig, ob das Gericht an die Wiedereinsetzung gebunden ist. 197

h.M.: Klage unzulässig

Die h.M. steht auf folgendem Standpunkt: Die ordnungsgemäße Durchführung des Vorverfahrens ist als Zulässigkeitsvoraussetzung vom Gericht selbstständig zu überprüfen.

Ist die Wiedereinsetzung erfolgt, ohne dass die Voraussetzungen des § 60 VwGO vorlagen, muss das Gericht den Widerspruch als verfristet behandeln und die Klage als unzulässig abweisen.[266] Für diese Ansicht spricht insbesondere, dass § 70 II VwGO nicht auf § 60 V VwGO verweist.

264 Schmitt Glaeser/Horn, Rn. 204; Pietzner-Ronellenfitsch, § 34, Rn. 8.

265 Kopp/Schenke, § 70 VwGO, Rn. 13.

266 BVerwGE 48, 43 (48); Kopp/Schenke, § 70 VwGO, Rn. 13; Pietzner-Ronellenfitsch, § 34, Rn. 12.

a.A.: Bindung des Gerichts

Nach anderer Ansicht ist die Verwaltung Herrin des Vorverfahrens. Entscheidet die Widerspruchsbehörde zur Sache, ist das Gericht insofern gebunden, als es die Klage nicht an den §§ 68 ff. VwGO scheitern lassen darf. Die Argumentation entspricht – auch hinsichtlich des Schutzes der Interessen Dritter – der zur Sachentscheidung bei verfristetem Widerspruch.[267]

hemmer-Methode: Insgesamt sollten Sie in Klausurfällen nicht ohne Not eine Wiedereinsetzung konstruieren, vor allem dann nicht, wenn tatsächlich gar kein Wiedereinsetzungsgrund in der Klausur erwähnt wird, und die Widerspruchsbehörde gleichwohl einen Widerspruchsbescheid erlassen hat: Diese Fallgestaltung (vgl. direkt anschließend Rn. 198) ist völlig unabhängig von der Frage der Wiedereinsetzung zu lösen.

6. Weitere Problemfälle der ordnungsgemäßen Durchführung

a) Entscheidung der Widerspruchsbehörde über einen verfristeten Widerspruch

Die Sachentscheidungsvoraussetzung des § 68 VwGO ist nur erfüllt, wenn das Widerspruchsverfahren ordnungsgemäß durchgeführt worden ist. Ob das der Fall ist, prüft das VG von Amts wegen. 198

verfristeter Widerspruch

Wird der Widerspruch nicht fristgerecht erhoben, wird der VA formell bestandskräftig. Die Klage müsste als unzulässig abgewiesen werden.

Rspr.: Sachentscheidung überwindet Fristablauf

Entscheidet nun die Widerspruchsbehörde dennoch über den an sich verfristeten Widerspruch, so kommt nach Ansicht der Rechtsprechung eine Abweisung der Klage als unzulässig dennoch nicht in Betracht.

Insoweit ist problematisch, ob die Widerspruchsbehörde nach Eintritt der Bestandskraft des VAs überhaupt noch eine Entscheidung treffen darf, ob sie also noch die Sachentscheidungsbefugnis hat.

dag.: Entscheidungskompetenz verloren

Hier könnte man sich formalistisch auf den Standpunkt stellen, dass die Widerspruchsbehörde mit Bestandskraft die Entscheidungskompetenz verloren hat. Ein ordnungsgemäßes (fristgerechtes) Widerspruchsverfahren wurde nicht durchgeführt. Das Gericht muss die Klage mangels Vorliegen einer Sachentscheidungsvoraussetzung als unzulässig abweisen.

aber: „Herrin des Vorverfahrens“

Die Rechtsprechung verweist darauf, dass die Widerspruchsbehörde „Herrin des Vorverfahrens“ ist; ob sie einem Beteiligten die Klagemöglichkeit eröffnen will, liege in ihrem Ermessen. Die Fristvorschrift in § 70 VwGO dient dem Schutz des Rechtsträgers der Widerspruchsbehörde; auf diesen Schutz kann – wie immer bei verfahrensrechtlichen Schutzvorschriften – verzichtet werden.[268]

Eine „Heilung durch Sachentscheidung“ ist möglich. Das Gericht ist nach h.M. an diese Heilung gebunden und muss von einem ordnungsgemäß durchgeführten Vorverfahren ausgehen.

267 Schmitt Glaeser/Horn, Rn. 201.

268 BVerwGE, DÖV 1982, 941; a.A. Pietzner-Ronellenfitsch, § 42, Rn. 8 m.w.N.

hemmer-Methode: Problematisch hieran ist, dass die wohl h.M. bei einer ausdrücklich, aber zu Unrecht erfolgten Wiedereinsetzung eine Bindung des Gerichts ablehnt, da § 70 II VwGO gerade nicht auf § 60 V VwGO verweist.[269] Es leuchtet nicht ein, warum die konkludente Wiedereinsetzung weitergehen soll als die ausdrückliche. Die Mindermeinung, die eine Heilung durch Sachentscheidung ablehnt, argumentiert weiter damit, dass mit Fristablauf Bestandskraft eingetreten ist. Zur Überwindung der Bestandskraft hat der Gesetzgeber §§ 48 f. VwVfG vorgesehen, wofür der Widerspruchsbehörde aber meist die sachliche Zuständigkeit fehlt!

Ausnahme: Schutz Dritter

Wieder anders muss es konsequenterweise liegen, wenn durch die Sachentscheidung schutzwürdige Positionen Dritter, die auf die Unanfechtbarkeit vertraut hatten, beeinträchtigt würden. Dann besteht die formelle Bestandskraft auch im Interesse des begünstigten Dritten, die Widerspruchsbehörde ist zur sachlichen Überprüfung nur befugt, wenn der Widerspruch fristgemäß erhoben ist. 199

***Bsp.:** Nachbar N hat die dem B erteilte Baugenehmigung erst nach Ablauf der Monatsfrist des § 70 I VwGO angefochten. Da B hier auf die Bestandskraft des Verwaltungsaktes vertrauen durfte, ist eine Heilung durch Sachentscheidung auch nach der h.M. ausgeschlossen.*

b) Fehlerhafter Widerspruchsbescheid

Fehler der Widerspruchsbehörde: keine Auswirkung auf Zulässigkeit

Grundsätzlich berühren Fehler des Vorverfahrens, die nicht dem Widerspruchsführer zuzurechnen sind, die Zulässigkeit der Klage nicht.[270] 200

Die Verletzung wesentlicher Verfahrensvorschriften[271] macht den Widerspruchsbescheid rechtswidrig (vgl. § 79 II S. 2 VwGO) mit der Einschränkung, dass der Widerspruchsbescheid auf der Verletzung beruhen muss. Als Konsequenz daraus kann der Widerspruchsbescheid isoliert angefochten werden.[272]

Einzelfälle

Beispiele für Fehler im Widerspruchsverfahren:

- ⇨ Widerspruchsbescheid durch eine unzuständige Behörde
- ⇨ Widerspruchsbescheid unter Verstoß gegen § 72 VwGO (vorheriges Abhilfeverfahren wurde nicht durchgeführt)
- ⇨ Widerspruchsbescheid ohne Begründung
- ⇨ Widerspruchsbescheid ohne Gewährung rechtlichen Gehörs

c) Fallbeispiel[273]

Der Intendant des Stadttheaters von Rummelshausen, Rafael, hat aus der Sicht der Stadt Rummelshausen, die das Theater als Regiebetrieb führt, sich mehrfach außerhalb seines künstlerischen Kompetenzbereiches bewegt. Er wird deshalb von der Stadt abgemahnt. Das als Widerspruch bezeichnete und im Namen des Theaters abgesendete Protestschreiben des Rafael dagegen wird von der Stadt abschlägig verbeschieden. Daraufhin erhebt Rafael Klage zum Verwaltungsgericht. Ist diese zum jetzigen Zeitpunkt zulässig? 201

269 Vgl. oben Rn. 197. Die Gegenansicht sieht in jeder ausdrücklich erteilten, aber zu Unrecht erfolgten Wiedereinsetzung zugleich eine Heilung durch Sachentscheidung!

270 Kopp/Schenke, Vorb. § 68 VwGO, Rn. 8.

271 Zum Begriff vgl. BayVGH, BayVBl. 1998, 502.

272 Zu § 79 II S. 2 VwGO vgl. auch BVerwG, NVwZ 1999, 641.

273 Nach bayer. Examensklausur 86/II, 6, BayVBl. 1988, 414/444.

1. Eröffnung des Verwaltungsrechtsweges, § 40 I S. 1 VwGO

Verwaltungsrechtsweg

Fraglich ist zunächst, ob die vorliegende Streitigkeit überhaupt der Gerichtsbarkeit der Verwaltungsgerichte unterliegt und nicht vielmehr einem nicht-justitiablen Binnenbereich der Verwaltung zuzuordnen ist – das Theater wird ja von der Stadt als Regiebetrieb geführt. Eine solche Sicht ist aber schon deshalb unrichtig, weil auch die Innenbeziehungen eines Gesamtapparates der Rechtsordnung – in diesem Fall der öffentlich-rechtlichen – angehören. Weiterhin kann das Theater sich, wenn es sich um die Definition seines künstlerischen Kompetenzbereiches handelt, auf das Grundrecht der Kunstfreiheit nach Art. 5 III S. 1 GG berufen. Soweit es um die Frage der Kunstfreiheit des Theaters geht, kommt diesem damit Grundrechtssubjektivität zu. Es steht in einer Art Außenrechtsverhältnis zur Gemeinde. Weiter ist die Streitigkeit nicht-verfassungsrechtlicher Art und keinem anderen Rechtsweg zugewiesen.

2. Klageart

Klageart

Richtige Klageart ist hier die Anfechtungsklage. Bei der Abmahnung der Stadt handelt es sich um einen Verwaltungsakt. Insbesondere ist aufgrund der Stellung des Theaters als Grundrechtssubjekt im künstlerischen Wirkungsbereich das Merkmal der Außenwirkung des § 35 S. 1 VwVfG gegeben.

3. Klagebefugnis

Klagebefugnis

Das Theater ist auch klagebefugt i.S.d. § 42 II VwGO, da eine Verletzung des Grundrechts aus Art. 5 III GG nicht ausgeschlossen werden kann. Zwar wird das Theater als Regiebetrieb und damit als Teil der öffentlichen Verwaltung geführt und die öffentliche Hand ist eigentlich nicht grundrechtsberechtigt, sondern grundrechtsverpflichtet. Allerdings ist hier die Besonderheit zu beachten, dass das Theater nur grundrechtsdienende Funktion hat und es eigentlich um die Grundrechte der Regisseure, Schauspieler und Künstler in dem Theater geht. Diese befinden sich aber gegenüber der Gemeinde in der grundrechtstypischen Gefährdungssituation, sodass auch dem Theater dieser Grundrechtsschutz einzuräumen ist.

4. Beteiligtenfähigkeit

Beteiligtenfähigkeit

Die Beteiligtenfähigkeit des Theaters ergibt sich nicht aus § 61 Nr. 1 VwGO, da das Theater keine juristische Person ist. Nach dem Gesamtzusammenhang des § 61 VwGO sollen aber auch alle Vereinigungen, denen auf irgendeine Weise ein Recht zustehen kann (hier Art. 5 III GG), die Möglichkeit haben, als Beteiligte vor Gericht für dieses Recht zu streiten, vgl. § 61 Nr. 2 VwGO.[274]

5. Vorverfahren

Vorverfahren

Fraglich ist allerdings, ob hier ein Vorverfahren ordnungsgemäß durchgeführt worden ist. Dass das Theater rechtzeitig Widerspruch eingelegt hat, steht außer Zweifel. Allerdings wurde dieser Widerspruch von der Stadt beschieden. Ein ordnungsgemäßer Widerspruchsbescheid könnte darin nur gesehen werden, wenn die Stadt auch Widerspruchsbehörde i.S.d. § 73 I VwGO wäre.

Gem. § 73 I S. 2 Nr. 3 VwGO – es handelt sich hier um eine Selbstverwaltungsangelegenheit – i.V.m. Art. 119 Nr. 1 BayGO erlässt den Widerspruchsbescheid aber nicht die Stadt selbst, sondern die Rechtsaufsichtsbehörde. Mithin wurde ein Widerspruchsverfahren noch nicht ordnungsgemäß durchgeführt. Das führt aber keinesfalls zur Unzulässigkeit der Klage.

Aus Sicht des Theaters war nicht erkennbar, ob der „Widerspruchsbescheid" vorliegend von der zuständigen Behörde erlassen worden war oder nicht. Es kann aber nicht zu Lasten des Beschwerdeführers gehen, wenn eine unzuständige Stelle der Verwaltung entscheidet und dies nicht evident ist.

---

274 Statt auf den Gesamtzusammenhang von § 61 VwGO kann man i.Ü. auch auf § 61 Nr. 2 VwGO analog abstellen; vgl. unten Rn. 223 ff.

Selbst wenn man sich auf den Standpunkt stellte, dass es an der Zulässigkeitsvoraussetzung „ordnungsgemäße Durchführung eines Widerspruchsverfahrens“ fehlt, folgt daraus noch nicht zwingend die Unzulässigkeit der Klage.

Da es sich bei § 68 VwGO um eine Zulässigkeitsvoraussetzung handelt, genügt es, wenn das Widerspruchsverfahren zum Zeitpunkt der letzten mündlichen Verhandlung vor dem Verwaltungsgericht abgeschlossen ist.

Die Einholung eines Widerspruchsbescheides ist also nachholbar. Jedenfalls nach Ablauf einer Drei-Monats-Frist ist die Klage zulässig, vgl. § 75 S. 1 Alt. 1 VwGO.

6. Insichprozess

Insichprozess

Problematisch ist noch, ob es sich hier nicht um einen unzulässigen Insichprozess handelt. Immerhin steht sich, mit dem Theater auf der einen und der Stadtverwaltung auf der anderen Seite, hier die Stadt gewissermaßen selbst gegenüber. Generell gibt es aber keinen allgemeinen Grundsatz des Verwaltungsprozessrechts, aus dem die Unzulässigkeit von Insichprozessen abgeleitet werden könnte. Das Problem ist v.a. i.R.d. Klagebefugnis, § 42 II VwGO, zu lösen. Ein Insichprozess ist demnach zulässig, wenn der Kläger plausibel machen kann, in eigenen Rechten verletzt zu sein. Das ist vorliegend wegen der Berufung des Theaters auf Verletzung der ihm zustehenden Kunstfreiheit der Fall. Ein unzulässiger Insichprozess liegt hier also nicht vor. 202

hemmer-Methode: An welcher Stelle diese Problematik zu prüfen ist, ist umstritten. Gängig ist die Prüfung i.R.d. Klagebefugnis. Vertreten wird auch eine Prüfung schon bei der Frage, ob überhaupt eine Streitigkeit vorliegt oder i.R.d. allg. Rechtsschutzbedürfnisses, da bei Insichprozessen meist eine einfachere Möglichkeit besteht, den Rechtsstreit beizulegen.[275]
Indem Sie die Frage nach der Zulässigkeit des Insichprozesses als eigenständigen Prüfungspunkt behandeln und dann nach den Grundsätzen der Klagebefugnis lösen, geben Sie zu erkennen, dass Sie die Problematik einzuordnen wissen, machen es dem Korrektor aber auch einfacher, als wenn Sie die Sonderproblematik bei der Prüfung des § 42 II VwGO „verstecken“.

Ergebnis: Die Klage des Theaters, vertreten durch Rafael, ist damit zulässig.

IV. Klagefrist, § 74 I VwGO

Frist: ein Monat

Die Klage ist gem. § 74 I VwGO innerhalb eines Monats nach ordnungsgemäßer Zustellung des Widerspruchsbescheids zu erheben. 203

Fristberechnung

Die Fristberechnung erfolgt nach § 57 II VwGO, § 222 I ZPO, §§ 187 ff. BGB. Es handelt sich um eine Ereignisfrist, d.h. der Tag der Zustellung zählt nicht mit, § 187 I BGB.

***Bsp.:** Zustellung am 05.01., Fristbeginn 06.01. (Feiertag ggf.[276] egal!), Fristende 05.02., 24 Uhr. Die Frist kann bis zur letzten Minute ausgeschöpft werden,[277] es entstehen nur erhöhte Sorgfaltsanforderungen.*

275 BayVGH, BayVBl. 2005, 405.

276 Der 06.01. ist nicht in allen Bundesländern Feiertag! Schauen Sie in Ihr jeweiliges Landesfeiertagsgesetz!

277 BVerfGE 40, 42 (44).

1. Zustellung des Widerspruchsbescheides

a) Allgemeines

Zustellung nach Bundesgesetz

§ 73 III S. 1 VwGO schreibt die Zustellung des Widerspruchsbescheides vor. Sie richtet sich gem. § 73 III S. 2 VwGO, Art. 1 I S. 2 BayVwZVG[278] nach BundesVwZG. 204

Der Behörde stehen dabei verschiedene Formen der Zustellung zur Wahl, § 2 II, III VwZG.[279]

Zustellung mittels Postzustellungsurkunde

Bei der Zustellung mittels Postzustellungsurkunde wird bei der Übergabe des zuzustellenden Schriftstücks vom Postboten eine Urkunde erstellt aus der sich ergibt, wann und an wen das Schriftstück übergeben wurde, § 3 II VwZG i.V.m. § 182 ZPO. Diese Urkunde wird sodann an die Behörde zurückgeschickt. Der Zustellungstag ist für die Behörde damit eindeutig der Zustellungsurkunde zu entnehmen.

Zustellung mittels Einschreiben

Die in der Klausur häufigste Erscheinungsform der Zustellung ist das Einschreiben. Nach § 4 I VwZG kommen dabei sowohl ein Einschreiben gegen Rückschein als auch ein Übergabeeinschreiben in Betracht.

hemmer-Methode: Keine Zustellung ist nach dem eindeutigen Wortlaut des § 4 I VwZG das bloße Einwurfeinschreiben.[280] Hier wird die Übergabe des Schriftstücks an den Empfänger nicht durch dessen Unterschrift dokumentiert, sondern das Einschreiben lediglich wie ein gewöhnlicher Brief in den Briefkasten eingeworfen. Dieses Einwurfeinschreiben ist als einfacher Brief im Sinne des § 41 II VwVfG zu qualifizieren. Da der Widerspruchsbescheid nach § 73 III VwGO zwingend zuzustellen ist, löst eine einfache Bekanntgabe die Klagefrist grundsätzlich nicht aus. Allerdings ist an die Möglichkeit der Heilung nach § 8 VwZG zu denken, wenn der Empfänger das Schreiben nachweisbar erhalten hat.

Bei einem Einschreiben mit Rückschein erhält der Absender eine Empfangsbestätigung mit der Unterschrift des Empfängers, den sog. Rückschein. Da auf diesem Rückschein das Datum der Zustellung vermerkt ist, kann wie bei der Postzustellungsurkunde auf diesen Tag abgestellt werden, § 4 II S. 1 VwZG.

Drei-Tages-Fiktion

§ 4 II S. 2 VwZG sieht für die Zustellung mittels Übergabeeinschreiben eine Drei-Tages-Fiktion für den Fristbeginn vor, unabhängig davon, ob der eingeschriebene Brief tatsächlich früher zugegangen ist.[281] Beruft sich der Empfänger auf einen späteren Zugang, trifft die Behörde die Beweislast (§ 4 II S. 2 VwZG). 205

Dabei ist streitig, ob der Empfänger glaubhaft machen muss, dass er den Brief erst später erhalten hat.[282]

keine Verschiebung des Fristbeginns

Der Fristbeginn verschiebt sich nach h.M. nicht weiter, wenn der dritte Tag ein Sonn- oder Feiertag ist.[283]

---

278 Bzw. entsprechender Vorschriften anderer Bundesländer.

279 Details hierzu im Beitrag **„Bekanntgabe, Zustellung, Fristen in der öffentlich-rechtlichen Klausur", Life&Law 1, 3, 6/2007, 60, 208, 418**.

280 Vgl. auch BVerwG, DVBl. 2001, 477.

281 Die gleiche Regelung enthält Art. 4 II BayVwZVG, wenn eine bayerische Behörde einen anderen Bescheid als den Widerspruchsbescheid per Einschreiben verschickt. In anderen Bundesländern, wie bspw. Hessen, gibt es keine eigenen ausführlichen Zustellungsgesetze. Stattdessen wird für die Zustellung durch Landesbehörden auf das Bundes-VwZG verwiesen, vgl. § 1 HessVwZG.

282 Dagegen: Pietzner-Ronellenfitsch, § 49, Rn. 10, Fn. 32 m.w.N.; dafür: Kopp/Ramsauer, § 41 VwVfG, Rn. 45 m.w.N., der den „substantiierten Vortrag eines atypischen Geschehensablaufs" fordert.

283 Zur Begründung und zum Streitstand s. Rn. 181 f.

Bsp.: Erfolgte die Briefaufgabe am Donnerstag, dem 27.02., gilt der VA als zugestellt am Sonntag, 02.03., Fristbeginn Montag, 03.03., Fristende 02.04.

Zustellung per Amtsboten

Die Behörde kann auch dadurch zustellen, dass sie das zuzustellende Schriftstück dem Adressaten durch einen Amtsboten übergibt und dieser sich vom Empfänger ein datiertes Empfangsbekenntnis unterzeichnen lässt, § 5 I VwZG. Gemäß § 5 II VwZG i.V.m. §§ 178 ff. ZPO genügt allerdings auch die Übergabe an den Ehegatten oder ein sonstiges erwachsenes Familienmitglied. Bei der Zustellung an andere Behörden oder Anwälte sind die Anforderungen geringer. Hier ist keine Übergabe des Originaldokuments erforderlich, vielmehr kann auch per Telefax oder elektronisch zustellt werden, § 5 IV, V VwZG. Da der Tag der Zustellung durch das Empfangsbekenntnis eindeutig nachgewiesen ist, erübrigt sich eine Zugangsfiktion. Maßgeblich ist das Datum des Empfangsbekenntnisses.[284]

Heilung von Zustellungsfehlern, § 8 VwZG

Nur die ordnungsgemäße Zustellung lässt die Monatsfrist des § 74 I VwGO anlaufen. Bei einem Zustellungsfehler, etwa einem Verstoß gegen § 4 II VwZG, läuft zunächst gar keine Frist. Erst wenn der Zustellungsfehler behoben ist und damit nach § 8 VwZG eine Heilung eingetreten ist, läuft die Frist an.[285] 206

b) 1. Fallbeispiel:

§ 13 VII VwZG schreibt vor, dass die Androhung von Zwangsmitteln i.S.d. VwZG förmlich zuzustellen ist. Geht dem Betroffenen die Androhung schon gar nicht zu, so ist sie nicht wirksam.

Unterläuft bei der Zustellung ein Fehler, ist fraglich, ob der Betroffene die Widerspruchsfrist des § 70 I VwGO einhalten muss. Das ist erst dann der Fall, wenn der Zustellungsmangel nach § 8 VwZG geheilt wird.

c) 2. Fallbeispiel[286]

Das Gewerbeamt der kreisfreien Stadt S erlässt gegen Windig einen Bescheid, in welchem ihm die Führung seines Fachgeschäftes für Damenunterwäsche mit Wirkung ex nunc verboten wird. Windig erhebt dagegen Widerspruch. Die Widerspruchsbehörde folgt seinen Argumenten nicht und erlässt am Donnerstag, dem 06.12., einen Widerspruchsbescheid, der noch am selben Tag zur Post gegeben wurde. 208

Die Zustellung erfolgte per Übergabeeinschreiben. Der Postbeamte Puste traf den Windig am folgenden Tag nicht an und hinterließ in dessen Briefkasten die Mitteilung, Windig könne das bezeichnete Schriftstück bei der Post abholen.

Windig holte den Widerspruchsbescheid allerdings erst nach zwei Wochen bei der Post ab, da er von einem Jurastudenten den Hinweis bekommen hatte, solange er keine Kenntnis von dem Schreiben habe, „das da bei der Post liegt", könne es auch keine Rechtswirkungen gegen ihn entfalten.

Es gelte die Regel „Was ich nicht weiß, macht mich nicht heiß". Am 20.01. will Windig, der inzwischen den Bescheid zur Kenntnis genommen hatte, klageweise gegen ihn vorgehen. Ist eine am 20.01. erhobene Klage fristgerecht?

284 Eine Ausnahme gilt bei nachweislicher Unrichtigkeit, vgl. VGH Kassel, DVBl. 1989, 894.

285 Beachten Sie, dass in den Zustellungsgesetzen mancher Bundesländer die Heilung noch ausgeschlossen ist, soweit es um einen Fristbeginn geht.

286 Nach der bayr. Examensklausur 89/II, 6, BayVBl. 1991, 544/573.

Zustellung nach VwZG

Fraglich ist, ob durch die Klageerhebung am 20.01. die Frist des § 74 I S. 1 VwGO gewahrt wurde. Gem. § 74 I S. 1 VwGO beträgt die Klagefrist grundsätzlich einen Monat nach Zustellung des Widerspruchsbescheides. Die Zustellung des Widerspruchsbescheides erfolgt nach § 73 III S. 2 VwGO von Amts wegen nach den Vorschriften des Verwaltungszustellungsgesetzes (VwZG) des Bundes, auch wenn die zustellende Behörde eine Landesbehörde ist. Zustellung ist dabei die gewollte, in gesetzlicher Form vorgenommene und beurkundete körperliche Übergabe eines Schriftstückes.[287]

Zustellung mittels Einschreibens: Drei-Tages-Fiktion

Gem. § 2 II VwZG hat die zustellende Behörde die Wahl zwischen mehreren Zustellungsmöglichkeiten. Die Zustellung erfolgte hier durch die Post, aber nicht mit Postzustellungsurkunde, sondern mittels eingeschriebenen Briefes. In diesem Fall gilt der Brief mit dem dritten Tag nach Aufgabe zur Post als zugestellt (§ 4 II S. 2 VwZG).

tatsächlich späterer Zugang maßgebend

Der Widerspruchsbescheid wurde am 06.12. zur Post gegeben. Somit würde er an sich mit Ablauf des 09.12. als zugestellt gelten. Dass es sich hierbei um einen Sonntag handelt, ist irrelevant, da § 4 II S. 2 VwZG keine Frist, sondern eine Fiktion beinhaltet. Tatsächlich hat Windig das Schriftstück aber erst zwei Wochen später abgeholt. Gem. § 4 II S. 2 VwZG wird die Zustellung aber nicht fingiert, wenn das zuzustellende Schriftstück zu einem späteren Zeitpunkt zugegangen ist. Im Zweifel hat die Behörde den tatsächlichen Zeitpunkt des Zugangs nachzuweisen. Fraglich ist, wie der Zugang eines Einschreibebriefes bewirkt wird. Nach h.M. genügt es nicht, wenn nur der Benachrichtigungsschein in den Briefkasten eingeworfen wird.[288]

Es muss vielmehr der Brief selbst an den Empfänger oder einen Ersatzempfänger ausgehändigt worden sein.[289] Dies ergibt sich schon daraus, dass Zugang nach allgemeiner Definition zumindest die Möglichkeit der Kenntnisnahme voraussetzt. Diese besteht aber nicht bei einem bloßen Benachrichtigungsschreiben. Hier kann der Empfänger zwar von dessen Inhalt Kenntnis erlangen, nicht aber vom Inhalt des eigentlichen Einschreibens.

Zugang rechtsmissbräuchlich verzögert?

W hat den Brief erst am 21.12. abgeholt. Damit ist ihm der Brief erst an diesem Tag zugegangen. Fraglich ist, ob sich daraus etwas anderes ergibt, dass W die Abholung bewusst verzögert hat. W könnte sich auf die verspätete Zustellung nicht berufen, wenn er den Zugang rechtsmissbräuchlich hinausgeschoben hat. 209

Dann müsste er sich nach § 242 BGB, der auch im öffentlichen Recht gilt, so behandeln lassen, als habe er den Brief unverzüglich abgeholt. Zweifelhaft ist, ob ein rechtsmissbräuchliches Handeln schon dann zu bejahen ist, wenn der Empfänger von der Existenz des Schriftstücks weiß, sich aber darauf verlässt, dass dessen Rechtswirkungen nur bei tatsächlicher Kenntnisnahme vom Inhalt des Schreibens eintreten.

Grds. keine Pflicht zur Entgegennahme, Arg. § 3 VwZG

Grundsätzlich ist der Empfänger nicht verpflichtet, einen eingeschriebenen Brief entgegenzunehmen. Etwas anderes gilt nur dann, wenn den Bürger eine Pflicht trifft, den Zugang von behördlichen Schreiben zu ermöglichen. Die Behörde hat außerdem die Möglichkeit, den Brief nach § 3 VwZG mit Postzustellungsurkunde zuzustellen. Dann kann sie im Falle der Verweigerung der Annahme den Brief durch Niederlegen bei der Post zustellen (§ 3 II S. 2 VwZG, §§ 181 ff. ZPO).[290]

Wählt sie stattdessen die Zustellung durch Einschreiben, muss sie die mit dieser Zustellungsart verbundenen Risiken tragen.[291] Es liegt folglich kein rechtsmissbräuchliches Verhalten vor. Der Widerspruchsbescheid ist daher W am 21.12. zugegangen, die am 20.01. des Folgejahres erhobene Klage ist fristgerecht.

---

287 Kopp/Ramsauer, § 41 VwVfG, Rn. 59.

288 BVerwGE 36, 129; Kopp/Ramsauer, § 41 VwVfG, Rn. 72.

289 Pietzner-Ronellenfitsch, § 49, Rn. 12.

290 Beim Einschreiben sieht die ZPO zwar auch eine Ersatzzustellung durch Niederlegung vor, § 4 VwZG verweist aber gerade nicht auf die ZPO, sodass diese Niederlegung eines Einschreibens im Öffentlichen Recht gerade nicht möglich ist.

291 Pietzner-Ronellenfitsch, § 49, Rn. 12.

d) 3. Fallbeispiel aus dem Baunachbarrecht[292]

Süß erhielt eine Baugenehmigung für den Bau eines Einfamilienhauses vom LRA Bodenberg am 01.09.2011. Dabei übersah das LRA, dass der Eigentümer des unmittelbar angrenzenden Grundstückes, Nickel, nicht am Baugenehmigungsverfahren beteiligt worden war. Ihm wurde deshalb auch keine Ausfertigung der Baugenehmigung zugestellt. Aufgrund finanzieller Schwierigkeiten konnte Süß den Bau allerdings erst Anfang Februar 2012 beginnen. Am 08.03.2012 ging beim LRA Bodenberg ein Schreiben des Nickel ein, in dem er sich gegen den „Schwarzbau“ des Süß wandte. Beim Landratsamt/Kreisbehörde steht man auf dem Standpunkt, ein etwaiges Vorgehen des Nickel gegen die Baugenehmigung des Süß sei jedenfalls verfristet. Ist diese Ansicht richtig? 210

kein Fristlauf ohne Bekanntgabe

Ob Nickel durch sein Schreiben vom 08.03.2012 die Widerspruchsfrist gewahrt hat, ist zweifelhaft. Da Süß die Baugenehmigung am 01.09.2011 erteilt worden ist, wäre nämlich an sich sowohl die Monatsfrist nach § 70 I VwGO als auch die Jahresfrist nach § 70 II VwGO i.V.m. § 58 II VwGO abgelaufen.

Allerdings ist ihm die Baugenehmigung weder nach Art. 66 I S. 6 BayBO zugestellt noch anderweitig bekannt gegeben (§ 41 VwVfG) worden. Damit ist weder die Monatsfrist des § 70 I VwGO noch die Jahresfrist des § 70 II VwGO i.V.m. § 58 II VwGO in Lauf gesetzt worden. § 58 II VwGO bezieht sich nämlich auf die Fälle einer fehlenden oder fehlerhaften Rechtsbehelfsbelehrung, nicht aber auf das Unterbleiben der Bekanntgabe des Verwaltungsaktes schlechthin.

Fristlauf durch Kenntnis der Sachlage?

Andererseits kann – mit Rücksicht auf die Situation des Bauherrn, der mit der Ausführung seines Vorhabens im Vertrauen auf die vermeintliche Unanfechtbarkeit der ihm erteilten Baugenehmigung beginnt – eine zeitlich unbeschränkte Anfechtbarkeit der Baugenehmigung durch den Nachbarn nicht hingenommen werden.

Erhält dieser daher sichere Kenntnis vom Vorliegen einer Baugenehmigung oder hätte er sie – aufgrund einschlägiger Indizien, etwa dem Beginn umfangreicherer Bauarbeiten auf dem Nachbargrundstück – erhalten können, so kann er sich auf die mangelnde Bekanntgabe der Baugenehmigung nicht mehr berufen. Vielmehr läuft von diesem Zeitpunkt ab gegen ihn die Widerspruchsfrist nach § 70 II VwGO i.V.m. § 58 II VwGO analog. Diese Jahresfrist ist aber durch die Widerspruchseinlegung am 08.03.2012 gewahrt worden.

Verwirkung?

In Betracht kommt aber eine Verwirkung des Widerspruchsrechts, da N nicht schon nach Kenntniserlangung von den Bauarbeiten Anfang Februar Widerspruch eingelegt hat, sondern vielmehr bis zum 08.03.2012 zugewartet hat. Bei der Frage nach einer Verwirkung ist aber Vorsicht geboten.

Zunächst einmal ist dem Nachbarn als Überlegungsfrist jedenfalls die reguläre Monatsfrist des § 70 I S. 1 VwGO zuzubilligen. Hier mag N diese Monatsfrist überschritten haben. Dieses Überschreiten ist aber so geringfügig, dass eine Verwirkung der Rechte des N keinesfalls angenommen werden kann. Der Widerspruch des N war damit rechtzeitig, das LRA muss sich mit ihm auseinander setzen.[293]

2. Rechtsbehelfsbelehrung

Rechtsbehelfsbelehrung

Für die Rechtsbehelfsbelehrung gilt das bei der Widerspruchsfrist Ausgeführte[294] entsprechend. 210a

292 Vgl. dazu die bayer. Examensklausur 70/I, 6, BayVBl. 1972, 54/82.

293 Vgl. BVerwG, NVwZ 1991, 1183 f.

294 So oben Rn. 187 ff.

V. Weitere Zulässigkeitsvoraussetzungen

hemmer-Methode: Während die Eröffnung des Verwaltungsrechtswegs und die vier vorgenannten Zulässigkeitsvoraussetzungen Klageart, Klagebefugnis, Durchführung eines Vorverfahrens, Klagefrist immer zu prüfen sind, sollen die im Folgenden behandelten weiteren Zulässigkeitsvoraussetzungen nur angesprochen werden, wenn die jeweilige Problematik im Klausursachverhalt angesprochen ist.

1. Ordnungsgemäße Klageerhebung, §§ 81, 82 VwGO

a) Allgemeines

Schriftform

Die Klage ist nach § 81 I S. 1 VwGO schriftlich zu erheben. Vor dem VG (also nicht vor dem OVG/BayVGH[295]) kann sie zur Niederschrift erhoben werden. Der Grundsatz der Schriftlichkeit verlangt auch die eigenhändige Unterschrift des Klägers bzw. seines Bevollmächtigten, vgl. § 126 BGB. 211

fehlende Unterschrift

Streitig ist, ob das Fehlen der Unterschrift zur Unwirksamkeit der Klageerhebung führt oder sie nachgeholt werden kann.

h.M.: keine Nachholung nach Fristablauf

Nach h.M. lassen sich weder Schriftformerfordernis noch Unterschrift nach Ablauf der Klagefrist nachholen.[296]

a.A.: Hinweispflicht des Gerichts

Nach anderer Ansicht muss das Gericht nach § 82 II VwGO auf Nachholung der Unterschrift hinwirken.[297]

Dieser letzten Meinung ist jedoch entgegenzuhalten, dass sich § 82 II VwGO systematisch nur auf § 82 I VwGO bezieht, also den mangelhaften Inhalt der Klageschrift, nicht aber auf die Formvorschrift des § 81 VwGO.

hemmer-Methode: Die Klageeinreichung erfordert nach h.M. tatsächlich eine eigenhändige Unterschrift (wovon allerdings Ausnahmen zugelassen werden), während bei der Einlegung eines Widerspruchs ausreichend ist, dass aus dem eingereichten Schriftstück klar genug hervorgeht, von wem es herrührt.

Mussinhalt

Die Klage muss den Kläger, den Beklagten sowie das Klagebegehren bezeichnen, § 82 I S. 1 VwGO.

hemmer-Methode: Das Begehren als Mussinhalt erklärt sich schon damit, dass das Gericht an eben dieses Begehren gebunden ist, § 88 VwGO. Diese Bindung setzt aber zwingend voraus, dass das Begehren hinreichend bestimmt der Klage zu entnehmen ist. Die Angabe des Beklagten ist zwar Mussinhalt der Klageschrift. Dies bedeutet allerdings nicht, dass der Kläger den genauen Beklagten benennen muss, es reicht vielmehr die Angabe der Behörde, die den Verwaltungsakt erlassen hat, § 78 I Nr. 1 VwGO a.E.

Antrag nur Sollerfordernis

Ein bestimmter Antrag i.S.d. § 253 II Nr. 2 ZPO ist nicht erforderlich, § 82 I S. 2 VwGO. I.R.d. Anfechtungsklage ist es mithin ausreichend, wenn der VA, gegen den vorgegangen werden soll, in der Klage angegeben ist. 212

---

295 Str.; a.A. Kopp/Schenke, § 81 VwGO, Rn. 12.

296 BVerwGE 13, 141; Kopp/Schenke, § 81 VwGO, Rn. 8.

297 Schmitt Glaeser/Horn, Rn. 107.

Die Sollerfordernisse des § 82 I S. 2 u. S. 3 VwGO werden in der Fallbearbeitung im Allgemeinen keine Rolle spielen, da ihr Fehlen nicht die Unwirksamkeit der Klageerhebung nach sich zieht und damit nicht zur Fristversäumnis führen kann.

hemmer-Methode: Vorstellbar ist allerdings, dass sich die Verwaltung auf die Nichterfüllung eines dieser Sollerfordernisse beruft und die Klage für unzulässig hält. Dann ist kurz zum Charakter von Sollvorschriften Stellung zu nehmen.
Vorstellbar ist weiter, dass diese Sollvorschriften im Rahmen einer Rechtsbehelfsbelehrung unrichtig als Mussvorschriften bezeichnet werden (s.o.). Das ist dann allerdings ein Fristproblem.

Hinweispflicht des Gerichts

Genügt die Klage den genannten Muss- und/oder Sollanforderungen nicht, so hat der Vorsitzende den Kläger zu der erforderlichen Ergänzung innerhalb einer bestimmten Frist aufzufordern, § 82 II S. 1 VwGO. Im Falle der Mussanforderungen des § 82 I S. 1 VwGO kann diese Frist ausschließende Wirkung haben mit der Folge, dass die Klage nach erfolglosem Fristablauf unzulässig ist. 213

b) Fallbeispiel

Kläger K erhebt eine Woche vor Ablauf der Monatsfrist Klage zum VG, bezeichnet dabei aber nicht den Beklagten. Zwei Wochen später weist ihn der zuständige Richter auf die Unvollständigkeit des Antrages hin. K möchte die Klage insoweit ergänzen. Ist diese Ergänzung noch fristgerecht?

Mindestanforderungen

Geht man davon aus, dass die Klage nach § 82 I S. 1 VwGO gewisse Mindestanforderungen bereits erfüllen muss, so ist eine Klage, die diese Mindestanforderungen nicht innerhalb der Klagefrist des § 74 VwGO erfüllt, grundsätzlich als unzulässig abzuweisen.

Fraglich ist aber, wie § 82 II S. 1 VwGO zu verstehen ist. Danach hat der Vorsitzende den Kläger, dessen Klage den Anforderungen des § 82 I VwGO nicht genügt, innerhalb einer bestimmten Frist zu Ergänzungen aufzufordern. Das Gesetz geht mithin davon aus, dass ein bestimmter Mindestinhalt innerhalb der Klagefrist vorliegen muss, der dann noch nach Ablauf der Klagefrist ergänzt werden darf.

e.A.: alle Anforderungen des § 82 I S. 1 VwGO müssen vorliegen

Kopp/Schenke[298] setzt diesen Mindestinhalt mit den Mussanforderungen des § 82 I S. 1 VwGO gleich und lässt nur noch Konkretisierungen dieser notwendigen Anforderungen zu.

BVerwG: Nachholung einzelner Anforderungen möglich

Das BVerwG[299] ist nicht so streng. Nach ihm dürfen nur nicht sämtliche Erfordernisse gem. Abs. 1 fehlen. Einzelne Erfordernisse, auch die Bezeichnung des Beklagten, können nachgeholt werden.

Hier wäre damit nach der Ansicht von Kopp/Schenke die Klage unzulässig, da die bis dato vollständig fehlende Bezeichnung des Beklagten nicht mehr innerhalb der Frist des § 74 I VwGO nachgeholt werden kann. Nach Ansicht der Gerichte wäre hier dagegen nach dem Hinweis des Vorsitzenden nach § 82 II S. 1 VwGO noch eine Ergänzung möglich.

298 Kopp/Schenke, § 82 VwGO, Rn. 2, 13.

299 BVerwG, NVwZ 1983, 30.

c) Klausurprobleme

aa) Klage einer Gemeinde

Klageerhebung grds. keine laufende Angelegenheit

Erforderlich ist die Klageerhebung durch einen Bürgermeister wegen Art. 38 I BayGO.[300] Soweit dem Bürgermeister nach der jeweiligen Gemeindeordnung kein umfassendes gesetzliches Vertretungsrecht zusteht - wie bspw. in Bayern -, bedarf es normalerweise eines wirksamen Gemeinderatsbeschlusses, da die Erhebung einer verwaltungsgerichtlichen Klage grundsätzlich keine Angelegenheit der laufenden Verwaltung, Art. 37 I BayGO, ist, also nicht in das beschränkte gesetzliche Vertretungsrecht des Bürgermeisters fällt. *214*

hemmer-Methode: Hier kommt es entscheidend auf „Ihre" Gemeindeordnung an. In Bayern wird Art. 38 GO nicht als umfassende Regelung einer gesetzlichen Vertretungsmacht, sondern nur als Vertretungszuständigkeit verstanden. Der Bürgermeister benötigt deshalb für ein Auftreten nach außen Vertretungsmacht durch einen Gemeinderatsbeschluss, soweit nicht ein Fall des Art. 37 GO einschlägig ist, der dem Bürgermeister eine beschränkte gesetzliche Vertretungsmacht gibt. In anderen Bundesländern werden Vorschriften wie Art. 38 GO als umfassende gesetzliche Vertretungsmacht verstanden, sodass ein zusätzlicher Gemeinderatsbeschluss nicht erforderlich ist.

bb) Klage durch Telegramm

Klage durch Telegramm möglich

Die Klageeinreichung durch Telegramm ist jedenfalls dann möglich, wenn das Aufgabetelegramm unterschrieben wurde. Im Übrigen lässt die Rspr. bei diesen Übermittlungsformen Ausnahmen vom Erfordernis der eigenhändigen Unterschrift zu.[301] *215*

Es genügt hier, wenn der Text mit der Namensnennung schließt.[302] Diese Problematik dürfte allerdings durch die technologische Entwicklung auch in der Klausur überholt sein.

cc) Klage durch Telekopie (Faxschreiben)

Klage per Telefax möglich

Die Rspr. folgt den Bedürfnissen der Praxis und lässt auch diese modernen Übermittlungsformen ausreichen. Sofern, wie bei einem Fax, die Unterschrift auf dem Schriftstück, das dem Gericht zugeht, reproduziert wird, muss das Original unterschrieben werden. *216*

Fallbeispiel:[303]

A wendet sich gegen die Errichtung einer Fischmehlfabrik, die nach Durchführung des Genehmigungsverfahrens mit Bescheid vom 20.10. genehmigt wird. A erhebt gegen diesen Bescheid Widerspruch, der mit Widerspruchsbescheid vom 20.01. als unbegründet verbeschieden wird. Darauf erhob A am 10.02. Klage zum zuständigen Verwaltungsgericht mit einem eigenhändig unterschriebenen Schriftsatz, den er als Telefax übermittelt. Die Genehmigungsbehörde meint, die Klage sei schon unzulässig, da bei einem Telefax zwangsläufig die eigenhändige Unterschrift des Klägers fehle. Ein Fax sei nur eine Kopie, das genüge den Formerfordernissen, die an eine Klage gestellt werden, nicht. Ist die Klage formgerecht erhoben worden?

300 Und entsprechender Vorschriften anderer Bundesländer.

301 BVerwGE 3, 56 u. 81, 35.

302 Pietzner-Ronellenfitsch, § 13, Rn. 4.

303 Nach bayer. Examensklausur 88/I, 6, BayVBl. 1990, 30, 61 ff.

eigenhändige Unterschrift?

Nach § 81 I S. 1 VwGO muss eine Klage beim Verwaltungsgericht schriftlich erhoben werden. Hier ergeben sich Bedenken, ob die Klageerhebung per Telefax dem Schriftformerfordernis genügt.

Nach ständiger Rechtsprechung ist der Schriftform dann Genüge getan, wenn die Klage vom Kläger oder seinem Prozessbevollmächtigten eigenhändig unterschrieben ist.[304]

Denn nur so ist hinreichend gewährleistet, dass sie vom Kläger stammt und dass es sich um eine Klage und nicht nur um einen Entwurf handelt.[305] Das hier dem VG vorliegende Telefax enthält keine eigenhändige Unterschrift, sondern nur die Kopie der Unterschrift.

Dies genügt nach der Rechtsprechung allerdings, da sich aus dieser Kopie eine der Original-Unterschrift vergleichbare Gewähr für die Urheberschaft und den Willen, das Schreiben in den Verkehr zu bringen, ergibt.[306]

Telefax (+)

Zu den mittlerweile anerkannten Ausnahmen gehört auch die Klageerhebung mittels Fax, weil in diesen Fällen die Klage mit einer kopierten, ursprünglich eigenhändigen Unterschrift versehen ist.[307] Diese Rechtsprechung kann mittlerweile auch auf § 173 VwGO, §§ 253 IV, 130 Nr. 6 ZPO stützen, die eine Klageerhebung mittels Fax ausdrücklich vorsehen.[308]

Gegen die formelle Ordnungsmäßigkeit der von A erhobenen Klage bestehen daher keine Bedenken.

hemmer-Methode: Geklärt ist mittlerweile auch die Zulässigkeit eines sog. PC-Faxes. Dabei wird ein am PC erstellter Schriftsatz mit der eingescannten Unterschrift versehen und der gesamte Text mittels Faxprogramm und Modem (ohne vorherigen Ausdruck) direkt an das Faxgerät des Empfängers übermittelt. Der Gemeinsame Senat der Obersten Gerichtshöfe sieht in dieser Vorgehensweise die Schriftform des § 81 VwGO eingehalten. Begründet wird dies in erster Linie mit dem Erfordernis, die Prozessordnungen an die Fortentwicklung der Technik anzupassen.[309] Voraussetzung ist allerdings, dass das Dokument mit einer eingescannten Unterschrift endet, vgl. § 130 Nr. 6 ZPO.[310] Bei einem herkömmlichen Fax soll eine solche eingescannte Unterschrift aber gerade nicht ausreichen, was im Hinblick auf Art. 3 I GG bedenklich ist, vom BVerfG aber gebilligt wurde.[311]
Das PC-Fax muss insoweit von der e-mail unterschieden werden. Diese wird, anders als das PC-Fax, nicht beim Empfänger auf dem Empfangsgerät ausgedruckt, sondern dort nur auf einem Server abgelegt. Eine Klageeinreichung per e-mail ist damit nicht schriftlich und somit nicht formwirksam. Etwas anderes gilt nur in den Fällen, in denen nach § 55a VwGO durch Rechtsverordnung der elektronische Verkehr zugelassen ist. In diesem Punkt steht allerdings Anwälten und Gerichten eine kleine „Revolution" bevor[312]: Ab 2018 soll es grundsätzlich möglich sein, mit Gerichten elektronisch zu kommunizieren. Hierzu wird bereits 2016 für jeden Anwalt ein elektronisches Postfach eingerichtet. Ab spätestens 2022 werden Anwälte verpflichtet, Dokumente bei Gericht nur noch elektronisch einzureichen! Aus „Klage per e-mail nicht möglich" – Stand bis 31.12.2017 – wird „Klage nur noch per e-mail möglich"...

304 BVerwGE 58, 359 (365).

305 BVerwGE 36, 296 (298).

306 BVerwGE 81, 32 ff.

307 BVerwGE 77, 38.

308 Aus diesem Grund müssen Sie in der Klausur dies nicht mehr zwingend in der hier gezeigten Ausführlichkeit erörtern.

309 GmS-OGB, NJW 2000, 2340 = **Life&Law 2000, 626**; dazu auch BGH, NJW 2001, 831; vgl. zum Einsatz neuer Medien im (Gerichts-)Verfahren auch **Life&Law 2000, 137**.

310 Vgl. aber auch OLG Braunschweig, NJW 2004, 2024; bestätigt durch BGH, NJW 2005, 2086 = **Life&Law 2005, 525**; das BVerwG scheint großzügiger zu sein und auch andere Arten der Beendigung des Schriftsatzes genügen zu lassen, BVerwG, NJW 2006, 1989 f., § 24 VI S. 1 Nr. 2 WehrPflG = **Life&Law 2006, 630**.

311 BGH, NJW 2006, 3784 ff. = **Life&Law 2007, 285**; BVerfG, NJW 2006, 3200 ff. = **Life&Law 12/2007**.

312 Gesetz des Bundestages zur Förderung des elektronischen Rechtsverkehrs mit den Gerichten vom 10. Oktober 2013

dd) Telefonische Klageeinreichung

Telefon (-)

Eine Klageeinreichung über Telefon ist auch bei Mitschrift des Urkundsbeamten nach h.M. nicht möglich.[313] 217

Ausnahme: Eilverfahren

Eine Ausnahme wird hier nur bei den Eilanträgen nach §§ 47 VI, 80 V, 123 VwGO gemacht.[314]

d) Gerichtliche Vertretung – Anwaltszwang

grds. kein Anwaltszwang

Grundsätzlich können, müssen sich die Beteiligten aber nicht vor Gericht durch einen Prozessbevollmächtigten vertreten lassen, § 67 I, II VwGO. 218

aa) Rechtsanwalt oder Rechtslehrer an einer deutschen Hochschule

Ausnahme: vor BVerwG und OVG (VGH)

Vor dem BVerwG und dem OVG (VGH) ist die Vertretung „durch einen Rechtsanwalt oder einen Rechtslehrer an einer deutschen Hochschule" zwingend für alle Beteiligten vorgeschrieben, § 67 IV S. 1 VwGO. Für juristische Personen des öffentlichen Rechts lässt § 67 IV S. 3 VwGO eine Ausnahme zu.

hemmer-Methode: Beachten Sie, dass der Anwaltszwang nur mittelbare Zulässigkeitsvoraussetzung ist. Ohne anwaltliche Vertretung ist die Partei nicht postulationsfähig, sodass ihre Prozesshandlungen, z.B. die Klageerhebung, unwirksam sind.

bb) Art. 50 BayGO (und entsprechende Ländergesetze)

(1) Allgemeines

Vertretungsverbot für Gemeinderatsmitglieder

Nach Art. 50 BayGO dürfen Gemeinderatsmitglieder gegenüber der Gemeinde nicht als Bevollmächtigte Dritter Ansprüche geltend machen. Sie sind analog § 67 III VwGO vom Gericht zurückzuweisen.[315] 219

Sozietätenmandat

Lange war streitig, ob sich dieses Vertretungsverbot auch auf Anwälte bezieht, die mit einem Gemeinderatsmitglied eine Bürogemeinschaft oder eine Sozietät haben.[316] Die mittlerweile h.M. verneint dies schon aufgrund des eindeutigen Wortlauts der entsprechenden Vorschriften.

(2) Fallbeispiel

Kläger S hat nach seiner Auffassung zu viel an Beiträgen nach Art. 5 KAG an die Gemeinde G bezahlt. Nach vergeblicher Durchführung eines Vorverfahrens[317] erhebt er, vertreten durch RA Ratlos, dessen Sozietätskollege Rechthaber Gemeinderatsmitglied ist, Klage zum zuständigen Verwaltungsgericht. Die Gemeinde steht auf dem Standpunkt, die Klage sei schon wegen eines Verstoßes gegen Art. 50 BayGO schlichtweg nicht existent. Hat sie Recht?

---

313 BVerwGE 17, 166, Kopp/Schenke, § 81 VwGO, Rn. 10.

314 Vgl. VG Wiesbaden, NVwZ 1988, 95.

315 Kopp/Schenke, § 67 VwGO, Rn. 18; a.A.: nur Treuepflicht im Innenverhältnis.

316 Vgl. hierzu auch **Hemmer/Wüst, Classics Ö-Recht, Fall 47**.

317 Beachten Sie Art. 15 I Nr. 1 AGVwGO, wonach in Bayern im Kommunalabgabenrecht weiterhin einer Vorverfahren stattfinden kann.

Klageerhebung unwirksam bei mangelhafter Vertretung

Der Vertretungsbefugnis des RA R könnte das Vertretungsverbot des Art. 50 BayGO entgegenstehen. Grundsätzlich würde dies bedeuten, dass Prozesshandlungen des RA als unzulässig zurückgewiesen würden. Nur wenn die Prozesshandlung in der Klageerhebung besteht, dann ist sie gleichzeitig Prozessvoraussetzung, sodass bei deren Unwirksamkeit die Klage als nicht erhoben anzusehen ist.

Verfassungsmäßigkeit von Art. 50 BayGO (+)

Problematisch ist zunächst schon die Verfassungsmäßigkeit von Art. 50 BayGO. Das BVerfG meint, dass der Landesgesetzgeber jedenfalls die Kompetenz hat, eine solche Regelung zu treffen, da sie eine typisch kommunalrechtliche Interessenkonstellation betreffe.[318]

Das BVerfG sieht darüber hinaus in Art. 50 BayGO keine Verletzung von Art. 12 GG.[319] Es fehle schon an der berufsregelnden Tendenz, da Art. 50 BayGO allein das Interesse an einer objektiven und unparteiischen Führung der Gemeinderatsgeschäfte bezwecke. Damit ist nicht einmal der Schutzbereich von Art. 12 GG tangiert.

Erweiterung von Art. 50 BayGO auf den Sozius (-)

Nach seinem Wortlaut gilt Art. 50 BayGO in den Fällen, in denen der beauftragte RA selbst Gemeinderatsmitglied ist. Fraglich ist aber, ob der Ausschluss die gesamte Sozietät erfasst oder nur die Person des Gemeinderatsmitglieds selbst.

Während das Gemeinderatsmitglied in einem besonderen Treueverhältnis zur Gemeinde steht, ist der Sozius dagegen der Gemeinde zu keiner besonderen Treue verpflichtet, sodass ihn die Entziehung der Vertretungsbefugnis in seinen Rechten verletzen würde.[320]

Dies gilt jedenfalls dann, wenn der Mandant den Sozius allein und nicht die Sozietät beauftragt hat. Vorliegend hat S nur R beauftragt, nicht aber dessen Kollegen. Art. 50 BayGO steht daher einer wirksamen Klageerhebung nicht entgegen.

(3) Weiterer Fall

In einer Gemeinde soll ein Bebauungsplan erlassen werden. Es kommt jedoch zu Streitigkeiten, die die Inkraftsetzung des Bebauungsplanes verzögern. Daraufhin setzt das LRA den Bebauungsplan selbst in Kraft. 220

Die Gemeinde erteilt dem RA R, dessen Sozius Gemeinderatsmitglied ist, den Auftrag, in ihrem Namen Klage zu erheben. R erhebt die Klage. Liegt eine wirksame Vertretung der Gemeinde i.S.d. § 67 II VwGO vor?

Grundsätzlich ist es auch für eine Gemeinde möglich, sich vor dem Verwaltungsgericht durch einen Anwalt vertreten zu lassen, vgl. § 67 II VwGO.

kein Fall des Art. 50 BayGO, da Gemeinde Klägerin

Fraglich ist aber, ob nicht das Vertretungsverbot des Art. 50 BayGO entgegensteht. Art. 50 BayGO gilt aber nur für die Geltendmachung von Ansprüchen Dritter gegen die Gemeinde. Auf die Ausführungen im obigen Fall kommt es daher hier nicht an. An der wirksamen Prozessvertretung scheitert hier die Klage der Gemeinde mithin nicht.

2. Beteiligtenfähigkeit, § 61 VwGO

a) Allgemeines

Beteiligtenfähigkeit: Rechtsfähigkeit im Prozess

Die VwGO spricht statt von „Parteien“ (vgl. § 50 ZPO) von Beteiligten. Wer am Verfahren beteiligt ist, ist in § 63 VwGO geregelt (Beteiligteneigenschaft). 221

318 BVerfGE 41, 231 (242).

319 BVerfGE 52, 42 (54).

320 Vgl. BVerfGE 56, 99 (109), (Bürogemeinschaft).

Ob diese Beteiligten auch beteiligungsfähig sind, bestimmt sich nach § 61 VwGO. Die Beteiligtenfähigkeit ist das prozessuale Gegenstück zur Rechtsfähigkeit. Grundsätzlich gilt: Wer rechtsfähig ist, ist auch beteiligtenfähig. Sind Kläger oder Beklagter nicht beteiligtenfähig und wird die Klage nach Hinweis gem. § 86 III VwGO nicht geändert, wird sie als unzulässig abgewiesen.

Die Beteiligtenfähigkeit ist i.d.R. dann zu erwähnen, wenn der Kläger keine natürliche Person ist.

b) § 61 Nr. 1 VwGO

Juristische Personen

Unproblematisch sind auch die Fälle, in denen eine juristische Person Beteiligte des Rechtsstreits ist, § 61 Nr. 1 VwGO. 222

Die wichtigsten juristischen Personen, die in einer Klausur auftauchen können, sind: AG, GmbH, rechtsfähiger Verein als juristische Personen des Privatrechts, sowie Bund, Länder und andere Körperschaften des öffentlichen Rechts (Gemeinden, Landkreise, Hochschulen), öffentlich-rechtliche Anstalten und Stiftungen als juristische Personen des öffentlichen Rechts. OHG und KG werden von der h.M. aufgrund ihrer Teilrechtsfähigkeit nach § 124 HGB den juristischen Personen gleichgestellt.[321]

c) § 61 Nr. 2 VwGO

nicht rechtsfähige Personenmehrheiten

Probleme in der Klausur können sich im Bereich von § 61 Nr. 2 VwGO ergeben. Vereinigung i.S.d. § 61 Nr. 2 VwGO können alle nicht-rechtsfähigen Personenmehrheiten unabhängig von ihrer Organisationsform sein. 223

In den Anwendungsbereich des § 61 Nr. 2 VwGO fallen Gesellschaften des bürgerlichen Rechts[322], nicht rechtsfähige Vereine, insbesondere aber auch Organteile im Rahmen einer kommunalen Verfassungsstreitigkeit.[323]

Beteiligungsfähigkeit nicht abstrakt bestimmbar

Allerdings lässt sich bei § 61 Nr. 2 VwGO die Frage der Beteiligtenfähigkeit nicht generell entscheiden. Vielmehr wird wegen des Wortlauts von § 61 Nr. 2 VwGO („soweit") gefordert, dass die Vereinigung Zuordnungssubjekt der im konkreten Rechtsstreit in Frage stehenden Rechte und Pflichten sein kann.

Einordnung der Parteien str.

Diesbezüglich stellt sich i.R.d. Zulässigkeitsprüfung oft die Frage, ob der Ortsverband einer Partei beteiligtenfähig ist. 224

hemmer-Methode: Typischer Fall ist folgender: Dem Ortsverband der P-Partei wird von der Gemeinde G die Nutzung der gemeindeeigenen Halle verweigert. Der Ortsverband der P-Partei will dagegen gerichtlich vorgehen. Richtige Klageart wäre in diesem Fall die Verpflichtungsklage i.S.d. § 42 I Alt. 2 VwGO. Ist allerdings schon eine Nutzungsgenehmigung erteilt, und wird diese von der Gemeinde nach Erteilung und vor der Nutzung nach §§ 48 ff. VwVfG zurückgenommen oder widerrufen, so stellt sich das Problem auch i.R.d. Anfechtungsklage.

321 Vgl. Eyermann, § 61 VwGO, Rn. 5, 8; Kopp/Schenke, § 61 VwGO, Rn. 6, die Gegenansicht gelangt über die Anwendung des § 61 Nr. 2 VwGO zur Beteiligtenfähigkeit.

322 In konsequenter Fortführung der BGH-Rechtsprechung zur Teilrechtsfähigkeit der GbR können Sie allerdings auch von § 61 Nr. 1 Alt. 2 VwGO ausgehen.

323 Probleme der Beteiligtenfähigkeit ergaben sich auch im bayer. Examensfall 86/II, 2, BayVBl. 1988, 414/444. Dort war problematisch, ob ein als Regiebetrieb geführtes Stadttheater beteiligtenfähig ist. Das ist es jedenfalls nicht nach § 61 Nr. 1 VwGO, da das Theater keine juristische Person ist, wohl aber ist das Theater nach § 61 Nr. 2 VwGO (zumindest analog) eine Vereinigung, da dem Theater in concreto ein Recht – in diesem Fall die Kunstfreiheit, Art. 5 III GG – zustehen kann; vgl. oben Rn. 220; zur kommunalverfassungsrechtlichen Streitigkeit s. ausführlich **Hemmer/Wüst, VWR II, Rn. 273**.

§ 61 Nr. 1 VwGO ist i.d.R. schon deshalb nicht einschlägig, weil die meisten Parteien (und erst recht nicht deren Ortsverbände) keine juristischen Personen sind. A.A. ist Kopp/Schenke,[324] der unter Nr. 1 auch alle Vereinigungen subsumiert, denen durch Gesetz oder gewohnheitsrechtlich die Fähigkeit zuerkannt wird, im eigenen Namen zu klagen oder verklagt zu werden und die daher juristischen Personen gleichgestellt seien. Dies gilt aber nur für die Partei selbst, nicht auch für deren Ortsverbände, § 3 PartG.[325]

Nach § 61 Nr. 2 VwGO sind Vereinigungen beteiligungsfähig, soweit ihnen ein Recht zustehen kann. Vereinigungen i.S.d. § 61 Nr. 2 VwGO sind solche Personenmehrheiten, die selbst nicht rechtsfähig (oder juristischen Personen gleichgestellt) sind. Ein Ortsverein einer politischen Partei erfüllt als (in der Regel) nicht eingetragener Verein diese Voraussetzungen. Ob einer Vereinigung i.S.d. § 61 Nr. 2 VwGO „ein Recht zustehen kann", ist nach materiellem Recht zu beurteilen.

(1) Die Teilrechtsfähigkeit politischer Parteien könnte sich zunächst aus § 3 PartG ergeben. Gem. § 3 S. 1 PartG kann eine Partei unter ihrem Namen klagen und verklagt werden, was nach § 3 S. 2 PartG auch für die Gebietsverbände der jeweils höchsten Stufe gilt.

Das schließt allerdings die Teilrechtsfähigkeit niederer Gebietsverbände nicht aus, vielmehr sind grundsätzlich auch Kreis- und Ortsverbände befähigt, die ihnen zustehenden Rechte geltend zu machen und auch gerichtlich durchzusetzen.[326]

Gem. § 61 Nr. 2 VwGO besteht die Beteiligungsfähigkeit jedoch nur, „soweit" der Vereinigung ein Recht zustehen kann. Die materielle Teilrechtsfähigkeit begründet demnach keine umfassende Beteiligungsfähigkeit. Weitere Voraussetzung für die Beteiligungsfähigkeit nach § 61 Nr. 2 VwGO ist ein Mindestmaß an Organisation.[327]

(2) Es genügt gerade nicht, Zuordnungssubjekt irgendeines Rechtssatzes sein zu können. Es muss vielmehr das in dem konkreten Verfahren geltend gemachte Recht der Vereinigung zustehen können. Im oben genannten Fall beispielsweise kann der geltend gemachte Anspruch aus Art. 21 BayGO auch dem Ortsverband der P-Partei zustehen, vgl. Art. 21 IV BayGO. Für die Beteiligungsfähigkeit genügt es, dass dem Ortsverband das geltend gemachte Recht zustehen kann (vgl. § 61 Nr. 2 VwGO). Ob das geltend gemachte Recht der Vereinigung tatsächlich zusteht, ist eine Frage der Begründetheit. Die Beteiligungsfähigkeit des Ortsverbandes der P-Partei ergibt sich mithin aus § 61 Nr. 2 VwGO i.V.m. Art. 21 IV BayGO.

hemmer-Methode: Eine derart ausführliche Prüfung der Beteiligtenfähigkeit kann in einer Klausur natürlich nicht verlangt werden. Zumeist wird es genügen, die Beteiligtenfähigkeit des Gebietsverbandes einer Partei mit dem kurzen Hinweis auf die Rechtsträgerschaft im konkreten Verfahren zu bejahen.

d) § 61 Nr. 3 VwGO

§ 61 Nr. 3 VwGO ist nur klausurrelevant, wenn es – anders als in Bayern – eine Bestimmung über die Beteiligungsfähigkeit von Behörden gibt. 226

324 § 61 VwGO, Rn. 6.

325 Auch die Rechtsprechung des BGH zur Teilrechtsfähigkeit einer GbR dürfte an dem Ergebnis nichts ändern, da wohl nur die Partei, nicht aber die einzelnen Ortsverbände eine solche GbR darstellen.

326 BVerwGE 32, 333 f.

327 BVerwG, DVBl. 2004, 713.

hemmer-Methode: Achten Sie in der Klausur darauf, die Problematik der Beteiligtenfähigkeit nicht überzubewerten. Grundsätzlich muss dem Kläger, der nach § 42 II VwGO klagebefugt ist, auch die Möglichkeit gegeben sein, sein Recht als Beteiligter vor Gericht geltend zu machen. Aufgrund dieser Sachlage wird es in der Literatur auch für zulässig erachtet, pauschal zu argumentieren, dass derjenige, dem ein Recht zustehen kann, jedenfalls auch nach § 61 VwGO (also ohne Nennung von Nr. 1 oder Nr. 2) beteiligtenfähig sein muss.

3. Prozessfähigkeit, § 62 VwGO

a) Allgemeines

Definition

Prozessfähigkeit ist die Fähigkeit, Verfahrenshandlungen selbst vorzunehmen oder durch einen selbst bestellten Prozessbevollmächtigten (§ 173 VwGO i.V.m. § 51 ZPO) vornehmen zu lassen.[328] Prozessfähig ist, wer volle (§ 62 I Nr. 1 VwGO) oder auf den Gegenstand des Verfahrens bezogene partielle (§ 62 I Nr. 2 VwGO) Geschäftsfähigkeit besitzt. 227

§§ 112, 113 BGB

Partielle Prozessfähigkeit kann sich nach bürgerlichem Recht aus §§ 112, 113 BGB ergeben. Im öffentlichen Recht etwa nach § 5 RelKEG für Minderjährige über vierzehn Jahre.

Grundrechtsmündigkeit

Soweit die Ausübung von Grundrechten betroffen ist, reicht es für die Prozessfähigkeit aus, wenn der beschränkt Geschäftsfähige grundrechtsmündig ist, d.h. die erforderliche Reife besitzt, das Grundrecht eigenverantwortlich wahrzunehmen.[329]

Prozessfähigkeit trotz Betreuung

Da die Bestellung eines Betreuers die Geschäftsfähigkeit unberührt lässt, ist der Betreute grundsätzlich prozessfähig. Besteht ein Einwilligungsvorbehalt, § 1903 BGB, ist § 62 II VwGO zu beachten. 228

gesetzliche Vertretung Prozessunfähiger

Prozessunfähige natürliche Personen werden durch ihre gesetzlichen Vertreter vertreten.

Für Vereinigungen und Behörden handeln gem. § 62 III VwGO ihre gesetzlichen Vertreter, Vorstände oder besonders Beauftragte. Ist eine (bayerische) Gemeinde Prozessbeteiligte, so wird sie gem. Art. 38 BayGO durch den Bürgermeister vertreten. 229

Vertreter des öffentlichen Interesses

Ist der Freistaat Bayern Klagegegner, so wird er gem. Art. 16 AGVwGO, § 3 I LABV (Z/T Nr. 903, unbedingt bei § 62 III VwGO kommentieren) grds. durch einen Vertreter der Ausgangsbehörde vertreten.

b) Fallbeispiel[330]

Der Minderjährige B stellt den Antrag, in ein Gymnasium aufgenommen zu werden. Gleichzeitig stellt sein (allein sorgeberechtigter) Vater den gleichen Antrag. Beide Anträge werden zurückgewiesen. B möchte nun klageweise vorgehen. Ist er prozessfähig?

Minderjährige sind nicht prozessfähig

Als Minderjähriger ist B nicht voll geschäftsfähig und daher nicht schon nach § 62 I Nr. 1 VwGO i.V.m. §§ 2 und 104 ff. BGB prozessfähig.

328 Redeker/von Oertzen, § 62 VwGO, Rn. 1.

329 Kopp/Schenke, § 62 VwGO, Rn. 6.

330 Nach 88/I, 7, BayVBl. 1990, 159, 189.

keine partielle Geschäftsfähigkeit

Auch Prozessfähigkeit nach § 62 I Nr. 2 VwGO ist nicht gegeben, da keine bürgerlich-rechtlichen oder öffentlich-rechtlichen Vorschriften ersichtlich sind, die eine partielle Geschäftsfähigkeit begründen könnten. Vereinzelt wird zwar für bestimmte Maßnahmen wie kleinere Schulstrafen, weniger bedeutsame Prüfungen wie Schulaufgaben usw. eine partielle Geschäftsfähigkeit angenommen. Für die wichtigen Fragen, wie für die Zulassung zu einer Schule oder die Aufnahme in eine Klasse, ist dies jedoch nicht anzunehmen.

Der Antrag des B ist daher schon wegen des Fehlens der Prozessfähigkeit unzulässig.

aber: gesetzliche Vertretung

Es bestehen jedoch keine Bedenken dagegen, den Antrag des Vaters als den des gesetzlichen Vertreters des B zu verstehen und dies im Verfahren klarzustellen.

4. Klagegegner, § 78 VwGO[331]

hemmer-Methode: Die Frage, ob der richtige Beklagte i.R.d. Zulässigkeit (als „Klagegegner" vorwiegend in „norddeutschen" Bundesländern) oder der Begründetheit zu prüfen ist (als sog. „Passivlegitimation" vorwiegend in „süddeutschen" Bundesländern), ist umstritten. Welches System im jeweiligen Bundesland einschlägig ist, erfahren Sie ausführlich in den Fällen unserer Haupt- und Klausurenkurse, die die jeweiligen Fragestellungen des einzelnen Bundeslandes genau darstellen.

Grundsatz: Rechtsträgerprinzip

Grundsätzlich gilt das Rechtsträgerprinzip (§ 78 I Nr. 1 VwGO). Die Klage ist gegen die Körperschaft zu richten, deren Behörde gehandelt hat. 230

Die Klage kann auch gegen die Behörde selbst gerichtet werden, wenn das Landesrecht eine derartige Bestimmung trifft (§ 78 I Nr. 2 VwGO). In den meisten Bundesländern – u.a. Bayern, Baden-Württemberg, Nordrhein-Westfalen – existiert eine solche Regelung nicht (mehr), so dass dort ausschließlich das Rechtsträgerprinzip des § 78 I Nr. 1 VwGO gilt.

hemmer-Methode: Damit nicht zu verwechseln ist, dass es für die Bezeichnung des Beklagten (des Rechtsträgers) genügt, wenn die Klageschrift die Behörde angibt (§ 78 I Nr. 1 HS 2, § 82 VwGO). Beachten Sie: Das „Rechtsträgerprinzip" ist ein typisches Schlagwort, das der Korrektor einer Klausur gerne hören will.

§ 78 VwGO direkt nur bei Anfechtungs- und Verpflichtungsklagen, sonst analog

§ 78 VwGO gilt nach seiner systematischen Stellung nur für Anfechtungs- und Verpflichtungsklagen. Das ihm zugrundeliegende Rechtsträgerprinzip ist jedoch auf alle anderen Klagearten übertragbar, sodass insofern § 78 VwGO zumindest auf die allgemeine Leistungsklage analog anwendbar ist.

5. Sachliche und örtliche Zuständigkeit des VG bzw. des OVG/VGH, §§ 45 ff., 52 VwGO

a) Sachliche Zuständigkeit

sachliche Zuständigkeit, grds. VG, § 45 VwGO

Nie problematisch ist die sachliche Zuständigkeit der Verwaltungsgerichte im ersten Rechtszug. Diese entscheiden gem. § 45 VwGO über alle Streitigkeiten, für die der Verwaltungsrechtsweg offen steht. Die Weichen werden in der Klausur also schon beim ersten Prüfungspunkt „Vorliegen einer öffentlich-rechtlichen Streitigkeit" gestellt. 231

331 Ausführlich hierzu Rn. 251 ff.

Ausnahmen: insbesondere Normenkontrolle, § 47 VwGO

Dieser Grundsatz wird nur von wenigen, aber wichtigen Ausnahmen durchbrochen. Für besonders bedeutsame Prozesse ist die Zuständigkeit des OVG/VGH nach §§ 47, 48 VwGO bzw. des BVerwG nach § 50 VwGO begründet. Klausurrelevant ist insbesondere die Zuständigkeit des OVG/VGH für Normenkontrollverfahren nach § 47 VwGO.

b) Örtliche Zuständigkeit

örtliche Zuständigkeit: § 52 VwGO

Zu beachten ist hier nur die Prüfungsreihenfolge bei § 52 VwGO, da sich die Gerichtsstände gegenseitig ausschließen: Nr. 1, Nr. 4, Nr. 2, Nr. 3, Nr. 5. 232

Der in der Klausur auftauchende Normalfall ist dabei § 52 Nr. 3 VwGO.

Für die örtliche Zuständigkeit ist Art. 1 II BayAGVwGO zu beachten.

c) Keine Prorogation

Zuständigkeit zwingend

Die Regelungen über die sachliche (§§ 45 ff. VwGO) und örtliche Zuständigkeit im Verwaltungsprozess sind zwingend. Sie können weder durch Parteivereinbarung (Prorogation) noch durch rügelose Einlassung abgeändert werden.[332] 233

hemmer-Methode: Da die §§ 17 bis 17b GVG gem. § 83 VwGO auch für die Gerichtszuständigkeit gelten, wäre es durchaus richtig, diesen Prüfungspunkt im Anschluss an § 40 I VwGO, also noch vor der Zulässigkeit zu prüfen. Da sich diese Aufbauvariante aber noch nicht durchgesetzt hat und im Übrigen i.R.d. örtlichen Zuständigkeit der statthaften Klageart vorgegriffen würde, erfolgt die Darstellung (noch) an dieser Stelle. Dieses Aufbauproblem erledigt sich dann, wenn Sie nicht nach der Zulässigkeit der Klage, sondern nach den Sachurteilsvoraussetzungen fragen.

6. Keine rechtskräftige Entscheidung in der gleichen Sache

a) Allgemeines

res iudicata: keine negative Sachentscheidungsvoraussetzung

Das Fehlen einer rechtskräftigen Entscheidung in der gleichen Sache ist nach überwiegender Meinung keine Sachentscheidungsvoraussetzung einer neuen Klage; vielmehr schließt das Vorliegen einer rechtskräftigen Entscheidung in der gleichen Sache (nur) eine andere, d.h. widersprechende Entscheidung aus. Für eine neue Klage fehlt es aber normalerweise am Rechtsschutzbedürfnis.[333] 234

materielle Rechtskraft schließt andere Entscheidung aus

Eine andere Entscheidung in der gleichen Sache ist nicht möglich, wenn das Ersturteil materiell rechtskräftig ist. Materielle Rechtskraft bedeutet, dass die Beteiligten des neuen Prozesses über denselben Streitgegenstand an die formell rechtskräftige (= unanfechtbare) Entscheidung gebunden sind. Der Umfang der materiellen Rechtskraft bestimmt sich nach Parteien und Streitgegenstand.

personelle Reichweite der Rechtskraft

Gem. § 121 VwGO werden in personeller Hinsicht außer den Beteiligten, § 63 VwGO, auch ihre Rechtsnachfolger, § 121 Nr. 1 VwGO, und die in § 121 Nr. 2 VwGO genannten Personen gebunden. Die Bestimmungen der ZPO über die Erstreckung der Rechtskraft auf Dritte (§§ 325 ff. ZPO) kommen über § 173 VwGO zur Anwendung. 235

332 Kopp/Schenke, § 52 VwGO, Rn. 2.

333 Schmitt Glaeser/Horn, vor Rn. 111; aber a.A.: Stern, S. 150; Kopp/Schenke, § 121 VwGO, Rn. 9.

sachliche Reichweite der Rechtskraft

In sachlicher Hinsicht erfasst die materielle Rechtskraft nur die Entscheidung über den Streitgegenstand. Der Streitgegenstand des Verwaltungsprozesses richtet sich nach der Rechtsbehauptung des Klägers, die je nach Klageart differiert. Bei der Anfechtungsklage ist das die Behauptung des Klägers, der VA sei rechtswidrig und verletze ihn in seinen Rechten, vgl. § 113 I S. 1 VwGO.

b) Verständnisfall:

Das Landratsamt/Kreisbehörde hat A den Abriss des von ihm erstellten Wochenendhäuschens auferlegt. Die Klage gegen den Abriss-VA ist erfolgreich, weil sein Wochenendhaus mit dem materiellen Baurecht in Einklang steht. Das Urteil wird formell rechtskräftig. Kurz darauf erlässt das LRA, obwohl sich die Sach- und Rechtslage nicht geändert hat, eine dem ersten VA gleichlautende Abrissverfügung. A ist beunruhigt und fragt, ob er gegen die erneute Verfügung vorgehen kann bzw. muss. 236

VA evident nichtig

Die zweite Abrissverfügung setzt sich über das vorliegende rechtskräftige Urteil hinweg. Sie leidet daher an einem offenkundigen besonders schwerwiegenden Fehler und ist gem. Art. 44 VwVfG nichtig.

Wahlrecht bei der Klageart

Dennoch ist die zweite Verfügung als Schein-VA in der Welt. Grundsätzlich ist aber auch eine Klage gegen nichtige VAe möglich, da der Betroffene ein Interesse hat, diese zu beseitigen, vgl. Art. 44 V VwVfG. Richtige Klageart ist dabei entweder die Feststellungsklage, § 43 VwGO, oder die Anfechtungsklage, § 42 I Alt. 1 VwGO.[334]

Da die Grenze zwischen nichtigem und rechtswidrig anfechtbarem VA oft unbestimmt und fließend ist, kann ein Fehler bei der Wahl der richtigen Klageart hier nicht zu Lasten des Einzelnen gehen. Kommt das Gericht bei seiner Prüfung zu dem Ergebnis, dass ein nichtiger VA vorliegt, so hat es den Anfechtungskläger gem. § 86 III VwGO auf eine notwendige Umstellung der Klage hinzuweisen.

Rechtsschutzinteresse

Problematisch ist das Rechtsschutzinteresse des A.

behördliche Feststellung der Nichtigkeit, Art. 44 V VwVfG nicht vorrangig

Zum einen könnte die behördliche Feststellung der Nichtigkeit nach Art. 44 V VwVfG der schnellere und einfachere Weg zur Erreichung des Rechtsschutzzieles von A sein.[335] Dem lässt sich jedoch entgegenhalten, dass eine gerichtliche Feststellung der Nichtigkeit intensiveren Rechtsschutz als die bloße behördliche Feststellung gewährleistet.

Entscheidung in der gleichen Sache

Ein weiteres Problem liegt darin, dass möglicherweise eine rechtskräftige Entscheidung in der gleichen Sache vorliegt.

e.A.: Klage ohne Sachprüfung begründet

Eine Ansicht bejaht hier die Identität des Streitgegenstandes, da bei unveränderter Sach- und Rechtslage ein inhaltlich gleichlautender VA erlassen wurde.[336] Gleichwohl wäre es widersinnig, dass die Klage deswegen unzulässig wird und der Schein-VA somit in seinem Bestand unberührt bliebe. Nach dieser Ansicht verbietet die materielle Rechtskraft deshalb nur eine andere Entscheidung in der Sache, nicht aber eine neue Entscheidung überhaupt. Die Klage des A wäre daher zulässig und, allein wegen der Bindungswirkung der Erstentscheidung, auch begründet.

a.A.: neuer Streitgegenstand

Nach anderer Ansicht liegt hingegen stets ein neuer Streitgegenstand vor, wenn ein zweiter Bescheid ergangen ist, unabhängig davon, ob er inhaltlich abweicht.[337] Der Zulässigkeit der Klage stünden – folgt man dieser Ansicht – daher keine Bedenken entgegen. In der Begründetheit müsste das Gericht – ohne Bindung an das frühere Urteil – erneut in der Sache entscheiden.

---

334 Ausführlich zur Alternativität bzw. Abgrenzung vgl. Schmitt Glaeser/Horn, Rn. 139.

335 Schmitt Glaeser/Horn, Rn. 342 m.w.N.

336 Schmitt Glaeser/Horn, Rn. 114.

337 Kopp/Schenke, § 121 VwGO, Rn. 14.

Exkurs: Problem der Bindungswirkung von Gerichtsurteilen

Bindungswirkung zivilgerichtlicher Entscheidungen

Gelegentlich führen Beteiligte aus, eine Entscheidung des Verwaltungsgerichts könne schon deswegen nur zu ihren Gunsten ausfallen, da ein Zivilgericht bereits in der gleichen Sache entschieden habe oder zumindest eine Vorfrage vom Zivilgericht mit Bindungswirkung entschieden worden sei. 237

hemmer-Methode: Diese Problematik hat auf die Zulässigkeit keine Auswirkungen. Die zu stellende Frage lautet nicht: „Ist die Klage schon unzulässig, weil über dieselbe Sache schon entschieden wurde?", sondern „Kann die Sachentscheidung des Gerichts allein wegen der Bindungswirkung nur in diesem Sinne ausfallen?". Es handelt sich also um ein Problem der Begründetheit.

Bindungswirkung nur des Tenors

In diesen Fällen gilt grundsätzlich, dass eine Bindungswirkung nur dann eintritt, wenn der fremde Rechtsakt (z.B. Urteil eines ordentlichen Gerichts) tatbestandliche Voraussetzung für die verwaltungsrechtliche Rechtsfolge ist (Tatbestandswirkung).

> ***Bsp.:*** *Die Verurteilung durch ein ordentliches Gericht ist tatbestandliche Voraussetzung für eine Bejahung der Unzuverlässigkeit nach § 17 IV BJagdG.*

Tatbestandswirkung, also Bindungswirkung, vermittelt nur der Tenor, also der entscheidende Teil eines Gerichts- bzw. Verwaltungsaktes. Etwas anderes gilt nur dann, wenn gesetzlich eine Feststellungswirkung auch hinsichtlich der Gründe des Urteils angeordnet ist.

> ***Bsp.:*** *Bindung an Feststellungen eines Strafgerichts nach § 35 III GewO*

Enthalten die Entscheidungsgründe eines Zivil- oder Strafurteils Ausführungen über verwaltungsrechtliche Rechtsfragen, die nur Vorfragen für die zivil- bzw. strafrechtliche Entscheidung sind, so entfalten sie keine Bindungswirkung.[338]

Exkurs Ende

7. Allgemeines Rechtsschutzbedürfnis

a) Allgemeines

Abgrenzungen

Das allgemeine Rechtsschutzbedürfnis ist regelmäßig letzter Prüfungspunkt i.R.d. Prüfung der Zulässigkeit der Klage. Es ist (begrifflich) von dem besonderen Rechtsschutzinteresse bei der Feststellungsklage (§ 43 I VwGO: „berechtigtes Interesse an der baldigen Feststellung") und der Fortsetzungsfeststellungsklage (§ 113 I S. 4 VwGO: „berechtigtes Interesse") zu unterscheiden. 238

Die Lehre vom Rechtsschutzbedürfnis wurzelt in dem Verbot des Missbrauchs prozessualer Rechte.[339] Das Fehlen des Rechtsschutzinteresses ist nur dann zu prüfen, wenn sich im Sachverhalt konkrete Hinweise ergeben.

---

338 Vgl. dazu bayerische Examensklausur 82/I, 6, BayVBl. 1984, 542/573.

339 Pietzner-Ronellenfitsch, § 18, Rn. 1.

Es lassen sich drei Gruppen fehlenden Rechtsschutzbedürfnisses unterscheiden.[340]

einfacherer Weg

aa) Zu verneinen ist das Rechtsschutzbedürfnis dann, wenn der Kläger den angestrebten Erfolg auf einfachere, schnellere und/oder billigere Art und Weise erreichen kann. 239

Bsp.: *Die Leistungsklage einer Behörde ist unzulässig, wenn sie die begehrte Rechtsfolge auch selbst durch vollstreckbaren VA (Leistungsbescheid) erreichen kann.*[341]

kein Interesse

bb) Der angestrebte Rechtsschutz ist für den Kläger nutzlos, die strittigen Fragen haben nur theoretische Bedeutung. Anders ausgedrückt: Es liegt keine Belastung des Klägers vor.

Querulanz

cc) Der Kläger verfolgt spezifisch missbilligenswerte Ziele, z.B. eindeutig querulatorisches Verhalten, deutliche Absicht, das Gericht zu belästigen oder den Gegner zu schädigen. 240

hemmer-Methode: Bei der Anfechtungsklage ist das Rechtsschutzbedürfnis nur selten zu prüfen. Allerdings kann über das Rechtsschutzbedürfnis die Zulässigkeit einer Verpflichtungsklage ausscheiden, wenn auch eine Anfechtungsklage zulässig ist.
Wenn eine Prüfung des Rechtsschutzbedürfnisses doch einmal in Frage kommt, taucht in der Klausur normalerweise nur der (erste) Fall auf, dass dem Kläger ein einfacherer Weg zur Erreichung des angestrebten Zieles zur Verfügung stehen könnte. Dieser Obersatz ist allen Überlegungen zum Rechtschutzbedürfnis zu Grunde zu legen.

b) Einzelfälle

Abstellen auf den Einzelfall

Eine allgemein gültige Regel lässt sich hier nicht aufstellen. Auch ist keine abschließende Aufzählung der möglichen Fälle fehlenden Rechtsschutzbedürfnisses möglich. 241

Bei den Überlegungen des Klausurbearbeiters ist besonders auf die konkrete Ausformung des Einzelfalls bzw. die Ausführungen der Beteiligten des Klausurfalles zu achten. Die folgenden Fälle sollen einer gewissen Sensibilisierung für die Problematik dienen.

aa) Isolierte Anfechtungsklage

isolierte Anfechtung

Das Rechtsschutzbedürfnis muss ausnahmsweise positiv festgestellt werden, wenn das Klagebegehren eigentlich durch Verpflichtungsklage durchgesetzt werden müsste, also bei isolierten Anfechtungsklagen gegen Versagungs- und Widerspruchsbescheide. 242

h.M.: (-) bei Versagungsbescheid, da Verpflichtungsklage vorrangig

Für eine isolierte Anfechtungsklage gegen einen Versagungsbescheid fehlt es grundsätzlich am Rechtsschutzbedürfnis, da die eigentlich von der VwGO vorgesehene Klageform hier die Verpflichtungsklage ist. Der Kläger aber hat die rechtsschutzintensivere Klageform zu wählen.[342]

hemmer-Methode: Beachten Sie aber, dass diese Problematik normalerweise schon i.R.d. Klageart abschließend beurteilt wird (dazu oben Rn. 105 ff.). I.R.d. Rechtsschutzbedürfnisses ist bestenfalls noch ein kurzer Hinweis erforderlich.

340 Vgl. Schmitt Glaeser/Horn, Rn. 119 ff.

341 Zu dieser sog. „Bürgerverurteilungsklage“ siehe **Hemmer/Wüst, VWR II, Rn. 195**.

342 Schmitt Glaeser/Horn, Rn. 125 f.

bb) § 44a VwGO

§ 44a VwGO: dogmatische Einordnung streitig

§ 44a VwGO schließt selbstständige Rechtsbehelfe gegen Verfahrenshandlungen aus. Nach h.M. in der Literatur handelt es sich dabei dogmatisch um einen Fall fehlenden Rechtsschutzbedürfnisses.[343] Nach BVerwG[344] fehlt diesen Verfahrenshandlungen der Regelungsgehalt. 243

(1) Grundsatz: kein Rechtsschutzbedürfnis für selbständige Anfechtung

grds. kein Rechtsschutzbedürfnis

Verfahrenshandlungen wie der Ausschluss eines Amtsträgers wegen Befangenheit, das Einholen von Auskünften (im Wege der Amtshilfe), oder die Ablehnung der Akteneinsicht,[345] sind mangels Außen- bzw. Regelungswirkung grundsätzlich keine VAe und damit nicht mit Anfechtungs- oder Verpflichtungsklage angreifbar.

Der Betroffene könnte aber auf die allg. Leistungsklage oder die Feststellungsklage zurückgreifen. An der selbstständigen Anfechtung dieser Verfahrenshandlungen hat der Betroffene aber grundsätzlich kein schutzwürdiges Interesse, wenn und weil er sie im Zusammenhang mit der Einlegung von Rechtsbehelfen gegen die Sachentscheidung rügen kann.[346]

Geltung des § 44a VwGO bei vorläufigem Rechtsschutz str.

Grundsätzlich gilt § 44a VwGO für alle Klagearten.[347] Strittig ist dagegen seine Geltung bei der Erlangung vorläufigen Rechtsschutzes.[348]

(2) Ausnahmen

Ausnahme: § 44a S. 2 VwGO

Anders liegt es nach § 44a S. 2 VwGO dann, wenn die behördliche Verfahrenshandlung selbstständig vollstreckt werden kann oder gegen einen Nichtbeteiligten ergeht.[349] 244

Ausnahme: Verletzung materieller Rechte durch die Verfahrenshandlung

Schließlich kann § 44a VwGO wegen des Gebots des effektiven Rechtsschutzes nach Art. 19 IV GG Rechtsbehelfe dann nicht ausschließen, wenn der Betroffene über den bloßen Verfahrensverstoß hinaus die Verletzung einer materiellen Rechtsposition rügt.[350]

cc) Anfechtungsklage gegen nichtige Verwaltungsakte

Anfechtung nichtiger VAe

Nichtige VAe entfalten keine Rechtswirkungen. Das Rechtsschutzinteresse an ihrer Anfechtung könnte daher zweifelhaft sein.[351] Andererseits kann der Kläger aufgrund der Regelung des § 44 I VwVfG nicht ohne weiteres von einem nichtigen VA ausgehen. Der Richter könnte den VA auch als „nur“ rechtswidrig, aber wirksam erachten, so dass schon aus diesem Grund eine Anfechtung möglich sein muss. Außerdem erweckt auch der nichtige VA zumindest den Anschein eines VA, so dass ein Bedürfnis nach der Beseitigung dieses Anscheins besteht. 245

343 Kopp/Schenke, § 44a VwGO, Rn. 2; Schmitt Glaeser/Horn, Rn. 1278.

344 NJW 1982, 125.

345 Weitere Beispielsfälle bei Kopp/Schenke, § 44a VwGO, Rn. 5.

346 Weides, S. 98 f.

347 Nachweise bei Kopp/Schenke, § 44a VwGO, Rn. 4.

348 Nachweise bei Kopp/Schenke, § 44a VwGO, Rn. 4.

349 Vgl. näher Kopp/Schenke, § 44a VwGO, Rn. 9 ff. (11).

350 Ebenda, vgl. auch BayVGH, BayVBl. 1990, 622.

351 Vgl. Rn. 236.

***Bsp.:** A hat eine Baugenehmigung verbunden mit einer (echten) Auflage erhalten. Gegen die Auflage legt er Widerspruch ein. Der Widerspruch wird abschlägig beschieden. Wenig später erlässt die Widerspruchsbehörde einen zweiten Widerspruchsbescheid, in dem die Baugenehmigung aufgehoben wird. A möchte gegen den zweiten Widerspruchsbescheid klageweise vorgehen. Die Widerspruchsbehörde steht auf dem Standpunkt, A fehle es am Rechtsschutzbedürfnis für ein Vorgehen gegen den zweiten Bescheid. Ist die Ansicht der Widerspruchsbehörde richtig?*

zweiter Widerspruchsbescheid

Mit dem Erlass des ersten Widerspruchsbescheides war das Verwaltungsverfahren abgeschlossen, die Entscheidungskompetenz der Widerspruchsbehörde hatte geendet. Der zweite Widerspruchsbescheid war daher zumindest rechtswidrig, wenn nicht sogar nichtig. Da hier zweifelhaft ist, ob der VA nichtig ist, ergibt sich das Rechtsschutzbedürfnis des A schon daraus, dass der VA, so er nur rechtswidrig wäre, in Bestandskraft erwachsen könnte und dann unanfechtbar wäre.

Im Übrigen ist auch anerkannt, dass für eine Anfechtungsklage gegen nichtige VAe ein Rechtsschutzbedürfnis besteht, da der nichtige VA zumindest den Anschein eines VA erweckt und insoweit für den Betroffenen eine belastende Wirkung entfaltet.[352] Das Rechtsschutzbedürfnis des A ist daher in jedem Fall gegeben.

dd) Erledigung der Hauptsache

Erledigung und keine Umstellung auf FFK

Das Rechtsschutzbedürfnis fehlt, wenn sich die Hauptsache – etwa durch Aufhebung des angegriffenen VA – erledigt hat und der Kläger nicht auf eine Klage nach § 113 I S. 4 VwGO übergehen will.[353] 246

hemmer-Methode: Eigentlich scheitert die Anfechtungsklage im Fall der Erledigung bereits an der Statthaftigkeit: Eine Aufhebung eines bereits erledigten Verwaltungsaktes macht keinen Sinn mehr, ist nicht mehr möglich![354]

***Bsp. Bestandene Wiederholungsprüfung:** A hat Klage gegen eine seiner Meinung nach ungerechtfertigte Benotung in einer Verwaltungsrechtsklausur im Ersten Jur. Staatsexamen erhoben. Bevor das Urteil ergeht und nach Lektüre des neuen Hemmer-Skripts, besteht er die Prüfung aber im zweiten Anlauf mit Bravour.* 247

keine Erledigung bei bestandener Wiederholungsprüfung

Die Klage des A wird hier nicht schon wegen Erledigung unzulässig, da durch das Bestehen der Wiederholungsprüfung die negative Bewertung der ersten Prüfung nicht beseitigt wird.

Rechtsschutzbedürfnis wegen Bemakelung

Problematisch könnte dagegen das Rechtsschutzbedürfnis des A sein. Hier genügt es jedoch, dass die angegriffene Entscheidung in irgendeiner Weise für seinen späteren Beruf Bedeutung haben kann.[355] Da die Möglichkeit besteht, dass der Kläger als „Durchfaller" bemakelt ist, ist schon mit Rücksicht auf Art. 12 GG das Rechtsschutzbedürfnis zu bejahen. Die Klage hat sich nicht erledigt. Allerdings handelt es sich hier nicht um eine Anfechtungsklage gegen den Prüfungsbescheid, sondern um eine Verpflichtungsklage auf Neuverbescheidung.

ee) Abschließendes Beispiel[356]

M ist Betreiber eines Campingplatzes, der an das Gelände einer Privatklinik angrenzt. Wegen der häufigen Lärmimmissionen durch Benutzer des Campingplatzes gibt das LRA dem Campingplatzeigentümer S auf, die Lärmbelästigung auf ein vertretbares (genau bezeichnetes) Maß zu reduzieren.

352 Kopp/Schenke, Vorb. § 40 VwGO, Rn. 44.

353 Kopp/Schenke, Vorb. § 40 VwGO, Rn. 45 m.w.N.

354 Hierzu bereits ausführlich Rn. 112 ff.

355 BVerwGE 55, 355 (357).

356 Vgl. den bayr. Examensfall 73/II, 6, BayVBl. 1976, 30/58 ff.

Nach erfolgloser Durchführung eines Widerspruchsverfahrens erhebt S Klage mit dem Antrag der Rücknahme und der Aufhebung der belastenden Verfügung. Die Privatklinik sei unlängst geschlossen worden und die weitere Verwendung des Anwesens unklar. Ist die Klage zulässig?

Klage grds. zulässig

1. Es handelt sich um eine Streitigkeit auf dem Gebiet des öffentlichen Sicherheitsrechts, der Verwaltungsrechtsweg ist gem. § 40 I S. 1 VwGO eröffnet. S wendet sich gegen eine belastende Verfügung des LRA. Bei dieser handelt es sich um einen VA. Richtige Klageart ist damit die Anfechtungsklage, § 42 I Alt. 1 VwGO. Als Adressat der belastenden Verfügung ist S auch klagebefugt, § 42 II VwGO. Ein Vorverfahren nach § 68 VwGO wurde von S ordnungsgemäß durchgeführt.

Rechtsschutzbedürfnis?

2. Problematisch ist aber das Rechtsschutzbedürfnis des S. Er begehrt mit seiner Klage Rücknahme und Aufhebung der Verfügung, will sie also mit Wirkung ex tunc und ex nunc beseitigt wissen.

maßgeblicher Zeitpunkt bei Anfechtung von Dauer-VA: letzte mündliche Verhandlung

Dabei ist zunächst zu klären, auf welchen Zeitpunkt das Gericht bei seiner Entscheidung abzustellen hat, insbesondere, ob das Gericht die inzwischen eingetretene Änderung der Sachlage (Schließung der Klinik) zu berücksichtigen hat. Grundsätzlich hat das Gericht bei Anfechtungsklagen nämlich den Zeitpunkt der letzten Verwaltungsentscheidung zugrunde zu legen.[357]

Eine Ausnahme wird jedoch bei VAen mit Dauerwirkung gemacht. Hier soll es auf den Zeitpunkt der letzten mündlichen Verhandlung ankommen. Veränderungen in der Sach- und Rechtslage sind durch das Gericht dann also zu berücksichtigen.

Teilung des Klageantrags

Hier liegt ein VA mit Dauerwirkung vor, da das Gebot, den Lärm zu reduzieren, sich nicht in einer einmaligen Regelung erschöpft, sondern auf Dauer zu beachten ist. Soweit der Kläger Rücknahme des VA (also mit Wirkung ex tunc) begehrt, ist auf die Sachlage zum Zeitpunkt des Erlasses abzustellen. Bezüglich der Aufhebung (ex nunc) hat das Gericht die gegenwärtige Sachlage zugrunde zu legen.

Der Klageantrag ist daher verfahrensrechtlich zu teilen. Jeder Teil ist für sich darauf zu untersuchen, ob ein Rechtsschutzbedürfnis gegeben ist.

kein Rechtsschutzbedürfnis für Rücknahme eines Dauer-VA

Das Rechtsschutzbedürfnis bezüglich des Rücknahmebegehrens fehlt, da die Erhebung von Widerspruch und Klage Suspensiveffekt hat (§ 80 I S. 1 VwGO) und der Kläger somit die Verfügung bis zur Entscheidung über die Klage ohnehin nicht zu erfüllen brauchte.

Rechtsschutzbedürfnis für Aufhebung (+)

Hinsichtlich der Aufhebung ist das Rechtsschutzbedürfnis ohne Schwierigkeiten zu bejahen, da die Verfügung, unabhängig von der Verwendung des Nachbaranwesens, fortbesteht und S belastet.

C) Probleme zwischen Zulässigkeit und Begründetheit

weder Zulässigkeitsvoraussetzungen noch Teil der Begründetheitsprüfung

Es gibt Prüfungspunkte, die ihren systematischen Platz zwischen Zulässigkeit und Begründetheit haben. Dabei handelt es sich um prozessuale Erleichterungen, die auf das Sachurteil grundsätzlich keinen Einfluss haben, die aber in einer gutachtlichen Bearbeitung dennoch anzusprechen sind. 248

hemmer-Methode: Sollte eines der folgenden Institute in einer Fallbearbeitung auftauchen, empfiehlt es sich, deutlich herauszustellen, dass es sich gerade nicht um Zulässigkeitsvoraussetzungen der Klage handelt, da der Kläger auf ihre Einhaltung nur begrenzten Einfluss hat. Grundsätzlich obliegen diese Anordnungen dem Gericht. Hier kann in der Klausur leicht ein Zusatzpunkt eingefahren werden. Die falsche Einordnung (etwa in die Zulässigkeit) kann dem Bearbeiter aber – insbesondere von Praktikern – stark angekreidet werden.

357 BVerwGE 28, 292.

I. Klagehäufung, § 44 VwGO

jeder Antrag eigene Klage

249 Verfolgt der Kläger mehrere Klagebegehren, bildet an sich jeder Antrag eine eigene Klage. Das gilt auch dann, wenn sie in einer Klageschrift zusammengefasst sind.

§ 44 VwGO ermöglicht es jedoch, mehrere Klagebegehren zu einer Klage zu verbinden.

Voraussetzungen der Klagehäufung

Diese objektive Klagehäufung setzt voraus, dass

1. alle Klagebegehren gegen denselben Beklagten gerichtet sind,
2. das Gericht für alle Klagebegehren sachlich und örtlich zuständig ist **und**
3. alle Klagebegehren in Zusammenhang stehen, d.h. einem einheitlichen Lebensvorgang zuzurechnen[358] sind.

Häufung zulässig: ein Verfahren

250 Ist die Klagehäufung zulässig, wird das Gericht über sämtliche Klagebegehren in einem Verfahren verhandeln und entscheiden, soweit es nicht eine Trennung für zweckmäßig erachtet (§ 93 S. 2 VwGO).

Häufung unzulässig: Trennung, nicht Abweisung

Wenn die Klagehäufung unzulässig ist, weist das Gericht die Klagen nicht als unzulässig ab, sondern trennt die Verfahren.

hemmer-Methode: Die objektive Klagehäufung tritt insbesondere im Polizei- und Sicherheitsrecht auf. Hier enthält eine behördliche Verfügung häufig mehrere Regelungen.
Will der Betroffene in diesem Fall die Verfügung als Ganze angreifen, lassen sich die Klagen gegen die Einzelregelungen unter den Voraussetzungen des § 44 VwGO zusammenfassen. Die Klagehäufung ändert jedoch nichts daran, dass die Zulässigkeit und Begründetheit hinsichtlich jedes einzelnen Antrags zu prüfen ist.
Je nachdem, was diese Prüfung ergibt, stellt sich dann die Frage, wie die Klausur am zweckmäßigsten aufgebaut wird.
Es ist immer möglich, Zulässigkeit und Begründetheit aller Anträge getrennt darzustellen. Die getrennte Prüfung ist zwingend, wenn beide Anträge in einem Eventualverhältnis stehen. In diesem Fall darf das Gericht die Zulässigkeit des Hilfsantrages erst prüfen, wenn feststeht, dass der Hauptantrag unzulässig oder unbegründet ist. Der Hauptantrag muss also erfolglos sein, bevor der Hilfsantrag überhaupt erwähnt werden darf.
Es empfiehlt sich jedoch, möglichst beide Anträge zusammen zu behandeln, wenn die Prüfung weitgehend dieselbe ist und so vielfache Wiederholungen vermieden werden können. Das wird in der Klausur normalerweise der Fall sein. In einer Polizeirechtsklausur werden sich Unterschiede der einzelnen Maßnahmen meist nur bei der Prüfung des VA-Charakters ergeben. Beim Punkt „Klageart" ist also zu differenzieren. Die restlichen Zulässigkeitsvoraussetzungen können dann für alle Maßnahmen zusammen geprüft werden. Nach Bejahung der Zulässigkeit ist auf die Zulässigkeit einer objektiven Klagehäufung hinzuweisen.

II. Beiladung, § 65 VwGO

Zweck der Beiladung: Interessenwahrung und Rechtskrafterstreckung

251 Die Beiladung nach § 65 VwGO dient dazu, Dritten die Möglichkeit zu geben, ihre rechtlichen Interessen in einem fremden gerichtlichen Verfahren zu wahren. Daneben soll durch die Rechtskrafterstreckung auf die Beigeladenen (§ 121 Nr. 1 VwGO) verhindert werden, dass über dieselbe Sache mehrere Prozesse geführt werden müssen. Durch die Beiladung wird der Dritte zum Beteiligten, § 63 Nr. 3 VwGO. Sie ist in allen Verfahrensarten außer der Normenkontrolle nach § 47 VwGO zulässig.

358 Kopp/Schenke, § 44 VwGO, Rn. 5.

1. Einfache Beiladung, § 65 I VwGO

einfache Beiladung: Unterbleiben weitgehend folgenlos

Die einfache Beiladung steht im Ermessen des Gerichts. Sie setzt voraus, dass durch den Ausgang des Verfahrens rechtliche Interessen des Dritten berührt werden. Der Begriff des rechtlichen Interesses ist also weiter als die subjektiven Rechte i.S.d. § 42 II VwGO. 252

Unterbleibt die einfache Beiladung, so kommt es nicht zur (eingeschränkten) Bindungswirkung des § 121 VwGO. Im Übrigen ist ihr Fehlen folgenlos. Demgemäß ist auch ihre Bedeutung in der Klausur gering.

2. Notwendige Beiladung, § 65 II VwGO

notwendige Beiladung

Die Beiladung des Dritten ist notwendig, wenn die Entscheidung auch ihm gegenüber nur einheitlich ergehen kann. 253

Das bedeutet, dass der Dritte am streitigen Rechtsverhältnis beteiligt sein muss und eine der Klage stattgebende Entscheidung seine eigenen subjektiv-öffentlichen Rechte beeinträchtigen kann.[359] In diesen Fällen folgt die Notwendigkeit der Beiladung schon aus Art. 19 IV, 103 I GG.[360]

In der Klausur werden nur die typischen und daher eindeutigen Fallgestaltungen der notwendig-einheitlichen Entscheidung gefragt sein:

Drittanfechtung

a) Anfechtungsklage gegen einen drittbegünstigenden VA

> **Bsp.:** *Wenn der Nachbar Klage gegen die Baugenehmigung erhebt, ist der Bauherr notwendig beizuladen.*

mehrstufiger VA

b) Verpflichtungsklage auf drittbelastenden VA bzw. auf Erlass eines mitwirkungsbedürftigen VAs

> **Paradebeispiel:** *Bei Vorhaben im Außenbereich hat die Gemeinde nach § 36 BauGB ihr Einvernehmen zu erteilen. Erhebt der Bauwerber Verpflichtungsklage gegen die Bauaufsichtsbehörde auf Erteilung der Baugenehmigung, muss das Gericht die Gemeinde notwendigerweise beiladen.*

Folgen unterlassener Beiladung

Wurde die notwendige Beiladung unterlassen, stellt das einen schweren Verfahrensfehler dar, der in der Regel zur Aufhebung des Urteils nach § 130 I Nr. 5 VwGO führt.[361]

III. Streitgenossenschaft (subjektive Klagehäufung)

subjektive Klagehäufung: wie ZPO

Treten in einem Prozess auf einer Seite mehrere Personen auf, ist an die Möglichkeit der subjektiven Klagehäufung zu denken. Gem. § 64 VwGO gelten die Vorschriften der §§ 59 ff. ZPO im Verwaltungsprozess entsprechend. Die Streitgenossenschaft auf Beklagtenseite wird in der Klausur allerdings selten vorkommen. Normalerweise ist Beklagter ein Träger einer Behörde. 254

---

359 Pietzner-Ronellenfitsch, § 7, Rn. 7 f.

360 Pietzner-Ronellenfitsch, § 7, Rn. 8.

361 Zu den Konsequenzen einer unterlassenen notwendigen Beiladung vgl. BVerwG, BayVBl. 1998, 122.

D) Begründetheit der Anfechtungsklage

I. Obersatz

Die Anfechtungsklage ist begründet, soweit sie gegen den richtigen Beklagten gerichtet ist (vgl. § 78 VwGO), der angegriffene VA rechtswidrig und der Kläger dadurch in seinen Rechten verletzt ist, § 113 I S. 1 VwGO. 255

hemmer-Methode: Die Formulierung des Obersatzes bereitet wegen der klaren Vorgaben in § 113 I S. 1 VwGO keine Schwierigkeiten. Sie sollten diesen Obersatz jeder Begründetheitsprüfung einer Anfechtungsklage voranstellen. Zum einen wird dies schon wegen der allgemeinen Üblichkeit vom Korrektor erwartet. Zum anderen geben Sie durch die Obersatzbildung Ihren Prüfungsaufbau vor, so dass Ihre Klausur an Übersichtlichkeit gewinnt und dem Korrektor die Arbeit erleichtert wird. Natürlich sollten Sie dann Ihre Prüfung – wie im Folgenden dargestellt – auch tatsächlich am Obersatz orientieren.
Hinzuweisen ist schließlich noch darauf, dass der Obersatz in der Klausur normalerweise ohne Überschrift und Nummerierung einfach an den Beginn der Begründetheitsprüfung gestellt wird.

II. Passivlegitimation, § 78 VwGO

1. Allgemeines

richtiger Beklagter?

Die Passivlegitimation betrifft die Frage, ob der durch die Klageschrift bezeichnete Beklagte auch der richtige Beklagte ist. Diese Prüfung ist Teil der Begründetheit und an deren Anfang zu stellen.[362] 256

hemmer-Methode: Unterscheiden Sie also diese Begründetheitsproblematik von Zulässigkeitsfragen: Die Frage, ob der Beklagte verklagt werden konnte, ist eine Frage der Beteiligtenfähigkeit, § 61 VwGO; die gem. § 82 I S. 1 VwGO erforderliche Bezeichnung des Beklagten in der Klageschrift umfasst nicht, dass der Bezeichnete auch tatsächlich der richtige Beklagte ist. Allerdings ist zu beachten, dass § 78 VwGO in einigen Bundesländern unter der Überschrift „Klagegegner" bereits in der Zulässigkeit geprüft wird.

Grundsatz: Rechtsträgerprinzip

Grundsätzlich gilt das Rechtsträgerprinzip (§ 78 I Nr. 1 VwGO). Die Klage ist gegen die Körperschaft zu richten, deren Behörde gehandelt hat.

Die Klage kann auch gegen die Behörde selbst gerichtet werden, wenn das Landesrecht eine derartige Bestimmung trifft (§ 78 I Nr. 2 VwGO). In Bayern und Hessen bspw. ist das nicht der Fall.

hemmer-Methode: Damit ist nicht zu verwechseln, dass es für die Bezeichnung des Beklagten (des Rechtsträgers) genügt, wenn die Klageschrift die Behörde angibt (§§ 78 I Nr. 1 HS 2, 82 VwGO).
Gehen Sie dabei in Ihrer Klausurprüfung in zwei Stufen vor:
1. Festlegung, wer zuständige Behörde ist.
2. Festlegung, wer Träger dieser Behörde ist.

Dem Kläger soll dadurch lediglich die oft schwierige Feststellung erspart werden, wer Rechtsträger der jeweiligen Behörde ist.

§ 78 VwGO direkt nur bei Anfechtungs- und Verpflichtungsklagen, sonst analog

§ 78 VwGO gilt nach seiner systematischen Stellung nur für Anfechtungs- und Verpflichtungsklagen. Das ihm zugrundeliegende Rechtsträgerprinzip ist jedoch auf alle anderen Klagearten übertragbar, so dass insofern § 78 VwGO analog anwendbar ist.

362 Das gilt zumindest in Bayern; in vielen anderen Bundesländern erfolgt regelmäßig keine Prüfung der Passivlegitimation, vgl. Rn. 229.

2. Problemfälle

Probleme ergeben sich immer dann, wenn gegenüber dem Kläger zwei Behörden aufgetreten sind oder die aufgetretene Behörde zwei mögliche Rechtsträger hat. 257

a) Anfechtung des Widerspruchsbescheides

keine isolierte Anfechtung: Ausgangsbehörde

Da nach § 79 I Nr. 1 VwGO der ursprüngliche VA in der Gestalt, die er durch den Widerspruchsbescheid erhalten hat, Gegenstand der Anfechtungsklage ist, ergeben sich für den Normalfall der Anfechtungsklage keine Probleme. Sie ist gegen den Rechtsträger der Ausgangsbehörde zu richten. Das gilt auch dann, wenn der Widerspruchsbescheid den VA verbösert oder verändert und der Bürger gegen den Ausgangs-VA in Gestalt des Widerspruchsbescheides erhebt (sog. Einheitsklage).[363] 258

isolierte Anfechtung: Rechtsträger der Widerspruchsbehörde

Bei isolierter Anfechtung des Widerspruchsbescheides nach § 79 I Nr. 2 VwGO bzw. § 79 II VwGO ist die Klage gegen den Rechtsträger der Widerspruchsbehörde zu richten (§ 78 II VwGO bzw. § 79 II S. 3 VwGO i.V.m. § 78 II VwGO).

unzulässiger Selbsteintritt

Dies soll auch in den Fällen des unzulässigen Selbsteintritts der Aufsichtsbehörde gelten. Dann ist die Klage also gegen den Rechtsträger der Aufsichtsbehörde zu richten.

hemmer-Methode: Dies ist einleuchtend, wenn man beachtet, dass im Fall des unzulässigen Selbsteintritts ein neuer, rechtswidriger VA und kein Widerspruchsbescheid vorliegt.

zweiter Widerspruchsbescheid als Unterfall des Selbsteintritts

Fall: *Die kreisfreie Gemeinde K erlässt A gegenüber einen Beitragsbescheid nach Art. 5 KAG. Nach Widerspruch gegen diesen erlässt die Regierung von Unterfranken einen abweisenden Widerspruchsbescheid. Kurz darauf wird A ein zweiter Widerspruchsbescheid der Regierung zugestellt, der den ersten verbösert und die von K zu zahlende Summe erhöht. Wer ist richtiger Beklagter, wenn A gegen den zweiten Widerspruchsbescheid vorgehen will?*[364] 258a

Es kommt eine Klage gegen die kreisfreie Gemeinde K oder gegen den Freistaat Bayern als Träger der Regierung von Unterfranken in Betracht.

Grundsatz: § 78 I VwGO, Rechtsträger der Ausgangsbehörde

Werden VA und Widerspruchsbescheid zusammen angegriffen (Normalfall), gilt e contrario § 78 II VwGO der Grundsatz aus § 78 I VwGO. Der richtige Beklagte ist der Rechtsträger der Ausgangsbehörde, da Gegenstand der Anfechtungsklage nach § 79 I Nr. 1 VwGO der ursprüngliche VA in der Gestalt, die er durch den Widerspruchsbescheid bekommen hat, ist. Grundsätzlich muss sich eine kommunale Gebietskörperschaft also Maßnahmen der Fachaufsicht zurechnen lassen. Demnach wäre sie auch bei einer Klage gegen den zweiten Widerspruchsbescheid richtige Beklagte.

Ausnahme: § 78 II VwGO bei alleinigem Vorgehen gg. Widerspruchsbescheid

§ 78 II VwGO enthält aber eine abweichende Regelung für die Fälle, in denen allein der Widerspruchsbescheid („insoweit") angefochten wird. Danach ist der Träger der Widerspruchsbehörde richtiger Beklagter, wenn der Widerspruchsbescheid eine erstmalige Beschwer enthält. § 78 II VwGO ist entsprechend anwendbar, wenn die zusätzliche Beschwer außerhalb der Sachkompetenz der Widerspruchsbehörde liegt.[365]

---

363 Zur „reformatio in peius" siehe unten Rn. 514 ff.

364 Ab 2017 werden in Bayern sowohl das Widerspruchsverfahren als auch das KAG aus dem Pflichtprüfungsstoff für das Staatsexamen herausgenommen. Der Beispielsfall ist dann für Bayern nicht mehr examensrelevant.

365 Kopp/Schenke, § 78 VwGO, Rn. 13.

Nach Erlass des ersten Widerspruchsbescheides war das Widerspruchsverfahren abgeschlossen, und die Entscheidungskompetenz der Widerspruchsbehörde erloschen. Durch den Erlass eines weiteren Widerspruchsbescheides hat die Regierung von Unterfranken ihre Kompetenzen als Widerspruchsbehörde überschritten.

Mithin kann der Erlass des zweiten Widerspruchsbescheides nicht mehr der kreisfreien Gemeinde K zugerechnet werden. Gemäß §§ 78 I S. 1, II, 79 II S. 3[366] VwGO ist daher der Freistaat Bayern als Rechtsträger der Regierung von Unterfranken passivlegitimiert.

b) Doppelstellung

Doppelstellung des LRAs

Art. 37 I S. 1 BayLKrO besagt, dass das LRA als Kreisbehörde handelt, wenn es Aufgaben des Landkreises erfüllt. Das Landratsamt handelt dann für den Landkreis, wenn es eigene oder übertragene Angelegenheiten gemäß Art. 4 ff. BayLKrO erledigt. In diesem Fall ist der Landkreis gemäß § 78 I Nr. 1 VwGO richtiger Beklagter. **259**

Nimmt das LRA rein staatliche Aufgaben wahr, so ist es gemäß § 37 I S. 2 BayLKrO Staatsbehörde. Rein staatliche Aufgaben sind neben der Rechts- und Fachaufsicht über die kreisangehörigen Gemeinden insbesondere die Aufgaben der Kreisverwaltungsbehörde als unterer staatlicher Verwaltungsbehörde. Klagen gegen VAe des LRAs als unterer staatlicher Verwaltungsbehörde sind gegen den Freistaat Bayern als Rechtsträger zu richten, § 78 I Nr. 1 VwGO.

Abgrenzung der Wirkungskreise

Während bei den Gemeinden von einem verfassungsrechtlich geschützten (vgl. Art. 28 II S. 1 GG, Art. 11 I S. 2 BV) Selbstverwaltungsrecht bei grundsätzlicher Allzuständigkeit ausgegangen wird, wird nach Art. 10 II BV der eigene Wirkungskreis der Landkreise durch Gesetz bestimmt. **260**

Bei der Frage, ob eine bestimmte Maßnahme in den eigenen Wirkungskreis des Landkreises fällt, sind also der Katalog des Art. 51 BayLKrO sowie etwaige spezialgesetzliche Regelungen durchzumustern. Findet sich keine ausdrückliche Regelung, liegt keine Aufgabe des eigenen Wirkungskreises vor, so dass eine Passivlegitimation unter diesem Gesichtspunkt ausscheidet.

LRA auch dann Kreisbehörde, wenn übertragene Angelegenheiten wahrgenommen werden

Allerdings handelt das LRA auch dann als Kreisbehörde und ist passiv legitimiert, wenn es sich gemäß Art. 37 I S. 1, 6 I BayLKrO um übertragene Angelegenheiten handelt. Diese Übertragung hat zur Folge, dass gegenüber dem Einzelnen dann der Landkreis handelt.

Unter diesem Gesichtspunkt ergibt sich die Passivlegitimation des Landkreises aber nur, wenn staatliche Aufgaben durch Einzelgesetz auf den Landkreis und nicht das Landratsamt übertragen worden sind, Art. 37 II BayLKrO. Für eine solche Aufgabenübertragung genügt auch eine Rechtsverordnung aufgrund gesetzlicher Ermächtigung. **261**

hemmer-Methode: Es gibt nur wenige übertragene Aufgaben des Landkreises. Steht der Staat vor der Entscheidung, ob er eine staatliche Aufgabe der Kreisbehörde (Landkreis) oder der Kreisverwaltungsbehörde (untere staatliche Verwaltungsbehörde) übertragen soll, wird er sich normalerweise für die Übertragung an das LRA als untere staatliche Verwaltungsbehörde entscheiden. Durch Übertragung an den Landkreis wird die Aufgabe nämlich zur (übertragenen) Aufgabe des Landkreises (vgl. Art. 53 I S. 1 BayLKrO). Damit verliert der Staat die Befugnis zu innerdienstlichen Weisungen im hierarchischen Staatsaufbau und ist auf die Fachaufsicht beschränkt (Art. 95 II BayLKrO).

366 Es wird auch vertreten, dass in der Verböserung eine erstmalige Beschwer i.S.d. § 79 I Nr. 2 VwGO zu sehen sei. Dann wäre § 78 II VwGO direkt anwendbar.

c) Kommunalrechtliche Ersatzvornahme

kommunalrechtliche Ersatzvornahme: Träger der Rechtsaufsichtsbehörde

Ein ähnliches Problem betrifft die Klage gegen einen VA, den die 262
Rechtsaufsichtsbehörde im Wege der kommunalrechtlichen Ersatzvornahme anstelle der Gemeinde erlassen hat, Art. 113 S. 1 BayGO.

In diesen Fällen handelt die Aufsichtsbehörde nur „an Stelle der Gemeinde". Durch das Handeln der Aufsichtsbehörde entsteht aber nicht etwa ein VA der Gemeinde. Richtiger Beklagter ist daher der Träger der Rechtsaufsichtsbehörde, d.h. der Freistaat Bayern.[367]

III. Rechtsgrundlage für den Erlass eines VA

1. Allgemeines

Rechtsgrundlage; Prüfungsstandort

An die Spitze der Rechtmäßigkeitsprüfung ist die Angabe der 263
Rechtsgrundlage, auf die die Behörde den angegriffenen VA stützt, zu stellen.

Das ist zwar nicht unstreitig,[368] ergibt sich aber daraus, dass die formelle Prüfung immer im Hinblick auf eine bestimmte Rechtsgrundlage vorzunehmen ist. Die formellen Anforderungen an das Handeln der Verwaltung können je nach zugrundeliegender Rechtsgrundlage unterschiedlich sein.

Aufbauvarianten der Rechtsmäßigkeitsprüfung des angefochtenen VA:

Variante 1:	Variante 2:
Festlegen der **Rechtsgrundlage**	**formelle** Rechtmäßigkeit
formelle Rechtmäßigkeit	**materielle** Rechtmäßigkeit
materielle Rechtmäßigkeit ⇨ hier ggf. Inzidentprüfung, ob Rechtsgrundlage formell und materiell rechtmäßig ist	Festlegen der Rechtsgrundlage und ggf. Inzidentprüfung der formellen und materiellen Rechtmäßigkeit der Rechtsgrundlage

hemmer-Methode: Für den Klausurbearbeiter ergibt sich oft das Problem, dass durch die Prüfung der formellen Rechtmäßigkeit nach Festlegen der Rechtsgrundlage (Variante 1) ein Bruch in der Argumentation entsteht, da die Subsumtion der Rechtsgrundlage, also die materielle Prüfung, noch hinausgeschoben wird.
Es kann wohl nicht als Fehler angesehen werden, die Bestimmung der Rechtsgrundlage bis zu deren tatsächlicher Subsumtion zurückzustellen (Variante 2). Überzeugender – und von manchen Korrektoren wird das erwartet – ist aber die hier vorgeschlagene Methode (Variante 1), da sie die Bestimmbarkeit bestimmter formeller Prüfungsschritte erst ermöglicht (z.B. Mehrheitsbeschluss bei einer Satzung als Rechtsgrundlage). Die ggf. erforderliche Prüfung der Wirksamkeit der Rechtsgrundlage können Sie in der Variante 1 auch bereits unter dem ersten Punkt – Festlegen der (wirksamen) Rechtsgrundlage - ansprechen.

367 So die h.L., vgl. Kopp/Schenke, § 78 VwGO, Rn. 7 m.w.N; zweifelnd BayVGH, BayVBl. 1976, 48.

368 Vgl. Schwerdtfeger, Rn. 64 m.w.N.

Beachten Sie ferner die Terminologie:
Vermeiden Sie bei der Norm, auf die ein VA rechtlich gestützt wird, den Begriff der „Ermächtigungsgrundlage". Dieser Terminus ist einer Rechtsgrundlage zum Erlass generell-abstrakter Regelungen vorbehalten (z.B. Verordnungen).
Zwar wird insoweit auch in Lehrbüchern sehr uneinheitlich verfahren; verwenden Sie hier aber besser den allgemeineren Begriff Rechtsgrundlage, um keinen Ihrer Korrektoren zu verärgern.

Rechtsgrundlage, Art. 20 III GG

In der Klausur kann die Rechtsgrundlage mit einem zusätzlichen Verweis auf Art. 20 III GG zitiert werden. *264*

Der Grundsatz der Gesetzmäßigkeit der Verwaltung (Art. 20 III GG) besagt, dass die Verwaltung an Gesetz und Recht gebunden ist. Alle belastenden (Eingriffs-)Maßnahmen der Verwaltung müssen auf einem Gesetz beruhen. Dieser Vorbehalt des Gesetzes wurzelt i.R.d. Eingriffsverwaltung vor allem in den Grundrechten, in die nur durch oder aufgrund eines Gesetzes eingegriffen werden darf. Ist diese Rechtsgrundlage wegen Verstoßes gegen höherrangiges Recht rechtswidrig und damit unwirksam, so ist auch der auf ihr beruhende VA rechtswidrig.

hemmer-Methode: Denken Sie immer daran: Rechtswidrige Rechtsnormen sind grundsätzlich per se nichtig[369]. Die Gerichte stellen diesen Zustand bei den Normenkontrollklagen eigentlich nur positiv fest. Nur bei VAen führt die Rechtswidrigkeit nicht automatisch zur Rechtsunwirksamkeit. Sie bleiben bis zur Aufhebung grds. wirksam, § 43 II, III VwVfG.

2. Vorrang und Vorbehalt des Gesetzes

Gesetzmäßigkeit der Verwaltung

Die Prinzipien vom Vorrang und Vorbehalt des Gesetzes sind eine Konkretisierung des aus Art. 20 III GG hergeleiteten Prinzips der Gesetzmäßigkeit der Verwaltung.[370] *265*

hemmer-Methode: Unterscheiden Sie das Prinzip der Gesetzmäßigkeit der Verwaltung vom sog. Legalitätsprinzip. Übersetzt man hier wörtlich, könnte man denken, dass es sich um ein und dasselbe handelt. Tatsächlich aber legt das Legalitätsprinzip der Verwaltung die Verpflichtung auf, in der gesetzlich bestimmten Weise tätig zu werden. Das Legalitätsprinzip ist also der Gegenbegriff zum Opportunitätsprinzip (Ermessen hinsichtlich des „Ob" des Einschreitens).

a) Vorrang des Gesetzes

aa) Allgemeines

Gesetzesbindung der Verwaltung

Vorrang des Gesetzes bedeutet, dass die Verwaltung bei ihrer Tätigkeit nicht gegen Rechtsnormen verstoßen darf (Gesetzesbindung der Verwaltung).[371] *266*

Bsp.: *M hat die Meisterprüfung als Bäckerin bestanden. Sie beantragt jetzt die Eintragung in die Handwerksrolle gem. § 7 HandwO. Die Handwerkskammer lehnt dies ab. Sie meint, es möge zwar sein, dass der Tatbestand des § 7 I S. 1 HandwO in der Person der M erfüllt sei. Daraus folge aber noch lange keine Verpflichtung der Handwerkskammer, M auch wirklich einzutragen.*

369 Beachten Sie die klausurrelevanten Ausnahmen nach §§ 214 ff. BauGB!

370 Ausführlich zum Rechtsstaatsprinzip **Life&Law 10/2000**.

371 Maurer, § 6, Rn. 2.

Aus dem Wortlaut des § 7 I S. 1 HandwO „In die Handwerksrolle wird eingetragen, wer..." ergibt sich die grundsätzliche Verpflichtung, die Eintragung vorzunehmen. Die Handwerkskammern sind Körperschaften des öffentlichen Rechts (§ 90 I HandwO). Als Verwaltungsbehörde gilt für sie der Grundsatz der Gesetzmäßigkeit der Verwaltung (Art. 20 III GG). Dieser Grundsatz besagt, dass die Verwaltung ihre Entscheidungen nicht an die Stelle der Entscheidungen des Gesetzgebers setzen darf, sondern an die Gesetze gebunden ist. M ist daher einzutragen.

bb) Vorrang des Gesetzes bei privatrechtlicher Tätigkeit

Ausnahme: privatrechtliche Tätigkeit

Problematisch ist allerdings, inwieweit die Verwaltung auch bei Handeln in privatrechtlichen Formen an die Gesetze gebunden ist. 267

(1) Verwaltungsprivatrecht

Verwaltungsprivatrecht: unmittelbare Bindung

Hier gilt, dass die öffentlich-rechtlichen Bindungen der Behörde bestehen bleiben, wenn es sich um sog. Verwaltungsprivatrecht handelt. Solches liegt vor, wenn hoheitliche Aufgaben durch den tätig werdenden Träger öffentlicher Verwaltung in privatrechtlicher Form erfüllt werden.[372] 268

Derartige öffentliche Aufgaben sind etwa die Bereitstellung von Strom und Wasser, die Abwasserentsorgung oder der Betrieb öffentlicher Einrichtungen. Diese Aufgaben werden unter dem Begriff der Daseinsvorsorge zusammengefasst.

keine Flucht ins Privatrecht

Die öffentliche Verwaltung hat auch in diesen Fällen die Zuständigkeitsvorschriften des öffentlichen Rechts zu berücksichtigen. Sie muss den Grundsatz der Verhältnismäßigkeit beachten und sie ist unmittelbar an die Grundrechte, insb. Art. 3 I GG, gebunden (vgl. Art. 1 III GG; Stichwort: keine Flucht ins Privatrecht).

(2) Rein fiskalisches Handeln

rein fiskalisches Handeln

Problematisch sind die Fälle, in denen die Verwaltung rein privatrechtlich tätig wird und keine öffentlichen Aufgaben erfüllt (rein fiskalisches Handeln, z.B. Kauf von Büromaterialien). Selbstverständlich darf die Verwaltung auch hier nicht gegen für jedermann geltende (Verbots-)Gesetze verstoßen, vgl. § 134 BGB. Problematisch ist allerdings die Anwendbarkeit der Grundrechte, v.a. des Art. 3 I GG. 269

Im Fall des rein fiskalischen Handelns gelten die Grundrechte nach e.A. nicht unmittelbar. Sie können aber – ebenso wie unter Privatleuten – mittelbar gelten, sei es über Generalklauseln des BGB oder anderer Gesetze, sei es über unbestimmte Rechtsbegriffe.

Dies gilt ebenso für die Fälle der erwerbswirtschaftlichen Tätigkeit der öffentlichen Hand (z.B. unternehmerische Tätigkeit über Handelsgesellschaften, insbesondere Aktiengesellschaften, die ganz oder zum Teil in staatlicher Hand liegen). 270

a.A. Lit. + BVerfG: Verwaltung immer gebunden

Ein Teil der Literatur befürwortet dagegen wegen Art. 1 III GG eine unmittelbare Grundrechtsbindung der Verwaltung auch in diesem Bereich.[373] Dem hat sich nun auch das BVerfG angeschlossen. Die umfassende Grundrechtsbindung des Art. 1 III GG gilt für jegliches Handeln der öffentlichen Hand, Ausnahmen für fiskalisches Handeln sind nicht ersichtlich.[374]

372 BVerwG, JZ 1990, 446.

373 Meinungsstand bei Maurer, § 3, Rn. 10 sowie Stelkens, DVBl. 2003, 22.

374 BVerfG, NJW 2011, 1201 = **Life&Law 4/2011**; BVerfG, Beschluss vom 02.11.2015, 1 BvR 1530/15.

b) Vorbehalt des Gesetzes

Vorbehalt d. Gesetzes

Vorbehalt des Gesetzes bedeutet, dass die Verwaltung nur dann handeln darf, wenn ihr dies durch eine Rechtsnorm gestattet ist. 271

aa) Geltungsbereich

kein Totalvorbehalt

Umstritten ist der Geltungsbereich des Gesetzesvorbehalts. Im Gegensatz zum Vorrang des Gesetzes gilt der Grundsatz vom Vorbehalt des Gesetzes nicht für das gesamte Verwaltungshandeln. 272

Es gibt keinen Totalvorbehalt, demzufolge eine Behörde stets nur aufgrund einer positiven gesetzlichen Grundlage tätig werden dürfte, vgl. z.B. § 54 VwVfG, der ein behördliches Handeln erlaubt, „soweit Rechtsvorschriften nicht entgegenstehen“ und nicht, „soweit es durch Rechtsvorschriften erlaubt ist“.

Diese Lehre vom Totalvorbehalt wird zwar ebenfalls vertreten, allerdings selbst von ihren Befürwortern dadurch eingeschränkt, dass im Einzelfall auch allgemeine Prinzipien wie das Sozialstaatsprinzip als Rechtsgrundlage ausreichen.

(1) Eingriffsverwaltung

Geltung für Eingriffsverwaltung

Der Vorbehalt des Gesetzes gilt primär im Bereich der Eingriffsverwaltung. Soweit hier in Grundrechte eingegriffen wird, bedarf das Verwaltungshandeln stets einer gesetzlichen Grundlage, vgl. Art. 2 I GG, der seine Einschränkungen in der verfassungsmäßigen Ordnung, d.h. der Gesamtheit aller formell und materiell verfassungsgemäßen Gesetze findet. 273

(2) Leistungsverwaltung

hemmer-Methode: Auch die Leistungsverwaltung kann im Rahmen einer Anfechtungsklage Bedeutung erlangen.
Es handelt sich hierbei um Fallgestaltungen, bei denen ein außenstehender Dritter Anfechtungsklage gegen die einem anderen durch VA gewährte Leistung erhebt. Besonders problematisch ist in solchen Fällen die Klagebefugnis des Dritten (vgl. dazu schon oben Rn. 117 ff.).

Leistungsverwaltung: problematisch

Ob der Vorbehalt des Gesetzes auch für den Bereich der Leistungsverwaltung gilt, ist umstritten. Auf den ersten Blick ist es nicht einzusehen, warum dann, wenn der Staat dem Einzelnen etwas gewährt, eine besondere Befugnis für dieses Handeln erforderlich sein soll. Allerdings kann die Vergabe einer Leistung an den einen sich für dessen Konkurrenten in gleicher Weise wie ein finaler Eingriff auswirken. 274

Wesentlichkeitstheorie

Das BVerfG hat in seiner Rechtsprechung zur Wesentlichkeitstheorie festgestellt, dass alle für das Gemeinwesen wesentlichen Entscheidungen durch den Gesetzgeber (das Parlament) getroffen werden müssen. In diesem Bereich darf der Exekutive die Entscheidung nicht allein überlassen bleiben.[375]

375 Vgl. z.B. die Entscheidung BVerfGE 47, 46 (78 f.): durch die Einführung des Unterrichtsfach Sexualkunde in der Schule; tangiert sind mindestens Art. 6 II GG (Erziehungsrecht der Eltern) und Art. 1 I GG (allg. Persönlichkeitsrecht des Kindes), allgemein zur Wesentlichkeitstheorie **Hemmer/Wüst, Staatsrecht I, Rn. 118**.

Wesentliche Entscheidungen in diesem Sinne sind Entscheidungen, die den grundrechtlich geschützten Freiheitsbereich von Individuen berühren. Die Versagung einer Vergünstigung kann den Freiheitsbereich eines Einzelnen in Ausnahmefällen ebenso hart treffen wie ein Eingriff.

Mit der Wesentlichkeitstheorie lässt sich auch begründen, in welchem Umfang der Gesetzgeber eine Materie selbst regeln muss. Im Normalfall ist dem Gesetzesvorbehalt auch durch eine untergesetzliche Rechtsnorm (z.B. Rechtsverordnung) Genüge getan, soweit diese Norm auf einem formellen Gesetz i.S.d. Art. 80 I S. 1 GG beruht.

Einer Rechtsgrundlage in Form eines formellen Gesetzes (Parlamentsvorbehalt) bedarf es nur ausnahmsweise, wenn im konkreten Sachverhalt die Grundrechte wesentlich betroffen sind.

hemmer-Methode: In der Fallbearbeitung müssen Sie sich mit der Wesentlichkeitstheorie nur in Bereichen der Leistungsverwaltung und auch nur dann, wenn es keine positiv-rechtlichen Regelungen gibt, auseinander setzen. Zwar gilt die Wesentlichkeitstheorie natürlich auch für den Bereich der Eingriffsverwaltung; bei einer Belastung des Bürgers ist aber die Geltung des Vorbehalts des Gesetzes ohnehin allgemein anerkannt.

(3) Rein fiskalisches Handeln

Auch wenn nach Ansicht des BVerfG die Grundrechte bei rein fiskalischem Handeln der öffentlichen Hand unmittelbar gelten,[376] benötigt die öffentliche Hand hier dennoch keine Rechtsgrundlage. Der Vorbehalt des Gesetzes gilt bei rein fiskalischem Handeln nicht. *274a*

bb) Problemfälle

(1) Subventionsfälle

Subventionen

Subventionen sind vermögenswerte Zuwendungen des Staates an Privatpersonen zur Förderung eines im öffentlichen Interesse liegenden Zwecks, welche zumindest teilweise ohne Gegenleistung gewährt werden. *275*

Da Leistungen gewährt werden, ist fraglich, ob es im Einzelfall einer Rechtsgrundlage bedarf.

h.M.: keine Geltung des Gesetzesvorbehalts

Nach h.M. sind Subventionen zwar grundsätzlich vom Vorbehalt des Gesetzes erfasst. Da es hier um die Verteilung von Steuergeldern geht, soll darüber auch der Vertreter der Steuerzahler, d.h. das Parlament entscheiden.

Verlangt wird aber nur, dass die Fördermittel im Haushaltsplan (Gesetz, vgl. Art. 110 II GG, oder Satzung, vgl. bspw. Art. 63 I S. 1 BayGO) für einen bestimmten Förderzweck bereitgestellt sind. Ist dies der Fall, so ist dem Vorbehalt des Gesetzes Genüge getan (abgeschwächter oder eingeschränkter Gesetzesvorbehalt).[377]

376 BVerfG, NJW 2011, 1201 = **Life&Law 4/2011**.

377 BVerwGE 6, 282 (287 f.); BVerwG, NVwZ 2008, 1355 = **Life&Law 2009, 496**; a.A. z.B. Maurer, § 6, Rn. 14.

anders bei Eingriff in GRe Dritter

Anders sieht es nach der Wesentlichkeitstheorie nur aus, wenn durch die Subventionierung mit der Begünstigung des Subventionsempfängers zugleich in die Grundrechtssphäre eines Dritten (Konkurrenten) eingegriffen wird.[378] 276

So muss etwa die Förderung eines Vereins, der religiöse Sekten kritisch hinterfragt, auf gesetzlicher Grundlage beruhen, da der Bereich der Glaubensfreiheit der Sekten (Art. 4 GG) tangiert wird.[379] Wesentlich und damit vom Parlament zu regeln sind auch Pressesubventionen, da hier die Unabhängigkeit der Presse gefährdet und eine pluralistische Information der Bevölkerung in Frage gestellt wird, die aber für eine funktionierende Demokratie unerlässlich ist.

Fall: *Der Stadtrat der Stadt W beschließt auf Antrag der F-Verlags-GmbH, deren Zeitung Frankenpost mit einem einmaligen Zuschuss in Höhe von 50.000,- € zu fördern. Mittel dafür waren im Haushaltsplan des laufenden Jahres unter „Zuwendungen und Zuschüsse für kulturelle Zwecke" ausgewiesen. Verwiesen wurde dabei auf die Richtlinien für Pressesubventionen, die bestimmen, dass die Stadt W auf Antrag Förderungen an Presseunternehmen vergeben kann. Die W-GmbH, die die Konkurrenzzeitung W-Post herausgibt, wendet sich gegen die ihrer Ansicht nach grundgesetzwidrige Förderung der Konkurrenz. Allein schon das Vorliegen einer Rechtsgrundlage für die Förderung sei zweifelhaft. Sind die Einwendungen der W-GmbH berechtigt?* 277

1. Grundsatz: Vorbehalt des Gesetzes

Problemaufriss

Da die Subventionsvergabe hier durch VA erfolgte, stellt sich die Frage, ob für die Gewährung einer Subvention eine Rechtsgrundlage erforderlich ist.

Die Notwendigkeit einer Rechtsgrundlage – der sog. Vorbehalt des Gesetzes – gilt uneingeschränkt nur bei der Eingriffsverwaltung.

2. Ausnahme: Leistungsverwaltung

Ausnahme für Subventionen

Bei der Gewährung von Subventionen handelt es sich um Leistungsverwaltung. Grundsätzlich soll bei der Vergabe von Subventionen nach h.M. der Vorbehalt des Gesetzes nicht gelten, da die Gewährung von Vorteilen keine Rechtsbeeinträchtigung bewirken kann. Eine an Recht und Gesetz gebundene Verwaltung bedarf für Geldzuwendungen an Private nicht unter allen Umständen der gesetzlichen Grundlage.

Es genügt vielmehr jede andere Willensäußerung der Verwaltung, insbesondere reicht der Ansatz im Haushaltsplan i.V.m. Subventionsrichtlinien und die etatmäßige Bereitstellung der Mittel für die Subvention als Rechtsgrundlage aus. Grundsätzlich wäre daher die Subventionsvergabe an die F-Verlags-GmbH durch die Mittelzuweisung im Haushaltsplan und die Vergaberichtlinien rechtmäßig gewesen.

3. Ausnahme von der Ausnahme: Pressesubventionen

Ausnahme von der Ausnahme im Presserecht

Anders liegt es aber im Bereich der Pressesubventionierung. In diesem Bereich darf eine Subvention nach überwiegender Ansicht nur auf Grundlage eines formellen Gesetzes vergeben werden, das durch präzise Tatbestände die Voraussetzungen und Bedingungen so eindeutig festlegt, dass für ein Ermessen der Exekutive bei der Durchführung der Förderung kein Raum mehr bleibt. 278

Begründet wird dies mit Art. 5 II GG. Danach sind Einschränkungen der Pressefreiheit nur aufgrund eines allgemeinen Gesetzes zulässig. Die Förderung eines Presseunternehmens verschlechtert die Wettbewerbsstellung eines konkurrierenden Presseunternehmens. Es liegt daher ein Eingriff in die Pressefreiheit des nicht geförderten Unternehmens vor.

---

378 Schmalz, Rn. 252.

379 BVerwG, NJW 1992, 2496.

Die Subventionierung des Konkurrenten ist wegen ihrer Grundrechtsrelevanz eine so wesentliche Entscheidung, dass sie nach der Wesentlichkeitstheorie des BVerfG nur auf der Grundlage eines dem Art. 5 II GG genügenden Gesetzes zulässig ist.

Des Weiteren enthält Art. 5 I S. 2 GG neben dem individuellen Abwehrrecht der im Pressewesen Tätigen die Garantie der freien staatsunabhängigen Presse als Institution.

Diese Unabhängigkeit der Presse gegenüber dem Staat könnte in Gefahr geraten, wenn der Staat durch gezielte Subventionsvergabe lenkend und gestaltend in den Wettbewerb der Presseunternehmen eingreift. Geförderte oder auf Förderung angewiesene Unternehmen würden in Gefahr geraten, sich bei Meinungsbildung und Berichterstattung „staatstreu" zu verhalten, um die Aussichten auf künftige Subventionierung nicht zu verschlechtern.

4. Ergebnis

Hier wurde die Subvention auf der Grundlage des Haushaltsplans und der Vergaberichtlinien der Stadt W gewährt. Diese Grundlage reicht bei der Subventionierung der F-GmbH als Presseunternehmen als Rechtsgrundlage nicht aus. Die Subventionsvergabe war daher rechtswidrig, die Rechtsansicht der W-GmbH ist richtig.

(2) Sonderstatusverhältnisse[380]

Sonderstatusverhältnisse: Vorbehalt gilt grds. uneingeschränkt

Zu erwähnen ist der Vorbehalt des Gesetzes auch regelmäßig beim Vorliegen eines Sonderstatusverhältnisses (früher: besonderes Gewaltverhältnis). Hier wurde früher vertreten, dass die Grundrechte in diesen Fällen nur eingeschränkt gelten sollen und folglich mangels Eingriffsqualität keine gesetzliche Rechtsgrundlage erforderlich sei. 279

hemmer-Methode: Denken Sie daran: Normalerweise werden Sie das Problem der Sonderstatusverhältnisse schon bei der Frage der Außenwirkung eines Verwaltungsaktes diskutiert haben. Daher genügt an dieser Stelle der Klausur ein kurzer Hinweis auf die Problematik.

Mittlerweile besteht jedoch Einigkeit, dass die Grundrechte auch in Sonderstatusverhältnissen prinzipiell uneingeschränkt gelten, sodass es für eine Eingriffsmaßnahme jeweils einer gesetzlichen Rechtsgrundlage bedarf.

(3) Verwaltungsvorschriften und Vorbehalt des Gesetzes

Verwaltungsvorschriften genügen grundsätzlich nicht

Soweit der Vorbehalt des Gesetzes gilt, genügen Verwaltungsvorschriften grundsätzlich nicht als Rechtsgrundlage. Diese wenden sich lediglich staatsintern an nachgeordnete Behörden und Beamte. 280

Ausnahmsweise können Verwaltungsvorschriften für eine Übergangszeit als Rechtsgrundlage anzuerkennen sein, wenn dies zur Aufrechterhaltung der Funktionsfähigkeit staatlicher Einrichtungen erforderlich ist.

hemmer-Methode: Stellen Sie Verknüpfungen mit bekannten anderen Konstellationen her: Im Rahmen von Verpflichtungsklagen können Verwaltungsvorschriften dem Einzelnen einen Anspruch auf Erlass eines begünstigenden VAs geben. Das gilt dann, wenn ein der Verwaltung zustehendes Ermessen durch die Verwaltungsvorschriften als Ermessensrichtlinien soweit reduziert wird, dass nur noch die Gewährung der Vergünstigung als rechtmäßige Entscheidung in Betracht kommt.

380 Hierzu bereits oben Rn. 96 ff.

3. Einzelne Rechtsgrundlagen

spezielle vor allgemeinen Rechtsgrundlagen prüfen

Bei der Frage nach der einschlägigen Rechtsgrundlage gehen die speziellen Regelungen den allgemeinen vor (vgl. § 1 I VwVfG). 281

hemmer-Methode: Dieser Grundsatz ist vor allem in polizei- und sicherheitsrechtlichen Klausuren wichtig. In diesen Bereichen liegt häufig ein Schwerpunkt darin, mehrere möglicherweise in Frage kommende Spezialnormen exakt zu subsumieren, um dann im Ergebnis doch bei den Generalklauseln der Art. 11 I, II BayPAG bzw. Art. 7 I, II BayLStVG zu landen. Erinnern Sie sich aber: Diese Abgrenzung ist an sich eine Frage der Prüfung der materiellen Rechtmäßigkeit. An dieser Stelle der Klausur genügt die Zitierung der Rechtsgrundlage. Liegt der Schwerpunkt aber in der Abgrenzung, wird man in der Klausur zunächst auch die Rechtsgrundlage offen lassen können. Prüft man allerdings im Polizei- und Sicherheitsrecht – wie in Bayern im Examen üblich – nach dem Schema Aufgabeneröffnung – Befugnisnorm, stellt sich dieses Problem nicht, da dann eine vorweggenommene Zitierung der möglichen Befugnisnormen nicht erforderlich ist.

a) Spezielle Rechtsgrundlagen

spezielle Rechtsgrundlagen:

Einschlägige spezielle Rechtsgrundlagen können sich sowohl aus einem Gesetz als auch aus einer Rechtsverordnung oder einer Satzung ergeben. 282

aufgrund Spezialgesetz

aa) Spezialgesetzliche Rechtsgrundlagen sind in den die jeweils betreffende Rechtsmaterie regelnden Normkomplexen enthalten. 283

Bsp.:

- ⇨ *§ 15 I VersammlG (für Bayern Art. 15 I BayVersG) für das Verbot einer Versammlung,*
- ⇨ *Art. 76 S. 1 BayBO für eine Baubeseitigungsanordnung etc.,*
- ⇨ *§ 15 II, III GastG, § 35 GewO.*

bb) Spezielle Rechtsgrundlage kann auch eine Rechtsverordnung sein, die ihrerseits auf eine gesetzliche Ermächtigungsgrundlage zurückzuführen ist. 284

aufgrund Rechtsverordnung

Dies ist vorwiegend im Sicherheitsrecht der Fall. Als Rechtsgrundlage für ein Handeln durch VA dient dann häufig eine Verordnung, die aufgrund einer in den Art. 12 ff. BayLStVG enthaltenen Ermächtigungsgrundlage erlassen wurde.[381]

In diesem Zusammenhang ist insbesondere auch zu beachten, dass die Rechtsverordnung selbst rechtswidrig und damit nichtig sein kann. Der auf ihr beruhende VA ist dann grds. auch rechtswidrig.

cc) Darüber hinaus können Satzungen die Rechtsgrundlage für den Erlass eines VA bilden. 285

aufgrund v. Satzung

Ferner sind bei Satzungen als Rechtsgrundlage für Grundrechtseingriffe mittels VA gewisse Einschränkungen zu machen:

Nach dem „Facharzt-Beschluss“ des BVerfG[382] kann keine Satzungsautonomie verliehen werden, soweit diese zu besonders intensiven Grundrechtseingriffen berechtigen würde oder wenn sie erhebliche Außenwirkung über den Verbandsbereich hinaus auf die Allgemeinheit zuließe.

381 Lesenswert ist die Klausur von Jahn, JA 2000, 309; dort wurde ein VA auf Grundlage einer kommunalen Taubenfütterungsverbotsverordnung erlassen.

382 E 33, 125 (157); vgl. auch **Hemmer/Wüst, Classics Ö-Recht, Fall 3**.

Je intensiver der Grundrechtseingriff oder das Allgemeininteresse an einer Entscheidung ist, um so weitergehend muss der staatliche Gesetzgeber alle relevanten Einzelheiten selbst festlegen (Wesentlichkeitstheorie). Die bloße Satzungsautonomie (z.B. Art. 23 BayGO) reicht aus diesem Grund für in Grundrechte eingreifende Satzungen als Ermächtigungsgrundlage nicht aus, es bedarf vielmehr eines spezielleren Gesetzes.

b) Allgemeine Rechtsgrundlagen

sonst allgemeine Rechtsgrundlagen

Nur dann, wenn eine spezielle Rechtsgrundlage fehlt, kommen allgemeine und grds. subsidiäre Normen als solche in Betracht. 286

Beispielsweise greift dann im Polizeirecht die Generalklausel des Art. 11 I, II BayPAG ein.

Wichtig ist auch die richtige Einordnung und Anwendung der gegenüber speziellen Vorschriften subsidiären §§ 48, 49 VwVfG (vgl. § 1 I, II VwVfG). Diese für die Rücknahme bzw. den Widerruf von Verwaltungsakten geltenden Normen werden wegen ihrer besonderen Klausurrelevanz später noch als Sonderproblemkreis erörtert (vgl. Rn. 452 ff.).

c) VA-Befugnis

VA-Befugnis

Neben der Feststellung, ob dem Verwaltungshandeln eine wirksame Rechtsgrundlage zugrunde liegt, kann i.R.d. Prüfung auch fraglich sein, ob die Behörde im konkreten Fall überhaupt aufgrund der gefundenen Rechtsgrundlage befugt ist, durch VA zu handeln. 287

Grundsatz: VA-Befugnis liegt in der Befugnisnorm

Im Normalfall ist die VA-Befugnis der Behörde nicht problematisch und sollte daher in der Klausur nicht angesprochen werden. Der VA ist die originäre Handlungsform der Verwaltung im Verhältnis zum Einzelnen. Behörden können und müssen durch VA tätig werden. Die VA-Befugnis steckt gewissermaßen gewohnheitsrechtlich in jeder Rechtsgrundlage.

Ausnahme: Gleichordnungsverhältnis

An der VA-Befugnis kann kein Zweifel bestehen, wenn die Behörde dem Einzelnen hoheitlich als Staat entgegentritt. Ist die Behörde aber ausnahmsweise dem Bürger gleichgeordnet, so ist für eine einseitige hoheitliche Regelung kein Raum – dies gilt selbst dann, wenn das Gleichordnungsverhältnis öffentlich-rechtlicher Natur ist. Der VA als Handlungsform wäre in diesen Fällen unangemessen. 288

Die Verwaltung könnte sich durch Erlass eines VA einen vollstreckbaren Titel verschaffen, ohne auf ein etwaiges gerichtliches Vorgehen angewiesen zu sein.

aa) Privatrechtliche Beziehungen

rein privatrechtliches Gleichordnungsverhältnis

Sind die Beziehungen zwischen Behörde und Einzelnem privatrechtlich, kommt eine einseitige hoheitliche Regelung schon von vornherein nicht in Betracht. 289

> **Bsp.:** *A wurde als Subvention ein Darlehen gewährt. Die Ausgestaltung des Darlehens (zweite Stufe der Zwei-Stufen-Theorie) erfolgt privatrechtlich. Die Behörde kann dann eine von ihr etwa gewünschte Erhöhung des Zinssatzes nicht durch VA durchsetzen.*

bb) Öffentlich-rechtliches Gleichordnungsverhältnis

öffentlich-rechtliches Gleichordnungsverhältnis

Besteht kein Über-/Unterordnungsverhältnis, sondern ein öffentlich-rechtliches Gleichordnungsverhältnis, ist ebenfalls kein Raum für das „titelgewährende" Instrument des VA. 290

Bsp.: *Nach dem Tod der Beamtin B werden deren Versorgungsbezüge noch weiter auf ihr Konto, das inzwischen auf den Ehemann E (Hausmann) als Alleinerben übergegangen ist, einbezahlt. Die zuständige Bezirksfinanzdirektion fordert die gezahlten Bezüge zurück. Der Widerspruch des E wird zurückgewiesen. Daraufhin erhebt E Klage zum Verwaltungsgericht. Er meint, in dieser Form dürfe man mit ihm nicht umspringen.* 291

Rechtsgrundlage

Der Leistungsbescheid der BFD ist ein VA i.S.d. § 35 S. 1 VwVfG. Dieser ist rechtswidrig, wenn er nicht auf einer ausreichenden Rechtsgrundlage beruht. Als Rechtsgrundlage käme hier ein öffentlich-rechtlicher Erstattungsanspruch der Behörde in Betracht (vgl. § 12 II BBesG i.V.m. §§ 812 ff. BGB).

Rechtsnatur des Erstattungsanspruchs

Problematisch ist schon, ob hier überhaupt ein öffentlich-rechtlicher und nicht ein privatrechtlicher Erstattungsanspruch in Betracht kommt. (Das ist im vorliegenden Fall erst hier zu prüfen, nicht schon bei § 40 I VwGO, da sich die Zulässigkeit des Verwaltungsrechtswegs bereits eindeutig aus der aufdrängenden Sonderzuweisung des § 126 I BBG ergibt).

Hier wird man sagen müssen, dass der Erstattungsanspruch deshalb öffentlich-rechtlich ist, weil es sich gewissermaßen um die Nachwirkungen des öffentlich-rechtlichen Beamtenverhältnisses, in dem B stand, handelt (vgl. auch § 52 II BeamtVG).

VA-Befugnis der BFD

Fraglich ist aber, ob die BFD überhaupt durch VA handeln durfte. Die VA-Befugnis ergibt sich nicht schon allein daraus, dass es sich um ein öffentlich-rechtliches Rechtsverhältnis handelt. Hier besteht nämlich kein Über-/Unterordnungsverhältnis zwischen der BFD und E. Die Verbindlichkeit wäre nur subordinationsrechtlicher Natur, wenn sie durch Erbgang (§ 1922 BGB) an E übergegangen wäre. Sie ist aber direkt in der Person des E nach dem Tod der B entstanden. Das beamtenrechtliche Über/-Unterordnungsverhältnis ist mit dem Tod der B erloschen. Für die Geltendmachung der Rückforderung durch VA ist daher kein Raum.

Die Klage des E ist daher mangels VA-Befugnis der BFD begründet.[383]

cc) Öffentlich-rechtlicher Vertrag

Gleichordnungsverhältnis bei öffentlich-rechtlichen Verträgen

Schließlich fehlt es an der VA-Befugnis, wenn die Behörde Ansprüche aus einem öffentlichen-rechtlichen Vertrag (§§ 54 ff. VwVfG) durchsetzen will. In diesen Fällen hat sich die Behörde auf ein Verhältnis der Gleichordnung mit dem Vertragspartner begeben. 292

Das Subordinationsverhältnis ist im Geltungsbereich des Vertrages aufgehoben. Ansprüche aus dem Vertrag muss die Behörde im Wege der Leistungsklage geltend machen, zumal keine Rechtsgrundlage ersichtlich ist, auf die die Behörde einen Verwaltungsakt zur Durchsetzung vertraglicher Ansprüche stützen könnte. Etwas anderes kann allerdings dann gelten, wenn die VA-Befugnis der Behörde in dem Vertrag ausdrücklich festgehalten ist.[384]

hemmer-Methode: Erinnern Sie sich: Ansprüche aus öffentlich-rechtlichem Vertrag sind nur mit der Verpflichtungsklage zu verfolgen, wenn die Behörde sich vertraglich zum Erlass eines VA verpflichtet hat. Ansonsten ist die allgemeine Leistungsklage richtige Klageart. Selbstverständlich ist auch für Ansprüche des Staates aus dem Vertrag nur die Leistungsklage gegeben, da der Bürger keinen VA erlassen kann.

383 Vgl. zum Fall im Einzelnen die bayr. Examensklausur 86 /II, 8, BayVBl. 1988, 670/700 ff.

384 Vgl. BVerwG, Urteil vom 03.03.2011, 3 C 19/10 = **Life&Law 2011, 655**.

IV. Formelle Rechtmäßigkeit des VA

Die Prüfung der formellen Rechtmäßigkeit umfasst insbesondere die Punkte Zuständigkeit, Verfahren und Form. 293

294

1. Zuständigkeit

a) Örtliche Zuständigkeit

örtliche Zuständigkeit § 3 VwVfG, beachte § 46 VwVfG

Sofern Spezialgesetze fehlen, regelt § 3 VwVfG die örtliche Zuständigkeit. Ein Verstoß gegen die Vorschriften der örtlichen Zuständigkeit ist aber nach § 46 VwVfG grundsätzlich unbeachtlich, wenn die Verletzung offensichtlich ohne Einfluss auf die Sachentscheidung war, vgl. § 46 VwVfG a.E.[385] 295

Dagegen führt ein Verstoß gegen § 3 I Nr. 1 VwVfG nach § 44 II Nr. 3 VwVfG nicht nur zur Rechtswidrigkeit, sondern sogar zur Nichtigkeit des VA.

b) Sachliche Zuständigkeit

Verbandskompetenz; Art. 83 ff. GG als Ausgangspunkt

I.R.d. sachlichen Zuständigkeit ist zunächst die Verbandskompetenz zu klären, also die Frage, welchem Verwaltungsträger (Bund, Land, Gemeinde, Anstalt, Körperschaft des öffentlichen Rechts) die Verwaltungsaufgabe zugewiesen ist. 296

Organkompetenz

Ausgangspunkt ist dabei die Regelung in Art. 83 ff. GG: Grundsätzlich führen also die Länder die Gesetze aus. Steht der Verwaltungsträger fest, muss festgestellt werden, welchem Organ (d.h. welcher Behörde des Verwaltungsträgers) die Aufgabe zugewiesen ist (Organkompetenz, z.B. Gemeinderat oder erster Bürgermeister - vgl. Art. 29, 37 BayGO).

meistens: tatsächliche Regelung in den Ländergesetzen

Wegen Art. 83, 84 I GG enthalten die Bundesgesetze oft nur Funktionsbezeichnungen der zuständigen Behörde. Da die Bestimmung der konkret zuständigen Behörde grundsätzlich Sache der Länder ist, bestimmen die Ländergesetze, welche Behörde im Verwaltungsaufbau tatsächlich zuständig ist.

> ***Bsp.:*** *§ 35 I S. 1 GewO: „Die zuständige Behörde"; § 37 I Nr. 1 ZustV Bayern „Für den Vollzug der Gewerbeordnung (GewO) ...... sind die Kreisverwaltungsbehörden zuständig.".*

Verstöße gegen die sachliche Zuständigkeit führen grundsätzlich (nur) zur Rechtswidrigkeit des VA. Ob im Einzelfall Nichtigkeit vorliegt, ist durch eine Prüfung von § 44 I VwVfG festzustellen. 297

§ 46 VwVfG ist allerdings – aufgrund seines eindeutigen Wortlauts „örtliche" - auf Fehler bei der sachlichen Zuständigkeit nicht, auch nicht entsprechend, anwendbar.[386] Allerdings existieren z.T. spezialgesetzliche Regelungen, die die sachliche Unzuständigkeit der Behörde für irrelevant erklären, vgl. bspw. Art. 53 II S. 5 BayBO.

---

385 Vgl. zu § 46 VwVfG auch unten Rn. 403.

386 Kopp/Ramsauer, § 46 VwVfG, Rn. 23; BayVGH, BayVBl. 1997, 51.

c) Problemfälle

aa) Aufsichtsbehörde oder Widerspruchsbehörde?

„Einschreiten“ der Aufsichtsbehörde

***Fall:** A wird vom Landratsamt eine Baugenehmigung erteilt. Nachbar N legt dagegen Widerspruch bei der zuständigen Regierung von Unterfranken ein. Diese hebt daraufhin „als Aufsichtsbehörde“ die dem A erteilte Baugenehmigung auf. Ist diese Aufhebung rechtmäßig?* 298

Da die Regierung im hierarchischen Staatsaufbau Aufsichtsbehörde des Landratsamtes ist, kann sie die Erteilung der Baugenehmigung einer umfassenden Nachprüfung unterziehen. Sie hat also das Recht, sich mit diesem konkreten Sachverhalt zu befassen und ist insoweit also auch zuständig. Die Befassung mit der Baugenehmigung ist im Binnenverhältnis der Behörden zueinander also formell rechtmäßig.

Beschränkung auf innerdienstliche Maßnahmen

Davon zu unterscheiden ist die Frage der Außenkompetenz. Als Aufsichtsbehörde stehen der Regierung nämlich keine hoheitlichen Befugnisse dem Bürger gegenüber zu. Insbesondere ist der Aufsichtsbehörde in dieser Funktion der Erlass oder die Aufhebung eines VA verwehrt, sie ist vielmehr auf interne Maßnahmen (innerdienstliche Weisungen) beschränkt.

Hätte die Regierung also als Aufsichtsbehörde aktiv werden wollen, so hätte sie das LRA anweisen müssen, die Baugenehmigung zurückzunehmen.[387] Sie handelte folglich dem Bürger gegenüber ohne Rechtsgrundlage und damit materiell rechtswidrig.

Nach überwiegender Ansicht macht das Handeln der übergeordneten Behörde an Stelle der zuständigen untergeordneten Behörde einen VA fehlerhaft und materiell rechtswidrig, nicht aber nichtig.

hemmer-Methode: Dass die Regierung als Widerspruchsbehörde sehr wohl die Kompetenz hat, den VA (die Baugenehmigung) aufzuheben, steht auf einem anderen Blatt (aufgrund des Devolutiveffekts, vgl. § 73 I S. 2 Nr. 1 VwGO). 299-300

bb) Zuständigkeitsprobleme bei der Großen Kreisstadt

Probleme bei der Großen Kreisstadt

***Bsp.:** Die bayerische Große Kreisstadt K erteilt A eine Baugenehmigung verbunden mit der Auflage, das auf seinem Grundstück befindliche denkmalgeschützte Haus zu renovieren. Fällt diese „Auflage“ in den Zuständigkeitsbereich der Großen Kreisstadt?* 301

formelle Konzentration der Aufgaben

Der Großen Kreisstadt K sind gem. Art. 9 II BayGO i.V.m. § 1 Nr. 1 der VO über die Aufgaben der Großen Kreisstädte (Z/T Nr. 284) die Aufgaben der Bauaufsicht nach Art. 53 I BayBO übertragen. Aus Art. 11 I S. 2 DSchG (Z/T Nr. 138) ergibt sich, dass diese Übertragung auch für die Aufgaben der unteren Denkmalschutzbehörden gilt, soweit die Aufgaben der unteren Bauaufsichtsbehörde auf kreisangehörige Gemeinden übertragen werden. Da auch die Große Kreisstadt kreisangehörige Gemeinde ist, bedeutet diese „Annexaufgabenübertragung“, dass sie, wenn sie als Baugenehmigungsbehörde tätig wird, auch die denkmalschützerischen Aspekte mitprüft. Es tritt eine (formelle) Konzentration des Verfahrens ein.

keine generelle Übertragung der Aufgaben der Denkmalschutzbehörde

Aus Art. 11 I S. 2 DSchG i.V.m. § 1 Nr. 1 der VO (Z/T Nr. 284) folgt aber nicht, dass die Große Kreisstadt die Aufgaben der unteren Denkmalschutzbehörde generell übernimmt, denn diese Aufgaben sind in den Katalog der VO nicht aufgenommen.

387 Bei Nichtbefolgung dieser Weisung hat in Bayern die Aufsichtsbehörde die Möglichkeit des Selbsteintritts nach Art. 3b BayVwVfG.

hier: Konzentration nicht einschlägig

Im vorliegenden Fall liegt es nun so, dass A nicht etwa eine bauliche Veränderung des denkmalgeschützten Hauses auf seinem Grundstück durchführen will (für derartige Maßnahmen wäre die Große Kreisstadt nach der Konzentrationsmaxime des Art. 11 I S. 2 DSchG zuständig, vgl. auch Art. 6 DSchG). Vielmehr beantragt A eine Genehmigung, die mit dem denkmalgeschützten Haus nichts zu tun hat. Eine Verbindung findet nur durch die Behörde statt. Soweit (Wortlaut Art. 11 I S. 2 DSchG) reicht aber die eingeschränkte Übertragung der Aufgaben der unteren Denkmalschutzbehörde nicht.

Da es sich nicht um dasselbe Objekt handelte, war die Große Kreisstadt für das Renovierungsgebot sachlich unzuständig.

cc) Verwaltungsgemeinschaft[388] und Mitgliedsgemeinden

Aufgabensplitting bei der Verwaltungsgemeinschaft

In einer bayerischen Examensklausur erließ eine Gemeinde, die einer Verwaltungsgemeinschaft angehörte, eine sicherheitsbehördliche Maßnahme. Da es sich um eine Aufgabe des übertragenen Wirkungskreises handelte (Art. 58 I BayGO), fiel die Maßnahme eigentlich in die Kompetenz der Verwaltungsgemeinschaft, vgl. Art. 4 I S. 1 VerwGemO (Z/T Nr. 285). Weiterhin handelte es sich (sogar) um eine bauaufsichtliche Maßnahme, deren Kompetenzgrundlage sich nicht im BayLStVG, sondern in der BayBO fand. Die handelnde Gemeinde war also gewissermaßen „doppelt" unzuständig, da für bauaufsichtliche Maßnahmen nach Art. 53 I BayBO das Landratsamt als Kreisverwaltungsbehörde zuständig ist. **302**

Folge: Fehler in der sachlichen Zuständigkeit sind weder unter den speziellen Nichtigkeitsgründen nach § 44 II VwVfG genannt, noch kann indiziell aus §§ 44 III, 45 I VwVfG generell das Gegenteil entnommen werden. Es kommt daher auf die allgemeine Fehlerbeurteilung nach § 44 I VwVfG an. Im vorliegenden Fall kann aber nicht von einem offenkundigen Fehler ausgegangen werden. Die Gemeinde ist auf dem Gebiet des Sicherheitsrechts keine absolut unzuständige Behörde (vgl. Art. 6 BayLStVG mit sicherheitsrechtlicher Kompetenz für den Vollzug von Ortsrecht). Der VA war daher (nur) rechtswidrig.

§ 46 VwVfG findet auf Fehler in der sachlichen Zuständigkeit keine Anwendung (Wortlaut!),[389] sodass der VA grundsätzlich anfechtbar war.

dd) Richtige Behörde, aber falsches Amt

unzuständiges Amt derselben Behörde: keine Auswirkung

Bsp.: *Das Ordnungsamt einer kreisfreien Stadt erlässt eine ausländerrechtliche Verfügung.* **303**

Hier hat die an sich zuständige Behörde gehandelt. Behördenintern handelte aber das für den Fall nicht zuständige Amt. Welches Amt der Behörde handelt, ist eine Frage der internen Geschäftsverteilung.[390] Ein Verstoß gegen den Geschäftsverteilungsplan führt nicht zur formellen Rechtswidrigkeit der Maßnahme, da die Vorschriften über die sachliche Zuständigkeit auf die Behörde (kreisfreie Stadt), nicht aber auf die einzelnen Ämter der Behörde bezogen sind.

hemmer-Methode: Nach in Bayern h.M. führt es aber zur Rechtswidrigkeit, wenn innerhalb der Gemeinde anstelle zuständigen Gemeinderates der Bürgermeister handelt.[391] Allerdings werden hier in anderen Bundesländern z.T. gegenläufige Ansichten vertreten.

388 Zu dem Begriff vgl. Art. 1 VGemO, Z/T Nr. 285.

389 BayVGH, BayVBl. 1997, 51.

390 Maurer, § 21, Rn. 36 f.

391 BayVGH, BayVBl. 2004, 494.

2. Verfahren

a) Allgemeines

Die wichtigsten Verfahrensregeln des VwVfG enthalten die §§ 9 ff. VwVfG. Allerdings lassen sich die §§ 24 (Untersuchungsgrundsatz), 25 (Hilfeleistung der Behörde im Verwaltungsverfahren) VwVfG kaum vernünftig in Klausursachverhalte einbauen. Bedeutung für die Klausur haben deshalb eigentlich nur die §§ 20, 21 VwVfG und – äußerst wichtig – § 28 VwVfG. 304

b) Problemfelder in der Klausur

aa) Ausschluss von Amtsträgern

Ausschluss von Amtsträgern

Die in § 20 VwVfG genannten Personen sind automatisch kraft Gesetzes von der Mitwirkung in einem Verwaltungsverfahren ausgeschlossen. § 21 VwVfG ermöglicht dem Behördenleiter, einen Amtsträger durch Anordnung wegen Besorgnis der Befangenheit auszuschließen. 305

Zu beachten ist, dass die Entscheidung des Behördenleiters im Falle des § 21 VwVfG wegen § 44a VwGO nicht gesondert angefochten werden kann.

Liegt ein Verstoß gegen § 20 I S. 1 Nr. 2 – 6 VwVfG vor, so ist der VA nicht nichtig, sondern (nur) rechtswidrig und aufhebbar (vgl. § 44 III Nr. 2 VwVfG). Der Fehler kann aber gem. § 46 VwVfG n.F. unbeachtlich sein, wenn offensichtlich ist, dass die Verletzung die Entscheidung in der Sache nicht beeinflusst hat.[392]

hemmer-Methode: Achten Sie darauf, bei der Prüfung der §§ 20, 21 VwVfG zuerst § 20 VwVfG, der die Sanktion von Gesetzes wegen trifft, zu prüfen. Achten Sie unbedingt auf die in § 20 I S. 2 VwVfG genannten, den Beteiligten gleichgestellten Personen!

bb) Anhörung

(1) Regelung des § 28 VwVfG

grundsätzlich bei Entzug einer Rechtsposition

Eine Anhörung ist vor Erlass von VAen, die einen Rechtseingriff darstellen, durchzuführen. Ein Rechtseingriff liegt nach Ansicht der Rspr. vor, wenn durch den beabsichtigten VA dem Betroffenen eine Rechtsposition entzogen werden soll, die er bereits innehatte.[393] Folglich ist beim Antrag auf Erlass eines begünstigenden VA keine Anhörung notwendig.[394] 306

h.L.: auch bei Versagung einer Begünstigung

Nach der herrschenden Literatur kann die Versagung einer Begünstigung den Betroffenen ebenso beschweren und ist daher gleichfalls als „eingreifender“ VA zu werten.[395]

392 Eine ausführliche Fallbearbeitung findet sich in der Examensklausur 88/I, 6, wo der Ausschluss eines Behördenmitglieds, das eventuell befangen an einem Erörterungstermin i.R.d. förmlichen Genehmigungsverfahrens nach § 10 BImSchG teilgenommen hatte, in Betracht kam, vgl. BayVBl. 1990, 30/61.

393 BVerwGE 66, 184.

394 A.A. allerdings Kopp/Ramsauer, § 28 VwVfG, Rn. 26 ff.

395 Maurer, § 19, Rn. 20.

aber: Gelegenheit zur Äußerung bei Antragstellung

Der Rechtsprechung zuzugeben ist aber, dass der Antragsteller vor Versagung eines begünstigenden VA in der Regel schon bei der Antragstellung Gelegenheit hatte, sich zur Sachlage zu äußern. Damit ist der ratio legis des § 28 VwVfG Genüge getan.

(2) Entfallen der Anhörung nach § 28 II, III VwVfG

bei fehlender Anhörung primär § 28 II, III VwVfG

Ist eine Anhörung nicht durchgeführt worden, ist zunächst zu prüfen, ob sie nicht gem. § 28 II, III VwVfG entfallen konnte. 307

hemmer-Methode: Stürzen Sie sich also nicht sofort auf die bekannte Heilungsvorschrift des § 45 I Nr. 3 VwVfG. Nur das Unterbleiben einer „erforderlichen" Anhörung führt zu einem Verfahrensfehler. Nur wenn das Vorliegen der Voraussetzungen des § 28 II, III VwVfG unklar ist, kann – soweit ein möglicher Fehler in jedem Fall geheilt wäre – das Problem offengelassen werden.

Wann ein Fall des § 28 II Nr. 1 - 5 VwVfG vorliegt, lässt sich nicht lernen. Die Ausnahmetatbestände sind aber eng auszulegen, da der Anspruch auf rechtliches Gehör zu den Grundsätzen rechtsstaatlichen Verwaltungshandelns gehört (Art. 20 III, 28 I GG).[396]

Da § 28 II VwVfG eine Ermessensnorm ist, ist der VA unabhängig vom Vorliegen der tatbestandlichen Voraussetzungen schon dann formell fehlerhaft, wenn die Behörde ihr Ermessen nicht ausübt.

(3) Heilung nach § 45 I Nr. 3 VwVfG

sekundär: Heilung nach § 45 I Nr .3 VwVfG

Ist eine notwendige Anhörung unterblieben, so liegt prinzipiell ein Verfahrensfehler vor. In Betracht kommt aber eine Heilung dieses Verfahrensfehlers gem. § 45 I Nr. 3 VwVfG, sodass der VA nunmehr als rechtmäßig anzusehen ist.[397] 308

(a) h.M.: Heilung durch das Widerspruchsverfahren

h.M.: Heilung mit Durchführung des Widerspruchsverfahrens

Nach h.M.[398] tritt die Heilung mit der Durchführung des Widerspruchsverfahrens ein, ohne dass es besonderer Maßnahmen von Ausgangs oder Widerspruchsbehörde bedarf. Grund dafür ist, dass durch die Begründung des ursprünglichen VAs dem Widerspruchsführer die maßgeblichen Tatsachen bekannt sind. Durch die Rechtsbehelfsbelehrung wurde ihm eine Äußerungsmöglichkeit eröffnet. 309

Die Heilung durch Durchführung des Widerspruchsverfahrens tritt unabhängig davon ein, ob es sich um einen Akt der gebundenen oder der Ermessensverwaltung handelt.

Kritik: Gefahr des Verlustes einer Ermessensebene

Innerhalb der h.M. wird das für die Ermessensverwaltung zum Teil verneint, da dem Widerspruchsführer durch die schlichte Nachholung im Widerspruchsverfahren eine Ermessensebene verlorenzugehen drohe. Denn um dies zu vermeiden, wäre erforderlich, dass die Anhörung durch die den VA erlassende Ausgangsbehörde nachgeholt wird.

Dazu hat diese aber schon Gelegenheit, wenn ihr der VA nach § 72 VwGO im Abhilfeverfahren vorgelegt wird. Zuzugestehen ist dieser Kritik aber, dass das Abhilfeverfahren in der Praxis oft nur eine Formalität darstellt und der Ausgangs-VA nicht noch einmal unvoreingenommen überprüft wird.

---

396 Maurer, a.a.O.

397 Maurer, § 10, Rn. 39.

398 BVerwGE 66, 114, kritischer Kopp/Ramsauer, § 45VwVfG, Rn. 27.

(b) Gegenansicht: keine automatische Heilung durch das Widerspruchsverfahren

a.A.: Sinn der Anhörung ginge verloren

Die Gegenansicht beruft sich darauf, dass das Anhörungsrecht nach § 28 I VwVfG weitestgehend seinen Sinn verlöre, wenn seine Verletzung durch Anhörung im Widerspruchsverfahren automatisch geheilt würde.[399] 310

Damit scheidet das Widerspruchsverfahren zwar nicht von vorneherein als Möglichkeit der Nachholung aus – das wäre mit § 45 I Nr. 3 VwVfG nicht vereinbar. Es ist dann aber von der Behörde zu verlangen, dass dem Beteiligten deutlich gemacht wird, dass das Widerspruchsverfahren auch gleichzeitig der Nachholung der Anhörung dienen soll. Unterlässt sie das, scheidet eine Nachholung aus.[400]

hemmer-Methode: Diese Argumentation ist allerdings, da sie nicht nur der überwiegenden Ansicht, sondern auch der Verwaltungspraxis widerspricht, mit Vorsicht zu genießen. Da die Klausuren im ersten Examen auch von Praktikern korrigiert werden, sollten prinzipiell an die Nachholung der Anhörung in der Klausurbearbeitung keine überzogenen Anforderungen gestellt werden.

(c) Gleichwertigkeit der nachgeholten Anhörung

qualitative Gleichwertigkeit der nachgeholten Anhörung

Jedenfalls muss aber die nachgeholte Anhörung qualitativ gleichwertig zur unterbliebenen sein.[401] Das ist dann nicht möglich, wenn die Entscheidungskompetenzen der Widerspruchsbehörde hinter denen der Ausgangsbehörde zurückbleiben und nur die Widerspruchsbehörde mit dem Widerspruch befasst ist.[402] 311

Nachholung beim Abhilfeverfahren

Bei VAen, die eine Gemeinde im eigenen Wirkungskreis erlassen hat, ist die Widerspruchsbehörde auf die Rechtmäßigkeitsprüfung beschränkt, vgl. bspw. Art. 119 Nr. 1 BayGO, d.h. der Betroffene könnte hier keine Argumente zur Zweckmäßigkeit des VA vorbringen.

Deshalb ist die Nachholung nur möglich i.R.d. Abhilfeverfahrens gem. § 72 VwGO, vgl. Art. 119 Nr. 1 HS 2 BayGO. Dabei ist zusätzlich zu beachten, dass die Nachholung durch das zuständige Organ (etwa den Gemeinderat) durchzuführen ist.[403]

(d) Zeitliche Grenze des § 45 II VwVfG

zeitliche Grenze des § 45 II VwVfG

Nach § 45 II VwVfG ist der Zeitpunkt des Abschlusses des verwaltungsgerichtlichen Verfahrens maßgeblich. Die Behörde kann also auch noch im Verwaltungsprozess die in § 45 I VwVfG aufgeführten Verfahrensfehler heilen.[404] Findet kein Vorverfahren statt, kommt es somit im Klageverfahren zur Heilung. 312

hemmer-Methode: Falls der Verfahrensfehler nicht geheilt wird und der VA deswegen rechtswidrig ist, muss stets an § 46 VwVfG gedacht werden.

399 Schoch, NVwZ 1983, 249 (255).

400 Schoch, NVwZ 1983, 249 (255).

401 Kopp/Ramsauer, § 45 VwVfG, Rn. 26 ff.

402 Kopp/Ramsauer, § 45 VwVfG, Rn. 26 ff.

403 Vgl. BayVBl. 1991, 570.

404 Vgl. zur Kritik Redeker, NJW 1996, 521 (522 f.), der insbesondere die Heilungsmöglichkeit nach § 45 II VwVfG für Verfahrensfehler bzgl. der Anhörung für rechtsstaatlich bedenklich hält. Er geht davon aus, dass „eine Behörde, die weiß, dass die Verletzung des rechtlichen Gehörs folgenlos bleiben wird, die oft lästige und zeitaufwendige Pflicht vernachlässigen und aufgeben wird".

Exkurs: Rechtsfolgen unterbliebener Anhörung bei der Wiedereinsetzung

Wiedereinsetzungsgrund

Hat der Bürger wegen des Fehlens der Anhörung eine Rechtsmittelfrist versäumt, kann er nach §§ (70 II,) 60 VwGO i.V.m. § 45 III VwVfG i.V.m. § 32 VwVfG Wiedereinsetzung in den vorigen Stand beantragen. Die Versäumung der Rechtsmittelfrist gilt dann als nicht verschuldet (s.o. Rn. 193 ff.). 313

Exkurs Ende

cc) Spezialgesetzliche Verfahrensvorgaben

Z.T. finden sich spezialgesetzliche Verfahrensvorschriften wie bspw. § 10 III BImSchG oder Art. 66 BayBO, die die Beteiligung der Nachbarn im immissionsschutzrechtlichen bzw. baurechtlichen Genehmigungsverfahren regeln.[405]

3. Formerfordernisse

a) Allgemeines

Grundsatz: Formlosigkeit

Grundsätzlich ist der Erlass eines VA – soweit nicht Spezialvorschriften eingreifen – an keine bestimmte Form gebunden, insbesondere muss er nicht schriftlich erfolgen, vgl. § 37 II VwVfG. Nach § 3a VwVfG kann ein VA auch elektronisch erlassen werden. 314

Ausnahme: Spezialregelung

Bestimmte VAe bedürfen jedoch zu ihrer Wirksamkeit der Schriftform, z.B. Art. 68 II BayBO für die Baugenehmigung und § 38 I S. 1 VwVfG für die Zusicherung sowie § 49a I S. 2 VwVfG für einen Rückforderungsbescheid.

Für bestimmte Verwaltungsakte bestehen auch noch weitergehende Formerfordernisse, vgl. z.B. Aushändigung einer Einbürgerungsurkunde, § 16 StAG.

hemmer-Methode: Natürlich werden Behörden selbst dann, wenn an sich keine Schriftform vorgeschrieben ist, häufig aus Gründen der Rechtssicherheit die Schriftform wählen. Klausurrelevanz besitzen mündliche VAe nur noch bei Untersagungsverfügungen vor Ort.
Beispiel: Der Baukontrolleur des LRAs stellt bei einem Rundgang die Arbeiten an der Baustelle des E durch mündliche Anweisung an den Polier ein. Hier ist problematisch, ob E die Anweisung zugegangen ist, ein schriftlicher Nachweis ist ja nicht vorhanden. Im Ergebnis ist dies zu bejahen, da für den Polier zumindest eine Empfangszuständigkeit besteht, der Bauherr kann sich ja nicht immer auf der Baustelle aufhalten.

b) Abgrenzungen

aa) Fehlende Rechtsbehelfsbelehrung

fehlende RB-Belehrung: Prüfungsstandort Klagefrist

Ein Formfehler ist auch das Fehlen der Rechtsbehelfsbelehrung, wenn eine solche gesetzlich vorgeschrieben ist, wie dies z.B. beim Widerspruchsbescheid nach § 73 III S. 1 VwGO der Fall ist. 315

405 Verstöße gegen diese Vorschriften führen allerdings aufgrund des § 45 VwVfG regelmäßig nicht zur Rechtswidrigkeit, sondern „nur“ dazu, dass keine Frist zu laufen beginnt oder keine Präklusion eintritt.

Da dies aber zur Folge hat, dass die Monatsfrist der §§ 70, 74 VwGO gem. § 58 I VwGO nicht zu laufen beginnt, sondern vielmehr die Jahresfrist des § 58 II VwGO gilt, ist dieser Formfehler systematisch schon i.R.d. Zulässigkeit der Klage – bei der Berechnung der Klagefrist bzw. der Widerspruchsfrist – zu prüfen.

hemmer-Methode: Auch wenn eine Rechtsbehelfsbelehrung gesetzlich vorschrieben ist, führt allein deren Fehlen nicht zum Erfolg der Anfechtungsklage. Zwar mag der Verwaltungsakt dann formell rechtswidrig sein, allerdings begründet diese formelle Rechtswidrigkeit keinen Aufhebungsanspruch, da sie die Entscheidung in der Sache nicht beeinflusst hat, § 46 VwVfG.

bb) Verstoß gegen § 37 I VwVfG

Verstoß gegen Bestimmtheit: kein bloßer Formfehler

Kein bloßer Formfehler ist ein Verstoß gegen das Bestimmtheitsgebot des § 37 I VwVfG. Ein VA ist nur dann hinreichend bestimmt, wenn der Adressatenkreis, der Regelungsgehalt und die Verbindlichkeit objektiv erkennbar sind. 316

Unbestimmtheit führt zur materiellen Rechtswidrigkeit des VA und ist damit auch nicht heilbar.[406]

hemmer-Methode: Ein zu unbestimmter VA ist allerdings – auch wenn er bestandskräftig wird – nicht vollziehbar. Es wird ja aus dem VA nicht klar, was eigentlich vollstreckt werden soll. In gravierenden Fällen der Unbestimmtheit (z.B. Widersprüchlichkeit der Anordnung; Nichterkennbarkeit der handelnden Behörde, § 37 III VwVfG) kann sogar Nichtigkeit die Folge sein.

cc) Bekanntgabemangel[407]

Prüfungsstandort des Bekanntgabemangels ist problematisch

Die ordnungsgemäße Bekanntgabe des VA ist kein Formerfordernis, sondern ein Wirksamkeitserfordernis, vgl. §§ 41, 43 I VwVfG. Es ist allerdings durchaus zu vertreten, Bekanntgabemängel schon i.R.d. formellen Rechtmäßigkeit zu untersuchen (vgl. i.Ü. oben den Beispielsfall „Baukontrolle“). 317

hemmer-Methode: Die evtl. fehlende Bekanntgabe werden Sie in der Klausur meist schon in der Zulässigkeit der Klage ansprechen müssen, da die Widerspruchsfrist nach § 70 I S. 1 VwGO mit der Bekanntgabe des VAs zu laufen beginnt: Ohne Bekanntgabe folglich auch kein Fristbeginn! Ist der Verwaltungsakt bislang keinem der Beteiligten bekanntgegeben, ist er noch nicht einmal wirksam, sodass die Anfechtungsklage schon an der Statthaftigkeit scheitert.
Denken Sie im Zusammenhang mit der Bekanntgabe auch an die Problematik, dass ein VA, der nur einem von mehreren Miteigentümern eines Grundstücks bekannt gegeben wurde, solange nicht vollstreckbar ist, bis auch gegenüber den anderen Miteigentümern eine unanfechtbare Duldungsanordnung ergangen ist. Das Fehlen einer solchen Duldungsanordnung macht den VA nicht rechtswidrig, sondern hindert nur dessen Vollstreckbarkeit.

c) Begründungspflicht, § 39 VwVfG

Prüfungsgegenstand ist des Öfteren auch § 39 VwVfG, der vorschreibt, dass ein schriftlicher bzw. elektronischer VA auch schriftlich bzw. elektronisch zu begründen ist. 318

406 Kopp/Ramsauer, § 37 VwVfG, Rn. 1.

407 Vgl. oben Rn. 180 ff.

aa) Anforderungen des § 39 VwVfG

diff.: formelle und materielle Anforderungen an Begründung

Zunächst ist zwischen den formellen und den materiellen Anforderungen an die Begründung eines VA zu differenzieren. 319

Richtigkeit der Begründung ist Frage der materiellen Rechtmäßigkeit

§ 39 VwVfG verlangt grundsätzlich, dass die Behörde die wesentlichen Tatsachen aufführt, die aus ihrer Sicht für den Erlass des VA entscheidend sind. Bei der Begründung einer Ermessensentscheidung ist insbesondere auch § 39 I S. 3 VwVfG zu beachten.[408]

Die Begründung muss nicht nur zeigen, dass die Behörde das Ermessen erkannt und ausgeübt hat, sondern soll auch die wesentlichen Ermessenserwägungen erkennen lassen. Erfüllt die gegebene Begründung diese Anforderungen äußerlich erkennbar nicht, d.h. fehlt das Geforderte, so liegt ein formeller Begründungsmangel und damit ein Verfahrensfehler vor. Auf die Richtigkeit der Begründung kommt es hier also nicht an.

Treffen dagegen die Feststellungen der Behörde nicht zu oder sind ihre Erwägungen unvollständig oder unrichtig, ist der Verwaltungsakt materiell fehlerhaft. § 39 VwVfG ist hier nicht berührt. Eine sachlich unrichtige Begründung kann also formell ordnungsgemäß sein, etwa dann, wenn eine Behörde bei einer Ermessensentscheidung wesentliche Umstände außer Acht gelassen hat. 320

hemmer-Methode: Entstehen Zweifel, ob ein formeller oder materieller Verstoß vorliegt, ist in der Klausur eher von letzterem auszugehen, denn grundsätzlich sollte die Prüfung der materiellen Rechtmäßigkeit der Schwerpunkt der Klausur sein.

bb) Heilungsmöglichkeit des § 45 I Nr. 2 VwVfG

Heilung über § 45 I Nr. 2 VwVfG

Auch das Fehlen einer Begründung kann gem. § 45 I Nr. 2 VwVfG geheilt werden. Nach h.M. kann die Nachholung sowohl durch die Ausgangsbehörde als auch durch die Widerspruchsbehörde erfolgen. 321

§ 45 I Nr. 2 VwVfG beschränkt die Möglichkeit der Heilung auf formelle Begründungsfehler.[409] Bis zum Abschluss des gerichtlichen Verfahrens, vgl. § 45 II VwVfG, ist es möglich, bei gänzlich fehlender oder formell ungenügender Begründung, diese durch nachträgliche Bekanntgabe der für die Entscheidung maßgeblichen Gründe nachzuholen. 322

Abgrenzung zum Nachschieben von Gründen

Davon abzugrenzen ist das Nachschieben von neuen Tatsachen und neuen Erwägungen. Dieses Nachschieben von Gründen ist richtigerweise ein Problem der materiellen Rechtmäßigkeit eines VA[410] (vgl. hierzu Rn. 393 ff.).

hemmer-Methode: Zeigen Sie Verständnis für die Zusammenhänge! Eine ausführliche Diskussion, ob es sich beim Nachschieben von Gründen um eine Frage der formellen oder materiellen Rechtmäßigkeit handelt, hat in der Klausur nichts zu suchen.
Mit einem kurzen Satz wie „bei der Frage der Zulässigkeit des Nachschiebens von Gründen handelt es sich um ein Problem der materiellen Rechtmäßigkeit“ sollten Sie aber deutlich machen, dass Sie die Probleme richtig einzuordnen wissen.

---

408 Vgl. BVerwG, DVBl. 1998, 145 = **Life&Law 1998, 252**.

409 Pietzner-Ronellenfitsch, § 38, Rn. 10 f.

410 Pietzner-Ronellenfitsch, § 38, Rn. 11 f.

cc) Unbeachtlichkeitsregelung des § 46 VwVfG

immer § 46 VwVfG beachten

Bei Vorliegen der Voraussetzungen des § 46 VwVfG ist der Begründungsfehler unbeachtlich. 323

§ 46 VwVfG dient der Prozessökonomie und soll verhindern, dass eine materiell richtige Entscheidung nur wegen eines formellen Fehlers aufzuheben ist. Denn eine Entscheidung gleichen Inhalts könnte von der Behörde sofort wieder getroffen werden. 324

subj. Rechtsverletzung (-)

§ 46 VwVfG regelt nach herrschender Ansicht nicht die Frage der Rechtmäßigkeit oder Rechtswidrigkeit eines VA; vielmehr scheidet bei Vorliegen der Voraussetzungen des § 46 VwVfG nur eine subjektive Rechtsverletzung des Klägers aus.[411]

hemmer-Methode: In der Klausur ist problematisch, an welcher Stelle § 46 VwVfG am besten zu prüfen ist. Die Rechtsverletzung ist aber prinzipiell erst am Ende der Klausur zu prüfen.
Dennoch sollte § 46 VwVfG hier schon erwähnt werden, wenn ein formeller Fehler festgestellt worden ist. Es empfiehlt sich kurz festzustellen, dass § 46 VwVfG an der Rechtswidrigkeit des VA jedenfalls nichts ändert, sondern nur eine Rechtsverletzung des Klägers eventuell ausgeschlossen ist.

Exkurs: Nichtigkeit von Verwaltungsakten

1. Allgemeines

geringe Klausurrelevanz

I.R.d. Anfechtungsklage sind nichtige VAe selten. Grund dafür ist, dass nichtige VAe anders als bloß rechtswidrige VAe nicht in Bestandskraft erwachsen können. Folgeprobleme – wie etwa einzuhaltende Rechtsbehelfsfristen – stellen sich dann nicht. Der Betroffene kann den VA ignorieren und erst gegen die Vollstreckungsmaßnahmen Rechtsmittel einlegen.[412] 325

hemmer-Methode: Bei der Verpflichtungsklage ist die Nichtigkeit dagegen insbesondere im Hinblick auf eine mögliche Zusicherung mitunter Klausurthema.[413]

Häufig ist die Grenze zwischen Rechtswidrigkeit und Nichtigkeit allerdings fließend. In der Klausur sollte man aber bei der Annahme von Nichtigkeit sehr vorsichtig sein, häufig werden sich weitere Probleme nur ergeben, wenn keine Nichtigkeit vorliegt. Das zentrale Tatbestandsmerkmal der Offenkundigkeit i.S.d. § 44 I VwVfG erfordert eben mehr als nur begründete Zweifel an der Rechtmäßigkeit. Wird doch einmal eine ausführliche Prüfung von § 44 VwVfG verlangt, so ist auf die exakte Zitierung der einzelnen Absätze zu achten.

2. Prozessuales

Anfechtungsklage und Nichtigkeitsfeststellungsklage zulässig

Prozessual ist zu beachten, dass auch gegen nichtige VAe Widerspruch und Anfechtungsklage erhoben werden können (arg. ex § 43 II S. 2 VwGO – unbedingt lesen!), obwohl an sich die Nichtigkeitsfeststellungsklage der richtige Rechtsbehelf ist. Der Kläger hat insofern ein Wahlrecht.[414] 326

---

411 Ausführlichere Darstellung deshalb in Rn. 403 ff.

412 Beispiel bei Maurer, § 10, Rn. 36.

413 Vgl. dazu **Hemmer/Wüst, VWR II, Rn. 62 ff.**

414 Vgl. oben Rn. 245.

hemmer-Methode: Regelmäßig wird der Kläger eine Anfechtungsklage erheben, da er bei dieser nicht riskiert, dass der VA doch (nur) rechtswidrig ist, und die Nichtigkeitsfeststellungsklage dann als unbegründet abgewiesen werden müsste. Eine Anfechtungsklage dürfte dann nämlich regelmäßig daran scheitern, dass der VA zwischenzeitlich bestandskräftig geworden ist. Verfolgt der Kläger sein Ziel hingegen direkt mit der Anfechtungsklage und stellt sich dann die Nichtigkeit des VA heraus, kann auf eine Nichtigkeitsfeststellungsklage umgestellt werden. Diese Klageänderung ist jederzeit zulässig, da die Feststellung gegenüber der ursprünglichen Anfechtung ein Minus darstellt, vgl. §§ 91, 173 VwGO, § 264 Nr. 2 ZPO.

3. Vorgehen in der Klausur

Prüfungsschema

Die Prüfung der Nichtigkeit eines VA nach § 44 VwVfG erfolgt etwa nach folgendem Schema: 327

a) Keine Spezialvorschrift zur Nichtigkeit

Spezialvorschrift?

Zunächst ist zu prüfen, ob § 44 VwVfG überhaupt zur Anwendung kommt. Das ist dann nicht der Fall, wenn sich im konkreten Fall eine Spezialvorschrift über die Nichtigkeit von VAen findet. 328

Bsp.: *Nichtigkeit der Ernennung eines Beamten nach § 11 BBG.*

b) Zwingende Nichtigkeit nach § 44 II VwVfG

zwingende Nichtigkeit, § 44 II VwVfG

Dann ist der Katalog des § 44 II VwVfG durchzumustern. Liegt einer dieser Fälle vor, so ist der VA zwingend nichtig. 329

c) Indizwirkung von § 44 III VwVfG

Indizwirkung des § 44 III VwVfG

Sodann ist zu prüfen, ob der jeweilige Fall unter § 44 III VwVfG subsumiert werden kann. Ist das der Fall, so ist zumindest indiziert, dass der VA nicht nichtig ist (Wortlaut „nicht schon deshalb" unterstreichen). Z.B. ist eine ohne Einholung des gemeindlichen Einvernehmens erteilte Baugenehmigung gem. § 44 III Nr. 4 VwVfG nicht zwingend nichtig. 330

d) Prüfung von § 44 I VwVfG

Schwerpunkt der Prüfung: § 44 I VwVfG

Unabhängig davon, ob ein Fall des § 44 III VwVfG vorliegt oder nicht, ist nun § 44 I VwVfG zu prüfen. § 44 I VwVfG hat die Tatbestandsmerkmale: Fehler, besonders schwerwiegend und offenkundig. 331

hemmer-Methode: Liegt ein Fall des § 44 III VwVfG vor, so ist dies aber insoweit zu berücksichtigen, dass dieser Fehler allein auch bei Offenkundigkeit nicht zur Nichtigkeit des VA führt. Es müssen vielmehr weitere Umstände hinzutreten.[415]

aa) Besonders schwerwiegender Fehler

besonders schwerer Fehler

Der VA muss demnach einen Fehler haben, also mindestens rechtswidrig sein. 332

415 Kopp/Ramsauer, § 44 VwVfG, Rn. 51.

Besonders schwerwiegend ist ein Fehler, wenn er in besonderem Widerspruch zur Rechtsordnung steht. Für den unbestimmten Rechtsbegriff „besonders schwerwiegend" ist mehr zu verlangen als bloße Rechtswidrigkeit. Grob gesagt: Es darf keine bloße Kleinigkeit vorliegen.

bb) Offenkundigkeit

Evidenz

Wesentliches Merkmal ist die Offenkundigkeit des Fehlers. Der Fehler muss sich geradezu aufdrängen, er muss dem VA „auf der Stirn geschrieben stehen". Hierzu ist auf die Sicht eines aufmerksamen und verständigen Durchschnittsbeobachters abzustellen. Die Offenkundigkeit des Fehlers ist das wesentliche Merkmal des § 44 I VwVfG. 333

Liegt der Schwerpunkt der Klausur nicht ersichtlich auf einer Prüfung von § 44 VwVfG, so kann in der Klausur kurz festgestellt werden, dass ein eventuell vorliegender Fehler jedenfalls nicht offenkundig ist.

hemmer-Methode: Ob und wann ein VA nichtig ist, können Sie einfach gesagt an der sog. „Stirn-Theorie" messen: Danach ist dies der Fall, wenn die Evidenz der Nichtigkeit so groß ist, dass es dem VA regelrecht „auf der Stirn geschrieben steht".

4. Sonderproblem: Fehlen der Mitwirkung beim mitwirkungsbedürftigen VA

Fall: *A erhält eine Baugenehmigung, ohne diese beantragt zu haben.* 334

Sonderproblem: mitwirkungsbedürftiger VA

Hier könnte man davon ausgehen, dass das Fehlen des Antrags von vornherein einen besonders schwerwiegenden, evidenten Fehler i.S.d. § 44 I VwVfG (Nichtigkeit nach § 44 II VwVfG kommt nicht in Betracht) darstellt.

Gem. § 45 I Nr. 1 VwVfG kann das Fehlen eines Antrags aber geheilt werden. Das Gesetz geht also davon aus, dass das Fehlen des Antrags den VA nur vorläufig rechtswidrig, aber heilbar macht. Nichtige VAe sind aber nicht heilbar. Das Fehlen der Mitwirkung beim mitwirkungsbedürftigen VA hat daher nicht per se die Nichtigkeit des VA zur Folge.

Exkurs Ende

V. Materielle Rechtmäßigkeit des VA

1. Rechtsgrundlage

I.R.d. Prüfung der materiellen Rechtmäßigkeit ist zunächst die einschlägige Rechtsgrundlage für den Erlass des jeweiligen VA voranzustellen. Es handelt sich um die Norm, die den Eingriff tragen muss. 335

hemmer-Methode: An dieser Stelle bietet sich die Möglichkeit, durch gezielte Retardation Punkte zu sammeln. Der Korrektor ist hoch erfreut, wenn Sie sich über das Abhaken verschiedenster denkbarer Rechtsgrundlagen an die letztlich in Betracht kommende Norm herantasten („negative Evidenz").
Zeigen Sie, dass Ihnen Normkomplexe im ihrem jeweiligen Zusammenhang bekannt sind.
Dieses Vorgehen kommt gerade dann in Betracht, wenn speziellere Rechtsgrundlagen existieren, aber letztlich die allgemeine Norm einschlägig ist.

Die Retardation beim Aufsuchen der richtigen Rechtsgrundlage ist auch schon beim oben bereits erörterten Prüfungspunkt „Rechtsgrundlage" denkbar. Es gibt hier keine starre Regel, an welcher Stelle dieses Vorgehen angebracht ist.
Insbesondere durch das für den Examenskandidaten „lebensnotwendige" Klausurenschreiben kann man hier ein sicheres Gefühl entwickeln, welcher Aufbau im konkreten Fall die Gedankenabfolge nachvollziehbar und logisch darstellt.

2. Wirksamkeit der Rechtsgrundlage

ggf. Rechtmäßigkeit d. Rechtsgrundlage prüfen

Sofern sich aus dem Sachverhalt hinreichende Zweifel bezüglich der Wirksamkeit der einschlägigen Rechtsgrundlage selbst ergeben, ist diese hier zu überprüfen. 336

Aufgrund des Verwerfungsmonopols des BVerfG für nachkonstitutionelle Parlamentsgesetze ist bei einer möglichen Unwirksamkeit von solchen gesetzlichen Rechtsgrundlagen die Vorlagepflicht des Gerichtes nach Art. 100 I GG zu beachten.

Bevor eine Norm jedoch als unwirksam erachtet werden darf, ist grds. eine verfassungs- bzw. gesetzeskonforme Auslegung vorzunehmen.

Danach ist eine Rechtsgrundlage nur dann unwirksam, wenn bei mehreren in Betracht kommenden Auslegungsmöglichkeiten keine zur Vereinbarkeit der Norm mit dem höherrangigen Recht führt.

hemmer-Methode: Die Wirksamkeit der Rechtsgrundlage ist nur vereinzelt in Klausurfällen ein Problem.
Die Verfassungsmäßigkeit von Gesetzen sollte deshalb nur dann problematisiert werden, wenn der Sachverhalt entsprechende Hinweise enthält (vgl. auch Art. 100 I GG; das jeweilige Gericht muss dann die Entscheidung des BVerfG einholen). Neben der Verfassungsmäßigkeit der Norm kann sich die Frage nach der Europarechtskonformität stellen. Soweit nationales Recht unionsrechtswidrig ist, muss das Gericht versuchen, das nationale Recht unionsrechtskonform auszulegen. Ist dies nicht möglich, bleibt das nationale Recht unangewendet, sog. Anwendungsvorrang des Unionsrechts. Diesen Vorrang darf das nationale Gericht grundsätzlich selbst feststellen, es besteht nur in letzter Instanz eine Pflicht zur Vorlage zum EuGH, vgl. Art. 267 III AEUV.
Klausurrelevant ist aber stets die Überprüfung einer Rechtsverordnung oder einer gemeindlichen Satzung. Zwar wird hier normalerweise das Verfahren nach § 47 VwGO gefragt sein. Möglich ist aber auch der sog. Schachtelaufbau (Inzidentkontrolle im Rahmen einer Anfechtungsklage – vor allem im Kommunalrecht): Dabei ist i.R. der Rechtsgrundlage deren Gültigkeit zu prüfen, i.R.d. materiellen Prüfung dann die Übereinstimmung von VA und Rechtsgrundlage.[416]

3. Subsumtion unter die Rechtsgrundlage

a) Ausgangspunkt

exakte Subsumtion

Eine der wichtigsten Aufgaben des Klausurbearbeiters ist es schließlich, die einschlägige Rechtsgrundlage exakt zu subsumieren. 337

Zunächst müssen die einzelnen Tatbestandsvoraussetzungen sauber und vollständig herausgearbeitet werden. Danach ist der jeweilige Sachverhalt unter diese zu subsumieren.

416 Lesenswert ist die Klausur von Jahn, JA 2000, 309; dort wurde ein VA auf Grundlage einer kommunalen Taubenfütterungsverbotsverordnung erlassen.

hemmer-Methode: Zeigen Sie bei der Subsumtion immer, dass Sie die juristische Arbeitstechnik beherrschen.
Nur die problematischen Voraussetzungen sind im Gutachtenstil darzulegen. Unproblematisches muss schon aus Zeitgründen knapp im Urteilsstil erörtert werden.
Verärgern Sie den Korrektor nicht durch einen übertriebenen Gutachtenstil. Die damit verbundene Langeweile bei der Korrektur verleitet ihn dann selbst bei fachlich hervorragenden Ausführungen nicht gerade dazu, Höchstpunktzahlen zu vergeben.

b) Unbestimmter Rechtsbegriff und Beurteilungsspielraum

aa) Allgemeines

Unvermeidbarkeit von Generalklauseln

I.R.d. Subsumtion kommt den unbestimmten Rechtsbegriffen besondere Bedeutung zu. 338

Der Gesetzgeber kann niemals alle in der Praxis vorkommenden Fälle antizipiert im Wortlaut einer Norm erfassen. Andererseits muss die Verwaltung die Möglichkeit haben, auch auf atypische, unvorhersehbare Situationen zu reagieren. 339

Daher enthalten Gesetze oftmals unbestimmte Rechtsbegriffe, also generalklauselartige Formulierungen, bei denen der Rechtsanwender feststellen muss, ob ein konkreter Sachverhalt den Tatbestand der Norm erfüllt.

hemmer-Methode: Merken Sie sich, dass unbestimmte Rechtsbegriffe lediglich ein Problem der Tatbestandsseite der Norm sind.

bb) Verfassungsrechtliches Bestimmtheitsgebot

Messung am verfassungsrechtlichen Bestimmtheitsgebot

Die praktische Notwendigkeit, ohne unbestimmte Rechtsbegriffe nicht auskommen zu können, zieht jedoch ein verfassungsrechtliches Problem nach sich. Eingriffe in Rechte des Bürgers sind wegen des Vorbehalts des Gesetzes, Art. 20 III GG nur zulässig, wenn eine inhaltlich hinreichend bestimmte Eingriffsnorm vorliegt.[417] 340

Dem Bestimmtheitsgebot, dessen Anforderungen je nach Art und Intensität des Rechtseingriffs unterschiedlich streng sind, ist jedoch in der Regel Genüge getan, wenn sich durch Auslegung des unbestimmten Rechtsbegriffs eine hinreichend sichere Grundlage für die Anwendung der Norm gewinnen lässt.[418]

Konkretisierung des unbest. Rechtsbegriffs durch die Rechtsprechung oder Verwaltungsvorschriften

Die erforderliche Bestimmtheit kann auch durch Konkretisierung des Begriffs in der Rechtsprechung erreicht werden[419] oder dadurch, dass der Behörde norminterpretierende Verwaltungsrichtlinien zur Verfügung gestellt werden.[420]

hemmer-Methode: Im Prinzip wird zwar das verfassungsrechtliche Bestimmtheitsgebot theoretisch hochgehalten, praktisch aber werden in der Regel nur geringe Anforderungen an die Bestimmtheit einer Norm gestellt.

417 Für Straf- und Ordnungswidrigkeitengesetze sind die strengeren Anforderungen des Art. 103 II GG zu beachten.

418 Vgl. Mutius, Jura 1987, 92 (95); zur Bestimmtheit einer Hundesteuersatzung vgl. BayVGH, BayVBl. 1995, 76.

419 BVerfGE 76, 1 (74) für § 2 I S. 2 Ausländergesetz.

420 BVerfGE 49, 168 (183).

Daraus lässt sich für Ihre Klausur folgern, dass Sie die Bestimmtheit einer Norm mit unbestimmtem Rechtsbegriff nur problematisieren sollten, wenn das im Sachverhalt angedeutet wird oder, wenn sich zwar keine Andeutung findet, die fallentscheidende Norm aber derart „schwammig" formuliert ist, dass sich Bedenken gegen die Bestimmtheit aufdrängen.
Wichtig ist, dass Sie erkannt haben, dass es bei der Frage nach der Zulässigkeit der Verwendung unbestimmter Rechtsbegriffe um die Rechtmäßigkeit der Norm und nicht deren Anwendung geht. Prüfungspunkt in Ihrem Aufbau wäre deshalb die Wirksamkeit der Rechtsgrundlage!

cc) Grundsatz: Volle Überprüfbarkeit durch das Gericht

Grundsatz: volle Überprüfbarkeit

Kern der Diskussion um unbestimmte Rechtsbegriffe ist die Frage, ob der Verwaltung i.R.d. Anwendung des Gesetzes bei der Beurteilung, ob dessen tatbestandliche Voraussetzungen vorliegen, ein Spielraum zusteht, der gerichtlich nicht überprüft werden kann. 341

Trotz der unbestimmten Fassung der Tatbestandsvoraussetzungen gibt es nur eine „richtige" Entscheidung der Behörde. Theoretisch ist ausgeschlossen, dass die Voraussetzungen einer Norm zugleich vorliegen und fehlen. Die Problematik in der Praxis besteht darin, zu entscheiden, ob das eine oder andere der Fall ist.

Grundsätzlich ist davon auszugehen, dass die Gerichte das tatbestandliche Vorliegen einer Norm vollständig nachprüfen können.[421]

Stünde der Verwaltung schon auf der Tatbestandsseite der Norm ein nur eingeschränkt überprüfbarer Spielraum zu, so wäre der Rechtsschutz des Einzelnen so erheblich eingeschränkt, dass Art. 19 IV S. 1 GG, der die gerichtliche Kontrolle der Exekutive sichert, verletzt wäre. Außerdem würde der Verwaltung sonst die Befugnis zustehen, Gesetze für Gerichte verbindlich zu definieren und mithin gesetzgeberische Aufgaben wahrnehmen, Art. 20 II GG.

dd) Ausnahmen

Ausnahmen bei „Funktionsgrenzen der Rechtsprechung"

Grundsätzlich dürfen also die Gerichte die Frage, ob die Verwaltung den unbestimmten Rechtsbegriff zutreffend ausgelegt und den Sachverhalt fehlerfrei subsumiert hat, in vollem Umfang nachprüfen. 342
Allerdings wurden in der Rechtsprechung mehrere Fallgruppen anerkannt, in denen der Verwaltung ein Beurteilungsspielraum zusteht. Dabei handelt es sich um Verwaltungsentscheidungen, die ihrer Natur nach eine vollständige gerichtliche Überprüfung nicht zulassen. Das BVerfG hat dafür das Schlagwort der „Funktionsgrenzen der Rechtsprechung" geprägt.[422] Wegen der Einschränkung des Art. 19 IV GG sind solche Fälle aber nur dann anzunehmen, wenn sich eine zumindest konkludente gesetzliche Ermächtigung findet.[423]

hemmer-Methode: Häufigster Fehler in Klausuren ist es, dass die eingeschränkte Überprüfbarkeit bei Vorliegen eines Beurteilungsspielraumes mit der begrenzten Überprüfbarkeit von Ermessensentscheidungen verwechselt wird. Denken Sie nochmals daran: Unbestimmte Rechtsbegriffe befinden sich auf der Tatbestandsseite der Norm, während sich das Ermessen auf die Rechtsfolge bezieht.

421 Für die Anerkennung einer Beurteilungsermächtigung zum Teil die Literatur, vgl. Nachw. in Maurer, § 7, Rn. 31 f.

422 BVerfGE 84, 34 (50).

423 BVerfG, NVwZ 2011, 1062.

(1) Prüfungsentscheidungen[424] und Beurteilung von Eigenschaften einer Person

Prüfungsentscheidungen und personenbezogene Eigenschaften

Die Besonderheit bei Prüfungsentscheidungen und der Beurteilung von Eigenschaften und Fähigkeiten einer Person (z.B. im Beamtenrecht) liegt darin, dass die Verwaltungsentscheidung aufgrund einer einmaligen, nicht wiederholbaren Situation ergangen ist. Darüber hinaus spielt zusätzlich die subjektiv-wertende Sicht des Beurteilenden eine Rolle. 343

Während die Verwaltungsrechtsprechung bei Prüfungsentscheidungen hier früher einen weiten Beurteilungsspielraum angenommen hat, hat das BVerfG im Hinblick auf Art. 12 I GG insofern engere Grenzen gezogen, als die Gerichte zumindest auch die fachliche Richtigkeit oder Vertretbarkeit der Beurteilung vollständig überprüfen müssen. Eine vertretbare bzw. in der Literatur vertretene Lösung darf demnach nicht als falsch bewertet werden, auch wenn sie nicht der Lösung des Prüfers entspricht.[425]

hemmer-Methode: Die Widerspruchsbehörde darf die Entscheidung dagegen stets voll überprüfen. An die Grenze stößt die grds. unbegrenzte Prüfungsbefugnis, wenn die Entscheidung auf Faktoren beruht, die nur der Erstbehörde zugänglich gewesen sind (Beispiel: Gesamteindruck eines Prüflings bei der mündlichen Prüfung).

Nur hinsichtlich sog. prüfungsspezifischer Wertungen sei den Prüfern ein Beurteilungsspielraum zuzubilligen. Denn die Gerichte kennen die konkrete Prüfungssituation nicht und können daher die Leistung des Prüflings mit denen anderer Prüflinge nicht in Beziehung setzen (arg. ex Art. 3 I GG). 344

Diese Rechtsprechung ist nach h.M. aber nicht auf beamtenrechtliche Entscheidungen übertragbar. Hier soll es bei dem weiten Beurteilungsspielraum bleiben.[426]

hemmer-Methode: Denken Sie im Zusammenhang mit Prüfungsentscheidungen immer auch an folgende Klausurprobleme:
Die Verwaltung kann geneigt sein, ihre Entscheidung durch das Nachschieben von Gründen noch zu retten. Oft hat der Prüfling eine Wiederholungsprüfung schon bestanden, der „Durchfaller“ bemakelt aber seine Laufbahn (Problem der Erledigung). Fraglich ist auch, welche Klage zu erheben ist (Anfechtung des Prüfungszeugnisses oder Verpflichtung zur Neubeurteilung oder zur Zulassung zu einer Wiederholungsprüfung). Hierher gehört auch die Frage des VA-Charakters von Einzelbewertungen.

(2) Pluralistisch zusammengesetzte Gremien

Sachverständigengremien

Grundsätzlich anerkannt ist weiter der Beurteilungsspielraum von Sachverständigengremien, die pluralistisch mit weisungsunabhängigen Mitgliedern besetzt sind, bspw. die Bundesprüfstelle für jugendgefährdende Schriften und Medien.[427] Es wird argumentiert, dass die besondere Sachkenntnis der Entscheidungsträger einer gerichtlichen Kontrolle nicht zugänglich sei.[428] Das BVerfG macht hiervon aber Ausnahmen in Fällen besonderer Grundrechtsrelevanz.[429] 345

424 Vgl. hierzu Grieger/Tyroller, **Life&Law 2006, 65** sowie **Life&Law 2010, 851** und **Life&Law 2013, 134**.

425 BVerfGE 84, 34 (55).

426 BVerfG, NJW 2003, 127.

427 Hierzu das Beispiel in Rn. 348.

428 Vgl. m.w.N. BVerwG, **Life&Law 2007, 703**.

429 Vgl. unten, Rn. 348.

hemmer-Methode: Man muss sich aber davor hüten, aus dieser Argumentation den voreiligen Schluss zu ziehen, der Verwaltung, die stets näher am Einzelfall als das Gericht stehe, müsse auch in anderen Fällen ein gerichtsfreier Beurteilungsspielraum eingeräumt werden.

(3) Prognoseentscheidungen

allg.: nicht wiederholbare Einzelentscheidungen

Des Weiteren wird bei vom Gericht nicht wiederholbaren Einzelentscheidungen, bei denen eine Vielzahl von Faktoren berücksichtigt und (subjektiv) gewertet werden, ein Beurteilungsspielraum der Verwaltung angenommen. 346

Insbesondere fallen darunter Prognoseentscheidungen, sei es politischer, wirtschaftlicher oder wissenschaftlicher Art (Stichwort: Einschätzungsprärogative der Exekutive).[430]

> ***Bsp.:*** *Die Prognose zur Funktionsfähigkeit des örtlichen Taxengewerbes nach § 14 IV S. 2 PBefG*[431]

ee) Einschränkung der Ausnahmen

Einschränkung des Beurteilungsspielraumes

Andererseits sind auch Entscheidungen der Verwaltung mit Beurteilungsspielraum nicht vollständig der gerichtlichen Kontrolle entzogen. 347

Die Nachprüfung ist aber beschränkt auf das Vorliegen von Beurteilungsfehlern.

wichtige Fallgruppen

Wesentliche Beurteilungsfehler:

- ⇨ Der Verwaltungsentscheidung fehlt es an jeder Begründung. § 39 VwVfG gilt aber bei Prüfungen nicht, vgl. § 2 III Nr. 2 VwVfG.
- ⇨ Es wurde gegen zwingende Verfahrensvorschriften verstoßen.

  Bsp.: *Jurastudent J wird in seiner mündlichen Prüfung im Strafrecht nur zwei Minuten befragt.*
- ⇨ Der fragliche Sachverhalt wurde von der Behörde unzutreffend oder unvollständig ermittelt.
- ⇨ Allgemein anerkannte Bewertungsgrundsätze wurden verletzt, es wurden sachfremde Erwägungen angestellt.
- ⇨ Die Entscheidungsträger ließen sich von sachfremden Erwägungen leiten oder es ist ein sonstiges willkürliches Handeln erkennbar.

ff) Fallbeispiel

Josefine Mutzenbacher

Leitfall in diesem Zusammenhang ist die „Josefine-Mutzenbacher-Entscheidung" des BVerfG:[432] 348

> *Nach § 1 I S. 1 GjSM (Gesetz über die Verbreitung jugendgefährdender Schriften und Medieninhalte) sind „Schriften, die geeignet sind, Kinder oder Jugendliche sittlich zu gefährden", in eine Liste (Index) aufzunehmen. Die Entscheidung über die Indizierung trifft die Bundesprüfstelle (§ 8 GjSM), die aus Vertretern diverser gesellschaftlicher Gruppen zusammengesetzt ist (§ 9 GjSM) und weisungsfrei arbeitet (§ 10 GjSM). Allerdings sind Schriften, die der Kunst dienen, nicht zu indizieren (§ 1 II Nr. 2 GjSM).*

430 Beispiele bei Kopp/Ramsauer, § 40 VwVfG, Rn. 77 ff.

431 BVerwGE 82, 295.

432 E 83, 130; vgl. auch **Hemmer/Wüst, Classics Ö-Recht, Fall 33**.

Der Roman „Josefine Mutzenbacher – Lebensgeschichte einer Wiener Dirne..." wurde durch die Bundesprüfstelle indiziert, da er „offensichtlich geeignet" sei, „Kinder oder Jugendliche sittlich schwer zu gefährden", § 6 Nr. 2, 3 GjSM. Dabei war die Bundesprüfstelle der Ansicht, der Roman sei nicht als Kunstwerk zu behandeln, da es sich hier um pure Pornographie handele. Kunst und Pornographie schlössen sich aber begrifflich gegenseitig aus. Der Verlag, bei dem der Roman erschienen ist, möchte nun gegen die Indizierung vorgehen.

Wie ist die materielle Rechtslage?

1. Vorliegen eines unbestimmten Rechtsbegriffs

Unbest. RB „jugendgefährdende Schriften"

Bei §§ 1, 6 GjSM „(jugendgefährdende Schriften)... sind in eine Liste aufzunehmen", handelt es sich um eine Norm der gebundenen Verwaltung. Liegt der unbestimmte Rechtsbegriff „jugendgefährdende Schriften" tatbestandlich vor, so muss die Schrift indiziert werden („sind zu"). 349

2. Vorliegen eines Beurteilungsspielraums

Vorliegen eines Beurteilungsspielraumes

Grundsätzlich ist die Auslegung unbestimmter Rechtsbegriffe durch Verwaltungsbehörden gerichtlich voll überprüfbar. Etwas anderes gilt aber dann, wenn es sich um Entscheidungen handelt, die von einer persönlichen Wertung abhängen und durch ein neutrales, pluralistisch besetztes Gremium ergehen. Die im vorliegenden Fall handelnde Bundesprüfstelle ist ein solches unabhängiges Organ, vgl. §§ 9 f. GjSM.

Ob eine Schrift schwer jugendgefährdend i.S.d. § 6 GjSM ist, hängt letztlich von der persönlichen Wertung der Mitglieder der Prüfstelle ab. Die Bundesprüfstelle könnte daher einen Beurteilungsspielraum haben, der gerichtlich nur eingeschränkt überprüfbar ist.

a) Einschränkung des Beurteilungsspielraums durch das BVerfG

Einschränkung bei grundrechtsrelevanten Maßnahmen

Nach dem BVerfG[433] gilt jedoch eine Einschränkung des Beurteilungsspielraumes bei grundrechtsrelevanten Maßnahmen. 350

Der Umfang der gerichtlichen Kontrolle bestimmt sich nach der Intensität der Grundrechtsbeeinträchtigung. Das Gericht muss daher auch prüfen, ob die Indizierung mit der Kunstfreiheit vereinbar ist.

b) Reichweite des Beurteilungsspielraumes

Reichweite des Beurteilungsspielraumes

Das Gericht prüft also nach, ob die Schrift schwer jugendgefährdend i.S.d. § 6 GjSM ist oder ob der Roman unter den Kunstvorbehalt des § 1 II Nr. 2 GjSM fällt. 351

Das Gericht prüft darüber hinaus, wie der Ausgleich zwischen den beiden Verfassungsprinzipien des Jugendschutzes und der Kunstfreiheit (Art. 5 III S. 1 GG), die sich in der Kollisionsnorm des § 1 II Nr. 2 GjSM gegenüberstehen, durchzuführen ist (praktische Konkordanz).

Nach Meinung des BVerfG kann auch pornographisches Schrifttum in den Schutzbereich von Art. 5 III S. 1 GG fallen.

Kunst und Pornographie schließen sich also nicht von vornherein aus. Auch eine schwer jugendgefährdende Schrift kann unter den Kunstbegriff des BVerfG zu fassen sein. Andererseits ist zu berücksichtigen, dass auch eine dem Kunstbegriff unterfallende Schrift schwer jugendgefährdend i.S.d. § 6 GjSM sein kann (verfassungskonforme Auslegung).

Im Fall „Josephine Mutzenbacher" ist jedenfalls der Schutzbereich beider Prinzipien tangiert.

c) Entfallen des Beurteilungsspielraums

433 E 83, 130.

Entfallen des Beurteilungsspielraumes

352 Da nach dem BVerfG auch die Wertigkeit der grundrechtlich geschützten Positionen der gerichtlichen Kontrolle unterliegt, könnte angenommen werden, dass ein Beurteilungsspielraum der Bundesprüfstelle nicht mehr besteht.

aa) BVerwG: Beurteilungsspielraum besteht fort

BVerwG: Beurteilungsspielraum besteht fort

353 Das BVerwG[434] steht jedoch auf dem Standpunkt, dass die Gerichte zumindest beachten müssen, dass die Entscheidung der Bundesprüfstelle über die Indizierung, d.h. das Ergebnis der Abwägung, nicht überprüfbar ist. Die Kontrolle beschränke sich darauf, ob die betroffenen Interessen in ihrer objektiven Wertigkeit zutreffend in die Abwägung eingestellt worden sind.

hemmer-Methode: Die Unterscheidung zwischen Abwägungsvorgang und Abwägungsergebnis ist aus dem (Bau-) Planungsrecht bekannt. Auch dort prüft das Gericht (theoretisch) nicht das Ergebnis der Abwägung, sondern nur, ob der Abwägungsvorgang Fehler enthält (Abwägungsausfall, Abwägungsdefizit, Abwägungsfehleinschätzung, Abwägungsdisproportionalität).
Auch bestehen Parallelen zwischen dem Beurteilungsspielraum und dem Ermessen, sodass in Hinblick auf die Überprüfbarkeit die Ermessensfehlerlehre aus § 114 S. 1 VwGO entsprechend herangezogen werden kann.[435]

bb) Dagegen: faktisches Entfallen des Beurteilungsspielraumes

aber: faktisches Entfallen des Beurteilungsspielraumes

354 Soweit aber auch die Wertigkeit der grundrechtlichen Belange zueinander eine rechtliche Vorgabe in diesem Sinne ist, könnte man sich auf den Standpunkt stellen, dass der Bundesprüfstelle hier eben keinerlei Abwägungsspielraum mehr bleibt.

Zwar kann das Gericht nicht aussprechen, welchem verfassungsrechtlichen Rechtsgut der Vorrang im Einzelfall zusteht. Es kann jedoch überprüfen, ob jedem der Verfassungsgüter zu maximaler Geltung verholfen worden ist (praktische Konkordanz), sodass zumindest de facto hier kein Beurteilungsspielraum mehr besteht.[436]

hemmer-Methode: Gerichte tendieren generell dazu, den gerichtsfreien Beurteilungsspielraum eng auszulegen und damit ihre Position im Gefüge der Staatsgewalten zu stärken.
Dass das BVerwG vorgibt, ein Beurteilungsspielraum der Bundesprüfstelle bestehe nach wie vor, ist nur die dogmatische Verpackung dafür, dass sich die Gerichte, wenn es darauf ankommt, die Letztentscheidung im Einzelfall vorbehalten wollen.

d) Rechtswidrigkeit der Entscheidung der Bundesprüfstelle

jedenfalls: Rechtswidrigkeit der Sachentscheidung

355 Im Fall Josefine Mutzenbacher hat hier die Bundesprüfstelle schon verkannt, dass die Begriffe Kunst und Pornographie sich nicht a priori ausschließen. Da die Bundesprüfstelle mithin den Begriff der Kunst überhaupt verkannt hat, war die Indizierung schon deshalb rechtswidrig.

Weil die Bundesprüfstelle demzufolge gar keine Abwägung der einzelnen Belange vorgenommen hatte (Abwägungsausfall), war das BVerfG auch nicht gezwungen, zu der Frage, in welchem Umfang der Bundesprüfstelle überhaupt noch ein Beurteilungsspielraum verbleibt, Stellung zu beziehen.

434 DVBl. 1993, 498 f.

435 Vgl. unten Rn. 363 ff.

436 Offengelassen in BVerfGE 83, 130; vgl. auch VGH Kassel, NJW 1998, 1426, das einen Beurteilungsspielraum bei der Einstufung eines Films als „wertvoll" o.Ä. zulässt, da es hier anders als in der Mutzenbacher-Entscheidung nicht um ein Verbot des Werks, also nicht um einen schwerwiegenden Grundrechtseingriff geht.

4. Ermessen

a) Allgemeines

aa) Ermessensverwaltung und gebundene Verwaltung

Diff. von gebundener Verwaltung

Erlässt der Gesetzgeber eine Rechtsnorm, die die Verwaltung beim Vorliegen der tatbestandlichen Voraussetzungen verpflichtet, sich in einer bestimmten Weise zu verhalten, handelt es sich um rechtlich gebundene Verwaltung. Die Verpflichtung der Behörde, eine bestimmte Rechtsfolge zu setzen, kommt durch Formulierungen wie „ist zu", „hat zu", „muss" u.Ä. zum Ausdruck. 356

Ermessensspielraum und Wortlaut der Norm

Ist die Behörde befugt, ihr Verhalten nach eigenen Zweckmäßigkeitserwägungen auszurichten, ist ihr ein Ermessensspielraum eingeräumt (Normwortlaut: „kann", „darf", „ist berechtigt" u.Ä.). Ermessen hat die Behörde auch, wenn ihr vom Gesetz mehrere Handlungsmöglichkeiten eingeräumt werden.

Ob strikte Gesetzesbindung besteht oder Ermessen eingeräumt ist, lässt sich so meist schon dem Wortlaut der Norm entnehmen.

Soll-Vorschrift

Besteht eine Sollvorschrift, bringt der Gesetzgeber zum Ausdruck, dass die Behörde im Regelfall gebunden ist, die vorgesehene Rechtsfolge zu treffen. 357

Für atypische Fälle oder aus anderen wichtigen Gründen darf die Behörde jedoch abweichen. Sie ist dann, da sie von einem Ermessen Gebrauch macht, nach § 39 I S. 3 VwVfG verpflichtet, die Abweichung besonders zu begründen.[437]

Intendiertes Ermessen

Zwischen dem durch eine Soll-Vorschrift gebundenen und dem freien **Ermessen** steht das von der Rechtsprechung entwickelte, sog. **intendierte Ermessen**, wonach die **Ermessensentscheidung** durch das Gesetz in Richtung auf ein bestimmtes Ergebnis vorbestimmt ist und nur in Ausnahmefällen von den Intentionen des Gesetzgebers abgewichen werden kann.[438] Ein solches intendiertes Ermessen wird bspw. dann angenommen, wenn ein Fall des § 49 II VwVfG vorliegt. Hier soll regelmäßig nur der Widerruf des VA rechtmäßig sein.[439]

hemmer-Methode: Das intendierte Ermessen wirkt sich auch auf die Anforderungen an die Begründung nach § 39 I VwVfG aus. Wenn die Behörde von dem Ermessen in dem vom Gesetz intendierten Sinn Gebrauch macht, muss dies nicht näher begründet werden, anders ist es nur dann, wenn aus Sicht der Behörde ein Ausnahmefall vorliegt.

bb) Ermessen und unbestimmter Rechtsbegriff

(1) Abgrenzung

Abgrenzung zum unbest. Rechtsbegriff

Ermessensnormen sind streng zu unterscheiden von Normen mit unbestimmten Rechtsbegriffen. Unbestimmte Rechtsbegriffe stehen auf der Tatbestandsseite der Norm. Sie unterliegen im Grundsatz der vollständigen gerichtlichen Nachprüfung. 358

437 Kopp/Ramsauer, § 39 VwVfG, Rn. 29.

438 BVerwG, NJW 1998, 2233.

439 BVerwGE 105, 55.

Ermessen steht stets auf der Rechtsfolgenseite der Norm, eine gerichtliche Nachprüfung ist nur eingeschränkt möglich (vgl. § 114 S. 1 VwGO). Ermessenserwägungen sind folglich überhaupt nur möglich, wenn die tatbestandlichen Voraussetzungen der Norm erfüllt sind.

(2) Mischtatbestände

Verwechslungsgefahr bei Mischtatbeständen

Selbstverständlich ist es möglich, dass eine Norm auf der Tatbestandsseite unbestimmte Rechtsbegriffe enthält und als Rechtsfolge eine Ermessensausübung anordnet. 359

An sich weisen diese Vorschriften keine Besonderheiten auf: Jede Seite ist nach ihren Regeln zu beurteilen.

Probleme entstehen jedoch dann, wenn schon bei der Prüfung der Tatbestandsvoraussetzungen sämtliche rechtserheblichen Umstände heranzuziehen und zu prüfen sind. Nach Bejahung der Tatbestandsseite wären dann bei der Ausübung des Ermessens dieselben Erwägungen anzustellen.

Gefahr des Wegfalls des Ermessensspielraumes?

Wenn das gesamte Tatsachenmaterial bereits auf der Tatbestandsseite verarbeitet ist, soll nur noch eine einzige rechtsfehlerfreie Ermessensentscheidung möglich sein. Der Ermessensschwund auf Null macht aus der Kann-Vorschrift eine Muss-Vorschrift.[440]

Nach Ansicht des BVerwG ist jedoch für jede Norm durch Auslegung zu klären, ob Ermessensausübung und unbestimmter Rechtsbegriff derart miteinander verschränkt sind.[441] In vielen Fällen seien auch nach Bejahung der tatbestandlichen Voraussetzungen Erwägungen, die lediglich die Ausübung des Ermessens betreffen, vorstellbar.[442] Die tatbestandlichen Voraussetzungen seien dann voll, die Ermessensentscheidung nur i.R.d. § 114 S. 1 VwGO überprüfbar. 360

hemmer-Methode: Diese höchst dogmatischen Erwägungen lassen sich an Beispielen erläutern:
§ 3 I NamÄndG (Sartorius Nr. 265) lautet: „Ein Familienname darf nur geändert werden, wenn ein wichtiger Grund die Änderung rechtfertigt." Hier könnte man nach dem Wortlaut „darf" meinen, dass die Verwaltung, auch wenn ein Sachverhalt den unbestimmten Rechtsbegriff „wichtiger Grund" ausfüllt, noch Ermessen beim Setzen der Rechtsfolge (Namensänderung) eingeräumt ist. Wenn aber ein wichtiger Grund vorliegt, sind keine Ermessenserwägungen mehr denkbar, die über die bereits auf der Tatbestandsseite angestellten Erwägungen hinausgehen. Liegt also ein wichtiger Grund vor, ist der Name zu ändern.[443] Ähnlich liegt es i.Ü. bei § 35 II BauGB.[444] Sind bei einer Abwägung keine öffentlichen Belange beeinträchtigt, muss das Vorhaben bei einer ermessensfehlerfreien Entscheidung erteilt werden.

cc) Ermessensentscheidungen und Abwägungsentscheidungen

Abgrenzung zur Planungsentscheidung

Abzugrenzen sind Ermessensentscheidungen weiter von Planungsentscheidungen, bei denen eine Abwägung stattfindet (vgl. dazu den Exkurs unter Rn. 380). 361

440 Maurer, § 7, Rn. 49; Sebald, Jura 1980, 175 (181).

441 BVerwGE 40, 353 (356).

442 BVerwGE 45, 162 (164 ff.); vgl. aber GmS-OGB, BVerwGE 39, 355 (364).

443 Vgl. BVerwGE 15, 207 (211 f.).

444 BVerwGE 18, 247 (250); a.A. Jäde/Dirnberger/Weiss, § 35 BauGB, Rn. 273.

dd) Entschließungs- und Auswahlermessen

Entschließungs- und Auswahlermessen

Je nach Inhalt der Befugnisnorm lassen sich Entschließungs- und Auswahlermessen unterscheiden. Beim Entschließungsermessen stellt sich die Behörde die Frage: „Werde ich überhaupt tätig und, falls ja, wann?“ (Opportunitätsprinzip). 362

Beim Auswahlermessen geht es um die Frage: „Was werde ich tun und gegen wen?“. Es geht um die Wahl des Mittels und des Verantwortlichen.

hemmer-Methode: Die Vorschriften der Polizeigesetze über den Störer (vgl. Art. 7 ff. BayPAG, die nicht mehr von einem Störer, sondern dem Verantwortlichen sprechen) bzw. über die Wahl des zu ergreifenden Mittels sind dogmatisch nichts anderes als eine (praktisch notwendige) Normierung, wie das Auswahlermessen auszuüben ist.

b) Überprüfbarkeit von Ermessensentscheidungen

aa) Allgemeines

Klausurschwerpunkt: Überprüfbarkeit von Ermessenentscheidungen

Die Überprüfung von Ermessensentscheidungen ist häufig Klausurschwerpunkt. Bevor geprüft werden kann, ob die Entscheidung ermessensfehlerfrei war, ist zunächst das Vorliegen der tatbestandlichen Voraussetzungen der Norm festzustellen. Ist der Tatbestand schon nicht erfüllt, so ist der Raum für eine Ermessensentscheidung gar nicht eröffnet: 363

Die Behörde hatte kein Ermessen. Es liegt ein Subsumtionsfehler, kein Ermessensfehler vor. Die Entscheidung ist schon deshalb rechtswidrig.

bb) Prüfungsmaßstab

keine eigenen Zweckmäßigkeitserwägungen des Gerichts

Da die Ermessensnorm der Verwaltung einen Zweckmäßigkeitsspielraum einräumt, können die Gerichte Ermessensentscheidungen nur eingeschränkt überprüfen. Das Gericht prüft die Ermessensentscheidung nur auf ihre Rechtmäßigkeit (§ 114 S. 1 VwGO). Es darf keinesfalls seine eigenen Zweckmäßigkeitserwägungen an die Stelle der Überlegungen der Verwaltung stellen. 364

anders bei Widerspruchsbehörde

Die Widerspruchsbehörde ist bei der Überprüfung eines VA dagegen grds. nicht auf die Rechtmäßigkeitsprüfung beschränkt.[445] Die Überprüfung der Zweckmäßigkeit (§ 68 I S. 1 VwGO) umfasst auch und gerade die Ermessensausübung.

hemmer-Methode: § 114 S. 1 VwGO gibt an, in welchem Rahmen Ermessensentscheidungen der Behörde überprüfbar sind. Ausgefüllt wird dieser Rahmen durch § 40 VwVfG, nach dem sich die Rechtmäßigkeit einer behördlichen Ermessensentscheidung beurteilt. § 114 S. 1 VwGO ist also als Ausgangsnorm nur dann zu zitieren, wenn es sich um die gerichtliche Überprüfung einer Verwaltungsentscheidung (= nach Erlass eines VA) handelt. Geht es dagegen um eine rein materielle Rechtmäßigkeitsprüfung aus Sicht der Behörde im Verwaltungsverfahren (= vor Erlass des VA), so ist § 40 VwVfG Ausgangsnorm der Prüfung.

445 Beachten Sie die Ausnahme nach Art. 119 Nr. 1 GO, wenn die Widerspruchsbehörde einen VA der Gemeinde aus dem eigenen Wirkungskreis überprüft.

cc) Arten von Ermessensfehlern

Arten der Ermessensfehler

Nach § 114 S. 1 VwGO sind Entscheidungen dann ermessensfehlerhaft, wenn die gesetzlichen Grenzen des Ermessens überschritten sind oder von dem Ermessen in einer dem Zweck der Ermächtigung widersprechenden Weise Gebrauch gemacht worden ist. *365*

Aus diesem Wortlaut hat die Ermessensfehlerlehre im Einzelnen folgende Ermessensfehler hergeleitet.

(1) Ermessensüberschreitung, § 114 S. 1 Alt. 1 VwGO

Ermessensüberschreitung

Ermessensüberschreitung - *„gesetzliche Grenzen des Ermessens überschritten“* - meint den Fall, dass die Behörde die äußeren Grenzen des Ermessens überschreitet, insbesondere eine in der konkreten Ermessensnorm nicht vorgesehene Rechtsfolge wählt. Sie lässt sich ohne Kenntnis des behördeninternen Vorgangs aus dem VA selbst erkennen. Hier ist also das Ergebnis der Ermessensbetätigung fehlerhaft. *366*

Ermessensüberschreitung: Rechtsfolge VA ≠ Rechtsfolge Gesetz

(a) Einen weiteren Fall der äußerlich erkennbaren Ermessensüberschreitung stellt der Verstoß des VA gegen Grundrechte dar. Hier kommen sowohl Verletzungen von Gleichheitsgrundrechten als auch von Freiheitsgrundrechten in Betracht.

Verletzungen von Freiheitsgrundrechten ergeben sich insbesondere aus dem Aspekt, dass eine ergriffene Maßnahme einen unverhältnismäßigen Eingriff in das betroffene Grundrecht darstellt.

hemmer-Methode: Die Unverhältnismäßigkeit der Maßnahme ist einerseits Ermessensüberschreitung, da die von der Behörde gesetzte Rechtsfolge rechtswidrig ist. Andererseits ergibt sich diese Rechtswidrigkeit nicht ohne Weiteres durch einen Vergleich mit der vom Gesetz vorgesehenen Rechtsfolge, sondern erst unter Berücksichtigung der Gründe für den Verwaltungsakt. Diese reichen bei einer Abwägung nicht, um diese Rechtsfolge zu rechtfertigen, sog. Zweck-Mittel-Relation. Bei einer anderen Begründung kann dieselbe Rechtsfolge durchaus verhältnismäßig und damit rechtmäßig sein. Aus diesem Grund erscheint es mindestens genauso vertretbar, die Unverhältnismäßigkeit als Ermessensfehlgebrauch, genauer als Ermessensdisproportionalität, zu prüfen.

(b) Schließlich ist eine Ermessensüberschreitung auch durch Missachtung des Vertrauensschutzes als Element des Rechtsstaatsprinzips sowie durch eine Verletzung des Sozialstaatsprinzips möglich.

(2) Ermessensfehlgebrauch, § 114 S. 1 Alt. 2 VwOG

Ermessensfehlgebrauch

Ermessensfehlgebrauch – *„in einer dem Zweck der Ermächtigung nicht entsprechenden Weise Gebrauch gemacht“* - liegt vor, wenn sich die Behörde nicht ausschließlich vom Zweck der Ermessensnorm leiten lässt.[446] *367*

Das kann der Fall sein, wenn der Sachverhalt nicht ausreichend ermittelt wurde oder bestimmte Gesichtspunkte nicht oder nicht ausreichend gewichtet wurden bzw. wenn die Behörde sachfremde Erwägungen (insb. persönliche Motive) in ihre Entscheidung einfließen lässt. Der Fehler beruht hier also auf der Art und Weise, wie die Behörde zu ihrer Entscheidung gelangt ist.

446 Maurer, § 7, Rn. 22.

hemmer-Methode: Damit Sie einen Ermessensfehlgebrauch feststellen können, muss Ihnen also die Begründung der Behörde zumindest auszugsweise mitgeteilt werden.

Bei solchen inneren Ermessensfehlern, die nur bei einem Einblick in den inneren Verfahrensgang der Behörde erkennbar sind (hier soll gerade die Regelung des § 39 I S. 2 u. 3 VwVfG dem Außenstehenden einen Einblick in den Verfahrensablauf gewähren) wird zwischen folgenden Verfahrensdefiziten unterschieden:

(a) Ermessensnichtgebrauch bzw. –ausfall

Ermessensausfall

Ein Ermessensausfall tritt auf, wenn die Behörde das Bestehen des Ermessensspielraumes gar nicht erkannt hat oder ihn fälschlich für beschränkt hält. 368

Tatbestand der Norm verkannt

(aa) Ein Ermessensausfall liegt also erstens dann vor, wenn die Behörde verkennt, dass im konkreten Fall der Tatbestand der Norm erfüllt ist, und sie deshalb ihre Entscheidung ohne Beachtung dieser Norm trifft.

irriges Für-Gebunden-Halten

(bb) Ermessensausfall liegt weiter vor, wenn die Behörde die tatbestandlichen Voraussetzungen der Ermessensnorm zutreffend bejaht hat, sich aber hinsichtlich der Rechtsfolge irrig für gebunden hielt.

Bsp.: *Insbesondere tritt dieser Fall immer wieder auf, wenn die Behörde erkennt, dass sie einen rechtswidrigen VA erlassen hat, und sich entgegen § 48 I S. 1 VwVfG für verpflichtet hält, ihn zurückzunehmen.*

Umdeutung unzulässig

(cc) Auch eine Umdeutung des fehlerhaften (weil als gebunden ergangenen) VAs in einen Ermessens-VA scheidet aus, weil die Behörde bei Erlass des VA gerade keine Ermessenserwägungen angestellt hat (§ 47 III VwVfG).

Anhaltspunkt dafür, dass die Behörde das ihr zustehende Ermessen nicht ausgeübt hat, kann sein, dass der VA keine dem § 39 I S. 3 VwVfG entsprechende Begründung enthält.

hemmer-Methode: Der Ermessensausfall wird zum Teil als eigenständige dritte Fehlergruppe neben der Überschreitung und dem Fehlgebrauch gesehen. Dies mag für einen Dogmatiker von Interesse sein, für die Lösung Ihrer Klausur spielt es hingegen keine Rolle!

(b) Heranziehungsdefizit/-überhang

Hat die Behörde nicht alle entscheidungsrelevanten Tatsachen und Gesichtspunkte ermittelt und als Entscheidungsmaterial einbezogen, so liegt ein Heranziehungsdefizit vor. 369

Wurden hingegen umgekehrt Gesichtspunkte berücksichtigt, die im Kontext der Befugnis nicht berücksichtigt werden durften, spricht man von Heranziehungsüberhang.

Dies ist der Fall, wenn etwa das Los entschieden hat oder unter dem Einfluss persönlicher Laune, Voreingenommenheit, Schikane, Antipathie oder Schädigungsabsicht gehandelt wurde.

Hierher gehört auch das Vorschieben an sich sachgemäßer Gründe zur Erreichung eines anderen, von der Rechtsgrundlage nicht gedeckten Zweckes.

Bsp.:[447] *Erteilung einer Ausnahmebewilligung nach § 23 I LadSchlG, um aus Gründen der Gefahrenabwehr abends Leben in eine dunkle Passage zu bringen.*

(c) Ermessensfehlgewichtung

Bei einer Ermessensfehlgewichtung wird ein Belang für sich genommen unvertretbar gewichtet.

Bsp.: Die Behörde bezeichnet den Umweltschutz in ihrer Begründung als generell überflüssig – was mit Art. 20a GG nicht vereinbar ist.

(d) Disproportionalität

Eine Ermessensdisproportionalität ist i.R.d. Ermessensfehlgebrauches dann zu bejahen, wenn die Behörde das Für und Wider nicht wirklich gegeneinander abgewogen hat bzw. bestimmte einzustellende Belange völlig unvertretbar gewichtet hat. 370

Bsp.: Die Behörde geht davon aus, dass der Umweltschutz zwingend immer hinter dem Belang der Wirtschaftsförderung zurücktreten muss.

hemmer-Methode: Zur Berücksichtigung der Unverhältnismäßigkeit einer Maßnahme an dieser Stelle vgl. Rn. 366.

(3) Sonderfall: Ermessensfehler bei behördeninternen Weisungen

Ergeht eine im Innenverhältnis berechtigte Weisung der übergeordneten an die untergeordnete Behörde, ist letztere zur Vornahme der angewiesenen Handlung verpflichtet. Dies führt aber nicht zu einem Ermessensausfall im Außenverhältnis gegenüber dem Bürger. Stattdessen ist hier die Ermessensausübung der anweisenden Stelle zu überprüfen.[448] 370a

c) Ermessensreduzierung auf Null

Ermessensreduktion auf Null

Es gibt Fälle, in denen nur eine Entscheidung der Verwaltung nicht ermessensfehlerhaft ist. Aus der Ermessensentscheidung wird dann eine gebundene Entscheidung. Man sagt, das Ermessen der Behörde ist „auf Null reduziert". 371

hemmer-Methode: Die Ermessensreduzierung auf Null spielt vor allem i.R.d. Verpflichtungsklage eine Rolle. Hier ergeht bei Ermessensentscheidungen nur dann ein Vornahmeurteil i.S.d. § 113 V S. 1 VwGO, wenn das Ermessen auf Null reduziert ist, andernfalls wird nur ein Verbescheidungsurteil i.S.d. § 113 V S. 2 VwGO erlassen. I.R.d. Anfechtungsklage kann die Ermessensreduzierung auf Null über den Ermessensausfall relevant werden. Es liegt kein Ermessensfehler vor, wenn die Behörde aufgrund der Ermessensreduzierung faktisch eine gebundene Entscheidung zu treffen hat.[449]

Antizipation durch Verwaltungsvorschriften

aa) Das Ermessen kann insbesondere nach dem Grundsatz der „Selbstbindung der Verwaltung" über Art. 3 I GG auf Null schrumpfen. In diesen Fällen hat sich die Verwaltung durch längere gleichmäßige Verwaltungsübung oder durch Verwaltungsvorschriften in ihrer Ermessensausübung festgelegt. 372

447 Nach BVerwGE 65, 167.

448 M.w.N. BayVGH, BayVBl. 2005, 50 = **Life&Law 2005, 340**.

449 Vgl. oben Rn. 368.

Auch wenn eine abweichende Entscheidung der Behörde für sich betrachtet noch im Bereich zulässiger Ermessensausübung liegen würde, ist sie, weil sie von den vorangegangenen Entscheidungen in gleichgelagerten Fällen abweichen würde, ermessensfehlerhaft.

Eine einmal erfolgte Selbstbindung schließt jedoch eine Änderung der Verwaltungspraxis nicht aus.

hemmer-Methode: In jeder zweiten Klausur, die sich mit Ermessensfehlern befasst, beruft sich ein Bürger darauf, dass die Verwaltung in anderen Fällen anderweitig verfahren habe.
Hier gilt: Der Einwand ist nur berechtigt, wenn die Verwaltungsübung gegenüber den Dritten rechtmäßig war. Es besteht kein Anspruch auf Fehlerwiederholung. Schlagwort: „Keine Gleichheit im Unrecht".

bb) Weitere Fälle einer Ermessensreduzierung auf Null: 373

⇨ Es sind ausschließlich Gesichtspunkte ersichtlich, welche gegen die Entscheidung sprechen.

⇨ Vorhandene Gegengründe haben so wenig Gewicht, dass es offensichtlich fehlgewichtet wäre, auf sie abzustellen.

⇨ Die Behörde hat eine abweichende Zusage gemacht.

⇨ Ausnahmsweise kann auch der rechtsstaatliche Gedanke des Vertrauensschutzes das Ermessen auf Null reduzieren.

d) Prozessuale Folge

Anfechtungsklage: Aufhebung; neuer VA möglich

Bei der Anfechtungsklage führt der Ermessensfehler zur Aufhebung des Verwaltungsaktes. Die Behörde kann aber einen gleichlautenden neuen VA erlassen, wenn sie das bei nunmehr ermessensfehlerfreier Prüfung für zweckmäßig hält. 374

Ausnahme: Nachschieben von Gründen

Etwas anderes gilt dann, wenn die Behörde durch ein Nachschieben von Ermessenserwägungen den Fehler beheben und den VA noch rechtmäßig machen kann.[450] In diesem Fall ist die Anfechtungsklage unbegründet.

e) Fallbeispiel

A wird eine Subvention bewilligt. Nachdem die Behörde bemerkt, dass die Gewährung rechtswidrig war, nimmt sie die Subvention nach § 48 VwVfG zurück. Sie trägt vor, aufgrund interner Verwaltungsvorschriften sei sie verpflichtet, rechtswidrig gewährte Subventionen zurückzuverlangen. Die Cousine der A, die in Hannover Jura studiert, meint, die §§ 48 II - IV VwVfG schlössen die Rücknahme zwar nicht aus, die Behörde hätte aber ermessensfehlerhaft gehandelt. Liegt wirklich ein Ermessensfehler vor? 375

1. Ermessensausfall

§ 48 I S. 1 VwVfG ist eine Ermessensnorm. Die Behörde hat Entscheidungsspielraum, ob sie einen rechtswidrigen VA zurücknimmt oder nicht. 376

Ermessensausfall

Im vorliegenden Fall hielt sich die Behörde entgegen § 48 I S. 1 VwVfG für rechtlich gebunden. Aufgrund der Verwaltungsvorschriften hat sie gar nicht in Erwägung gezogen, von der Rücknahme in diesem Einzelfall abzusehen. Es könnte ein Ermessensfehler in Form des Ermessensnichtgebrauches vorliegen.

450 Hierzu unten Rn. 393 ff.

2. Befreiung von der Pflicht zur Ermessensbetätigung

aber: Befreiung von der Pflicht zur Ermessensbetätigung

Die Behörde könnte aber von der Pflicht zur Ermessensbetätigung befreit gewesen sein.

a) Befreiung durch Verwaltungsvorschriften

antizipierter Ermessensgebrauch?

Möglicherweise hat die Behörde gewissermaßen antizipiert von ihrem Ermessen Gebrauch gemacht, indem sie die Verwaltungsvorschriften erlassen hat. 377

Die Ermessensausübung durch Verwaltungsvorschriften unterliegt aber grundsätzlich denselben Schranken wie die „normale" Ermessensausübung. Will eine Norm gerade eine einzelfallgerechte Entscheidung ermöglichen, so ist es unzulässig, wenn sich die Verwaltung dieser Verpflichtung durch abstrakt formulierte Richtlinien antizipiert entzieht.

Weil § 48 I S. 1 VwVfG eine Einzelfallabwägung im Auge hat, wird die Behörde hier nicht von einer Ermessensentscheidung dispensiert.

b) Selbstbindung der Verwaltung

Berufung auf die Selbstbindung?

Möglicherweise kann sich die Behörde darauf berufen, dass sie wegen des Bestehens der Verwaltungsvorschriften auch im Außenverhältnis verpflichtet ist, nach diesen zu verfahren. 378

Die Selbstbindung der Verwaltung, die sich aus dem Gleichheitsgrundsatz, Art. 3 I GG, herleiten lässt, verpflichtet die Behörde aber nur, gleichgelagerte Fälle gleich zu behandeln.

Ob ein Fall aber in tatsächlicher Hinsicht mit einem vorangegangenen vergleichbar ist oder sich durch besondere Umstände wesentlich unterscheidet, lässt sich nur durch eine Einzelfallbetrachtung entscheiden. Im Übrigen kann Art. 3 I GG nur eine Bindung der Behörde zugunsten, aber nicht zum Nachteil des Bürgers begründen.

Auch der Verweis auf die Selbstbindung der Verwaltung kann daher die Verwaltung nicht der Ermessensausübung im Einzelfall entheben.

c) Eine Ausnahme von der Pflicht zur Ermessensbetätigung greift daher nicht ein.

3. Ermessensschrumpfung auf Null

evtl.: Ermessensschrumpfung auf Null?

Da die Behörde mithin ihr Ermessen betätigen musste, ist die von ihr getroffene Entscheidung nur dann rechtmäßig, wenn sie ohnehin nicht anders hätte entscheiden dürfen, wenn also eine Ermessensschrumpfung auf Null vorlag. 379

Von einer solchen Ermessensschrumpfung könnte etwa ausgegangen werden, wenn die Behörde in mehreren gleichgelagerten Fällen die Subvention zurückgenommen hätte. Wegen Art. 3 I GG käme dann auch in diesem Fall keine andere Entscheidung als die Rücknahme in Betracht.

Nachdem der Sachverhalt keine Anhaltspunkte für das Vorliegen eines solchen Sonderfalls enthält, ist davon auszugehen, dass die Behörde bisher noch keine gleichliegenden Fälle in dieser Form entschieden hatte.

Die Rücknahme war daher ermessensfehlerhaft, die Cousine der A hat Recht.

Exkurs: Planungsentscheidungen

aa) Allgemeines

Planungsentscheidungen – Begriff

Die Verwaltung trifft Planungsentscheidungen, um Maßnahmen der staatlichen Verwaltung zu koordinieren und um dem wirtschaftlichen und gesellschaftlichen Bereich des staatlichen Gemeinwesens Impulse zu geben. Die rechtsdogmatische Einordnung von Planungsentscheidungen ist noch immer umstritten. 380

Prozessuales

hemmer-Methode: Der Plan ist keine eigenständige Rechtsform. Die Bestimmung der Rechtsnatur eines Planes wird daher vielfach problematisch sein. Von der Qualifikation hängen die formellen Voraussetzungen für den Erlass sowie der gegen den Plan in Frage kommende Rechtsschutz ab. Für Klausuren eignet sich die Überprüfung von Planungsentscheidungen deshalb besonders gut. Hinzu kommt, dass bei der Prüfung, ob alle für die Planung wesentlichen Belange ordnungsgemäß berücksichtigt wurden, die Fähigkeit zu juristischer Argumentation und Rhetorik demonstriert werden kann.

Im Rahmen einer Anfechtungsklage kann die Überprüfung einer Planungsentscheidung in der Klausur zunächst dann vorkommen, wenn die Planungsentscheidung selber ein VA ist (Planfeststellungsbeschlüsse, z.B. § 9b AtomG sowie Art. 36 BayStrWG). Oftmals wird auch die unterbliebene Beteiligung Planbetroffener problematisch sein.

Häufig wird eine Inzidentprüfung vorzunehmen sein. So etwa, wenn aufgrund eines Bebauungsplanes eine Baugenehmigung erteilt wurde, die nun angefochten wird.

Soweit es um Bebauungspläne geht, ist aber das Normenkontrollverfahren nach § 47 VwGO der prozessuale Normalfall.

bb) Vorgehen in der Klausur

(1) Einhaltung der Verfahrensvorschriften

Verfahrensvorschriften eingehalten?

Wegen der oftmals großen Tragweite planerischer Entscheidungen, ist die Beachtung der Verfahrensvorschriften besonders wichtig. Das VwVfG hält für das Planfeststellungsverfahren in §§ 72 ff. VwVfG und für das förmliche Verwaltungsverfahren in §§ 63 ff. VwVfG Regelungen bereit, die aber evtl. durch Spezialvorschriften in den Fachgesetzen ganz oder teilweise verdrängt werden. 381

Für den Erlass von Bebauungsplänen, die am ehesten Gegenstand einer planungsrechtlichen Klausur sein dürften, gelten die besonderen Verfahrensvorschriften der §§ 2 ff. BauGB.

(2) Gebot der Planrechtfertigung

Grundsatz der Planrechtfertigung

Weil die Planung Rechte Dritter (insb. Art. 14 I GG) berühren kann, muss sie durch gesetzliche Regelungen gerechtfertigt und Umfang und Ausgestaltung des Vorhabens von den Zielbestimmungen dieses Gesetzes her „vernünftigerweise geboten"[451] sein, sog. Planrechtfertigung. 382

451 BVerwGE 56, 110 (118).

hemmer-Methode: An die Planrechtfertigung sind nur geringe Anforderungen zu stellen, vgl. § 1 III BauGB. Ob im Einzelfall die Aufstellung eines Planes gerechtfertigt ist, wird sich im Rahmen einer Klausur allerdings ohnehin kaum jemals abschließend beurteilen lassen können.

Wird erkennbar auf die fehlende Rechtfertigung hingewiesen, ist der Plan schon aus diesem Grunde rechtswidrig.

Die Abwägung selbst kann dann nur noch im Hilfsgutachten überprüft werden.

(3) (Zwingende) Planungsleitsätze und Zielvorgaben

Planungsleitsätze

Die Planung muss mit den gesetzlich vorgeschriebenen Planungsleitsätzen übereinstimmen, z.B. § 1 IV BauGB.[452] Der Planer hat insoweit keinen Gestaltungsspielraum. Die Verletzung der Planungsleitsätze führt ohne weiteres zur Rechtswidrigkeit der Planung. 383

diff.: Zielvorgaben

Von den Planungsleitsätzen sind die Zielvorgaben zu unterscheiden, vgl. z.B. § 1 V, VI BauGB. Sie sind nur i.R.d. Abwägung zu beachten und können aus übergeordneten Gesichtspunkten gegebenenfalls überwunden werden. Sie sind oft als sog. Optimierungsgebote formuliert.

***Bsp.:** § 50 BImSchG „... soweit wie möglich ... “*

(4) Abwägung

Klausurschwerpunkt: Abwägung

Klausurschwerpunkt ist regelmäßig die Frage, ob das Gebot einer gerechten Abwägung beachtet worden ist. Es ist zu untersuchen, ob alle abwägungserheblichen Gesichtspunkte rechtlich und tatsächlich zutreffend ermittelt und ordnungsgemäß gegeneinander und untereinander abgewogen wurden (vgl. § 1 VII BauGB). 384

Mögliche Abwägungsfehler sind:

Abwägungsausfall

(a) Abwägungsausfall: Eine Abwägung fand überhaupt nicht statt.

Abwägungsdefizit

(b) Abwägungsdefizit: In die Abwägung wurden nicht alle von der Planung berührten öffentlichen und privaten Belange einbezogen, die für die Entscheidung Bedeutung haben oder haben können.

Dabei kommt es grundsätzlich auf die Erkennbarkeit für die Behörde an. Naheliegende Alternativen müssen aber auch dann berücksichtigt werden, wenn sie nicht vorgetragen werden.[453] Als problematisch erweist sich hier die Abgrenzung zwischen dem formellen Fehler der fehlerhaften Ermittlung des Abwägungsmaterials nach § 2 III BauGB[454] und dem materiellen Fehler des Abwägungsdefizits.

Hier kann man die Ansicht vertreten, dass das Abwägungsdefizit künftig keinen materiellen Abwägungsfehler i.S.d. § 1 VII BauGB mehr darstellt, sondern nur noch als Verfahrensfehler zu behandeln ist.[455] Dagegen spricht allerdings bereits die Gesetzesbegründung, die ausdrücklich an der Abwägungsfehlerlehre festhalten wollte.

452 Vgl. BVerwG, DVBl. 1985, 899 f.

453 BVerwGE 59, 87.

454 Zum 20.07.2004 neu eingeführt.

455 So bspw. OVG Lüneburg, NVwZ-RR 2005, 10.

Sinnvoll erscheint folgende Abgrenzung: Ein formeller Fehler liegt vor, wenn ein Belang im Vorfeld der Abwägung überhaupt nicht beachtet wurde, hierzu keine Ermittlungen angestellt wurden. Ein Abwägungsdefizit ist gegeben, wenn der Gemeinderat den Belang in der Abwägung wegen vermeintlicher fehlender Relevanz nicht eingestellt hat.[456] Die Abgrenzung zwischen dem Verfahrensfehler nach § 2 III BauGB und dem Abwägungsfehler nach § 1 VII BauGB ist auch im Hinblick auf die Fehlerfolgen wichtig: Der Verfahrensfehler kann nach § 214 I Nr. 1 BauGB unbeachtlich sein, die Relevanz der Abwägungsfehler bestimmt sich hingegen nach § 214 III BauGB.

Abwägungsfehleinschätzung

(c) Abwägungsfehleinschätzung: Die betroffenen öffentlichen oder privaten Belange wurden zwar erkannt, aber in ihrer Bedeutung verkannt.

Abwägungsdisproportionalität

(d) Abwägungsdisproportionalität: Die richtig erkannten und gewichteten Belange wurden in einer Art und Weise zum Ausgleich gebracht, die zu ihrer objektiven Bedeutung außer Verhältnis stehen.

Dabei haben die Belange besonderes Gewicht, die in gesetzlichen Zielvorgaben berücksichtigt worden sind, vgl. oben (3).

hemmer-Methode: Seit Einführung des § 2 III BauGB wird nur noch die Abwägungsdisproportionalität als materieller Fehler im Sinne des § 1 VII BauGB geprüft. Alle anderen Abwägungsfehler werden als formelle Fehler verstanden. Relevant ist dies im Hinblick auf die Fehlerfolge. Während die Relevanz der formellen Fehler sich nach § 214 I Nr. 1 BauGB beurteilt, ist bei materiellen Abwägungsfehlern § 214 III BauGB zu prüfen.[457]

cc) Abwägung und Ermessen

Strukturelle Ähnlichkeit von Ermessen und Abwägung

Ermessensgebrauch und Planung sind strukturell ähnlich. Auch bei einer Ermessensentscheidung kommt es – im untechnischen Sinne zu einer Abwägung. Eine Ermessensentscheidung hängt davon ab, ob die Norm tatbestandlich erfüllt ist, die Planungsentscheidung, ob die Planrechtfertigung vorliegt. Die Arten der Abwägungsfehler korrespondieren mit den möglichen Ermessensfehlern. 385

Unterschiede bestehen aber insofern, als Planungsentscheidungen in der Regel komplexer sind, die Erreichung eines bestimmten Zwecks im Vordergrund steht und sich Voraussetzungen und Rechtsfolgen kaum voneinander trennen lassen.

hemmer-Methode: Trotz dieser Parallelen ist es wichtig, die unterschiedliche dogmatische Verortung stets im Hinterkopf zu behalten. Zeigen Sie auch in ihrer Diktion Kompetenz und vermeiden Sie es, die Begriffe Abwägung und Ermessen zu verwechseln.

dd) Stellung des Einzelnen im Bereich der Planungsverwaltung

hemmer-Methode: Die folgenden Punkte spielen im Bereich der Anfechtungsklage grds. keine Rolle; sie dienen aber der Abrundung des Problemkreises und dem besseren Verständnis von Planungsentscheidungen.

456 So auch J/D/W, § 1 BauGB, Rn. 79; weniger eindeutig J/D/W, § 2 BauGB, Rn. 17.

457 Ausführlich zu den Fehlerfolgen i.R. eines Bebauungsplanes BVerwG, NVwZ 2008, 899 = **Life&Law 2008, 760** sowie **Life&Law 1999, 614 und 698**; s. auch **Hemmer/Wüst, Baurecht Bayern, Rn. 622 ff.**

(1) Kein subjektives Recht auf Planung

kein Recht auf Planung

Der Einzelne hat grundsätzlich kein Recht auf Planung oder Einbeziehung in die Planung, vgl. exemplarisch § 1 III S. 2 BauGB. 386

(2) Plangewährleistung

Plangewährleistungsansprüche?

Unter dem Stichwort Plangewährleistung wird diskutiert, ob sich im Einzelfall ein Anspruch auf Fortbestand des Planes bzw. auf Entschädigung wegen der Änderung eines Planes ergeben kann.[458]

(a) Anspruch auf Aufrechterhaltung eines Planes

Kein Recht auf Aufrechterhaltung des Planes

Da ein Plan seiner Natur nach auf die Zukunft gerichtet ist und sich seine Rahmenbedingungen somit fortentwickeln können, kommt ein Anspruch auf Aufrechterhaltung eines Planes grundsätzlich nicht in Betracht. 387

eventuell Vertrauensschutz

Ausnahmen können sich aus dem Gebot des Vertrauensschutzes ergeben, wenn eine Änderung des Planes im Einzelfall unzumutbar ist. Je nachdem welche Rechtsform der Plan hat, wird Vertrauensschutz in unterschiedlicher Weise gewährleistet (VA: §§ 48, 49 VwVfG; Gesetz: Grenzen der unechten Rückwirkung).

Letztlich wird das Gemeinwohl als Grundlage der Planung das Interesse des Einzelnen regelmäßig überwiegen. Es werden dann höchstens Übergangsregelungen in Betracht kommen.

(b) Entschädigungsansprüche

Entschädigungsansprüche

Entschädigungsansprüche bei Änderung der Planung können sich entweder aus spezialgesetzlichen Regelungen, z.B. §§ 39 ff. BauGB oder aus Regelungen im Plan selbst, sowie deshalb ergeben, weil die Planungsänderung ein enteignender oder enteignungsgleicher Eingriff ist. In den letzteren Fällen findet sich die Rechtsgrundlage für die Entschädigung seit dem Nassauskiesungsbeschluss des BVerfG[459] in Art. 74, 75 EinlPreußALR (Einleitung zum allgemeinen preußischen Landrecht). 388

(3) Anspruch auf fehlerfreie Abwägung

Dem Einzelnen steht kein grundsätzlicher Anspruch auf fehlerfreie Abwägung zu. Wie bei einer Ermessensentscheidung auch ist Voraussetzung, dass die Abwägungsentscheidung gerade auch im Interesse eines von der Allgemeinheit abgrenzbaren Kreises Dritter erfolgt.

> ***Bsp.:*** *Es besteht ein Anspruch auf fehlerfreie Abwägung bei der Aufstellung eines Bebauungsplanes, soweit § 1 VII BauGB ausdrücklich auch private Belange erwähnt.*[460]

Exkurs Ende

458 Vgl. Schwerdtfeger, Rn. 431.

459 BVerfGE 58, 300; vgl. auch **Hemmer/Wüst, Classics Ö-Recht, Fall 80**.

460 BVerwG, NJW 1999, 592 = BayVBl. 1999, 249.

VI. Maßgeblicher Zeitpunkt

1. Anfechtungsklage

Anfechtungsklage: Zeitpunkt der Verwaltungsentscheidung

Auf welchen Zeitpunkt bei der Beurteilung der Sach- und Rechtslage abzustellen ist, kann im Einzelfall problematisch sein. Grundsätzlich bestimmt sich dieser Zeitpunkt nach dem jeweils einschlägigen Recht.[461] Als „Faustregel" kann hiernach gelten: Bei der Anfechtungsklage ist der maßgebliche Zeitpunkt für die Beurteilung der Rechtmäßigkeit derjenige der letzten Behördenentscheidung, also in der Regel der Zeitpunkt des Erlasses des Widerspruchsbescheides, vgl. § 79 I Nr. 1 VwGO.[462] 389

Danach eingetretene Rechts- oder Tatsachenänderungen sind nicht zu berücksichtigen, es sei denn, aus dem materiellen Recht ergibt sich ausnahmsweise etwas anderes (z.B. Gesetzesänderung mit Rückwirkung).

Nach a.A.[463] kommt es stets auf den Zeitpunkt der letzten mündlichen Verhandlung an. Aus dem jeweiligen materiellen Recht könne sich jedoch ergeben, dass Änderungen der Sach- und Rechtslage nach Erlass des VA unbeachtlich sind. Trotz des unterschiedlichen Ausgangspunktes erzielen beide Ansichten die gleichen Ergebnisse, da sie in den Fällen, in denen es „sachlich geboten" ist, Ausnahmen zulassen.

2. Ausnahmen

a) Noch nicht vollzogener VA

Ausnahme: noch nicht vollzogener VA

Fall: *Gegen die Ghanaerin G ist eine Ausweisungsverfügung der zuständigen Ausländerbehörde ergangen. G ist wenig begeistert und wehrt sich mit Widerspruch und Anfechtungsklage. Während das Verfahren noch läuft, wird G in Deutschland eingebürgert. G möchte nun wissen, ob die Einbürgerung vom Gericht bei der Prüfung der Erfolgsaussichten ihrer Klage noch berücksichtigt wird oder ob sie etwa trotz der Einbürgerung ausgewiesen werden kann.* 390

Ist der VA noch nicht vollzogen, legt das Gericht bei seiner Entscheidung die veränderte Sach- oder Rechtslage zugrunde. Maßgeblicher Zeitpunkt ist also die letzte mündliche Verhandlung. Es wird darauf abgestellt, ob angesichts der veränderten Lage die Erfüllung der Verpflichtung billigerweise noch verlangt werden kann.

Würde man im obigen Beispielsfall auf den Zeitpunkt des Erlasses des VA abstellen, ergäbe sich das absurde Ergebnis, dass G nach ihrer Ausweisung (als deutsche Bürgerin) sofort wieder einreisen könnte.

Wichtig: anders jedenfalls im Baurecht

Bsp.: *Die Nachbarin N erhebt gegen eine im Zeitpunkt der Verwaltungsentscheidung rechtswidrige Baugenehmigung Anfechtungsklage. Durch eine Änderung des Bebauungsplanes wird das Vorhaben aber vor der letzten mündlichen Verhandlung rechtmäßig.*

Hier gibt der in Art. 14 GG verwurzelte Genehmigungsanspruch den Ausschlag dafür, dass diese Änderung der Rechtslage zu berücksichtigen ist. Da die Genehmigung sofort wieder erteilt werden müsste, ist eine Anfechtungsklage der N unbegründet.[464]

---

461 BVerwG, NVwZ 2003, 92.

462 Kopp/Schenke, § 113 VwGO, Rn. 29 ff. (31).

463 Ausführlich zum Meinungsstreit: Schenke, Rn. 782 ff.; vgl. auch BVerwG, NVwZ 2008, 437 = **Life&Law 2008, 553**.

464 Vgl. dazu BVerwGE 65, 317.

Ändert sich die Rechtslage dagegen zu Lasten des Bauherrn, ist das nach dem Rechtsgedanken des § 14 III BauGB unbeachtlich.[465] Ein zu irgendeinem Zeitpunkt rechtmäßiges Vorhaben genießt Bestandsschutz, auch wenn es nach einer Änderung der Rechtslage nicht erneut genehmigt werden dürfte.

b) Dauerverwaltungsakte

Ausnahme: Dauer-VAe

Eine weitere Ausnahme gilt bei der Anfechtung von sog. Dauerverwaltungsakten. Dauer-VAe sind VAe, die sich nicht in einem einmaligen Ge- oder Verbot erschöpfen.[466] 391

Wegen der in die Zukunft reichenden Regelung ist auch hier auf die letzte mündliche Verhandlung abzustellen.

Bsp.: *Anfechtung von Verkehrszeichen, deren Regelungsgehalt sich ständig neu aktualisiert und mit der jeweiligen Sach- und Rechtslage vereinbar sein muss.*[467]

c) Sonderfall: Gewerbeuntersagung, § 35 GewO

Ausnahme von der Ausnahme: § 35 GewO

W wird von der zuständigen Behörde die weitere Tätigkeit als Lebensmittelverkäufer untersagt. Wegen seiner erheblichen Rückstände bei der Steuerzahlung sei er unzuverlässig. W ficht die Gewerbeuntersagung an. Im Laufe des Verfahrens bezahlt er seine Steuerrückstände. Er meint, jetzt könne die Gewerbeuntersagung wohl keinesfalls noch gehalten werden. 392

Die Gewerbeuntersagung ist ein VA, der sich nicht in einem einmaligen Verbot erschöpft. Sie ist vielmehr auf eine gewisse Zeit angelegt. Es handelt sich um einen Dauerverwaltungsakt.

Grundsätzlich gilt für Dauerverwaltungsakte, dass es nicht auf den Zeitpunkt des Erlasses ankommen kann. Der VA erneuert sich ja gewissermaßen zu jedem Zeitpunkt neu. Es muss daher auch berücksichtigt werden, ob er zum jeweiligen neuen Zeitpunkt noch rechtmäßig hätte ergehen können. Nach dieser Grundregel wäre die Anfechtungsklage des W hier erfolgreich.

Bei § 35 GewO muss aber anderes gelten. Gem. § 35 VI GewO ist die Wiedergestattung des Gewerbes von einem Antrag an die zuständige Behörde abhängig. § 35 VI GewO normiert also eine besondere Verfahrenskonstellation, die spezieller ist als die bei Dauer-VAen geltenden allgemeinen Grundsätze. Nach der neueren Rspr. des BVerwG,[468] das die Gewerbeuntersagung allerdings auch nicht als Dauer-VA sieht, überprüft das Gericht die Gewerbeuntersagung nur auf ihre Rechtmäßigkeit im Zeitpunkt der letzten Behördenentscheidung. Eine Änderung der Sachlage kann nur durch den Antrag auf Wiedergestattung der Gewerbeausführung nach § 35 VI GewO geltend gemacht werden.

Folgt man dem, so ergibt sich allerdings das seltsame Ergebnis, dass die Anfechtungsklage des W zwar erfolglos wäre, eine sofortige Durchführung des Antragsverfahrens nach § 35 VI GewO aber zur Wiedergestattung führen würde.

In der Literatur wird daher die Rspr. des BVerwG kritisiert, da die Wiedergestattung der Gewerbeausübung sachlich nichts anderes sei als der Widerruf der Gewerbeuntersagung.[469] Vertretbar ist es daher auch, schon die Anfechtungsklage des W „durchgehen" zu lassen und ihn nicht auf den wenig verfahrensökonomischen Weg eines Verpflichtungswiderspruchsverfahrens zu verweisen.

465 BVerwG, DÖV 1970, 135; BVerwG, NVwZ 1998, 1179; Kopp/Schenke, § 113 VwGO, Rn. 42.

466 Schmitt Glaeser/Horn, Rn. 526.

467 BayVGH, Urteil vom 03.07.2015 – 11 B 14.2809 = Life&Law 2016, Heft 2 = jurisbyhemmer.

468 E 65, 1.

469 Maurer, § 11, Rn. 52 a.E.

hemmer-Methode: Sie haben sicherlich bemerkt, dass die hier aufgeführten Ausnahmen in der Praxis wie auch in der Klausur nicht den Regelfall darstellen. Entsprechend dürfen Sie hier auch nicht langatmig problematisieren. Ansprechen sollten Sie diesen Prüfungspunkt nur, wenn sich nach der letzten Behördenentscheidung „noch etwas getan" hat. Längere Ausführungen sind allenfalls bei Konstellationen wie der Unterausnahme des § 35 VI GewO angebracht.
Im Übrigen gilt auch hier: Denken Sie nicht schematisch. Überlegen Sie, welches Rechtsschutzziel der Kläger verfolgt (Auslegung des Klageantrags). Will der Kläger einen rechtsgestaltenden VA beseitigt wissen, kann denklogisch allein der Zeitpunkt des Erlasses für die Beurteilung der Rechtmäßigkeit maßgebend sein. Dagegen müssen bei VA-en mit Dauerwirkung spätere Änderungen zugunsten des Klägers mit in die Prüfung eingestellt werden.

3. Zulässigkeit des Nachschiebens von Gründen 393

Nachschieben von Gründen ist problematisch

Hat die obige Prüfung ergeben, dass der gerichtlichen Entscheidung die Sach- und Rechtslage zum Zeitpunkt der letzten Behördenentscheidung zugrunde zu legen ist, ergibt sich oft ein weiteres Problem: Die Behörde fürchtet, dass die bisher vorgebrachten Gründe für die Rechtmäßigkeit des VAs nicht hinreichend sind und bringt im gerichtlichen Verfahren weitere vor. Bei der Problematik, ob dieses Nachschieben von Gründen durch die Behörde zulässig ist, geht es also nicht um nachträglich entstandene, sondern um bereits existierende, aber erst nachträglich vorgebrachte Tatsachen.

hemmer-Methode: Für Ihre Klausur heißt das, dass der VA zunächst auf seine Rechtmäßigkeit ohne Beachtung der nachgeschobenen Gründe zu untersuchen ist. Kommt es dem Klausurersteller darauf an, dass Sie zur Zulässigkeit des Nachschiebens von Gründen Stellung nehmen, dürfte sich ergeben, dass der VA ohne die später vorgebrachten Gründe eindeutig rechtswidrig ist. Denn nur dann ist es wesentlich, ob die nachgeschobenen Gründe bei der Entscheidung des Verwaltungsgerichts noch berücksichtigt werden dürfen.

Ob das Nachschieben von Gründen im Verwaltungsprozess zulässig ist, ist umstritten. 394

a) Nachschieben grundsätzlich zulässig

h.M.: grundsätzlich zulässig

Die h.M. geht davon aus, dass grundsätzlich das Nachschieben von Gründen im Verwaltungsprozess möglich ist. Da das Gericht den angefochtenen VA unter allen rechtlichen und tatsächlichen Gründen zu prüfen hat (Untersuchungsgrundsatz, § 86 I VwGO), muss der VA auch dann aufrechterhalten werden, wenn er sich auf andere als die von der Behörde vorgebrachten Gründe stützen lässt. Dabei kommt es nicht darauf an, ob das Gericht die Tatsachen selbst ermittelt oder ob sie von der Verwaltung vorgebracht werden und so in das Verfahren eingehen. 395

Die h.M. dient auch der Prozessökonomie, da die Verwaltung auf jeden Fall nicht gehindert wäre, einen neuen, richtig begründeten VA zu erlassen, gegen den dann wiederum Klage zu erheben wäre.[470] Ein Nachschieben der materiellen Begründung ist daher prinzipiell zuzulassen.

b) Ausnahme für Ermessensentscheidungen?

Ausnahme bei Ermessensentscheidungen?

Bei Ermessensentscheidungen ist strittig, ob die Ausgangsbehörde den VA mit nachgeschobenen Gründen ergänzen darf. 396

470 Schmitt Glaeser/Horn, Rn. 531.

Jedenfalls sind folgende Grenzen zu beachten:

⇨ Wesensänderung des VA

nicht bei Wesensänderung

Jedenfalls darf der VA durch das Nachschieben der Gründe keine Wesensänderung erfahren (z.B. Erschließungsbeitragsbescheid wird nachträglich auf ein anderes Grundstück bezogen). Eine Auswechslung der Rechtsgrundlage mit anderer Begründung ist nur möglich, wenn die neue Vorschrift Ausdruck desselben gesetzgeberischen Zieles ist, wenn sie keine andersartige Ermessensbetätigung erfordert, kein besonderes Verfahren verlangt und zu keinen nachteiligeren Folgen führt.[471] Für den Fall, dass die ursprüngliche Regelung in eine neue Regelung umgedeutet wird, sind im Übrigen die Anforderungen des § 47 VwVfG zu beachten.[472]

⇨ Rechtsschutzbeeinträchtigung

nicht bei Rechtsschutzbeeinträchtigung

Für die h.L.[473] ist die Grenze der Zulässigkeit des Nachschiebens auch dann erreicht, wenn der Rechtsschutz des Klägers verkürzt wird.

Das sollte im Allgemeinen schon dann der Fall sein, wenn dem Betroffenen durch das Nachschieben die Möglichkeit genommen würde, die Zweckmäßigkeit dieser neuen Erwägungen i.R.d. Widerspruchsverfahrens überprüfen zu lassen.

Der Rechtsschutz des Bürgers sei dann verkürzt, da das Gericht die Zweckmäßigkeit der Ermessensüberlegungen nicht selbst überprüfen darf, § 114 S. 1 VwGO. Nach der früher h.M. musste der ohne das Nachschieben von Gründen rechtswidrige VA vom Gericht aufgehoben werden. Die Behörde hatte dann aber die Möglichkeit, den VA nochmals zu erlassen. Der Bürger konnte dagegen wiederum mit der Anfechtungsklage vorgehen, sodass sich das Gericht ein zweites Mal mit der Sache befassen musste.

Ausnahme von der Ausnahme: kein Unterlaufen der Zweckmäßigkeitskontrolle möglich

Das Nachschieben von Gründen sei aber (als Ausnahme der Ausnahme) dann zulässig, wenn keine Gefahr besteht, dass die Zweckmäßigkeitskontrolle unterlaufen wird. Das ist etwa dann der Fall, wenn Ausgangsbehörde und Widerspruchsbehörde identisch sind[474] oder wenn die Widerspruchsbehörde auf die Prüfung der Rechtmäßigkeit beschränkt ist.

Nach der Ansicht des BVerwG[475] stehen diese Rechtsschutzerwägungen dem Nachschieben von Gründen nicht im Wege. Durch die Nachbesserung der Ermessensgründe würde der VA nicht nachträglich rechtmäßig. Es handele sich vielmehr um einen neuen VA. Der Kläger hat dann ein Wahlrecht, die Klage auf diesen neuen VA zu erstrecken bzw. die Klage für erledigt zu erklären. Geht er den zweiten Weg, bleibt sein Rechtsschutz in vollem Umfang erhalten, da nunmehr ein neues Widerspruchsverfahren durchzuführen ist.

Der obige Meinungsstreit hat sich durch die Einführung des § 114 S. 2 VwGO[476] nicht erledigt. Hier ist nun aus Gründen der Prozessökonomie ausdrücklich geregelt, dass die Verwaltungsbehörden ihre Ermessenserwägungen auch noch im Verwaltungsprozess ergänzen dürfen.

471 Noch strenger Kopp/Schenke, § 113 VwGO, Rn. 67 a.E.

472 Schmitt Glaeser/Horn, Rn. 534.

473 Pietzner-Ronellenfitsch, § 38, Rn. 11 m.w.N.

474 BVerwG, DVBl. 1982, 304.

475 DVBl. 1990, 1350.

476 I.R.d. 6. VwGOÄndG, in Kraft getreten zum 01.01.1997.

Zur Beschleunigung des verwaltungsgerichtlichen Verfahrens wird nun der „Umweg" des Neuerlasses und des erneuten Prozesses vermieden, indem die Behörde auch bei Ermessensverwaltungsakten Gründe ergänzen darf. Der Rechtsstreit wird damit im „ersten Anlauf" vollständig unter allen Gesichtspunkten entschieden.

§ 114 S. 2 VwGO keine Regelung zur materiellrechtlichen Zulässigkeit des Nachschiebens von Gründen

§ 114 S. 2 VwGO regelt allerdings nur die prozessuale Geltendmachung eines materiell-rechtlich zulässigen Nachschiebens von Gründen. Das Nachschieben der Gründe als solches ist eine Frage des materiellen Verwaltungsrechts, für das der Bund nach Art. 70 ff., 83 f. GG keine eigene umfassende Regelungskompetenz hat.[477]

hemmer-Methode: Achten Sie auf den Wortlaut des Gesetzes. § 114 S. 2 VwGO lässt nicht unbeschränkt ein Nachschieben, sondern nur eine Ergänzung zu.[478] Damit hat sich durch die Neufassung des § 114 S. 2 VwGO der Meinungsstreit eben nur teilweise erledigt. Sie müssen ihn weiterhin kennen und sollten ihn in der Klausur auch kurz darstellen, bevor Sie auf § 114 S. 2 VwGO eingehen. Der Meinungsstreit muss zwingend dargestellt werden, wenn es nicht um eine bloße Ergänzung der Begründung, sondern um einen völligen Austausch geht. Dann sollte der Meinung des BVerwG gefolgt und der Erlass eines neuen VA angenommen werden.
In Folge dessen soll jedes Nachschieben von Ermessenserwägungen den Erlass eines neuen VAs darstellen.[479] § 114 S. 2 VwGO ist nach dieser Ansicht schon aus Kompetenzgründen keine materielle Regelung, die ein Nachschieben von Gründen zulässt, sondern ein Fall der gesetzlich statuierten Klageänderung.[480] Gegen diese Auslegung spricht aber die eindeutige gesetzgeberische Absicht.[481]

c) Vorgehen in der Klausur

Klausurtechnik

aa) Zunächst ist der für die Beurteilung der Rechtmäßigkeit maßgebliche Zeitpunkt zu klären. 397

bb) Ist der Zeitpunkt der letzten Behördenentscheidung maßgebend, ist die Rechtmäßigkeit des angegriffenen VAs zunächst ohne Berücksichtigung der nachgeschobenen Gründe zu untersuchen.

cc) Ist der VA rechtswidrig, so kommt es darauf an, ob die nachgeschobenen Gründe noch berücksichtigt werden können.

Hier ist festzustellen, dass das Nachschieben von Gründen grundsätzlich zulässig ist. Dies gilt wegen § 114 S. 2 VwGO auch bei Ermessensentscheidungen, soweit es sich um eine bloße Ergänzung der Begründung handelt. Handelt es sich um einen völligen Austausch der Gründe muss der Meinungsstreit ausführlich dargestellt werden. Es kann dann mit dem BVerwG auch der Neuerlass eines VA angenommen werden.

hemmer-Methode: Verwechseln Sie nicht die Frage nach dem maßgeblichen Zeitpunkt der Verwaltungsentscheidung mit der Frage der Zulässigkeit des Nachschiebens von Gründen. 398
Der maßgebliche Zeitpunkt ist – sofern er problematisch ist – zu Beginn der materiellen Prüfung des VA festzustellen.
Die Zulässigkeit des Nachschiebens von Gründen wird erst dann relevant, wenn der VA im maßgeblichen Zeitpunkt rechtswidrig war, gehört also regelmäßig an das Ende der materiellen Prüfung.

---

477 Kopp/Schenke, § 113 VwGO, Rn. 70; so auch BVerwGE 85, 156; BVerwG, Urteil vom 20.06.2013 – 8 C 46/12 = Life&Law 2014, 40.

478 Vgl. BVerwG, NVwZ 2008, 1024 = **Life&Law 2008, 753**; BayVGH, BayVBl. 1999, 627.

479 Kopp/Schenke, § 113 VwGO, Rn. 70; so auch BVerwGE 85, 156 und VG München, BayVBl. 1998, 505 für den Fall des Ermessensausfalls.

480 Kopp/Schenke, § 113 VwGO, Rn. 72.

481 Vgl. BT-Dr. 13/1433, S. 13.

VII. Rechtsverletzung des Klägers

1. Normalfall

Obersatz: Rechtswidrigkeit und Rechtsverletzung

Aus § 113 I S. 1 VwGO folgt, dass die Anfechtungsklage erst dann begründet ist, wenn der VA objektiv rechtswidrig ist und (subjektiv) dadurch gerade Rechte des Klägers verletzt. 399

Adressat: unproblematisch

Daher ist die Rechtsverletzung beim Adressaten eines rechtswidrigen VAs grundsätzlich unproblematisch. Haben Sie die Rechtswidrigkeit des VAs festgestellt, so genügt der Hinweis, dass durch den VA dem Betroffenen ein ihm ursprünglich zustehendes subjektiv-öffentliches Recht – und sei es nur das aus Art. 2 I GG – entzogen wird.

hemmer-Methode: Achten Sie schon bei der Formulierung des Obersatzes der Begründetheitsprüfung darauf, dass Sie das gesamte Prüfungsprogramm vorstellen:
Die Anfechtungsklage ist begründet, wenn sich die Klage gegen den richtigen Beklagten richtet, der VA objektiv rechtswidrig ist und dadurch Rechte des Klägers verletzt werden.

2. Drittbeteiligungsfälle

Drittbeteiligung

Schwieriger liegt es in Fällen der Drittbeteiligung: 400

gerügte Normen: Klagebefugnis

Auf die Verletzung welcher Normen sich der Kläger beruft, haben Sie schon in der Klagebefugnis erörtert.

Verletzung der Norm

I.R.d. Begründetheitsprüfung haben Sie zunächst festgestellt, dass das Verwaltungshandeln die Norm auch objektiv verletzt hat.

Schutznorm zugunsten des Klägers?

Letzter Prüfungspunkt ist, ob es sich tatsächlich um eine Schutznorm zugunsten des Klägers handelt und gerade ein geschütztes Interesse des Klägers verletzt worden ist.

a) Schutznorm oder objektives Recht

Schutznorm oder Norm des objektiven Rechts

Die Verletzung eigener Rechte des Klägers setzt zunächst voraus, dass die verletzte Norm dem Schutz des Einzelnen dient. (Vgl. dazu die Darstellung i.R.d. Klagebefugnis, Rn. 117 ff.) 401

nur objektive Rechtsverletzung gerügt: Klage unzulässig

Es stellt dem Kläger gegenüber keine Rechtsverletzung dar, wenn nur eine Norm objektiven Rechts verletzt wurde. Wird nur eine Verletzung objektiven Rechts geltend gemacht, entfällt schon die Klagebefugnis. Die Klage ist unzulässig. Zur Prüfung der Rechtswidrigkeit kommt man nur im Hilfsgutachten.

nur objektives Recht verletzt: Klage unbegründet

Ist die Klagebefugnis gegeben, weil die Verletzung einer drittschützenden Vorschrift zumindest denkbar und damit die Klage zulässig ist, prüft das Gericht den VA unter sämtlichen rechtlichen Gesichtspunkten. Dann kann sich ergeben, dass der VA nur objektives Recht verletzt, die geltend gemachte Verletzung eines subjektiven Rechts des Klägers dagegen nicht vorliegt. Die Klage ist dann als unbegründet abzuweisen.

hemmer-Methode: Vergegenwärtigen Sie sich den Zusammenhang zwischen Klagebefugnis und Rechtsverletzung i.R.d. Begründetheit: Beide betreffen dieselbe Sachfrage. Die Zulässigkeitsprüfung ist aber „großzügiger". Die Rechtswidrigkeit des VA wird unterstellt und auf dieser Grundlage gefragt, ob das vom Kläger behauptete Recht möglicherweise beeinträchtigt ist.
Neben der Frage der Rechtmäßigkeit oder Rechtswidrigkeit muss also i.R.d. Begründetheit auch entschieden werden, ob die geltend gemachten Rechte wirklich bestehen und wirklich beeinträchtigt sind.

b) Schutz zugunsten des Klägers

Schutz gerade des Klägers?

Ist festgestellt, dass es sich um eine (auch) im Individualinteresse bestehende Norm handelt, heißt das noch nicht, dass der Kläger in den Schutzbereich der Norm fällt. 402

Dass Rechte anderer Beteiligter oder sonstiger Dritter verletzt werden, stellt dem Kläger gegenüber keine Rechtsverletzung dar, auch wenn nicht auszuschließen ist, dass ohne die Verletzung der Rechte der betroffenen Dritten die Entscheidung auch für den Kläger günstiger ausgefallen wäre.[482]

> ***Bsp.:*** *Hat die Gemeinde entgegen § 36 I S. 1 BauGB ihr Einvernehmen vor Erteilung der Baugenehmigung nicht erklärt, so liegt keine Rechtsverletzung des Nachbarn vor, da diese Norm nicht in seinem Interesse besteht. Eine Anfechtungsklage des Nachbarn wäre erfolglos, die der Gemeinde hingegen erfolgreich.*

3. Keine Rechtsverletzung wegen §§ 46, 47 VwVfG

a) Unbeachtlichkeitsregelung des § 46 VwVfG

§ 46 VwVfG: formeller Fehler evtl. unbeachtlich

Trotz formeller Rechtswidrigkeit ist die Anfechtungsklage unbegründet, wenn der Fehler gemäß § 46 VwVfG unbeachtlich ist. 403

Dem Gericht steht dann bezüglich der Aufhebung des VA auch kein Ermessen zu.

hemmer-Methode: Beachten Sie, dass die Heilungsmöglichkeit des § 45 VwVfG bereits oben nach der Prüfung der formellen Rechtswidrigkeit zu behandeln ist. Durch die Heilung nach § 45 VwVfG wird der VA rechtmäßig, während er bei § 46 VwVfG rechtswidrig bleibt, dies aber unbeachtlich für die Rechtsverletzung ist.

aa) Beispiele für Fehler i.S.d. § 46 VwVfG

Einzelfälle

Als Verfahrensfehler in diesem Sinne kommen etwa in Betracht: 404

- ⇨ unterbliebene Mitwirkungen Dritter,
- ⇨ Beteiligung befangener Amtsträger,
- ⇨ fehlende örtliche (nicht aber sachliche!) Zuständigkeit,
- ⇨ fehlende Anhörung,
- ⇨ fehlende Begründung

482 Kopp/Schenke, § 113 VwGO, Rn. 26 mit Nachw. aus der Rspr.

bb) Voraussetzungen des § 46 VwVfG

§ 46 VwVfG gilt grundsätzlich sowohl bei gebundenen Entscheidungen als auch bei Ermessensentscheidungen. Voraussetzung ist, dass der Fehler offensichtlich die Entscheidung in der Sache nicht beeinflusst hat. Dies wird bei Ermessensentscheidungen aber oft nicht auszuschließen sein.[483]

hemmer-Methode: Der Aufbau der Falllösung macht bei § 46 VwVfG insofern Schwierigkeiten, als die Frage der Beachtlichkeit des formellen Fehlers von der materiellen Rechtslage abhängt. Es empfiehlt sich deshalb, § 46 VwVfG erst bei der Frage der subjektiven Rechtsverletzung anzusprechen. Dafür spricht auch, dass der VA bei Vorliegen der Voraussetzungen des § 46 VwVfG nicht rechtmäßig wird, sondern lediglich seine Aufhebung nicht mehr verlangt werden kann.

b) Umdeutung nach § 47 VwVfG

Rechtsnatur der Umdeutung

Bei der Umdeutung wird (anders als bei der Heilung nach § 45 VwVfG) die durch den rechtswidrigen oder nichtigen VA getroffene Regelung durch eine andere ersetzt. Die Umdeutung ist selbst kein VA;[484] sie tritt kraft Gesetzes ein. **406**

Es handelt sich also nicht um einen behördlichen Gestaltungsakt, sondern vielmehr lediglich um die Erkenntnis des richtigen Regelungsgehaltes. Eine Umdeutung kann nach h.M. auch durch das Gericht festgestellt werden.[485]

neuer VA muss rechtmäßig sein

Der neue VA muss dabei denselben Zielen und Interessen dienen wie der alte. Nicht erforderlich ist allerdings inhaltliche Identität.[486] Die formellen Voraussetzungen, die die Behörde auch bei Erlass des umzudeutenden VA beachten musste, müssen erfüllt sein. Nicht zulässig ist folglich die Umdeutung in einen VA, bei dessen Erlass eine andere Behörde mitwirken muss.[487]

keine Umdeutung in Ermessens-VA

Nach § 47 III VwVfG ist die Umdeutung einer gebundenen Entscheidung in einen Ermessens-VA unzulässig, da Ermessensausübung voraussetzt, dass die Behörde sich ihres Entscheidungsspielraumes bewusst ist. Eine Ausnahme erkennt die h.M. bei der Ermessensreduzierung auf Null an.

hemmer-Methode: § 47 VwVfG kommt (anders als § 46 VwVfG) in Klausuren äußerst selten vor. Falls doch, wird Sie der Sachverhalt eindeutig auf die Problematik hinweisen, z.B.: „Zwar mag der erlassene VA evtl. nicht rechtmäßig sein. Jedenfalls stecke in ihm aber ein „lebensfähiger“ anderer VA, was für die Rechtmäßigkeit genüge“.
In diesen Fällen müssen Sie in der Klausur zunächst feststellen, dass sich der VA unter keinem rechtlichen Gesichtspunkt – auch mit einer anderen als der von der Behörde behaupteten Rechtsgrundlage – als rechtmäßig aufrechterhalten lässt.
Denn nur rechtswidrige (oder nichtige, str.) VAe dürfen umgedeutet werden. Ist die Umdeutung möglich, ist die Klage also trotz ursprünglich rechtswidrigen VAs als unbegründet abzuweisen.

Bsp.: *Ein stattgebender Widerspruchsbescheid, der die rechtswidrig erlassene Baugenehmigung aufhebt, ist seinerseits rechtswidrig, wenn der zugrunde liegende Widerspruch des Nachbarn mangels Verletzung einer drittschützenden Norm unbegründet war. Kann dieser rechtswidrige Widerspruchsbescheid in eine Rücknahme nach § 48 VwVfG umgedeutet werden?*

---

483 Vgl. Kopp/Ramsauer, § 46 VwVfG, Rn. 32 ff.

484 BVerwG, DVBl. 1984, 431; a.A. Kopp, bis 6. Auflage, § 47 VwVfG, Rn. 4, jetzt wie die h.M. Kopp/Ramsauer, § 47 VwVfG, Rn. 8 ff.

485 Kopp/Ramsauer, § 47 VwVfG, Rn. 10.

486 VGH Mannheim, NVwZ 1985, 349; Kopp/Ramsauer, § 47 VwVfG, Rn. 13.

487 Kopp/Ramsauer, § 47 VwVfG, Rn. 17.

Gegen die Umdeutung spricht bereits, dass die Widerspruchsbehörde (i.d.R.) nicht für die Rücknahme zuständig ist, da diese Kompetenz nur die Ausgangsbehörde besitzt. Die Rücknahme durch die Widerspruchsbehörde wäre also wiederum rechtswidrig, eine Umdeutung ist somit nicht möglich, vgl. § 47 I VwVfG. Die Umdeutung scheitert zudem an § 47 III VwVfG, da die Rücknahme nach § 48 VwVfG eine Ermessensentscheidung ist, während der Widerspruchsbescheid eine gebundene Entscheidung darstellt.

Erfolgt die Umdeutung im gerichtlichen Verfahren durch das VG, muss das Gericht dem Kläger einen richterlichen Hinweis geben, damit dieser sich entscheiden kann, ob er seine Anfechtungsklage gegen den umgedeuteten VA weiterverfolgen will oder ob er seine bisherige Anfechtungsklage für erledigt erklärt.[488]

E) Sonderfälle

I. Anfechtungsklage gegen VAe mit Zusätzen – Problematik der Nebenbestimmungen

1. Zulässigkeit, insbesondere Statthaftigkeit der Klage

schwierige Fragestellung

Unechte Nebenbesh. / Befristung / Bedingung / Auflage / Nebenbestimmung / 1. Qualifikation / 2. Rechtsschutzform / Nicht-Nebenbestimmung / Kein Regelungsgehalt / Inhaltsbestimmung / Teilgenehmigung / Modifizierte Gewährung

Der Rechtsschutz gegen Nebenbestimmungen gehört zu den kompliziertesten und unüberschaubarsten Bereichen des Verwaltungs- bzw. Verwaltungsprozessrechts. Es fällt schon schwer, die vielen Begriffe, die Nebenbestimmungen bzw. Nicht-Nebenbestimmungen beschreiben, auseinander zu halten und in den richtigen rechtlichen Kontext einzuordnen. Schon die Frage „Um was handelt es sich hier eigentlich?“ (Qualifikationsproblem) bereitet daher in der Klausur erhebliche Schwierigkeiten. Ist dieses Qualifikationsproblem geklärt, muss immer noch die Frage „Wie gehe ich nun vor?“ (richtige Rechtsschutzform) beantwortet werden. Lassen Sie sich vom „Begriffswust“ der Problematik nicht abschrecken! Wer in der Klausur die Problemstellung korrekt aufwirft und sauber argumentiert, sollte auch in diesem Bereich keine Schwierigkeiten haben. 407

hemmer-Methode: Der hier verwendete Begriff „Zusätze“ umfasst als Oberbegriff sowohl Regelungen, die unter den Begriff der Nebenbestimmung nach § 36 VwVfG fallen, als auch Regelungen, die zwar dem VA beigefügt sind, aber keine echten Nebenbestimmungen i.S.d. § 36 VwVfG sind. Die Verwendung des Wortes „Zusatz“ empfiehlt sich auch in der Klausur, wenn der Bearbeiter gutachtlich zu klären hat, ob überhaupt eine Nebenbestimmung vorliegt.

Problem: isolierte Anfechtung möglich?

alternativ: Verpflichtungsklage auf Erlass eines neuen VA ohne Zusätze.

Das eigentliche prozessuale Problem bei der Diskussion um die Nebenbestimmungen, das man nie aus den Augen verlieren sollte, ist bei der Prüfung der richtigen Klageart die Frage, ob eine (isolierte) Anfechtungsklage das richtige Mittel ist, gegen einen Zusatz vorzugehen. Als alternative Klageart ist immer an die Verpflichtungsklage auf Erlass eines neuen VA ohne Zusätze zu denken. 408

Diese Grundfrage lässt sich nicht für alle Nebenbestimmungen einheitlich mit ja oder nein beantworten. Es ist deshalb schon i.R.d. Zulässigkeit bei der Festlegung der Klageart erforderlich zu klären, ob überhaupt eine und, wenn ja, welche Art von Nebenbestimmung vorliegt.

488 Kopp/Ramsauer, § 47 VwVfG, Rn. 39.

Über diese rein prozessuale Frage hinaus wird vom Klausurbearbeiter die richtige Einordnung der Nebenbestimmung in die Begrifflichkeit von § 36 VwVfG erwartet. Je nachdem, welche Einordnung der Bearbeiter getroffen hat, ergeben sich dann unterschiedliche Konsequenzen für die richtige Klageart.

hemmer-Methode: In diesem Zusammenhang ist es nicht notwendig, die gesamte prozessuale Problematik des Rechtsschutzes gegen Nebenbestimmungen mit allen Schwankungen der Rechtsprechung zu beherrschen. Es genügt vielmehr, wenn knapp begründet wird, welche Klageart die richtige ist. Viele von der Rechtsprechung i.R.d. Klageart aufgeworfene Probleme sind solche der Begründetheit und sollten daher – wenn überhaupt – auch nur dort diskutiert werden.

a) Keine Nebenbestimmungen im Rechtssinne

isolierte Anfechtung nur bei echten Nebenbestimmungen

Die besonderen Probleme des Rechtsschutzes gegen Nebenbestimmungen tauchen gar nicht auf, wenn es sich bei dem Zusatz zum erwünschten VA gar nicht um eine Nebenbestimmung im Rechtssinne handelt, sondern nur der Schein einer Nebenbestimmung vorliegt. 409

In diesen Fällen kommt eine (isolierte) Anfechtungsklage nicht in Frage. Es ist nichts da, was der Kläger durch Anfechtung aus der Welt schaffen kann. Seinem Begehren entspricht nur eine Verpflichtungsklage auf Erlass eines VA in der von ihm gewünschten Form.

Keine Nebenbestimmungen liegen in folgenden Fällen vor:

aa) Bloß begriffliches Vorliegen einer Nebenbestimmung

Nebenbestimmung liegt nur begrifflich vor

Zum Teil werden Verwaltungsakte vom Gesetz oder durch eine Behörde mit der durch § 36 VwVfG für Nebenbestimmungen „besetzten“ Terminologie bezeichnet. 410

Bsp.: *Nach § 15 I VersG kann eine Versammlung unter freiem Himmel von bestimmten Auflagen abhängig gemacht werden. Eine Versammlung unter freiem Himmel ist aber nicht genehmigungsbedürftig, erforderlich ist nur ihre Anmeldung. Ein gestattender VA ergeht daher gar nicht. Die „Auflagen“ nach § 15 I VersG sind daher keine Auflagen im Rechtssinne, sondern selbstständige, belastende VAe, die unproblematisch mit der Anfechtungsklage angegriffen werden können.*

Hierher gehört auch der Fall, dass eine Behörde einem Bürger die „Auflage“ macht, die Verkehrssicherheit seines Kfz wiederherzustellen. Auch hier handelt es sich um einen normalen belastenden VA, gegen den Widerspruch und Anfechtungsklage gegeben sind. Die falsche Begrifflichkeit rührt hier nicht vom Gesetz, sondern von der handelnden Behörde her.

hemmer-Methode: Dieser Fall ist allerdings nicht zu verwechseln mit der Konstellation, dass die Behörde eine echte Nebenbestimmung erlässt, diese aber falsch bezeichnet, also etwa eine Bedingung als „Auflage“ bezeichnet.

bb) Bloßer Hinweis auf die Rechtslage

Zusatz ohne Regelungsgehalt

Wird in einem Zusatz nur auf die bestehende Rechtslage hingewiesen, so hat dieser Zusatz keinen eigenen Regelungsgehalt. 411

Bsp.: *Ein Pass wird mit dem Zusatz erteilt, die Gültigkeit des Passes erlösche in zehn Jahren. Hier wird nur festgestellt, was gem. § 5 I PaßG ohnehin bindendes Recht ist. Der Zusatz hat keinen Regelungsgehalt. Eine Nebenbestimmung liegt nicht vor.*

cc) Bloße Inhaltsbestimmung

Inhaltsbestimmung: nur Erläuterung der Reichweite des Haupt-VA

Bestimmt der Zusatz nur die Reichweite des Hauptverwaltungsak- 412
tes, so kommt ihm ebenfalls kein eigener Regelungsgehalt zu.

Eine selbstständige Anfechtungsklage gegen die Inhaltsbestimmung ist nicht zulässig, da der VA ohne diese Inhaltsbestimmung nicht aufrechterhalten werden könnte, weil er zu unbestimmt würde.

Bsp.: *Eine Baugenehmigung enthält genaue Angaben über die überbaubare Grundstücksfläche sowie die einzuhaltenden Abstände zu den Grundstücksgrenzen. Diese Angaben bestimmen nur den Inhalt der Genehmigung.*

Überschreitet der Bauherr nun beim Bau den nach der Baugenehmigung zulässigen Mindestabstand, so verstößt er nicht gegen die Auflage, etwa mindestens fünf Meter Seitenabstand zum angrenzenden Grundstück zu wahren, sondern er baut ohne Genehmigung. Richtiges Rechtsmittel gegen diese Beschränkungen wäre dann die Verpflichtungsklage auf Erteilung einer Baugenehmigung (eventuell i.V.m. einem Dispens), die einen geringeren Seitenabstand vorsieht.

dd) Teilgenehmigung

Teilgenehmigung: Gestattung eines minus

Bei der Teilgenehmigung bleibt das von der Behörde Gewährte hin- 413
ter dem Beantragten zurück. Der Antragsteller erhält ein minus, das vom Antrag mitumfasst ist. Auch hier liegt nur eine Regelung vor.[489]

Bsp.: *Es wird eine Subvention in Höhe von 100.000,- € beantragt, bewilligt werden aber nur 80.000,- €.*

ee) Modifizierte Gewährung

(1) Allgemeines

modifizierte Gewährung: Gestattung eines aliud

Von der Teilgenehmigung zu unterscheiden ist die modifizierte Ge- 414
währung. Hier erhält der Antragsteller nicht mehr das, was er ursprünglich beantragt hat, sondern etwas anderes, ein aliud. Das tatsächlich Gewährte wird vom ursprünglich Beantragten auch nach Auslegung nicht mehr gedeckt. An sich müsste die Behörde den Antrag zurückweisen und den Antragsteller nach § 25 S. 1 VwVfG darauf hinweisen, einen neuen Antrag zu stellen. Stattdessen geht die Behörde aus Gründen der Vereinfachung davon aus, dass dem Antragsteller auch mit der modifizierten Gewährung noch gedient und sie daher von seinem Willen umfasst sei.

(2) Prozessuale Besonderheit

fehlender Antrag

Die modifizierte Gewährung ist unter einem anderen Blickwinkel 415
prozessual interessant. Da ja etwas anderes als das Beantragte gewährt wurde, fehlt es dem genehmigenden VA an einer Rechtmäßigkeitsvoraussetzung, nämlich dem Antrag, d.h. der VA ist rechtswidrig. Durch ausdrückliche oder konkludente Nachholung des Antrags (insb. durch Gebrauchmachen von der Genehmigung) wird der Formfehler des fehlenden Antrags (§ 22 Nr. 2 VwVfG) aber geheilt, § 45 I Nr. 1 VwVfG.

489 Pietzner-Ronellenfitsch, § 9, Rn. 19.

(3) Modifizierte Gewährung und modifizierende Auflage

Problem: Abgrenzung zur modifizierenden Auflage

Schwierig ist die Abgrenzung der modifizierten Gewährung (keine echte Nebenbestimmung) von der modifizierenden Auflage (echte Nebenbestimmung). Prozessual könnte diese Abgrenzung an sich dahinstehen, da auch gegen die modifizierende Auflage nur eine Verpflichtungsklage zulässig ist.[490] Da aber i.R.d. Zulässigkeit eine exakte (terminologische) Einordnung des in Rede stehenden Zusatzes erwartet wird, empfiehlt es sich in der Klausur dennoch, diese Unterscheidung zumindest anzusprechen (vgl. dazu unten Rn. 427). 416

hemmer-Methode: Eine Nebenbestimmung im Rechtssinne liegt demnach in keinem der oben unter aa) - ee) genannten Fälle vor. Eine intensive Diskussion, welche Klageart die richtige ist, erübrigt sich daher. Der Schwerpunkt der Klausurprüfung ist auf die Einordnung als „Nicht-Nebenbestimmung" zu legen.

b) Echte Nebenbestimmungen

echte Nebenbestimmung: Subsumtion unter § 36 II VwVfG

Kommt eine unechte Nebenbestimmung nicht in Betracht, ist der Zusatz unter die verschiedenen Arten der Nebenbestimmungen in § 36 II VwVfG zu subsumieren. 417

aa) Befristung

Befristung

Eine Befristung ist nach § 36 II Nr. 1 VwVfG eine Bestimmung, nach der eine Vergünstigung oder Belastung zu einem bestimmten Zeitpunkt beginnt, endet oder für einen bestimmten Zeitraum gilt. 418

***Bsp.:** Straßenrechtliche Sondernutzungserlaubnis für eine Woche.*

bb) Bedingung

Bedingung

Eine Bedingung ist nach § 36 II Nr. 2 VwVfG eine Bestimmung, nach der der Eintritt (Fall der aufschiebenden Bedingung) oder der Wegfall (Fall der auflösenden Bedingung) einer Vergünstigung oder einer Belastung von dem ungewissen Eintritt eines zukünftigen Ereignisses abhängt. 419

***Bsp.:** Angebot zum Abschluss eines Erschließungsvertrages unter der Bedingung, dass Baugrundstücke in einem neu ausgewiesenen Baugebiet erworben werden.*

Abgrenzung

Abgrenzung Bedingung – Befristung: Der Eintritt der Bedingung hängt vom Eintreten eines ungewissen Ereignisses (in der Zukunft) ab. Die Befristung ist an ein gewiss eintretendes Ereignis gekoppelt.

cc) Widerrufsvorbehalt

Widerrufsvorbehalt

Durch den Widerrufsvorbehalt, § 36 II Nr. 3 VwVfG, räumt sich die Behörde die Möglichkeit ein, den erlassenen VA zu widerrufen, vgl. § 49 II Nr. 1 VwVfG. 420

---

490 A.A. i.Ü. Kopp/Schenke, § 42 VwGO, Rn. 23.

dd) Auflage

(1) Allgemeines

Auflage

= VA!

421 Eine Auflage ist gem. § 36 II Nr. 4 VwVfG eine Bestimmung, durch die dem Begünstigten ein Tun, Dulden oder Unterlassen vorgeschrieben wird. Die Auflage ist nach allgemeiner Ansicht ein eigenständiger VA, der daher auch selbstständig vollstreckt werden kann. Die Auflage hat also anordnenden Charakter. Sie ist jedoch nur dann zu erfüllen, wenn von dem begünstigenden (Haupt-)VA Gebrauch gemacht wird.

(2) Abgrenzung zu Befristung/Bedingung:

Abgrenzung nach Rechtswirkung

422 Für die Abgrenzung kommt es auf den Willen der Behörde, wie er sich einem objektiven Empfänger darstellt, an. Die Bezeichnung kann ein Anhaltspunkt sein. Entscheidend ist jedoch das Gesamtbild der Umstände. Es ist daher bei der Auslegung in erster Linie von den unterschiedlichen Rechtswirkungen der verschiedenen Nebenbestimmungen auszugehen.[491]

Bedingung suspendiert, aber zwingt nicht

423 Bedingung und Befristung haben unmittelbaren Einfluss auf die Wirksamkeit des VA. Der aufschiebend bedingte/befristete VA ist vor Eintritt des Ereignisses noch nicht wirksam; der auflösende nach dessen Eintritt nicht mehr. Hier ist eine zwangsweise Durchsetzung der Nebenbestimmung anders als bei einer Auflage nicht möglich, aber auch nicht nötig! Erfüllt der Bürger die Bedingung nicht, kommt er auch nicht in den Genuss des VA.

Auflage zwingt, aber suspendiert nicht

424 Demgegenüber hat die Erfüllung bzw. Nichterfüllung der Auflage keinen Einfluss auf die Wirksamkeit des VA. Die Behörde kann die Rechtswirkung des VA bei Nichterfüllung der Auflage nur mittelbar, nämlich durch Widerruf nach § 49 II Nr. 2 VwVfG, beseitigen oder aber die Auflage zwangsweise durchsetzen.

Vorteile der Auflage

425 Weil die Auflage auf die Wirksamkeit des VA ohne Einfluss ist, ist sie für den Betroffenen günstiger. Die Auflage bietet aber auch für die Behörde den Vorteil, dass sie selbstständig durchgesetzt werden kann. Verbleiben daher nach Auslegung Zweifel über den Rechtscharakter der Nebenbestimmung, ist von einer Auflage auszugehen.

> **Bsp.:** *Erteilung einer Bauerlaubnis unter der „Bedingung", dass das Baugrundstück binnen zweier Jahre mit einer 1,5 m hohen Hecke umfriedet wird. Hier liegt keine Bedingung im Rechtssinne (vgl. oben) vor. Die Wirksamkeit der Baugenehmigung soll nicht davon abhängen, dass das Grundstück bepflanzt wird. Vielmehr wird von dem durch die Baugenehmigung Begünstigten ein Tun gefordert, d.h. es liegt eine echte Auflage i.S.d. § 36 II Nr. 4 VwVfG vor.*

Merke: Die Bedingung suspendiert, zwingt aber nicht. Die Auflage zwingt, suspendiert aber nicht!

ee) Auflagenvorbehalt

Auflagenvorbehalt

426 Dabei handelt es sich gem. § 36 II Nr. 5 VwVfG um den Vorbehalt der nachträglichen Aufnahme, Änderung oder Ergänzung einer Auflage.

491 BGH, DVBl. 2001, 809.

ff) Modifizierende Auflage

(1) Allgemeines

mod. Auflage: nicht gesetzlich geregelt

Die modifizierende Auflage ist in § 36 II VwVfG nicht geregelt. Durch sie wird die ohnehin schon reichlich unüberschaubare Problematik der Nebenbestimmungen noch zusätzlich verschärft.[492] 427

Es handelt sich um eine modifizierte Gewährung, bei der gerade der Gegenstand der Modifizierung durch eine Auflage selbstständig vollstreckbar gemacht wird.[493]

Modifizierung + Vollstreckbarkeit durch Auflage = modifizierende Auflage

Die Gegenmeinung hält modifizierende Auflage und modifizierte Gewährung für ein und dasselbe[494] bzw. die modifizierende Auflage neben der modifizierten Gewährung für entbehrlich. Wer die Modifikation nicht beachtet, kann daher nach dieser Ansicht nicht durch Verwaltungszwang dazu angehalten werden. Der Adressat handelt in diesen Fällen vielmehr ganz ohne Genehmigung und daher rechtswidrig.[495]

> ***Bsp.:*** *Statt des beantragten Giebeldachs wird ein Flachdach ~~errichtet.~~ genehmigt. Bejaht man die Existenz einer modifizierenden Auflage, muss der Bauherr dieses Flachdach zwingend errichten. Baut er anders, kann das Flachdach zwangsweise durchgesetzt werden. Nach der Gegenansicht handelt es sich allein um eine modifizierte Gewährung. Wird trotz der Modifizierung das ursprünglich begehrte Giebeldach errichtet, ist dies rechtswidrig und die Behörde kann eine entsprechende baupolizeiliche Maßnahme wie eine Teilbaubeseitigung ergreifen.*

(2) Abgrenzung zur modifizierten Gewährung

Zwischenstellung

Die modifizierende Auflage ist ein Zwitter zwischen modifizierter Gewährung und Auflage i.S.d. § 36 II Nr. 4 VwVfG. Einerseits ist die modifizierende Auflage eine „modifizierte Gewährung plus Auflage". Andererseits ist die modifizierende Auflage daher auch eine echte Nebenbestimmung. 428

„So nicht, aber dafür so"

Wie bei der modifizierten Gewährung ändert die modifizierende Auflage die beantragte Begünstigung so sehr ab, dass der Antrag im Ergebnis abgelehnt wird. Die Behörde sagt dem Antragsteller: „So nicht, dafür aber so."

Anordnungselement

Gleichzeitig wird die modifizierte Genehmigung aber von einem Anordnungselement überlagert. Diese Anordnung, eine bestimmte Pflicht zu erfüllen, ist das wesentliche Unterscheidungsmerkmal zur modifizierten Gewährung und gibt der modifizierenden Auflage ihren Auflagencharakter.

(3) Abgrenzung zur (echten) Auflage

untrennbare Einheit

Bei der modifizierenden Auflage lässt sich nicht zwischen Auflage und Haupt-VA trennen. Die Behörde ordnet nichts über den Haupt-VA hinausgehendes an, sondern macht lediglich den Haupt-VA selbständig vollstreckbar, so dass Grund-VA und Nebenbestimmung eine untrennbare Einheit bilden. 429

492 Grundlegend Weyreuther, DVBl. 1969, 232 ff., 295 ff.; 1984, 365 ff.

493 BVerwG, DÖV 1974, 380; vgl. aber BVerwG, NVwZ 1984, 367.

494 Kopp/Ramsauer, § 36 VwVfG, Rn. 35 f.

495 Kopp/Ramsauer, § 36 VwVfG, Rn. 35 f.; Schenke, Rn. 290.

(4) Rechtsschutz gegen modifizierende Auflagen

Rechtsschutz: Verpflichtungsklage

Der Rechtsschutz gegen modifizierende Auflagen bestimmt sich nach ihrem (Grund-)Charakter als modifizierte Gewährung: 430

Der Bürger erhält ein aliud. Will er dieses aliud nicht, muss er versuchen, seinen Anspruch mit der Verpflichtungsklage durchzusetzen.[496]

Der Ansicht, die der modifizierenden Auflage eigenständige dogmatische Bedeutung abspricht, ist zuzugeben, dass modifizierende Auflage und modifizierte Gewährung jedenfalls in prozessualer Hinsicht gleich zu behandeln sind. Dogmatisch exakter erscheint es aber, schon in der Zulässigkeit begrifflich sauber zwischen modifizierender Auflage und modifizierter Gewährung zu trennen und klarzustellen, dass die modifizierende Auflage die einzige Nebenbestimmung ist, gegen die auf keinen Fall eine isolierte Anfechtungsklage statthaft ist.

hemmer-Methode: Machen Sie sich die modifizierte Auflage von der Interessenlage der Behörde her klar. Wenn die Behörde lediglich eine modifizierende Gewährung erteilt und der Betroffene hält sich nicht an die Vorgaben, so hat die Behörde nur eine Option: Sie kann die Anlage bzw. den Betrieb schließen.
Wenn die Behörde hingegen die Modifikation durch eine Auflage noch selbstständig vollstreckbar macht, dann hat sie mehrere Optionen: Sie kann ein Zwangsgeld anordnen nach dem jeweiligen Landesverwaltungsvollstreckungsgesetz, auf derselben Grundlage die Ersatzvornahme anordnen und natürlich immer noch schließen.
Die modifizierende Auflage ist daher von den Reaktionsmöglichkeiten der Behörde her flexibler und abstufbarer.

c) Streit um den Rechtsschutz gegen Nebenbestimmungen

isolierte Anfechtung von echter Nebenbestimmung

Kommt man zu dem Ergebnis, dass eine echte Nebenbestimmung, jedoch keine modifizierende Auflage vorliegt, stellt sich die Frage, ob diese Nebenbestimmung isoliert angefochten werden kann oder ob Verpflichtungsklage auf Erlass eines uneingeschränkten VA zu erheben ist. 431

hemmer-Methode: Zeigen Sie prozessuales Verständnis, indem Sie von der Interessenlage des Klägers her denken. Die Anfechtungsklage ist für ihn günstiger, weil er dann die Genehmigung so, wie er sie beantragt hat, schon verwenden kann. Die belastende Nebenbestimmung dagegen kann der Kläger mit der Anfechtungsklage suspendieren.
Wenn eine isolierte Anfechtung der Nebenbestimmung möglich ist, wäre bei einer Verpflichtungsklage das Rechtsschutzbedürfnis zu verneinen (einfacherer Weg!).

aa) Verpflichtungsklage bei allen Nebenbestimmungen

e.A.: immer Verpflichtungsklage

Eine Ansicht[497] lehnt die Anfechtbarkeit von Nebenbestimmungen ab. Die (kassatorische) Anfechtungsklage sei die richtige Klageart für die Aufhebung einer Belastung. Demjenigen, der eine seiner Ansicht nach rechtswidrige Nebenbestimmung beseitigen will, gehe es zwar formell um die Abwehr einer Belastung, aber materiell gesehen will er seine Rechtsposition ausdehnen. Er muss daher eine Verpflichtungsklage erheben. 432

496 Siehe nur Pietzner-Ronellenfitsch, § 9, Rn. 23; a.A. Kopp/Schenke, § 42 VwGO, Rn. 23 und Schenke, Rn. 301, die auch für modifizierende Auflagen hinsichtlich des Auflagenelements die isolierte Anfechtungsklage für zulässig halten.

497 Eyermann/Fröhler, bis 9. Auflage, Anhang, § 42 VwGO, Rn. 3 ff.; wohl auch Schwerdtfeger, Rn. 173.

Dieser Meinung ist zuzugeben, dass sie klare und vorhersehbare Lösungen ermöglicht. Sie macht die Abgrenzung zwischen den verschiedenen Arten von Nebenbestimmungen und zur modifizierten Gewährung in der Zulässigkeitsprüfung entbehrlich.

Kritik: selbstständige Regelungen

Allerdings übersieht diese Ansicht, dass Nebenbestimmungen, zumindest die Auflage, eine selbstständige Regelung enthalten und daher auch selbstständig angreifbar sein müssen.[498]

Kritik: Arg. § 113 I S. 1 VwGO („soweit")

Zudem hält die h.M. entgegen, dass die VwGO die Rechtswirkungen der Anfechtungsklage nicht derart beschränke, sondern in § 113 I S. 1 VwGO („soweit") eine Teilanfechtung abstrakt gedacht ausdrücklich zulässt. Des Weiteren verkennt diese Ansicht, dass jede Beseitigung einer Belastung mittels Anfechtungsklage zu einer Verbesserung der Rechtslage führt. Konsequent zu Ende gedacht, bedeutet diese Ansicht, dass eine Anfechtungsklage niemals statthaft ist.

abstrakte Teilbarkeit

Umstritten bleibt jedoch, in welchen Fällen die Teilanfechtung zulässig ist. Sie setzt voraus, dass auch tatsächlich zwei unterscheidbare Teile vorhanden sind. Bei den unechten Nebenbestimmungen liegt nur eine einzige Regelung vor. Sie sind daher unstreitig nur über die Verpflichtungsklage angreifbar. Bei den echten Nebenbestimmungen ist umstritten, wann sie abstrakt teilbar sind. 433

bb) Abgrenzung nach Art der Nebenbestimmung

früher: Abgrenzung nach Art der Nebenbestimmung

Die frühere Ansicht des BVerwG,[499] die auch heute noch teilweise in der Literatur[500] und der Rechtsprechung[501] vertreten wird, traf eine Unterscheidung nach der Art der Nebenbestimmung. Danach sind die Nebenbestimmungen Bedingung, Befristung und Widerrufsvorbehalt (und modifizierende Auflage) nicht selbstständig anfechtbar, da sie in einem untrennbaren Zusammenhang mit dem Haupt-VA stünden. Selbstständig anfechtbar sollte dagegen die Auflage sein.[502] Gegen diese Ansicht kann allerdings die grundsätzliche Möglichkeit einer Teilanfechtung angeführt werden, vgl. § 113 I S. 1 VwGO „soweit": Wenn schon ein einheitlicher Verwaltungsakt teilangefochten werden kann, muss dies erst recht für einen Verwaltungsakt mit Nebenbestimmung gelten. 434

cc) Keine isolierte Anfechtung bei unteilbaren Ermessensentscheidungen

dann: Abgrenzung nach Art der Entscheidung

Zwischenzeitlich vertrat das BVerwG[503] den Standpunkt, dass Trennbarkeit jedenfalls dann ausscheiden sollte, wenn der Entscheidung über VA und Nebenbestimmung eine einheitliche Ermessensentscheidung zugrunde liegt. 435

Eine isolierte Aufhebung sei ein unzulässiger Eingriff in den Ermessensfreiraum der Behörde. Ihr würde eine Entscheidung aufgedrängt, die sie aufgrund ihres Ermessens so nicht erlassen musste.[504] Gegen diese Meinung kann angeführt werden, dass der Behörde kein endgültiger Verwaltungsakt gegen ihren Willen aufgedrängt wird, sondern sie über einen Widerruf nach § 49 II Nr. 2 VwVfG die Möglichkeit zur Reaktion hat.

---

498 Maurer, § 12, Rn. 25 f.

499 BVerwGE 36, 145 (153).

500 Z.B. (differenzierend) Stern, S. 66; Eyermann, § 42 VwGO, Rn. 45 ff.

501 BVerwG, BayVBl. 2000, 81.

502 BVerwGE 36, 145 (153).

503 BVerwGE 55, 135 ff.

504 M.w.N. Maurer, § 12, Rn. 28 mit der Einschränkung, dass feststehen muss, dass die Behörde bei Kenntnis der Rechtswidrigkeit eine andere Entscheidung getroffen hätte; nach der Gegenansicht wird hier der Behörde nicht endgültig eine nicht gewollte Entscheidung aufgedrängt, da sie analog § 49 II Nr. 2 VwVfG das Recht zum Widerruf des Haupt-VA hat, wenn die Nebenbestimmung aufgrund isolierter Anfechtung aufgehoben wurde.

dd) Grundsätzlich isolierte Anfechtbarkeit

heute: Anfechtung möglich, soweit VA abstrakt teilbar

Nach wohl h.M. sind grundsätzlich sämtliche Nebenbestimmungen isoliert anfechtbar und aufhebbar.[505] 436

Dieser Ansicht ist mit dem Argument, dass sich aus § 113 I S. 1 VwGO („soweit") die abstrakte Teilbarkeit von VA und Nebenbestimmung und damit die isolierte Anfechtung aller Nebenbestimmungen ergibt, zu folgen (vgl. sogleich zum Vorgehen in der Klausur). Eine Ausnahme macht die h.M. allerdings dann, wenn der Haupt-VA ohne die Nebenbestimmung nicht rechtmäßigerweise fortbestehen kann.[506]

d) Vorgehen in der Klausur

Problemaufriss

aa) Aufwerfen des Grundproblems, dass gegen VAe mit Zusätzen sowohl die Anfechtungs- als auch die Verpflichtungsklage in Frage kommt. 437

echte Nebenbestimmung?

bb) Klären, ob der Zusatz eine echte Nebenbestimmung ist.

Art der Nebenbestimmung

cc) Wenn ja, rechtliche Einordnung der Nebenbestimmung:

(1) Normalfall

Rechtsschutz?

Diskussion der Rechtsschutzmöglichkeiten gegen Nebenbestimmungen und Feststellung, dass gegen echte Nebenbestimmungen generell die Anfechtungsklage statthaft ist.

(2) Ausnahme: Evident keine materielle Teilbarkeit

Ausnahme: evident unteilbar

Ausnahmsweise – dann, wenn der VA offensichtlich ohne die Nebenbestimmung keinen Bestand haben kann[507] – kann schon an dieser Stelle der Klausur die Möglichkeit der Anfechtungsklage verneint und – unter Hinweis auf die Aufklärungspflicht des Gerichtes nach § 86 III VwGO – auf eine Verpflichtungsklage „umgestiegen" werden.[508]

Im Normalfall wird die Rechtswidrigkeit der Teilung des VA aber nicht auf der Hand liegen. Stellt sich diese dann in der Begründetheitsprüfung heraus, so ist unter Verweis auf § 88 VwGO darauf abzustellen, ob sich der Klageantrag seinem (erst) jetzt erkennbaren Zweck nach entweder als Vollanfechtung oder – was dem Begehren des Klägers wohl eher gerecht werden wird – als Antrag auf Verpflichtung der Behörde zum Erlass eines VA ohne Nebenbestimmung auslegen lässt.

hemmer-Methode: Dem Klausurbearbeiter stehen also genaugenommen zwei Wege offen:
Er kann schon i.R.d. Zulässigkeit die (evidente) materielle Unteilbarkeit von Nebenbestimmung und Grund-VA feststellen und über § 86 III VwGO schon hier auf die Verpflichtungsklage umsteigen. Dieser Weg ist zwar vom Klausuraufbau her leichter, allerdings dogmatisch unsauber, da ein Teil der Begründetheitsprüfung antizipiert wird.
Oder der Bearbeiter beschränkt sich i.R.d. Zulässigkeit auf die Feststellung, dass die Anfechtungsklage jedenfalls zulässig ist und deutet dann bei deren Unbegründetheit über § 88 VwGO in eine Verpflichtungsklage um.

---

505 BVerwG, DVBl. 2001, 405 = NVwZ 2001, 427; BVerwGE 60, 269; Kopp/Schenke, § 42 VwGO, Rn. 23 ff., wobei dieser allerdings in der Begründetheit einer Anfechtungsklage die materielle Teilbarkeit und damit den Erfolg einer Anfechtungsklage regelmäßig verneint, wenn der Haupt-VA eine Ermessensentscheidung ist, vgl. Rn. 25.

506 Vgl. dazu unten Rn. 443. ff.

507 Hier wird regelmäßig auf eine Analogie zu § 44 IV VwVfG zurückgegriffen, vgl. Kopp/Schenke, § 42 VwGO, Rn. 23.

508 Vgl. BVerwGE 36, 132 ff.

dd) Modifizierende Auflage kommt in Betracht

Sonderfall: modifizierende Auflage

Ist im Einzelfall fraglich, ob eine modifizierte Genehmigung oder eine modifizierende Auflage vorliegt, kommt nur die Verpflichtungsklage in Betracht. Es empfiehlt sich trotzdem zu klären, welcher Zusatz vorliegt, wenn auch diese Qualifikation prozessual keine Rolle spielt. 438

Ist dagegen zweifelhaft, ob eine modifizierte Genehmigung in Form der modifizierenden Auflage oder aber eine echte Auflage vorliegt, so ist es unabdingbar, schon in der Zulässigkeit die Rechtsnatur des Zusatzes zu klären, da in diesem Fall sowohl Verpflichtungs- als auch Anfechtungsklage in Betracht kommen.[509]

ee) Fallbeispiel 1

A erhält eine seinem Antrag entsprechende Baugenehmigung, allerdings verbunden mit der „Auflage", das ebenfalls auf seinem Grundstück stehende denkmalgeschützte Haus zu renovieren. A möchte aber eine Baugenehmigung ohne Zusätze. 439

Anfechtungs- oder Verpflichtungsklage

Die statthafte Klageart ergibt sich aus dem Klagebegehren. A möchte die Baugenehmigung erhalten, aber die „Auflage" beseitigen. Bei VAen mit Zusätzen ist aber problematisch, ob hier eine teilweise Anfechtungsklage statthaft ist mit der Konsequenz, dass dem Kläger der begünstigende Teil der Regelung verbleibt, oder aber Verpflichtungsklage in Form der Versagungsgegenklage auf Erlass eines neuen VA erhoben werden muss.

echte Nebenbestimmung

Ob gegen eine Nebenbestimmung die Anfechtungsklage als Rechtsmittel zulässig ist, hängt von der rechtlichen Einordnung des Zusatzes ab.

Eine Anfechtungsklage käme allerdings von vornherein nicht in Betracht, wenn es sich bei der „Auflage" überhaupt nicht um eine Nebenbestimmung handelte, insbesondere also dann, wenn eine bloße Inhaltsbestimmung oder eine modifizierte Gewährung vorläge.

Bei der Anordnung, das denkmalgeschützte Haus zu renovieren, handelt es sich aber nicht nur um eine innere Qualifikation des Haupt-VAs Baugenehmigung, sondern vielmehr um einen Zusatz, der einen eigenen Gegenstand regelt, und hat damit den Charakter einer Nebenbestimmung.

rechtliche Einordnung

Die Bezeichnung als „Auflage" gibt bestenfalls einen Anhaltspunkt. Entscheidend ist die rechtliche Einordnung, auch in der Praxis kommen Falschbezeichnungen häufig vor.

Fraglich ist, um welche Art von Nebenbestimmung es sich hier handelt. In Frage kommen Bedingung, Auflage und modifizierende Auflage.

Bedingung

Eine Bedingung ist gem. § 36 II Nr. 1 VwVfG eine Bestimmung, nach der der Eintritt oder der Wegfall einer Vergünstigung oder Belastung von dem ungewissen Eintritt eines zukünftigen Ereignisses abhängt.

Eine Bedingung scheidet hier deswegen aus, weil die Wirksamkeit der Begünstigung (Baugenehmigung) nicht ausdrücklich von der Erfüllung der Nebenbestimmung abhängig gemacht wurde.

Auflage

Zweifelhaft ist damit nur noch, ob es sich um eine echte Auflage oder eine modifizierende Auflage handelt. Auf die Abgrenzung kommt es auch an, da gegen die Auflage als herkömmliche Nebenbestimmung die Anfechtungsklage das richtige Rechtsmittel ist, während im Falle der modifizierenden Auflage mit der Verpflichtungsklage vorgegangen werden muss.

Eine modifizierende Auflage liegt dann vor, wenn durch die Auflage der Inhalt der Genehmigung verändert werden soll. Es handelt sich um eine modifizierte Genehmigung mit überlagerter Anordnung.

509 Vgl. Pietzner-Ronellenfitsch, § 9, Rn. 22 f.

Aufgrund der Modifikation durch die Genehmigung besteht ein untrennbarer Sachzusammenhang zwischen Nebenbestimmung und Grund-VA. Im vorliegenden Fall wirkt aber die „Auflage“, das Haus renovieren zu lassen nicht qualitativ verändernd auf den Grund-VA (Baugenehmigung) ein. Ein untrennbarer Zusammenhang besteht damit nicht. Es liegt eine echte Auflage i.S.v. § 36 II Nr. 4 VwVfG vor.

Auflage selbstständig angreifbar

Nach einer Ansicht sind Auflagen, da sie selbstständige VAe sind, auch selbstständig angreifbar. Die heute überwiegende Ansicht, die nicht mehr nach der Art der Nebenbestimmung differenziert, stellt i.R.d. Zulässigkeit allein auf die theoretische Teilbarkeit von Nebenbestimmung und Haupt-VA ab. Hier würde nach Beseitigung der „Auflage" die Baugenehmigung alleine zurückbleiben. Diese ist auch ohne Nebenbestimmung denkbar. Damit ist nach beiden Ansichten hier die Anfechtungsklage statthaft. Auch die dritte Ansicht, die eine isolierte Anfechtbarkeit verneint, wenn der Haupt-VA eine Ermessensentscheidung ist, käme hier zu keinem anderen Ergebnis, da die Baugenehmigung eine gebundene Entscheidung darstellt.

Ob im vorliegenden Fall auch eine materielle Teilbarkeit vorliegt, d.h. ob A einen Anspruch auf Erlass der Baugenehmigung ohne Auflage hat, ist eine Frage der Begründetheit.

ff) Fallbeispiel 2:

A beantragt eine Baugenehmigung für ein Haus mit Giebeldach. Die Behörde schreibt: „Das Haus ist mit einem Flachdach zu versehen.“ A möchte gegen diese, seiner Ansicht nach unberechtigte, Modifikation vorgehen. 440

richtige Klageart

Statthafte Klageart gegen diese Modifikation könnte die Anfechtungsklage sein. Diese ist aber nur dann das richtige Rechtsmittel, wenn überhaupt eine Nebenbestimmung vorliegt, die selbstständig mit der Anfechtungsklage angegangen werden kann.

echte Nebenbestimmung

Hier könnte es sich um eine modifizierte Gewährung oder um eine Inhaltsbestimmung handeln. Beide sind keine Nebenbestimmungen, sondern eine Abwandlung der beantragten Genehmigung. Um das ursprünglich Beantragte zu erstreiten, wäre nur die Verpflichtungsklage statthaft.

modifizierte Gewährung

Eine modifizierte Gewährung liegt vor, wenn dem Antragsteller nicht das ursprünglich Beantragte gewährt wurde, sondern ein aliud. Bei der Inhaltsbestimmung ist das Gewährte dagegen durch den Antrag – evtl. nach dessen Auslegung – noch gedeckt. Faustregel für das Vorliegen einer modifizierten Gewährung ist, dass das Vorhaben qualitativ, d.h. in seinem Wesen, verändert wird[510] und die Genehmigung daher – nach Wegdenken der Modifikation – keinen Sinn mehr macht. Denkt man sich hier die Modifikation weg, so bleibt ein Haus ohne Dach zurück.

Das ist nicht mehr sinnvoll. Damit scheidet eine bloße Inhaltsbestimmung aus. Es liegt zunächst einmal eine modifizierte Gewährung vor.

sogar modifizierende Auflage

Fraglich ist aber, ob hier nicht dennoch das Vorliegen einer echten Nebenbestimmung anzunehmen ist. Nach der Formulierung der Behörde „ist zu versehen“ legt sie Wert darauf, die Modifikation selbstständig durchsetzen zu können. Die modifizierte Gewährung ist durch ein Anordnungselement überlagert, das der Behörde die Durchsetzung der Modifikation ermöglichen soll. Dies gibt der Regelung den Charakter einer Auflage und damit einer echten Nebenbestimmung.

Es handelt sich daher um eine modifizierende Auflage. Insbesondere liegt auch keine „normale“ Auflage i.S.d. § 36 II Nr. 4 VwVfG vor, da Zusatzregelung und Grund-VA logisch untrennbar miteinander verknüpft sind.

Rechtsschutz: Verpflichtungsklage

Damit kommt die isolierte Anfechtungsklage hier nicht in Frage.[511] Richtiges Rechtsmittel ist die Verpflichtungsklage auf Erteilung der Baugenehmigung im Sinne des ursprünglichen Antrages.

510 Pietzner-Ronellenfitsch, § 9, Rn. 23.

511 A.A. aber Kopp/Schenke, § 42 VwGO, Rn. 23 ff.

hemmer-Methode: Wenn die Prüfung ergibt, dass es sich jedenfalls um eine modifizierte Gewährung handelt, und damit eine Anfechtungsklage bereits aus diesem Grunde ausscheidet, wäre es an dieser Stelle eigentlich nicht mehr erforderlich zu klären, ob evtl. eine modifizierende Auflage vorliegt. An der Unzulässigkeit der Anfechtungsklage würde sich nach h.M. nichts ändern. Um den Problemkreis erschöpfend darzustellen, ist es jedoch günstiger, die Abgrenzung bereits hier – wo sie erwartet wird – vorzunehmen.

e) Weitere problematische Fallkonstellationen bei Nebenbestimmungen:

aa) Verpflichtungsklage auf Erlass einer anderen Nebenbestimmung?

umgekehrte Konstellation: Verpflichtungsklage auf Erlass einer Nebenbestimmung?

Wenn nicht die Nebenbestimmung als solche, sondern vielmehr die konkrete Ausformung, die sie gefunden hat, dem Belasteten missfällt, ist an eine Verpflichtungsklage auf die „gewollte“ Nebenbestimmung zu denken. Da zumindest die theoretische Teilbarkeit von Nebenbestimmungen, außer bei der modifizierenden Auflage, feststeht, ist dann bei herkömmlichen Nebenbestimmungen „isolierte“ Verpflichtungsklage auf Erlass einer neuen Nebenbestimmung zu erheben. Im Falle der modifizierenden Auflage muss Verpflichtungsklage auf Erlass eines neuen Gesamt-VA erhoben werden. 441

hemmer-Methode: Eigentlich wäre eine Anfechtungsklage statthaft, wenn sich der Kläger an einer Nebenbestimmung stört. Geht allerdings auch der Kläger davon aus, dass er keinen Anspruch auf den Verwaltungsakt ohne Nebenbestimmung hat, stört er sich also nur an der konkreten Ausgestaltung der Nebenbestimmung, kann er nicht auf eine Anfechtungsklage verwiesen werden, da diese dann auch nach seiner Ansicht erfolglos bleiben muss. Stattdessen muss es ihm möglich sein, gleichsam auf eine Änderung der Nebenbestimmung zu klagen.
Die Verpflichtungsklage auf Erlass einer (anderen) Nebenbestimmung dürfte allerdings nur selten vom Adressaten erhoben werden, da diesem am liebsten der VA ohne jede Nebenbestimmung ist. Wirklichkeitsnäher ist die Verpflichtungsklage des Nachbarn auf ihn schützende Nebenbestimmungen, wobei ein Schwerpunkt die Klagebefugnis sein wird.[512]

bb) Nachträgliche Nebenbestimmungen

Wird eine bereits erlassene Genehmigung von der Behörde nachträglich mit Nebenbestimmungen versehen, ist dies – soweit keine spezialgesetzlichen Regelungen wie § 5 GastG existieren - nach h.M. nur unter den Einschränkungen der §§ 48, 49 VwVfG möglich.[513] 441a

cc) Kläger ist nicht Adressat von VA bzw. Nebenbestimmung

Drittrechtsschutz durch Nebenbestimmungen

Möglich ist weiter, dass der Kläger Nicht-Adressat (d.h. Dritter) des genehmigenden VA ist und mit seiner Klage nun die Hinzufügung einer ihn begünstigenden Nebenbestimmung erstrebt. Wird eine modifizierende Auflage erstrebt, muss Anfechtungsklage mit der Behauptung, der VA sei wegen der fehlenden Nebenbestimmung rechtswidrig, erhoben werden. Wird eine herkömmliche Nebenbestimmung erstrebt, so kann die Hinzufügung dieser Nebenbestimmung mit der Verpflichtungsklage zu erreichen versucht werden.[514] 442

512 Vgl. sogleich Rn. 442.

513 VGH Mannheim, DVBl. 2008, 1001 = **Life&Law 2009, 109**; Kopp/Ramsauer, § 36 VwGO, Rn. 50.

514 BVerwGE 41, 178 (180 f.).

Bsp.: Die Behörde hat A ein Giebeldachhaus genehmigt. Nachbar N erstrebt nun, dass die Behörde A aufgibt, das Haus mit einem Flachdach zu bauen, da ihm ansonsten das Licht genommen werde. Bei diesem Zusatz zur Baugenehmigung des A handelt es sich – wie oben festgestellt wurde – um eine modifizierende Auflage bzw. um eine modifizierte Gewährung. Diese ist untrennbar mit dem Grund-VA verknüpft, da dieser ohne die Auflage keinen Sinn mehr hat. N hat daher nicht die Möglichkeit, eine „isolierte Verpflichtungsklage" auf Erlass einer ihn begünstigenden Nebenbestimmung zu erheben.

Er muss vielmehr mit der Anfechtungsklage versuchen, die gesamte Genehmigung aus der Welt zu schaffen. Nimmt man lediglich eine modifizierte Gewährung an, versteht sich dieses Ergebnis von selbst. N ist mit der dem A erteilten Genehmigung nicht einverstanden, also muss er Anfechtungsklage gegen diese erheben.

Nebenbestimmungen und Rechtsschutz

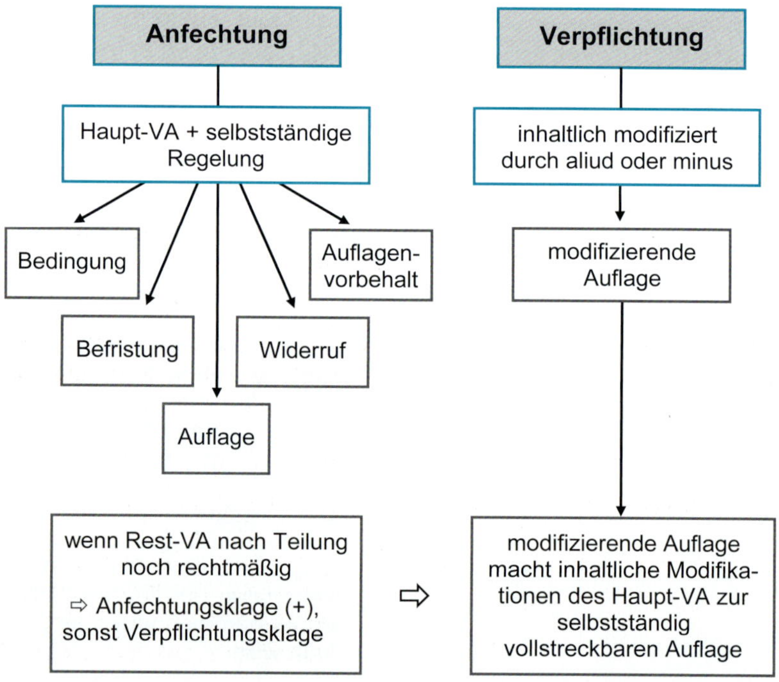

2. Begründetheit der Anfechtungsklage bei der Anfechtung von Nebenbestimmungen

a) Problematik der materiellen Teilbarkeit

Wann die gegen eine Nebenbestimmung erhobene isolierte Anfechtungsklage begründet ist, ist umstritten. 443

Problem der materiellen Teilbarkeit

Weitgehende Einigkeit besteht darüber, dass die Nebenbestimmung rechtswidrig und der VA ohne Nebenbestimmung rechtmäßig sein muss. Problematisch ist nur, in welchen Fällen das Gericht befugt ist, Nebenbestimmung und Rest-VA auseinander zu dividieren (Problem der materiellen Teilbarkeit).

kein Ermessen der Behörde: Anfechtungsklage begründet

Handelt es sich um eine gebundene Entscheidung oder ist das Entscheidungsermessen der Behörde auf Null reduziert, hat der Bürger einen Anspruch auf Erlass des VA ohne die Nebenbestimmung. In diesem Fall ist die Anfechtungsklage ohne weiteres begründet.

Ermessen:

Problematisch ist, welche Entscheidung das Gericht treffen kann, wenn der Erlass des Grund-VA im Ermessen der Behörde steht.[515]

BVerwG: Korrektur über § 49 II Nr. 2 VwVfG analog genügt

Das BVerwG[516] hat dazu die Ansicht vertreten, dass das Gericht auch in diesem Fall die Nebenbestimmung aufzuheben hat. 444

Hätte die Behörde den VA bei Kenntnis der Rechtswidrigkeit der Nebenbestimmung nicht uneingeschränkt erlassen, steht ihr frei, den Rest-VA nach § 49 II Nr. 2 VwVfG analog zu widerrufen oder ihm nach § 36 II Nr. 5 VwVfG analog eine neue Auflage hinzuzufügen.[517] Die Nichterfüllung der Nebenbestimmung steht ihrer Aufhebung durch das Gericht gleich (vgl. Wortlaut § 49 II Nr. 2 VwVfG). Es kommt allein darauf an, dass der Inhalt der Genehmigung ohne Nebenbestimmung der Rechtsordnung entspricht.[518]

Lit.: kein Eingriff in behördliches Ermessen

In der Literatur wird hingegen vorgetragen, dass bei Ermessensakten eine isolierte Aufhebung der Nebenbestimmung generell ausgeschlossen sei, da der Verwaltungsbehörde eine Entscheidung aufgedrängt wurde, die sie so nicht erlassen wollte. Es läge ein unzulässiger (gerichtlicher) Eingriff in den Ermessensfreiraum der Behörde vor. Daher ist die Aufhebung der Nebenbestimmung durch das Gericht nur dann zulässig, wenn feststeht, dass die Behörde den VA auch ohne Nebenbestimmung erlassen hätte.[519]

hemmer-Methode: Innerhalb dieser Literaturansicht ist wiederum umstritten, ob dieses Problem i.R.d. Statthaftigkeit oder erst in der Begründetheit zu erörtern ist![520]

Teilbarkeit: Anfechtungsklage begründet

Sind nach diesen Grundsätzen (rechtswidrige) Nebenbestimmung und Grund-VA materiell teilbar, so ist die Anfechtungsklage begründet.

materiell unteilbar: Umdeutung in Verpflichtungsklage

Kommt Teilbarkeit nicht in Betracht, so ist die Anfechtungsklage unbegründet, auch wenn der Zusatz für sich betrachtet rechtswidrig ist. Das heißt aber nicht, dass die Klage dann in vollem Umfang abgewiesen wird. Vielmehr muss das Gericht, da sich nun herausgestellt hat, dass die Anfechtungsklage (was nicht absehbar war) nicht das richtige Rechtsmittel war, nun die Klage von Amts wegen in eine Verpflichtungsklage umdeuten. 445

Auch diese Verpflichtungsklage ist allerdings im Ergebnis bei (isolierter) Rechtswidrigkeit des Zusatzes nicht vollständig erfolgreich. Vielmehr muss das Gericht die Verwaltungsbehörde anweisen, den Kläger unter Beachtung der gerichtlichen Rechtsauffassung neu zu verbescheiden.[521]

keine Teilaufhebung bei einheitlicher Regelung

Aus diesen Ausführungen ergibt sich auch, dass für modifizierte Gewährung und modifizierende Auflage keine Teilaufhebung möglich ist. Das ergibt sich daraus, dass in diesen Fällen Modifikation und „Grund-VA“ eine notwendig einheitliche Regelung bilden. Der verbleibende Rest enthielte immer eine nur unvollständige Regelung und wäre wegen mangelnder Bestimmtheit rechtswidrig.

---

515 Kopp/Schenke, § 42 VwGO, Rn. 25.

516 BVerwG, DÖV 1982, 501.

517 Schmalz, Rn. 814.

518 BVerwG, NVwZ 1984, 366.

519 Maurer, § 12, Rn. 28.

520 Kopp/Schenke, § 42 VwGO, Rn. 22.

521 Kopp/Schenke, § 113 VwGO, Rn. 17.

b) Prüfung der Rechtmäßigkeit der Nebenbestimmung

§ 113 I VwGO

Nach § 113 I VwGO ist die Anfechtungsklage begründet, wenn die Auflage rechtswidrig und der Kläger dadurch in seinen Rechten verletzt ist. 446

aa) Festlegen der Rechtsgrundlage

Rechtsgrundlage: entweder § 36 I oder II VwVfG

§ 36 VwVfG unterscheidet zwischen zwei verschiedenen Rechtsgrundlagen für den Erlass einer Nebenbestimmung: § 36 I VwVfG für gebundene VAe (vgl. Wortlaut: „ ... auf die ein Anspruch besteht...“) sowie § 36 II VwVfG bei Ermessensverwaltungsakten. 447

Der Hauptunterschied der beiden Rechtsgrundlagen besteht in der vereinfachten Zulassung von Nebenbestimmungen bei Ermessens-VAen nach § 36 II Nr. 1 - 5 VwVfG.

Nach der Systematik des § 36 VwVfG sind damit Nebenbestimmungen bei gebundenen VAen grds. unzulässig, während sie bei Ermessens-VAen grds. als zulässig zu betrachten sind.[522]

(1) Gebundene Verwaltungsakte, § 36 I VwVfG

gebundener VA ⇨ § 36 I VwVfG

Besteht auf den Rest-VA ein Anspruch des Klägers, so darf die Nebenbestimmung nur erlassen werden, wenn dies 448

⇨ durch Rechtsvorschrift zugelassen ist, vgl. bspw. § 12 BImSchG, (Alt. 1) oder

⇨ durch die Nebenbestimmung die gesetzlichen Voraussetzungen des VA erfüllt werden sollen (Alt. 2).

> ***Bsp.:*** *Die Behörde genehmigt den beantragten Bau eines Wohngebäudes, ordnet allerdings in Form einer Auflage an, dass die nach der (Bay)BO erforderlichen Stellplätze errichtet werden.*

In den Fällen des § 36 I Alt. 2 VwVfG ist der vom Bürger gestellte Genehmigungsantrag eigentlich nicht genehmigungsfähig. Anstatt aber den Antrag abzulehnen, genehmigt die Behörde das Vorhaben und stellt durch die Nebenbestimmung die Genehmigungsfähigkeit sicher.

Inhalt einer Nebenbestimmung können damit nur solche Punkte sein, die zum Prüfprogramm für die begehrte Genehmigung gehören. Wenn bspw. die Stellplatzpflicht nach der Landesbauordnung nicht i.R.d. Baugenehmigungsverfahrens geprüft wird, kann die Baubehörde die „fehlenden“ Stellplätze auch nicht durch eine Nebenbestimmung zur Baugenehmigung durchsetzen.

hemmer-Methode: In der Klausur müssen Sie sich also fragen, ob der Antrag des Bürgers auch ohne den Inhalt der Nebenbestimmung genehmigungsfähig gewesen wäre. Dann ist die Nebenbestimmung rechtswidrig!

Ziel: Schutz des Bürgers

Die Regelung des § 36 I VwVfG dient deshalb in zweierlei Hinsicht dem Schutz und dem Interesse des Bürgers, weil die Verwaltung zum einen die gesetzgeberischer Wertung, dass auf einen VA ein Anspruch besteht, nicht eigenmächtig durch Auflagen umgehen kann, zum anderen ermöglicht sie, dass eine Sachentscheidung auch schon zu solchen Zeitpunkten erfolgen kann, in denen noch nicht alle Anspruchsvoraussetzungen erfüllt sind.[523]

---

522 Maurer, § 12, Rn. 19 f.

523 Kopp/Ramsauer, § 36 VwVfG, Rn. 41.

hemmer-Methode: Für den Fall, dass auf den VA ein Anspruch besteht, heißt dies für Sie, dass Sie zunächst nach einer gesetzlichen Auflagenermächtigung suchen müssen. Da diese über das gesamte besondere Verwaltungsrecht verteilt sind, kann von Ihnen nicht erwartet werden, dass Sie all diese Rechtsgrundlagen kennen. Gleichwohl kann von Ihnen verlangt werden, dass Sie durch systematische Suche einen solchen Auflagenvorbehalt im fallentscheidenden Gesetz finden (wichtiger Fall: § 5 GastG). Das heißt für Sie, dass Sie innerhalb der zur Verfügung stehenden Zeit ggf. einige Minuten zum Suchen eines Auflagenvorbehaltes einplanen müssen. Erst wenn Sie keinen Auflagenvorbehalt finden können, weichen Sie auf die allgemeinere Rechtsgrundlage (Alt. 2) aus, um zu prüfen, ob die Auflage letztlich der Erfüllung der gesetzlichen Voraussetzungen dient.

(2) § 36 II VwVfG

Ermessens-VA ⇨ § 36 II VwVfG grds. zulässig

Hat der Kläger keinen Anspruch auf den VA, so ist die einschlägige Rechtsgrundlage für die Nebenbestimmung die Vorschrift des § 36 II VwVfG. Bei Ermessens-VAen sind die Anforderungen an den Erlass von Nebenbestimmungen wesentlich geringer, da es die Behörde schon aufgrund der gesetzgeberischen Wertung selbst in der Hand hat, ob (Entschließungsermessen) bzw. wie (Auswahlermessen) sie einen VA erlassen will, vgl. oben Rn. 362. 449

hemmer-Methode: Wenn die Behörde rechtmäßig den Verwaltungsakt ganz ablehnen kann, kann sie erst recht den Verwaltungsakt erlassen, aber mit einer Nebenbestimmung versehen.

bb) Formelle Rechtmäßigkeit der Nebenbestimmung

formelle Voraussetzungen

Für die formelle Rechtmäßigkeit der Nebenbestimmung gelten die allgemeinen Vorschriften über Verwaltungsakte,[524] sodass neben der Zuständigkeit auch die Bestimmtheit (§ 37 VwVfG), die Anhörung (§ 28 VwVfG) und die Begründungspflicht (§ 39 VwVfG) problematisch sein können. 450

cc) Materielle Rechtmäßigkeit der Nebenbestimmung

materielle Voraussetzungen je nach Rechtsgrundlage

Soweit es sich um eine Nebenbestimmung nach § 36 I VwVfG handelt, ist an dieser Stelle das Bestehen einer gesetzlichen Auflagenermächtigung zu prüfen bzw. die Frage, ob die Nebenbestimmung die gesetzlichen Voraussetzungen eines Anspruchs tatsächlich garantiert, s.o. Rn. 448. Nur wenn dies nicht der Fall ist und der Kläger folglich einen Anspruch auf VA ohne Nebenbestimmung hat, ist die Klage erfolgreich. 451

bei § 36 II VwVfG insbesondere Ermessensprüfung und Verhältnismäßigkeit

Handelt es sich hingegen um eine Nebenbestimmung nach § 36 II VwVfG, so sind die allgemeinen Rechtmäßigkeitsfragen von Ermessensentscheidungen zu überprüfen (vgl. oben Rn. 356). Dabei ist allerdings der Grundsatz der Verhältnismäßigkeit bzw. Angemessenheit der konkreten Nebenbestimmung noch besonders zu beachten.[525]

Koppelungsverbot, § 36 III VwVfG

Sowohl bei gebundenen als auch bei Ermessensentscheidungen ist zudem das Koppelungsverbot des § 36 III VwVfG zu beachten. Die Nebenbestimmung darf dem Zweck des Haupt-VA nicht zuwiderlaufen!

524 Kopp/Ramsauer, § 36 VwVfG, Rn. 10.

525 Kopp/Ramsauer, § 36 VwVfG, Rn. 47 ff.

II. Rücknahme und Widerruf von Verwaltungsakten

hemmer-Methode: Achten Sie auf die Terminologie des VwVfG, welche zwingend in der Klausur zu verwenden ist! Die Rücknahme betrifft (ursprünglich) rechtswidrige VAe, der Widerruf rechtmäßige VAe. „Aufhebung“ kann als neutraler Oberbegriff verwendet werden, wenn die besetzte Terminologie des Gesetzes vermieden werden soll.
Beachten Sie im Zusammenhang der §§ 48 ff. VwVfG die Modifizierungen, die diese Paragraphen durch Regelungen des Europarechts erfahren. Lesen Sie hierzu Hemmer/Wüst, Europarecht, Rn. 340 ff.

1. Zulässigkeit

gegen Aufhebung von VA grds. Anfechtungsklage mögl.; Abgrenzung zur Verpflichtungsklage

Spezifische Probleme bei der Zulässigkeit der Klage ergeben sich regelmäßig nur bei der Frage nach der statthaften Klageart. Gegen die Aufhebung eines VA ist dabei grundsätzlich die Anfechtungsklage statthaft, da es sich bei der Aufhebung ebenfalls um einen Verwaltungsakt handelt, „actus contrarius“. Eine Verpflichtungsklage ist zwar ebenfalls statthaft, es fehlt diesbezüglich aber das Rechtsschutzbedürfnis, da es genügt, den Aufhebungsakt zu beseitigen. Mit Beseitigung des Aufhebungsaktes lebt der ursprüngliche VA wieder auf (§ 43 II VwVfG). Ein neuer (Ausgangs-)VA ist nicht erforderlich. Der Verpflichtungsklage fehlt damit das Rechtsschutzbedürfnis. 452

Dass es sich bei der Aufhebung eines VA ebenfalls um einen VA handelt, ergibt sich aus der actus-contrarius-Theorie, nach der eine einen VA beseitigende behördliche Maßnahme ebenfalls ein VA i.S.d. § 35 S. 1 VwVfG ist. Beim Prüfungspunkt „Klageart“ kommt es also letztlich auf die VA-Qualität des zurückgenommenen bzw. widerrufenen Aktes an. 453

hemmer-Methode: Achten Sie darauf, dass i.R.d. Rechtswegs (§ 40 I VwGO) die Zuweisungsnorm des § 49 VI S. 3 VwVfG bei der Anfechtungsklage keine Anwendung findet, da diese nur dann einschlägig ist, wenn es um die Geltendmachung von Ersatzansprüchen gegen den Staat geht (dann Abgrenzung von allgemeiner Leistungsklage und Verpflichtungsklage).

2. Begründetheit

a) Existenz des Ursprungs-VA

Aufhebung nur bei wirksamem VA

Vor der Prüfung der Aufhebung ist zunächst festzustellen, ob der VA dem Kläger gegenüber überhaupt durch Bekanntgabe existent geworden ist (§ 41 VwVfG), da nur dann eine Aufhebung notwendig ist. 454

auch nichtige VAe aufhebbar (str.)

Streitig ist, ob auch nichtige VAe aufhebbar sind (vgl. § 43 II VwVfG). Sie entfalten ohnehin keine Rechtswirkung. Andererseits sind sie aber auch vor dem Verwaltungsgericht anfechtbar. Dann muss auch die Behörde zur Aufhebung befugt sein.[526]

b) Vorab: Speziellere Rechtsgrundlage der Aufhebung

Rechtsgrundlage: Vorrang von Spezialregelungen vor §§ 48, 49 VwVfG

Bei der Suche nach einer Rechtsgrundlage für die Aufhebung ist stets zu bedenken, dass die §§ 48, 49 VwVfG aufgrund der grundsätzlichen Subsidiarität des VwVfG (§ 1 I VwVfG) von Spezialregelungen in anderen Gesetzen verdrängt werden können. 455

526 Gegen Aufhebbarkeit (Rücknahme): Weides, S. 340, Fn. 6; Maurer, § 11, Rn. 16; für Aufhebbarkeit: Kopp/Ramsauer, § 48 VwVfG, Rn. 19, Schmalz, Rn. 910.

hemmer-Methode: Grundsätzlich können Sie die Klausur auf zwei verschiedene Arten aufbauen: Sie können bei der Suche nach der einschlägigen Rechtsgrundlage vorab klären, ob der VA rechtmäßig oder rechtswidrig ist. Je nach dem Ergebnis der Prüfung kommen verschiedene Befugnisnormen für die Aufhebung in Frage. 456
Daneben ist es aber auch möglich, sogleich die im Ergebnis einschlägige Ermächtigungsnorm als Rechtsgrundlage heranzuziehen und die Rechtmäßig- oder Rechtswidrigkeit dann i.R.d. Tatbestandsvoraussetzungen dieser Norm (also inzident) zu prüfen.

aa) § 15 GastG

§ 15 I GastG vor § 48 VwVfG

Spezialregelungen finden sich bspw. in § 15 GastG. Liegt ein Fall des § 15 I GastG vor, muss die Behörde die Gaststättenerlaubnis zwingend zurücknehmen. Die Ermessensnorm des § 48 VwVfG tritt hinter diese Regelung zurück. Für die übrigen Rücknahmegründe bleibt es dagegen bei § 48 VwVfG. 457

§ 15 II, III GastG: Ausschluss von § 49 VwVfG

§ 15 II, III GastG regeln den Widerruf dagegen nach h.M.[527] abschließend. § 49 VwVfG ist daneben nicht anwendbar.

bb) § 21 BImSchG

§ 21 BImSchG: Ausschluss von § 49 VwVfG

Eine weitere wichtige, § 49 VwVfG insoweit völlig verdrängende, Spezialregelung ist § 21 BImSchG. 458

cc) Abhilfeverfahren, § 72 VwGO

Erfolgt die Rücknahme eines VA im Abhilfeverfahren durch Abhilfebescheid, so finden die §§ 48 ff. VwVfG keine Anwendung, da das Abhilfeverfahren (§ 72 VwGO) eine diesbezügliche Sonderregelung darstellt. Allerdings hat die Ausgangsbehörde als Erstbehörde die Möglichkeit, unabhängig vom Abhilfeverfahren den VA aufzuheben und einen Zweitbescheid zu erlassen.[528] Für diese Fälle gelten jedoch wiederum die §§ 48 ff. VwVfG, insbesondere ist § 50 VwVfG bei der Anfechtung durch Dritte zu beachten.[529] 459

hemmer-Methode: Die Unterscheidung zwischen § 72 VwGO einerseits und § 48 VwVfG andererseits, ist schon wegen der unterschiedlichen Tatbestandsvoraussetzungen wichtig. Während für § 72 VwGO ein zulässiger und begründeter Widerspruch vorliegen muss, also auch der Widerspruchsführer in seinen subjektiv-öffentlichen Rechten verletzt sein muss, genügt für eine Rücknahme nach § 48 VwVfG die objektive Rechtswidrigkeit des Verwaltungsaktes.

dd) Widerspruchsverfahren, § 73 VwGO

Auch § 73 VwGO ist Spezialvorschrift zu § 48 VwVfG für die Aufhebung des Ausgangsbescheides im Rahmen eines Widerspruchsverfahrens. I.d.R. wird hierfür aber eine andere Behörde als die Ausgangsbehörde zuständig sein, vgl. § 73 I S. 1 Nr. 1 VwGO.

527 Vgl. Mörtel/Metzner, § 15 GastG, Rn. 18.

528 Kopp/Schenke, § 72 VwGO, Rn. 8.

529 Kopp/Schenke, § 72 VwGO, Rn. 8.

c) §§ 48, 49 VwVfG

Anwendung der §§ 48, 49 VwVfG

Finden sich keine Spezialregelungen, muss – und darauf laufen die einschlägigen Klausuren auch regelmäßig hinaus – auf §§ 48, 49 VwVfG zurückgegriffen werden. 460

hemmer-Methode: Geht es um die Aufhebung besonders wesentlicher Entscheidungen, ist zu hinterfragen, ob §§ 48, 49 VwVfG hierfür hinreichend bestimmt sind. Das BVerfG bejahte dies im Fall der Rücknahme einer Einbürgerung. Die damit verbunden Fragen können im Einzelfall von der Behörde über § 48 VwVfG geklärt werden, genauere gesetzliche Regelungen sind nicht erforderlich.[530] Mittlerweile wurde im StAG eine spezielle Rechtsgrundlage für die Aufhebung der Einbürgerung geschaffen, sodass sich diese Frage erledigt hat.

aa) Grundsatz: Zeitpunkt des Erlasses

Rechtmäßigkeit: Zeitpunkt des Erlasses

Für die Beurteilung der Rechtmäßigkeit des VA kommt es grundsätzlich auf den Zeitpunkt des Erlasses des VA an. Ein ursprünglich rechtmäßiger VA kann nur dadurch rechtswidrig werden, dass sich nachträglich die Sach- oder Rechtslage ändert. 461

Für diese Fälle ergibt sich aber aus §§ 49 II Nr. 3 u. 4 VwVfG (lesen!), dass nur ein Widerruf in Frage kommt. Daraus ist zu folgern, dass die Regelung in §§ 48, 49 VwVfG auf die Rechtmäßigkeit im Zeitpunkt des Erlasses abstellt.

hemmer-Methode: In der Klausur empfiehlt es sich, dies zu Anfang kurz festzustellen.

bb) Ausnahme bei VAen mit Dauerwirkung?

anders: VAe mit Dauerwirkung

Anders kann es nur bei VAen mit Dauerwirkung liegen, soweit sie Grundlage einer Leistungsgewährung sind. Ein Abstellen auf den Zeitpunkt des Erlasses würde hier zu unbefriedigenden Ergebnissen führen, weil dann bei nach Erlass eingetretener Rechtswidrigkeit eine in die Vergangenheit wirkende Korrektur wegen § 49 II VwVfG („mit Wirkung für die Zukunft") nicht möglich wäre. Deshalb kann in solchen Fällen auf den Zeitpunkt des Eintritts der Rechtswidrigkeit abgestellt und mit Wirkung für die Vergangenheit zurückgenommen werden.[531] 462

Allerdings wäre es auch vertretbar, gerade in den Fällen der Leistungsgewährung eine Bindung des VA an einen bestimmten, bei Antragstellung vorliegenden Sachverhalt anzunehmen, sodass bei einer Änderung der VA automatisch wirkungslos wird und es lediglich einer dahingehenden Feststellung bedarf.

Zu beachten ist, dass § 49 III VwVfG[532] eine Ermächtigungsgrundlage für den Widerruf eines begünstigenden Verwaltungsaktes auch mit Wirkung für die Vergangenheit gibt. Der Anwendungsbereich des § 49 III VwVfG ist allerdings auf solche Verwaltungsakte beschränkt, die eine einmalige oder laufende Geldleistung oder eine teilbare Sachleistung zur Erfüllung eines bestimmten Zwecks gewähren oder hierfür Voraussetzung sind.

---

530 BVerfGE 116, 24 – 69 = **Life&Law 2006, 555**.

531 Vgl. hierzu Schenke/Baumeister, JuS 1991, 547 ff.

532 In Bayern Art. 49 IIa BayVwVfG!

Maßgeblich ist somit die aus dem Verwaltungsakt zu entnehmende Zweckbindung der staatlichen Leistung.[533] Für die übrigen VAe bleibt der Streit über den rechtswidrig gewordenen VA relevant.

§ 48 VwVfG

d) Rücknahme nach § 48 VwVfG

hemmer-Methode: In § 48 VwVfG hat der Gesetzgeber versucht, die widerstreitenden Prinzipien der Gesetzmäßigkeit der Verwaltung, das auf Aufhebung des rechtswidrigen VA drängt, und des Vertrauensschutzes, der die Beibehaltung trotz Rechtswidrigkeit zur Folge hätte, zu einem möglichst gerechten Ausgleich zu bringen. Daher ist die Regelung so differenziert ausgefallen.
Anhand von § 48 VwVfG kann der Bearbeiter zeigen, dass er das Gesetz zu lesen versteht, exakt subsumieren kann, sowie die Überprüfung von Ermessensentscheidungen beherrscht. In Konsequenz beinhaltet der klassische Klausurfall in diesem Bereich die Prüfung der Rücknahme eines rechtswidrigen, begünstigenden VAs. Entsprechend sollte der Bearbeiter deutlich machen, dass er die genannten Problemfelder im Griff hat.

begünstigender oder belastender VA

Steht fest, dass der VA ursprünglich rechtswidrig war, ist nach der Struktur des § 48 VwVfG als nächstes zu klären, ob es sich um einen begünstigenden oder einen belastenden VA handelt. 463

Legaldefinition in § 48 I S. 2 VwVfG

Die Legaldefinition des begünstigenden VA (VA, der ein Recht oder einen rechtlich erheblichen Vorteil begründet oder bestätigt) findet sich in § 48 I S. 2 VwVfG. Begünstigung oder Belastung ist im Zweifel aus den subjektiven Vorstellungen des Betroffenen, wenn sie der Behörde bekannt oder zumindest erkennbar sind, abzuleiten (z.B. Ausmusterung bei Berufswunsch Berufssoldat).

aa) Belastende VAe

belastende VA: frei rücknehmbar

Belastende VAe sind frei rücknehmbar. Das bedeutet, dass die Behörde bei ihrer Ermessensentscheidung („kann"), ob sie den VA zurücknehmen soll, nicht eingeschränkt ist. 464

(1) Verwaltungsakte mit Mischwirkung

VAe mit Mischwirkung

Problematisch ist die Aufhebbarkeit von VAen mit Mischwirkung, also VAen, die für den Adressaten teils belastend, teils begünstigend wirken. 465

Grundsätze der Nebenbestimmungen

Hier ist zunächst zu entscheiden, ob belastender und begünstigender Teil voneinander getrennt werden können. Dabei können die für die Nebenbestimmungen entwickelten Grundsätze fruchtbar gemacht werden.

Ist der VA teilbar (z.B. echte Auflage), so kommt eine isolierte Aufhebung in Betracht. Die Rücknahme bzw. der Widerruf für den begünstigenden Teil richten sich nach den Regeln für die Aufhebung begünstigender VAe. Belastende Teile können nur nach deren Regeln aufgehoben werden.[534]

Ist der VA unteilbar, ist er insgesamt nur nach den Regeln für begünstigende VAe aufhebbar.[535]

533 Vgl. zum Ganzen Baumeister, NVwZ 1997, 19 ff.

534 Ule/Laubinger, § 61 III 2 c, S. 623.

535 Ule/Laubinger, a.a.O. und Kopp/Ramsauer, § 48 VwVfG, Rn. 6.

hemmer-Methode: Von einem Verwaltungsakt mit Mischwirkung ist der Verwaltungsakt mit Doppelwirkung zu trennen, der zugleich gegenüber dem Adressaten belastend, einem Dritten gegenüber begünstigend wirkt. Ein Beispiel hierfür ist die Baubeseitigungsanordnung.
Bei solchen Verwaltungsakten mit Doppelwirkung ist strittig, ob die Einschränkungen des § 48 I S. 2 VwVfG, ob also eine Drittbegünstigung reicht.[536] Der Wortlaut des § 48 II S. 2 und 3 VwVfG spricht gegen eine Berücksichtigung der reinen Drittbegünstigung, da ein Dritter bspw. nicht „gewährte Leistungen verbrauchen" kann.

(2) Sog. Änderungsbescheide

Änderungsbescheide

466 ***Fall:*** *A erhält zunächst einen Gebührenbescheid in Höhe von 250,- €. Weil die Gebühr versehentlich zu niedrig angesetzt war, wird der Bescheid später dahingehend abgeändert, dass A 400,- € zu zahlen habe. Finden auf den Änderungsbescheid die Regeln über begünstigende oder über belastende VAe Anwendung?*

In dem Erlass eines Änderungsbescheides ist zugleich die entsprechende konkludente Aufhebung des Ausgangsbescheides zu sehen, da andernfalls der gleiche Sachverhalt zweifach geregelt wäre. Fraglich ist allerdings, ob insoweit auf § 48 (bzw. 49) II oder III VwVfG abzustellen ist.

e.A.: begünstigende Mitregelung

An sich ist der erste VA belastend, da er A die Pflicht auferlegt, den genannten Betrag zu zahlen. Allerdings kann man auch sagen, dass der ursprüngliche Bescheid zumindest die begünstigende Regelung enthalte, A müsse jedenfalls nicht mehr als 250,- € bezahlen.

h.M.: belastender Gesamtcharakter entscheidet

Die h.M. knüpft in derartigen Fällen aber dennoch an den belastenden Tenor des VA (Auferlegung einer Geldleistung) an. Eine Ausnahme wird nur dann gemacht, wenn sich dem Ausgangsbescheid ein Verzicht auf weitergehende Ansprüche entnehmen lässt. Dann enthält der belastende VA zugleich eine begünstigende feststellende Regelung.[537]

Ausnahme: (-)

In diesem Fall wäre das Vertrauen der A darauf, dass es bei der (weniger) belastenden Regelung bleibt, ebenso schutzwürdig, als wenn sie auf einen begünstigenden VA vertraut hätte. Hatte demnach die Behörde in ihrem Gebührenbescheid auf weitere Ansprüche ausdrücklich oder konkludent verzichtet, handelte es sich bei dem Änderungsbescheid um die Aufhebung eines begünstigenden VA.[538]

Eine solche begünstigende Feststellung enthält der fehlerhafte VA, der gegen A ergangen ist, nicht.

bb) Begünstigende VAe

begünstigende VA: Rücknehmbarkeit eingeschränkt

467 Steht fest, dass es sich um einen begünstigenden VA handelt, gilt der Grundsatz der freien Rücknehmbarkeit nicht mehr. § 48 I S. 2 VwVfG schränkt die Rücknehmbarkeit ein. Es ist weiter zu differenzieren.

Leistungsbescheid oder anderer VA

Innerhalb der Gruppe der begünstigenden VAe ist zwischen Leistungsbescheiden (insbesondere Geldleistungsbescheiden), § 48 II VwVfG, und allen übrigen begünstigenden Bescheiden, § 48 III VwVfG zu unterscheiden.

468

(1) § 48 II VwVfG

§ 48 II VwVfG

Bei Leistungsbescheiden nach § 48 II VwVfG gilt der Grundsatz, dass eine Rücknahme ausscheidet, wenn das Vertrauen des Begünstigten schutzwürdig und dieses stärker als das öffentliche Interesse an der Rücknahme ist, vgl. Abs. 2 S. 1.

536 M.w.N. Kopp/Ramsauer, § 48 VwVfG, Rn. 73.

537 Weides, S. 341.

538 Kopp/Ramsauer, § 48 VwVfG, Rn. 69; ähnlich: BVerwGE 67, 129 (134) - verfassungsrechtlicher Vertrauensschutz.

Probleme kann hierbei die Unterscheidung zwischen einer teilbaren Sachleistung i.S.d. Abs. 2 und einer sonstigen Begünstigung nach Abs. 3 bereiten. Die Teilbarkeit einer Leistung kann dabei sowohl in sachlicher als auch in zeitlicher Hinsicht bestehen.

> ***Bsp.:*** *Ist die Bewilligung eines Wintermantels eine teilbare Sachleistung? Was gilt, wenn für einen Tag eine öffentliche Einrichtung zur Verfügung gestellt wird?*

Nach dem Sinn und Zweck der Regelung des § 48 II VwVfG scheint es sinnvoll, weniger nach der Teilbarkeit der Sachleistung im engeren Sinn, sondern mehr danach zu fragen, ob die Leistung für die öffentliche Hand im Wesentlichen nur eine finanzielle Belastung darstellt.[539] Keine teilbaren Sachleistungen sind jedenfalls Genehmigungen und ähnliche begünstigende Entscheidungen.

(a) Vorliegen eines Vertrauenstatbestandes

Vertrauenstatbestand: tatsächliches Vertrauen

Ein Vertrauenstatbestand liegt vor, wenn der Betroffene tatsächlich auf den Bestand des VA vertraut hat. 469

hemmer-Methode: Im Sachverhalt ist also nach Anhaltspunkten zu suchen, ob der Betroffene aus irgendwelchen Gründen nicht auf den Bestand des VA vertraut hat.
Das Vertrauen des Einzelnen in den Fortbestand des VA wird in der Regel unproblematisch sein. Insbesondere kann der Einzelne auch dann auf den Bestand eines VA vertrauen, wenn im Ergebnis einer der Tatbestände des § 48 II S. 3 VwVfG einschlägig ist. Das ist auf den ersten Blick erstaunlich, ergibt sich aber aus der Systematik des Gesetzes.

(b) Schutzwürdigkeit des Vertrauens

(aa) Kein Fall des § 48 II S. 3 Nr. 1 - 3 VwVfG

Schutzwürdigkeit: kein Ausschluss nach § 48 II S. 3 VwVfG

Das Vertrauen ist nicht schutzwürdig, wenn einer der zwingenden Ausschlussgründe des § 48 II S. 3 Nr. 1 - 3 VwVfG eingreift, der VA also mit unlauteren Mitteln erlangt wurde. 470

Kausalitätserfordernis bei § 48 II S. 3 Nr. 1 u. 2 VwVfG

Sowohl bei Nr. 1 als auch bei Nr. 2 muss das fehlerhafte Verhalten des Begünstigten die Rechtswidrigkeit des VA verursacht haben („durch“).[540]

I.R.d. § 48 II S. 3 Nr. 2 VwVfG ist des Weiteren zu beachten:

⇨ Auslegung von § 48 II S. 3 Nr. 2 VwVfG

§ 48 II S. 3 Nr. 2 VwVfG: kein Verschulden erforderlich

In Examensklausuren ist die Auslegung des in Nr. 2 geregelten Falles immer wieder problematisch. Nach Ansicht des BVerwG braucht die Unrichtigkeit der Angaben nicht vom Begünstigten verschuldet zu sein.[541] 471

Es kommt nur auf die objektive Zurechenbarkeit an. Die Schutzwürdigkeit des Vertrauens entfällt somit bereits dann, wenn die Rechtswidrigkeit objektiv in den Verantwortungsbereich des Betroffenen fällt.[542]

539 Kopp/Ramsauer, § 48 VwVfG, Rn. 88, der die „Teilbarkeit“ eher im Sinne der „Vertretbarkeit“ versteht.

540 Kopp/Ramsauer, § 48 VwVfG, Rn. 98 ff.

541 BVerwGE 74, 364; Kopp/Ramsauer, § 48 VwVfG, Rn. 104.

542 BVerwGE 74, 357 (364); auch Kopp/Ramsauer, § 48 VwVfG, Rn. 10.

Die subjektiven Umstände sind erst bei der Frage von Bedeutung, ob der Betroffene einen Erstattungsanspruch geltend machen kann.

aber: str.

Nach der Gegenansicht ist in diesem Fall die objektive Schutzwürdigkeit des Betroffenen – denn nur diese betrifft § 48 II S. 3 VwVfG – jedenfalls nicht automatisch auszuschließen und stattdessen Raum für eine Abwägung zwischen Vertrauensinteresse und Rücknahmeinteresse nach § 48 II S. 1 VwVfG zu lassen.

⇨ Mitverursachung i.R.d. § 48 II S. 3 Nr. 2 VwVfG

Mitverursachung: Zurechenbarkeit fraglich

Eine vergleichbare Problematik stellt sich dann, wenn die Behörde die Rechtswidrigkeit mitverursacht hat. Das kann etwa dann der Fall sein, wenn sie den Sachverhalt unzureichend ermittelt (Verstoß gegen den Untersuchungsgrundsatz, § 24 VwVfG) oder das Antragsformular missverständlich formuliert hat. 472

aber BVerwG: nur Einschränkung des Rücknahmeermessens

In diesen Fällen bestehen schon Zweifel, ob der Fehler dem Begünstigten zuzurechnen ist. Das BVerwG hält den Ausschluss des Vertrauensschutzes gleichwohl für berechtigt. Nur im Einzelfall soll die Rücknahme analog § 242 BGB eine unzulässige Rechtsausübung darstellen und so das Rücknahmeermessen begrenzen.

(bb) Indizwirkung des § 48 II S. 2 VwVfG

Indizwirkung des § 48 II S. 2 VwVfG

Liegt einer der in § 48 II S. 2 VwVfG genannten Fälle vor, indiziert das die Schutzwürdigkeit des subjektiven Vertrauens des Begünstigten („in der Regel"). 473

Fehlt es dagegen an einer Betätigung des Vertrauens, wird der Betroffene zumeist keinen Vertrauensschaden erlitten haben. Dann ist sein Vertrauen in der Regel auch nicht schutzwürdig. Die Betätigung des subjektiven Vertrauens hat aber in beiden Richtungen nur Indizwirkung.

Interessenabwägung bleibt notwendig

Hat also ein Betroffener eine Vermögensdisposition i.S.d. § 48 II S. 2 VwVfG getroffen, so heißt dies nicht zwingend und nicht immer, dass der VA deshalb nicht zurückgenommen werden kann. Das Vertrauen des Einzelnen in den Fortbestand der Regelung kann bei Vorliegen besonderer Umstände im Einzelfall trotzdem zurücktreten müssen.

hemmer-Methode: Dies gilt bspw. dann, wenn es sich bei den gewährten Leistungen um europarechtswidrige Subventionen handelt. Würde man hier die Regelfallwirkung des § 48 II S. 2 VwVfG zum Tragen kommen lassen, würde Europarecht, konkret Art. 107 f. AEUV, leer laufen![543]

(cc) Abwägung mit dem öffentlichen Interesse

Interessenabwägung

Liegt kein Fall des § 48 II S. 2 VwVfG vor bzw. kommt dessen Indizwirkung nicht zum Tragen, dann ist im Einzelfall eine Abwägung zwischen dem Vertrauen des Begünstigten in den Bestand des Verwaltungsaktes und den öffentlichen Interessen vorzunehmen, § 48 II S. 1 VwVfG. 474

Einzelfall entscheidet

Dabei sind die konkreten Umstände des Einzelfalls zu berücksichtigen. An ein überwiegendes öffentliches Rücknahmeinteresse sind dabei keine allzu hohen Anforderungen zu stellen.

543 Kopp/Ramsauer, § 48 VwVfG, Rn. 93; vgl. ausführlich **Hemmer/Wüst, Europarecht, Rn. 340 ff.**

hemmer-Methode: Die Anforderungen sind hier deshalb niedrig anzusetzen, weil durch § 48 II S. 2 VwVfG bereits die meisten Fälle der Schutzwürdigkeit erfasst werden. Greift § 48 II S. 2 VwVfG nicht ein, spricht vieles dafür, dass das öffentliche Interesse an der Rücknahme im Einzelfall überwiegt.
Außerdem folgt aus der Verneinung der Schutzwürdigkeit des Vertrauens keinesfalls zwingend, dass der VA zurückzunehmen ist. Vielmehr können besondere Umstände des Einzelfalls auch noch bei der Prüfung des Rücknahmeermessens, § 48 I S. 2 VwVfG, auf der Rechtsfolgenseite der Norm berücksichtigt werden.

(2) § 48 III VwVfG

§ 48 III VwVfG

475 Liegt ein Fall des § 48 III VwVfG vor (keine Geld- oder teilbare Sachleistung i.S.d. § 48 II VwVfG, z.B. Baugenehmigung), so ist eine Rücknahme unter Ausgleich des Vertrauensinteresses des Betroffenen grundsätzlich stets möglich.

grds. uneingeschränkte Rücknehmbarkeit

Das schutzwürdige Interesse des Begünstigten schränkt also die Rücknehmbarkeit nicht ein. Die Abwägung ist nunmehr jedoch Voraussetzung für den Ausgleichsanspruch.

Ausgleich durch Geldentschädigung

Die negativen Folgen für den Betroffenen werden durch die in § 48 III VwVfG vorgesehene Geldentschädigung ausgeglichen.

Ausnahme: Verhältnismäßigkeitsprinzip

Es sind jedoch Fälle immaterieller Begünstigung (z.B. Einbürgerung[544]) denkbar, bei denen die Geldentschädigung keinen hinreichenden Ausgleich gewähren kann. Dann ist dem Begünstigten der VA möglicherweise nach dem Verhältnismäßigkeitsprinzip zu belassen. Die Behörde muss sich i.R.d. Ermessens nach § 48 I S. 1 VwVfG fragen, ob die Entschädigung, die sie nach Abs. 3 zu zahlen hat, ausreicht, um das schutzwürdige Vertrauen des Betroffenen auszugleichen. Ist das nicht der Fall, ist das Rücknahmeermessen nach Abs. 1 S. 1 gegen die Rücknahme auf Null reduziert: Vertrauensschutz führt über Vermögensschutz ausnahmsweise zu Bestandsschutz![545]

(3) Anwendung des § 49 II VwVfG auf § 48 II, III VwVfG

Anwendung von § 49 II VwVfG auf § 48 II, III VwVfG (a fortiori)

476 Schon i.R.d. § 48 VwVfG ist zu beachten, dass eine Rücknahme jedenfalls dann in Betracht kommt, wenn die Voraussetzungen des § 49 II VwVfG vorliegen. Die h.M. geht nämlich zu Recht davon aus, dass ein rechtswidriger VA jedenfalls dann zurückgenommen werden kann, wenn ein unter gleichen Vorzeichen erlassener rechtmäßiger VA widerrufen werden kann (arg. a fortiori).[546] Der durch einen rechtswidrigen VA Begünstigte darf nicht besser stehen als der durch einen rechtmäßigen VA Begünstigte.

hemmer-Methode: Liegt daher einer der Widerrufsgründe des § 49 II Nr. 1 – 5 VwVfG vor, kann man sich die komplizierte Prüfung der Voraussetzungen des § 48 II bzw. III VwVfG ersparen und mit dem Erst-Recht-Schluss aus § 49 VwVfG die Rücknehmbarkeit des einschlägigen VA bejahen (vgl. den Fall zu § 21 BImSchG unter Rn. 495).

544 Zur Frage, ob § 48 VwVfG hierfür überhaupt taugliche Rechtsgrundlage ist, vgl. oben Rn. 460.

545 Kopp/Ramsauer, § 48 VwVfG, Rn. 138.

546 Ule/Laubinger, § 61 III 1c, S. 620.

(4) Frist des § 48 IV VwVfG

§ 48 IV VwVfG: Rücknahmefrist ein Jahr

Eine Rücknahme gem. § 48 VwVfG ist darüber hinaus nur dann materiell rechtmäßig, wenn die Ausschlussfrist des § 48 IV VwVfG gewahrt wurde. Diese Frist gilt nur direkt für die Rücknahme begünstigender VAe (zur entsprechenden Anwendung auf den Widerruf vgl. § 49 II S. 2 VwVfG). 477

Danach ist eine Rücknahme nur innerhalb Jahresfrist zulässig, nachdem die Behörde von den Tatsachen, die die Rechtswidrigkeit rechtfertigen, Kenntnis erlangt hat.

keine Fristverlängerung

Da es sich um eine gesetzliche Ausschlussfrist handelt, kommt eine Verlängerung nicht in Frage.

Zu dieser Vorschrift sollten die drei Hauptstreitpunkte bekannt sein.[547]

(a) Begriff der „Tatsachen"

§ 48 IV VwVfG: „Tatsachen"

Unstreitig begrenzt § 48 IV VwVfG die Rücknehmbarkeit von VAen, die aufgrund mangelhafter Sachverhaltskenntnis erlassen worden sind. 478

Problem: Kenntnis der Rechtswidrigkeit

Streitig ist, ob dem der Fall gleichzusetzen ist, dass die Behörde bei voller Kenntnis der entscheidungserheblichen Tatsachen falsch entschieden hat. Die rechtswidrige Entscheidung kann dann darauf beruhen, dass sie die maßgebenden Tatsachen unzulänglich berücksichtigt oder rechtlich falsch gewürdigt hat.

e.A.: (-)

Nach einer Ansicht gehören zu den Tatsachen alle entscheidungserheblichen Umstände mit Ausnahme der Kenntnis der Rechtswidrigkeit. Diese Ansicht kann sich auf den Wortlaut „Tatsachen", der Rechtsanwendungsfehler nicht erfasst, stützen. Allerdings würde diese enge Auslegung dazu führen, dass eine Behörde, die bei Erlass des VA einen Subsumtions- oder Rechtsanwendungsfehler begangen hat, nicht an die Rücknahmefrist des § 48 IV VwVfG gebunden wäre.

h.M.: (+)

Nach wohl überwiegender, auch von der Rspr. vertretener, Ansicht erfasst § 48 IV S. 1 VwVfG auch die Fälle, in denen das Recht fehlerhaft angewendet wurde. Zum gleichen Ergebnis kommt die Ansicht, die auf Rechtsanwendungsfehler § 48 IV S. 1 VwVfG analog anwendet.[548]

Arg.: § 48 IV S. 2 VwVfG

Neben der vergleichbaren Schutzwürdigkeit des Betroffenen spricht dafür entscheidend folgende Überlegung: In § 48 IV S. 2 VwVfG wird ausdrücklich eine Ausnahme für den Fristablauf gemacht, wenn der VA durch unlautere Mittel erwirkt wurde. Dabei ist bei Drohung und Bestechung davon auszugehen, dass bewusst und gewollt ein rechtswidriger VA erlassen wurde, ohne dass Fehler auf der Tatsachenbasis vorliegen. 479

Vielmehr handelt es sich dann um Rechtsanwendungsfehler. Wenn diese Fehler aber keine Tatsachen i.S.d. § 48 IV S. 1 VwVfG wären, so hätte es der Regelung des § 48 IV S. 2 VwVfG nicht bedurft, da dann von vorneherein keine Frist laufen würde. Außerdem werden durch die Anwendung des § 48 IV VwVfG schwierige Abgrenzungen zwischen Kenntnis der Rechtswidrigkeit und Kenntnis von Tatsachen vermieden.

547 Vgl. Examensklausur 87/I, 7, BayVBl. 1989, 286/317 ff.

548 M.w.N. Kopp/Ramsauer, § 48 VwVfG, Rn. 152.

(b) Fristbeginn

§ 48 IV VwVfG: „Fristbeginn“

Aus der Kenntnis der Rechtswidrigkeit und der sie begründenden Tatsachen allein ergibt sich aber noch nicht zwangsläufig der Fristbeginn. Vielmehr muss die Behörde alle die Rücknahme rechtfertigenden Tatsachen kennen. Dazu gehören insbesondere auch die Tatsachen, die einen Ausschluss des Vertrauensschutzes bewirken können und alle Kriterien, die für eine fehlerfreie Ausübung des Rücknahmeermessens erforderlich sind. 480

Rspr.: vollständige Tatsachenkenntnis

Nach Ansicht der Rspr.[549] sei es nicht immer möglich, die Sachlage innerhalb eines Jahres aufzuklären. Die Behörde dürfe aber nicht gezwungen sein, unter Umständen schon vor Entscheidungsreife eine Entscheidung zu treffen.

Daher beginnt die Frist erst, wenn diese Tatsachenbasis vollständig ermittelt wurde oder in dem Zeitpunkt, von dem ab nach objektiver Betrachtung keine Notwendigkeit mehr für eine weitere Aufklärung besteht. Es handelt sich also um eine Entscheidungs-, nicht um eine Bearbeitungsfrist.

Lit.: Kenntnis der Rücknehmbarkeit

In der Literatur wird dagegen im Hinblick auf die Schutzwürdigkeit des Bürgers darauf verwiesen, dass die Behörde es in der Hand habe, durch immer neue Ermittlungen die zeitliche Begrenzung des § 48 IV S. 1 VwVfG zu unterlaufen. Es genüge jedenfalls die Kenntnis, dass der VA rechtswidrig und daher rücknehmbar sei.[550]

(c) Begriff der „Behörde“

§ 48 IV VwVfG: „Behörde“

Für den Fristbeginn kommt es nicht auf die Kenntnis der Behörde als solcher an, sondern auf die des für die rechtliche Überprüfung zuständigen Amtsträgers.[551] 481

Sachbearbeiter oder Behörde i.S.d. § 1 II VwVfG

Dagegen wird zu Recht eingewandt, dass den Bürger evtl. Mängel der Behördenorganisation nicht belasten dürften, es genüge Kenntnis „der Behörde“ schlechthin. Es sei nicht erkennbar, dass der Gesetzgeber den Begriff der „Behörde“ hier abweichend von § 1 II VwVfG geregelt hat.[552]

Die beiden Standpunkte nähern sich aber an, wenn es der Behörde nach den Grundsätzen von Treu und Glauben verwehrt ist, sich auf die Rücknahmemöglichkeit zu berufen, wenn ein anderer Amtsträger entsprechende Kenntnis hatte.

cc) Richtige Ausübung des Aufhebungsermessens, § 48 I S. 1 VwVfG

Rechtsfolgenseite: Rücknahmeermessen

Sind die tatbestandlichen Voraussetzungen der Aufhebung festgestellt, so folgt daraus keinesfalls zwingend eine Rücknahmeverpflichtung. Auf der Rechtsfolgenseite der Norm ist daher zu untersuchen, ob im konkreten Fall die Behörde von ihrem Rücknahmeermessen ordnungsgemäß Gebrauch gemacht hat. Diese Entscheidung der Behörde ist aber nur eingeschränkt auf eventuelle Ermessensfehler zu untersuchen, § 114 S. 1 VwGO. Dabei können dann die allgemeinen Grundsätze fruchtbar gemacht werden. 482

549 GrS-BVerwGE 70, 356 f.

550 Kopp/Ramsauer, § 48 VwVfG, Rn. 155.

551 M.w.N. BVerwG, NJW 2000, 1512; BVerwG, DVBl. 2001, 1221 = BayBl. 2001, 599.

552 Kopp/Ramsauer, § 48 VwVfG, Rn. 104.

VAe mit Dauerwirkung: evtl. Übergangsregelung

Besondere Bedeutung erlangt das Rücknahmeermessen bei VAen mit Dauerwirkung. Hat der Begünstigte dauernd Leistungen aus öffentlichen Mitteln erhalten, kann es der Vertrauensschutz erfordern, die bereits erbrachten und verbrauchten Leistungen nicht zurückzufordern. Das öffentliche Interesse an rechtmäßigen Zuständen kann es nahe legen, dass die Leistungen künftig (evtl. mit Schonfrist) nicht weiter erbracht werden. Die Ermessensvorschrift ermöglicht hier also differenzierende Lösungen.[553]

Bedeutung bekommt das Ermessen außerdem in den Fällen des begünstigenden VA, der nicht unter § 48 II VwVfG, sondern nur unter § 48 III VwVfG fällt. Hier muss sich die Behörde i.R.d. Ermessens fragen, ob die nach § 48 III VwVfG zu zahlende Entschädigung ausreicht, um das schutzwürdige Vertrauen auszugleichen.

dd) Rechtsfolgen der Rücknahme

Die Rechtsfolgen bei der Rücknahme eines begünstigenden VA finden sich in § 49a VwVfG.[554]

hemmer-Methode: Besonders klausurrelevant ist das Zusammenspiel zwischen § 48 VwVfG und Europarecht im Fall der europarechtswidrigen Subvention, Art. 107 f. AEUV. Hier ist eine einschränkende Auslegung des § 48 II – IV VwVfG angebracht. Insbesondere dürfen die Indizwirkung des § 48 II S. 2 VwVfG und die Frist des § 48 IV VwVfG nicht angewendet werden, um Europarecht nicht leer laufen zu lassen.[555]

ee) Fallbeispiel zu § 48 VwVfG

Fall: *A hat aus öffentlichen Mitteln ein Darlehen in Höhe von 1.000,- € bekommen. Dieses wurde ihm nur gewährt, da er ein – allerdings irreführendes – Antragsformular falsch ausgefüllt hatte. Die Behörde bemerkt ihren Fehler und möchte die Darlehenssubvention zurücknehmen. Spezialregelungen sind nicht anwendbar. Liegen die tatbestandlichen Voraussetzungen des § 48 VwVfG vor?* **483**

rechtswidriger, begünstigender VA

1. Es handelt sich um einen rechtswidrigen begünstigenden VA, § 48 I S. 2 VwVfG, mit dem eine Geldleistung gewährt wird. § 48 II VwVfG ist demnach einschlägig.

a) Vertrauenstatbestand

tatsächliches Vertrauen

Dafür, dass A nicht in den Bestand des VA vertraut haben sollte, enthält der Sachverhalt keinerlei Anhaltspunkte.

b) Schutzwürdigkeit des Vertrauens

aa) Ausschluss des Vertrauensschutzes

Vertrauensausschluss nach § 48 II S. 3 Nr. 2 VwVfG?

Das Vertrauen des A könnte aber nicht schützenswert sein, wenn ein Fall **484**
des § 48 II S. 3 Nr. 2 VwVfG vorliegt. Hier hat A die Subvention nur deshalb erhalten, weil er das von der Behörde vorgelegte Antragsformular falsch ausgefüllt hat. Sein Verhalten ist für den Erlass des VAs kausal geworden. § 48 II S. 3 Nr. 2 VwVfG greift damit hier grundsätzlich ein.

BVerwG: Mitverschulden der Behörde unbeachtlich

Nach dem BVerwG soll es bei § 48 II S. 3 Nr. 2 VwVfG auf ein Verschulden des Begünstigten nicht ankommen.

553 Vgl. Schwerdtfeger, Rn. 181.

554 Vgl. hierzu unten Rn. 494a - d.

555 Vgl. ausführlich **Hemmer/Wüst, Europarecht, Rn. 340 ff.**; vgl. auch EuGH, NVwZ 1998, 45, BVerwG, NJW 1998, 3728; BVerfG, NJW 2000, 2015.

dag.: kein Fall mangelnder Redlichkeit

Liegt der Fehler aber im Verantwortungsbereich der Behörde, macht es keinen Sinn, den Vertrauensschutz auszuschließen, da § 48 II S. 3 VwVfG gerade (nur) die Fälle mangelnder Redlichkeit erfassen will. Ein solcher Fall liegt aber dann nicht vor, wenn die Unrichtigkeit der Angaben des Antragsstellers darauf beruht, dass die Fragen der Behörde irreführend formuliert waren. So lag es aber hier. Weil die Behörde die Unrichtigkeit des VAs wesentlich mit verursacht hat, scheidet die Anwendung von § 48 II S. 3 Nr. 2 VwVfG aus.

bb) Indizien für den Vertrauensschutz

Indizwirkung des § 48 II S. 2 VwVfG

Indizien für die besondere Schutzwürdigkeit des Vertrauens des A könnten sich aus § 48 II S. 2 VwVfG ergeben. 485

Aus dem Sachverhalt wird nicht ersichtlich, ob A die gewährten Leistungen schon verbraucht hat oder eine anderweitige Vermögensdisposition i.S.d. § 48 II S. 2 VwVfG getroffen hat. Indizien für die besondere Schutzwürdigkeit des Vertrauens liegen daher hier nicht vor.

cc) Abwägung zwischen Vertrauensinteresse und Rücknahmeinteresse

Interessenabwägung, § 48 II S. 1 VwVfG

Ein Ausschluss der Rücknahme kommt somit in Betracht, wenn das öffentliche Interesse an der Rücknahme das Vertrauensinteresse des A überwiegt, § 48 II S. 1 VwVfG. Abwägungskriterien sind u.a. die Art des Verfahrens, in dem der VA zustande gekommen ist, die seit seinem Erlass verstrichene Zeit oder die Bedeutung des VA für den Antragsteller. 486

Zugunsten des A spricht hier die Tatsache, dass die Behörde die Rechtswidrigkeit durch ihr irreführendes Formular mit verursacht hat. Andererseits hat A eine Hauptursache für den Erlass des rechtswidrigen VA gesetzt, indem er das Formular unrichtig ausgefüllt hat. Auch ist die Förderung nicht sonderlich hoch. Eine endgültige Entscheidung lässt sich hier allerdings nicht treffen, da die Umstände des Einzelfalls nicht genau bekannt sind.

2. § 48 IV VwVfG

§ 48 IV VwVfG

Da der Sachverhalt insoweit keine Anhaltspunkte enthält, ist davon auszugehen, dass die Behörde die Frist des § 48 IV VwVfG beachtet hat.

3. Rücknahmeermessen

Rücknahmeermessen

Für die Beurteilung des Rücknahmeermessens fehlen Angaben im Sachverhalt.

hemmer-Methode: Enthält die Klausur weitere Probleme, wird man hier ein überwiegendes öffentliches Interesse annehmen müssen, um zu einer Überprüfung der Ermessensentscheidung zu kommen. In diesem Rahmen kann dann das mangelnde Verschulden des A eine entscheidende Rolle spielen.
Der Korrektor erwartet bei § 48 VwVfG eine exakte Zitierung. Werden Sie dem gerecht, indem Sie die im Gesetzestext nicht angegebenen Nummern der einzelnen Sätze innerhalb der Absätze schon jetzt in ihr Gesetz eintragen. So vermeiden Sie überflüssige Arbeit während der Klausur.

e) Widerruf, § 49 VwVfG

§ 49 VwVfG: Widerruf eines rechtmäßigen VA

Der Widerruf ist die Aufhebung eines rechtmäßigen VA. Den Widerruf eines VA kann die Behörde also nicht damit begründen, dass sie gesetzmäßige Zustände herbeiführen wolle. Die Behörde wird vor allem dann einen Widerruf erwägen, wenn sich die Sach- und Rechtslage so verändert hat, dass der VA jetzt nicht mehr erlassen werden dürfte. 487

Der Widerruf steht grundsätzlich im Ermessen der Behörde (Ausnahme: § 49 I HS 2 VwVfG) und ist nach § 49 III VwVfG bei Vorliegen der dort genannten Tatbestandsvoraussetzungen auch für die Vergangenheit möglich.

aa) Belastender VA

belastende VAe: frei widerrufbar

Handelt es sich um einen belastenden VA, kann sich das Ermessen der Behörde soweit reduzieren, dass sie zum Widerruf verpflichtet ist. Das wird insbesondere dann der Fall sein, wenn der VA in Grundrechte eingreift. 488

bb) Begünstigender VA

begünstigender VA: Widerrufsgrund erforderlich

Begünstigende VAe dürfen dagegen nur widerrufen werden, wenn einer der Widerrufsgründe des § 49 II oder III VwVfG erfüllt und die Jahresfrist aus §§ 48 IV, 49 II S. 2, III S. 2 VwVfG eingehalten ist. 489

(1) Widerrufsgründe des § 49 II, III VwVfG

(a) Widerruf aufgrund Rechtsvorschrift oder Vorbehalt im VA, § 49 II S. 1 Nr. 1 VwVfG

Widerrufsvorbehalt

Die Behörde wird sich den Widerruf vorbehalten, wenn eine Änderung der sachlichen oder rechtlichen Verhältnisse vorhersehbar ist. Sie hat so die Möglichkeit, den VA zu beseitigen, ohne den Begünstigten für die Aufhebung entschädigen zu müssen, vgl. § 49 VI VwVfG. 490

Problem: rechtswidriger Widerrufsvorbehalt

Es ist streitig, ob ein rechtswidriger Widerrufsvorbehalt Grundlage eines Widerrufs sein kann. Das wird zum Teil bejaht, weil auch der rechtswidrige Widerrufsvorbehalt wirksam ist; die Bestandskraft des VA umfasst auch den Widerrufsvorbehalt.[556] Der Begünstigte habe es ja in der Hand, gegen den Widerrufsvorbehalt vorzugehen (Stichwort: isolierte Anfechtung einer Nebenbestimmung).

Allerdings ist der Widerruf eine Ermessensentscheidung. Er muss durch sachliche Gründe gerechtfertigt sein. Die bloße Berufung auf den Vorbehalt genügt nicht. Hatte der Widerrufsvorbehalt keine rechtliche Grundlage, wird ein auf ihn gestützter Widerruf in der Regel ermessensfehlerhaft sein.[557]

(b) Nichterfüllung einer Auflage, § 49 II S. 1 Nr. 2 VwVfG

Nichterfüllung einer Auflage

Hier ist besonderes Augenmerk auf den Grundsatz der Verhältnismäßigkeit zu richten. Die Behörde muss grundsätzlich erst versuchen, die Erfüllung der Auflage durchzusetzen. Zur pflichtgemäßen Ausübung des Ermessens kann es demnach gehören, den Begünstigten zu mahnen und ihm eine Frist zur Erfüllung zu setzen.[558] Ob darüber hinaus noch die Mittel der Verwaltungsvollstreckung Vorrang vor dem Widerruf besitzen, ist streitig.[559] 491

556 Kopp/Ramsauer, § 49 VwVfG, Rn. 37.
557 Kopp/Ramsauer, a.a.O.
558 Kopp/Ramsauer, § 49 VwVfG, Rn. 39.
559 Vgl. Maurer, § 11, Rn. 42.

(c) Änderung der Sach- und/oder Rechtslage und Gefährdung des öffentlichen Interesses, § 49 II S. 1 Nr. 3 u. 4 VwVfG

Änderung der Sach- und Rechtslage

Der Widerruf eines VA bei Änderung der Sach- und/oder Rechtslage ist nur dann erforderlich, wenn der VA durch die Veränderung seiner tatsächlichen oder rechtlichen Grundlage nicht ohnehin wirkungslos geworden ist.[560] 492

hemmer-Methode: Diese Vorschriften erklären sich im Grunde von selbst. Hier können Sie zeigen, dass Sie Ihr juristisches Handwerk beherrschen. Subsumieren Sie exakt und achten Sie insbesondere darauf, dass Nr. 3 und Nr. 4 zwei (kumulative) Voraussetzungen enthalten („und“ im Gesetzestext unterstreichen).

(d) Schwere Nachteile für das Gemeinwohl

schwere Nachteile für das Gemeinwohl

Die Generalklausel des § 49 II S. 1 Nr. 5 VwVfG ist nur in Extremfällen anwendbar und daher eng auszulegen. 493

hemmer-Methode: Insbesondere darf man nicht auf die Idee kommen, bei einer Anwendung von § 49 II VwVfG auf Art. 48 VwVfG (s.o.) das öffentliche Interesse i.S.d. § 49 II S. 1 Nr. 5 VwVfG schon aufgrund der Rechtswidrigkeit des zurückzunehmenden VA zu bejahen. Die Argumentation a fortiori wäre auf den Kopf gestellt!

(e) Widerrufsgründe des § 49 III S. 1 VwVfG[561]

Anwendungsbereich

§ 49 III S. 1 VwVfG gibt eine Ermächtigungsgrundlage für den Widerruf eines Verwaltungsaktes auch mit Wirkung für die Vergangenheit. § 49 III S. 1 VwVfG erfasst alle Verwaltungsakte, die eine einmalige oder laufende Geldleistung oder eine teilbare Sachleistung zur Erfüllung eines bestimmten Zwecks gewähren oder hierfür Voraussetzung sind. Maßgeblich ist somit die aus dem VA zu entnehmende Zweckbindung der staatlichen Leistung.

Leistungsverwendungszweck

Nach § 49 III S. 1 VwVfG muss der VA die Leistung „zur Erfüllung eines bestimmten Zwecks“ gewähren. Umstritten ist, wie dieses Tatbestandsmerkmal auszulegen ist. Möglich wäre, dass die Behörde mit der Leistungsgewährung lediglich einen bestimmten Zweck verfolgen muss. Dann wären aber nur solche Leistungsgewährungen nicht von § 49 III S. 1 VwVfG erfasst, mit denen kein bestimmter Zweck verbunden ist. Da aber Leistungsgewährungen immer einen Zweck verfolgen, und sei es nur, einen gesetzlichen Anspruch zu erfüllen oder dem Begünstigten eine Begünstigung zuzusprechen, ist diese Auslegung abzulehnen.[562]

Dieses Tatbestandsmerkmal ist daher so auszulegen, dass der Leistungsempfänger die Leistung zu einem bestimmten Zweck verwenden muss. Dafür spricht der Zweck des Gesetzes, nämlich die Integration des früheren § 44a BHO in das VwVfG. § 49 III S. 1 VwVfG übernimmt mit dem Merkmal „zur Erfüllung eines bestimmten Zwecks” nicht ohne Grund die Formulierung des § 23 BHO.

Der Verwendungszweck muss sich in allen Fällen des § 49 III S. 1 VwVfG aus dem VA selbst ergeben.

560 Vgl. Kopp/Ramsauer, § 49 VwVfG, Rn. 42.

561 Vgl. Heße, NJW 1996, 2779 ff.; Baumeister, NVwZ 1997, 19 ff.

562 Baumeister, NVwZ 1997, 19 (20).

(aa) Keine Verwendung entsprechend der Zweckbestimmung, § 49 III S. 1 Nr. 1 VwVfG

§ 49 III S. 1 Nr. 1 VwVfG enthält folgende Widerrufsgründe: 493a

Zweckbestimmung nicht eingehalten

- ⇨ Die gewährte Leistung wird nicht für den im VA bestimmten Zweck verwandt.
- ⇨ Die gewährte Leistung wird nicht alsbald nach ihrer Erbringung für den im VA bestimmten Zweck verwandt.
- ⇨ Die gewährte Leistung wird nicht mehr für den im VA bestimmten Zweck verwandt.

(bb) Nicht- oder nicht-fristgerechte Erfüllung einer Auflage, § 49 III S. 1 Nr. 2 VwVfG

nicht oder nicht-fristgerechte Auflagenerfüllung

Nach § 49 III S. 1 Nr. 2 VwVfG kann ein rechtmäßiger VA widerrufen werden, wenn der Begünstigte die mit dem VA verbundene Auflage nicht oder nicht innerhalb der ihm gesetzten Frist erfüllt.[563] 493b

hemmer-Methode: Die Behörde muss sich vor einem Widerruf nach § 49 III VwVfG allerdings fragen, ob nicht eine Verzinsung nach § 49a IV VwVfG als milderes Mittel in Betracht kommt.

(2) Befristung, § 49 II S. 2, III S. 2 VwVfG

Jahresfrist des § 48 IV VwVfG

Nach § 49 II S. 2, III S. 2 VwVfG gilt die Jahresfrist des § 48 IV VwVfG auch beim Widerruf begünstigender VAe. Die diesbezüglichen Ausführungen unter Rn. 487 ff. gelten entsprechend. 494

f) Erstattung und Verzinsung von rechtsgrundlos gewährten Leistungen, § 49a VwVfG

aa) Regelungsinhalt

Erstattung und Verzinsung

§ 49a VwVfG betrifft die Frage der verschuldensunabhängigen Erstattung und Verzinsung der gewährten Leistung. Für diese ist mit der für die Vergangenheit erfolgten Aufhebung der Rechtsgrund weggefallen. Noch offen ist, ob die Vorschriften des § 49a VwVfG auch dann gelten, wenn es um Erstattungsansprüche des Bürgers gegen den Staat geht, z.B. i.R.d. Rückabwicklung von Leistungen, die aufgrund eines zurückgenommenen Verwaltungsaktes durch den Bürger bereits erbracht worden sind. Dafür sprechen der Wortlaut des § 49a I S. 1 VwVfG und die weit gefasste Überschrift, dagegen das Schriftformerfordernis des § 49a I S. 2 VwVfG und der subjektive Wille des Gesetzgebers.[564] Damit bleibt es wohl beim öffentlich-rechtlichen Erstattungsanspruch.[565] 494a

bb) Umfang der Erstattung

Festsetzung durch schriftlichen VA

(1) Nach § 49a I S. 1 VwVfG sind die erbrachten Leistungen zu erstatten. Der Umfang ist gem. § 49a I S. 2 VwVfG durch schriftlichen VA festzusetzen. Diese Regelung schließt insoweit für die Behörde die Möglichkeit einer allgemeinen Leistungsklage aus. 494b

563 Vgl. dazu BVerwG, DVBl. 1998, 145, examenstypisch aufbereitet in **Life&Law 1998, 252 ff.**

564 Siehe zu diesem Problemkreis Baumeister, NVwZ 1997, 19 (22).

565 **Hemmer/Wüst, VWR II, Rn. 231 ff.**

Es muss zwingend mittels eines Leistungsbescheides vorgegangen werden, welcher in dieser Vorschrift nun auch seine Rechtsgrundlage gefunden hat. Für den Bürger bedeutet dies, dass er zwingend zwei Anfechtungsklagen erheben muss: Eine gegen den Aufhebungsbescheid und eine gegen den Rückforderungsbescheid!

keine Formfreiheit

(2) Weiterhin enthält § 49a I S. 2 VwVfG eine Abweichung von dem Grundsatz der Formfreiheit des § 37 II VwVfG durch Statuierung eines Schriftformerfordernisses. 494c

Umfang der Erstattung ⇨ Verweis auf § 818 I, II BGB

(3) § 49a II VwVfG verweist für die Frage des Umfangs der Erstattung auf § 818 I, II BGB. Ausgenommen von der Verweisung ist aber die Verzinsungspflicht.

cc) Verzinsungsregelung

Verzinsung zwingend vorgeschrieben

(1) Nach § 49a III S. 1 VwVfG ist der zu erstattende Betrag zwingend zu verzinsen, während dies bei § 818 I, II BGB nur der Fall wäre, wenn das Geld als Darlehen gewährt wurde. Eine weitere Ausnahme zu der Regelung im BGB stellt § 49a II S. 2 VwVfG dar. 494d

Danach wird der Erstattungspflichtige nur dann von seiner Leistungspflicht befreit, wenn und soweit er nicht mehr i.S.d. § 818 III BGB bereichert ist und er die Umstände, die zur Rücknahme, zum Widerruf oder zur Unwirksamkeit des Verwaltungsaktes geführt haben, weder kannte noch infolge grober Fahrlässigkeit nicht kannte. Von der Verzinsungspflicht kann nach § 49a III S. 2 VwVfG nur abgesehen werden, wenn der Begünstigte die Umstände, welche die Aufhebung ausgelöst haben, nicht zu vertreten hat, und er innerhalb einer von der Behörde gesetzten Frist den Betrag zurückgewährt.

Zinsen bis zur zweckentsprechenden Verwendung

(2) Wenn der Leistungsempfänger die erhaltenen Mittel nicht alsbald für den bestimmten Zweck verwendet, kann die Behörde nach § 49a IV VwVfG für die Zeit bis zur zweckentsprechenden Verwendung Zinsen nach Maßgabe des § 49a III S. 1 VwVfG verlangen. Diese Möglichkeit besteht ausdrücklich neben dem nach § 49 III S. 1 Nr. 1 VwVfG zulässigen Widerruf der Bewilligung auch für die Vergangenheit, wird aber entsprechend dem Grundsatz der Verhältnismäßigkeit regelmäßig einer Aufhebung vorzuziehen sein (sofern der Begünstigte zur zweckentsprechenden Nutzung übergeht).

g) Fallbeispiel zu §§ 48, 49 VwVfG

C hat ein Grundstück erworben, auf dem er eine nach der 4. BImSchVO genehmigungsbedürftige Anlage errichten will. Auf Antrag wird ihm nach Einreichung der Pläne ein Vorbescheid über die Zulässigkeit seines Vorhabens erteilt. Als C die Genehmigung beantragt, wird ihm diese jedoch verweigert. Die Anlage überschreite die zulässigen Höchstwerte. Wegen des überwiegenden öffentlichen Interesses am Schutze der Umwelt könne an dem Vorbescheid gem. § 38 III VwVfG nicht mehr festgehalten werden. 495

Ist die Ablehnung der Genehmigung rechtmäßig?

Lösung: Dreierschritt

Die Frage muss in drei Schritten angegangen werden.

1. Schritt: Anlage rechtswidrig

1. Zunächst ist zu klären, ob eine Verweigerung der Genehmigung gem. § 6 BImSchG i.V.m. § 5 I Nr. 1 BImSchG (lesen) überhaupt möglich war. Der Sachverhalt ist insofern eindeutig, die Anlage widerspricht § 5 I Nr. 1 BImSchG. 496

2. Schritt: Vorbescheid an sich bindend

2. Die Genehmigung konnte aber nur dann verweigert werden, wenn nicht die Zulässigkeit des Vorhabens bereits bindend durch den Vorbescheid festgestellt worden war. In diesem Zusammenhang ist der Vorbescheid nach § 9 BImSchG von der Zusicherung nach § 38 III VwVfG abzugrenzen. Der Vorbescheid ist eine vorweggenommene Teilregelung, die Zusicherung nur die Zusage einer späteren Regelung.[566] 497

Im Ergebnis müssen die Bearbeiter dazu kommen, den Vorbescheid als vorweggenommene Teilgenehmigung anzusehen (vgl. die Parallelproblematik bei Art. 75 BayBO), sodass die Behörde hinsichtlich der Erteilung der Genehmigung an sich gebunden ist.

3. Schritt: Aufhebung des Vorbescheides

3. In Betracht kommt aber, dass die Ablehnung der Genehmigung eine Aufhebung des Vorbescheides mit einschließt.

a) Anwendbarkeit des § 48 VwVfG neben § 21 BImSchG

Verhältnis § 48 VwVfG ⇔ § 21 BImSchG

Beim Vorbescheid handelt es sich um einen VA, der mit Bekanntgabe C gegenüber wirksam geworden ist. Da der VA den Voraussetzungen des § 6 Nr. 1 BImSchG i.V.m. § 5 Nr. 1 BImSchG nicht entspricht, ist er rechtswidrig. Prinzipiell befindet sich der Bearbeiter also nun im Bereich des § 48 VwVfG. 498

Zu beachten ist aber § 21 BImSchG, der Spezialregelungen für die Aufhebung von Genehmigungs-VAen enthält. § 21 BImSchG regelt den Widerruf von Genehmigungen. Sein Wortlaut entspricht weitgehend § 49 VwVfG, zu dem er eine abschließende Spezialregelung darstellt.

Eine abschließende Regelung wird aber nicht im Verhältnis zu § 48 VwVfG getroffen, da es nicht Sinn der Regelung im BImSchG sein kann, zwar den Widerruf rechtmäßiger Genehmigungen zu gestatten, die Rücknahme rechtswidriger Genehmigungen aber nicht zu ermöglichen.

b) Zurückgreifen auf § 21 BImSchG

Zurückgreifen auf § 21 BImSchG

Der Klausursachverhalt bietet nun wenig Anhaltspunkte für eine detaillierte Prüfung des § 48 VwVfG. Clou der Klausur ist die Anwendung von § 21 BImSchG neben § 48 VwVfG. 499

Es ist anerkannt, dass § 49 VwVfG auch für den Widerruf rechtswidriger VAe anwendbar ist. Wenn die in § 49 VwVfG genannten Gründe schon die Aufhebung rechtmäßiger VAe ermöglichen, so muss – bei Vorliegen eines dieser Gründe – erst recht die Aufhebung eines rechtswidrigen VAs möglich sein.

Da § 21 BImSchG aber eine Spezialregelung zu § 49 VwVfG darstellt, ist im vorliegenden Fall eben § 21 BImSchG zu prüfen. In eine intensive Subsumtion der Nr. 1 - 5 des § 21 BImSchG kann also doch noch eingestiegen werden.

hemmer-Methode: Halten Sie sich bei der Prüfung der Aufhebung von VAen etwa an folgendes Schema:
1. Spezialvorschrift oder §§ 48, 49 VwVfG (gedankliche Vorprüfung der Rechtmäßigkeit)
2. Inzidente Rechtmäßigkeitsprüfung
3. Belastender oder begünstigender VA
4. Bei begünstigenden VAen: Frist des § 48 IV VwVfG
5. Ermessensausübung

566 Vgl. dazu ausführlich **Hemmer/Wüst, VWR II, Rn. 65 ff.**

h) Die erleichterte Aufhebung im Rechtsbehelfsverfahren, § 50 VwVfG

aa) Allgemeines

erleichterte Aufhebung im Rechtsbehelfsverfahren, § 50 VwVfG

Bei der Aufhebung von begünstigenden VAen müssen die Einschränkungen der §§ 48 II - IV, 49 II, III, VI VwVfG nicht beachtet werden, wenn der VA während des Verfahrens bis zur verwaltungsgerichtlichen Entscheidung aufgehoben wird, soweit dadurch dem Widerspruch oder der Klage eines Dritten abgeholfen wird. Das ergibt sich aus § 50 VwVfG. 500

kein Vertrauensschutz

§ 50 VwVfG grenzt den in § 48 VwVfG zum Ausdruck gekommenen Vertrauensgrundsatz ein. Es ist einleuchtend, dass der Begünstigte auf den Fortbestand eines VA nicht vertrauen darf, solange er noch damit rechnen muss, dass ein betroffener Dritter den VA anficht und dessen Aufhebung erwirken will.

klassisch: Baugenehmigung

Klassische Konstellation des § 50 VwVfG ist die Anfechtung einer Baugenehmigung durch den Nachbarn.

§ 50 VwVfG an Ausgangsbehörde gerichtet

Zu beachten ist, dass § 50 VwVfG nicht direkt mit der Entscheidung über den Widerspruch zu tun hat. Er wendet sich nur an die erlassende Behörde, da sie während des Rechtsbehelfsverfahrens für die Abhilfe (vgl. Wortlaut des § 50 VwVfG) zuständig ist. § 50 VwVfG gilt also nicht für die Widerspruchsbehörde und gibt damit für die Frage der Zulässigkeit der reformatio in peius (Abänderung zum Nachteil des Widerspruchsführers) nichts her. Er betrifft auch nicht den Abhilfebescheid im technischen Sinne des § 72 VwGO, sondern nur den Aufhebungsbescheid nach §§ 48 f. VwVwfG. 501

Ist demnach im o.g. Fall die Baugenehmigung rechtswidrig, so hat die Behörde dem Widerspruch stattzugeben und die Baugenehmigung aufzuheben. Ein Ermessen besteht dann gerade nicht, die Vertrauensschutzregelung der §§ 48, 49 VwVfG wird durch § 50 VwVfG verdrängt.

bb) Anforderungen an den Rechtsbehelf

Anforderungen an Rechtsbehelf

Die erleichterte Aufhebung nach § 50 VwVfG ist möglich, „soweit dadurch dem Widerspruch oder der Klage abgeholfen wird“. Der Vertrauensschutz soll also nur in dem Umfang eingeschränkt werden, wie die Rechte eines Dritten berührt sind. Dadurch wird die Frage aufgeworfen, welche Anforderungen an den Rechtsbehelf des Dritten zu stellen sind.[567] 502

(1) Zulässigkeit

zumindest zulässig

Die ganz h.M. vertritt die Ansicht, dass der Rechtsbehelf zumindest zulässig sein müsse.[568]

(2) Begründetheit

Begründetheit nicht erforderlich

Da der Wortlaut des § 50 VwVfG insoweit nichts hergibt, könnte man auch fordern, der Rechtsbehelf müsse begründet sein. Dagegen spricht aber vor allem, dass auch rechtmäßige VAe unter § 50 VwVfG fallen, vgl. die Bezugnahme auf § 49 VwVfG.

567 Für alle Maurer, § 11, Rn. 70.

568 BayVGH, BayVBl. 1997, 244.

Für eine erleichterte Aufhebung bliebe dann kaum noch Raum, da der Drittrechtsbehelf bei einem rechtmäßigen Verwaltungsakt grundsätzlich nicht begründet sein kann. Eine Ausnahme wäre nur für einen Drittwiderspruch denkbar, dem auch aufgrund der Unzweckmäßigkeit des VA von der Widerspruchsbehörde stattgegeben werden kann.

(3) Zulässig und nicht offensichtlich unbegründet

aber: jedenfalls nicht offensichtlich unbegründet

Eine vermittelnde Ansicht steht auf dem Standpunkt, der Rechtsbehelf müsse zulässig und zumindest nicht offensichtlich unbegründet sein.[569] Diese Sicht entspricht am ehesten der Bindung der Verwaltung an Recht und Gesetz, Art. 1 III GG. Einerseits wird dem Vertrauensschutz für den Begünstigten Genüge getan, andererseits wird der Anwendungsbereich des § 50 VwVfG nicht über Gebühr eingeschränkt.

hemmer-Methode: Die Begründetheit bzw. nicht offensichtliche Unbegründetheit des Drittrechtsbehelfs zu fordern, gibt Gelegenheit, in der Klausur eine Inzidentprüfung durchzuführen. Wehrt sich der Begünstigte gegen die Aufhebung des VA, der von einem Dritten angefochten worden ist, so kann festgestellt werden, dass die erleichterte Rücknahme unter den Voraussetzungen des § 50 VwVfG möglich ist. Voraussetzung ist, dass der Rechtsbehelf zulässig und zumindest nicht ersichtlich unbegründet ist. Es kann dann in eine normale Prüfung eingetreten werden. Der Schwerpunkt wird dabei regelmäßig auf der Klage- bzw. Widerspruchsbefugnis des Dritten liegen!

Fall: *Nachbar N legt gegen die (rechtswidrige) Genehmigung des B zum Ausbau seines Wintergartens Widerspruch ein. Um seinem Widerspruch Nachdruck zu geben, stattet er dem Landratsamt (der Genehmigungsbehörde) einen Besuch ab und fordert den Sachbearbeiter auf, die Genehmigung des „nachbarlichen Dschungels" sofort aufzuheben. Wie ist die Rechtslage?* **503**

§ 50 VwVfG einschlägig

Weil N Widerspruch gegen die B begünstigende Genehmigung erhoben hat und das Widerspruchsverfahren noch nicht abgeschlossen ist, liegt ein Fall des § 50 VwVfG vor.

Befugnis zur Rücknahme (+)

Das Landratsamt als Abhilfebehörde (§ 72 VwGO) ist daher zur Rücknahme der Genehmigung befugt, ohne dass sich der Begünstigte auf Vertrauensschutz berufen könnte.

Anspruch auf Rücknahme?

In der Literatur wird zum Teil vertreten, dass die Behörde sogar zur Aufhebung verpflichtet sei, da das Ermessen der Behörde in diesem Fall auf Null schrumpfe.[570]

e.A.: (+)

Der Grundsatz der Gesetzmäßigkeit der Verwaltung gewähre dem belasteten Dritten einen Anspruch auf Aufhebung, wenn er einen statthaften Rechtsbehelf eingelegt hat.

h.M.: (-), kein Bedürfnis

Dabei wird allerdings übersehen, dass der Schutz des Dritten schon durch die Aufhebungskompetenz der Widerspruchsbehörde und durch die Möglichkeit der Anfechtungsklage gewährleistet ist. Für die Anerkennung eines subjektiv-öffentlichen Rechts auf Aufhebung durch die Abhilfebehörde besteht kein Bedürfnis. N ist darauf beschränkt, die Entscheidung der Regierung über seinen Widerspruch abzuwarten; der Sachbearbeiter im LRA muss nicht zu Gunsten des N tätig werden. Zudem ist zu berücksichtigen, dass §§ 72, 73 VwGO dem Dritten nur dann einen Aufhebungsanspruch geben, wenn er auch in subjektiven Rechten verletzt ist. Für § 48 I VwVfG genügt hingegen die objektive Rechtswidrigkeit des VAs.

569 Kopp/Ramsauer, § 50 VwVfG, Rn. 24 f. m.w.N.; wobei anzumerken ist, dass bei einem zulässigen Rechtsbehelf dieser in der Regel auch nicht offensichtlich unbegründet sein wird.

570 Ule/Laubinger § 61 II 3., S. 608.

III. Reformatio in peius im Widerspruchsverfahren (rip)

rip nur bei Änderung des Tenors

Reformatio in peius (rip) bedeutet, dass die Widerspruchsbehörde die Entscheidung der Erstbehörde zu Ungunsten des Widerspruchsführers abändert (sog. Verböserung). Eine echte reformatio in peius liegt aber nur dann vor, wenn sich der Tenor der Entscheidung ändert. Eine bloße Auswechslung der Entscheidungsgründe fällt nicht unter diesen Begriff.[571] *504*

Spezifische Klausurschwerpunkte der reformatio in peius sind dabei sowohl i.R.d. Zulässigkeit als auch der Begründetheit der Anfechtungsklage zu finden.

hemmer-Methode: Soweit in Ihrem Bundesland das Vorverfahren weitgehend abgeschafft wurde – für Bayern vgl. Art. 15 II AGVwGO –, wurde die Problematik der rip gleichsam „mitabgeschafft“: Kein Widerspruchsverfahren, also auch keine Verböserung durch einen Widerspruchsbescheid. Die rip als Klausurproblem hat in diesen Bundesländern entscheidend an Bedeutung verloren. Denkbar wäre sie in Bayern aber v.a. noch im Bereich des Kommunalabgabenrechts, da hier nach Art. 15 I Nr. 1 AGVwGO weiterhin ein Vorverfahren stattfinden kann.

1. Zulässigkeit

a) Statthaftigkeit der Klage

Problem: Klagegegenstand

Gegenstand der Anfechtungsklage ist grds. der AusgangsVA in der Gestalt, die er durch den Widerspruchsbescheid gefunden hat, § 79 I Nr. 1 VwGO. *505*

Eine Anfechtungsklage gegen den Widerspruchsbescheid selbst ist in diesen Fällen nicht möglich, da es einer diesbezüglichen Klage am Rechtsschutzbedürfnis fehlt.[572]

Nach § 79 II S. 1 VwGO kann aber Gegenstand der Anfechtungsklage ausnahmsweise auch der Widerspruchsbescheid selbst als VA sein, wenn und soweit er über den Ausgangsbescheid hinaus eine selbstständige Beschwer enthält.

hemmer-Methode: Die Klageart richtet sich grds. nach dem Klägerbegehren. Sie sollten deshalb den Klagegegenstand genau bestimmen und folglich auch zwischen Ausgangsbescheid (§ 79 I Nr. 1 VwGO) und Widerspruchsbescheid (§ 79 II VwGO sowie § 79 I Nr. 2 VwGO[573] bei erstmaliger Belastung durch den Abhilfe- oder Widerspruchsbescheid) unterscheiden.

§ 79 II VwGO, soweit nur gegen WS-Bescheid geklagt wird

Zusätzliche selbstständige Beschwer i.S.d. § 79 II VwGO ist jede Änderung des VA zu Ungunsten des Widerspruchsführers,[574] also insbesondere eine reformatio in peius.

> ***Bsp.:*** *A beantragt die Genehmigung eines achtstöckigen Wohnhauses. Die Behörde genehmigt ein siebenstöckiges. Auf den Widerspruch des A hin ändert die Widerspruchsbehörde den Bescheid dahingehend, dass sogar nur ein sechsstöckiges Haus genehmigt wird.*

---

571 Pietzner-Ronellenfitsch, § 49, Rn. 3.

572 Vgl. Kopp/Schenke, § 79 VwGO, Rn. 2: Dem Widerspruchsbescheid fehlt es, soweit er keine über den AusgangsVA hinausgehende Beschwer enthält, an der selbstständigen Rechtserheblichkeit.

573 Dazu schon oben Rn. 105 ff.

574 BVerwGE 17, 148 (150); Kopp/Schenke, § 79 VwGO, Rn. 11.

Zum einen wäre hier an eine Verpflichtungsklage auf Erteilung einer Genehmigung eines achtstöckigen Hauses zu denken. A kann sich aber auch nur gegen die Verböserung wenden, etwa weil er einsieht, dass bestenfalls die Genehmigung eines siebenstöckigen Wohnhauses der gerichtlichen Prüfung standhalten kann. Der Widerspruchsbescheid hebt den ursprünglichen VA auf und enthält damit eine zusätzliche Beschwer. Er kann nach § 79 II VwGO alleiniger Klagegegenstand einer Anfechtungsklage sein.

hemmer-Methode: Denken Sie daran, dass die Frage der rechtlichen Möglichkeit der reformatio in peius nicht schon in der Zulässigkeit der Klage zu prüfen ist; dies ist vielmehr eine Frage der Begründetheit der Klage (vgl. Rn. 513).

auch gleichzeitige Anfechtung v. AusgangsVA möglich

Zu beachten ist also stets die Frage, ob sich der Kläger nur gegen die Verböserung wenden will (der ursprüngliche VA wird damit anerkannt) oder ob der Kläger nach wie vor den gesamten VA, also AusgangsVA inkl. Verböserung, anfechten will. 506

Bsp.: *Die Ausgangsbehörde erlässt gegenüber A eine Gewerbeuntersagung für die Dauer von sechs Monaten. Nach Anfechtung dieses VA verlängert die Widerspruchsbehörde die Gewerbeuntersagung im Widerspruchsbescheid um weitere sechs Monate, sodass die Untersagung nunmehr den Zeitraum von einem Jahr erfasst.*

A hat nun zwei Möglichkeiten: Er kann zum einen isoliert nur die Verböserung anfechten (als Teilanfechtungsklage, Anfechtung, „soweit" Gewerbeuntersagung über sechs Monate hinaus geht), also demzufolge die Gewerbeuntersagung bezüglich der ersten sechs Monate bestandskräftig werden lassen.

A kann aber auch nach wie vor auch den AusgangsVA zusammen mit der Verböserung anfechten.

hemmer-Methode: Wichtig wird diese Unterscheidung vor allem wegen der Frage, wer richtiger Beklagter bzw. Klagegegner ist (dazu unten Rn. 510). Sie sollten deshalb schon i.R.d. Klagegegenstandes genau bestimmen, ob sich der Kläger gegen den AusgangsVA und den Widerspruchsbescheid (dann § 79 I Nr. 1 VwGO) oder nur gegen den Widerspruchsbescheid wendet (dann § 79 II S. 1 VwGO).

b) Widerspruchsverfahren, §§ 68 ff. VwGO

Widerspruchsverfahren (-)

Grds. ist vor Erheben der Anfechtungsklage ein Widerspruchsverfahren durchzuführen. In den Fällen der isolierten Anfechtung der rip ist das Widerspruchsverfahren allerdings in analoger Anwendung der §§ 68 I Nr. 2, 79 II VwGO entbehrlich.[575] Im Fall der Einheitsklage wendet sich der Kläger gegen den Ausgangsverwaltungsakt in Form des Widerspruchsbescheides, § 79 I Nr. 1 VwGO, ein Vorverfahren ist insoweit durchgeführt. 507

c) Frist

Frist, § 74 I S. 2 VwGO

Da bei der isolierten Anfechtung der rip das Vorverfahren wegen entsprechender Anwendung der §§ 68 I Nr. 2, 79 II VwGO entbehrlich ist (vgl. vorherige Rn. 507), beginnt die Klagefrist nach § 74 I S. 2 VwGO mit Zustellung des Widerspruchsbescheides zu laufen, der den AusgangsVA verbösert hat. 508

575 Pietzner-Ronellenfitsch, § 31, Rn. 23; Kopp/Schenke, § 68 VwGO, Rn. 10.

d) Je nach Bundesland: Klagegegner[576]

2. Begründetheit

a) Obersatz, § 113 I S. 1 VwGO

Obersatz richtet sich nach Klagegegenstand

Je nachdem, ob der Kläger den gesamten VA oder aber nur die Verböserung anfechten will, ist sowohl beim Obersatz als auch beim Begründetheitsaufbau zu differenzieren: 509

aa) Anfechtung des gesamten VA

Klagegegenstand ist dann sowohl der AusgangsVA in seiner ursprünglichen Form als auch in der Gestalt, die er durch die Verböserung durch die Widerspruchsbehörde erhalten hat, § 79 I Nr. 1 VwGO:

> „Die Klage ist begründet, soweit der VA rechtswidrig und der Kläger dadurch in seinen Rechten verletzt ist, § 113 I S. 1 VwGO."

hemmer-Methode: Stellt sich allerdings im Ergebnis heraus, dass der AusgangsVA rechtmäßig und nur die Verböserung rechtswidrig ist, so wird das Gericht der Klage teilweise stattgeben und nur die Verböserung aufheben (vgl. Wortlaut § 113 I VwGO „soweit").

bb) Anfechtung ausschließlich der Verböserung

Will der Kläger sich nunmehr nur noch gegen die Verböserung richten, so ist der Ausgangsbescheid selbst nicht mehr Klagegegenstand, § 79 II VwGO. Der Einleitungssatz würde lauten:

> „Die Klage ist begründet, soweit die Verböserung im Widerspruchsbescheid rechtswidrig und der Kläger dadurch in seinen Rechten verletzt ist, §§ 115, 113 I S. 1 VwGO."

b) Passivlegitimation

str.: Passivlegitimation

Auswirkungen hat die reformatio in peius ggf. auch auf den richtigen Klagegegner (s.o.) bzw. die Passivlegitimation. Es ist dann fraglich, ob der Widerspruchsbescheid nach wie vor der Ausgangsbehörde zuzurechnen ist (arg. §§ 79 I Nr. 1, 78 Nr. 1 VwGO), sodass deren Träger zu verklagen wäre, oder ob die Klage gegen den Träger der Widerspruchsbehörde zu richten ist, da die Widerspruchsbehörde den Ausgangs-VA verändert hat, (arg. §§ 79 II S. 1, 78 II VwGO, wenn man eine quantitative Veränderung zu Lasten des Widerspruchsführers als zusätzliche selbstständige Beschwer ansieht). 510

Nach herrschender Meinung[577] ist der Träger der Widerspruchsbehörde allerdings nur dann zu verklagen, wenn isoliert nur gegen die Verböserung geklagt wird, §§ 79 II S. 3, 78 II VwGO.

576 Vgl. nachfolgend Passivlegitimation, Rn. 510.

577 Nachweise bei Kopp/Schenke, § 78 VwGO, Rn. 15.

Für den Regelfall, dass sowohl Ausgangs- als auch Widerspruchsbescheid angegriffen werden, ist also der Träger der Ausgangsbehörde zu verklagen, da dieser der VA zuzurechnen ist, § 79 I Nr. 1 VwGO.

c) Formelle Rechtmäßigkeit der Verböserung

hemmer-Methode: Soweit Ausgangsverwaltungsakt und Verböserung einheitlich angefochten werden, § 79 I Nr. 1 VwGO, hat sich eingebürgert, zunächst den Ausgangsverwaltungsakt komplett auf seine Rechtmäßigkeit hin zu prüfen und sich erst dann der Verböserung zuzuwenden. Klausurtaktisch wird sich der Ausgangsverwaltungsakt dabei meist als rechtmäßig erweisen. Ist bereits der Ausgangsverwaltungsakt rechtswidrig, gilt dies erst recht für die Verböserung!

Zuständigkeit der Widerspruchsbehörde

Die Zuständigkeit der Widerspruchsbehörde ist unproblematisch, soweit sie mit der Erlassbehörde identisch ist (vgl. § 73 I Nr. 2 u. 3 VwGO). 511

keine Zuständigkeit aus Aufsichtsbefugnis

In allen anderen, also den meisten Fällen bedarf die Widerspruchsbehörde einer besonderen Kompetenznorm. Aus ihren Befugnissen als Aufsichtsbehörde, etwa Art. 110 BayGO, kann sie die Kompetenz nur im Innenverhältnis zur untergeordneten Behörde herleiten.[578]

aber: Kompetenz aus allg. Grundsätzen des Verwaltungsverfahrensrechts

Außer dem (seltenen) Fall des Selbsteintrittsrechts (vgl. etwa Art. 3b BayVwVfG) kann sich die Kompetenz vor allem aus den allgemeinen Grundsätzen des Verwaltungsverfahrensrechts ergeben.[579] So ergibt sich die Kompetenz einer fachaufsichtlichen Behörde schon aus ihrer vorgesetzten Stellung.

a.A.: Zuständigkeit direkt aus §§ 68, 73 VwGO

Zum Teil wird die Zuständigkeit auch direkt aus dem Devolutiveffekt der §§ 68, 73 VwGO hergeleitet.[580] 512

Nach einer weiteren Ansicht sind die Widerspruchsbehörden als Rechts- und Fachaufsichtsbehörden insoweit mit einer Kompetenz auch gegenüber dem Bürger ausgestattet, als sie intern weisungsbefugt sind.[581] Das gebietet schon die Verfahrensökonomie, da die Widerspruchsbehörde ihre Auffassung auf jeden Fall auch über den Umweg der Weisung an die Ausgangsbehörde durchsetzen könnte.[582]

hemmer-Methode: Die Zuständigkeit der Widerspruchsbehörde kann aber nur dann aus § 73 VwGO hergeleitet werden, wenn und soweit sich die Verböserung auch auf den AusgangsVA bezieht, die Widerspruchsbehörde also bildlich betrachtet noch Salz in die von der Ausgangsbehörde verursachte Wunde streut.
Nutzt die Widerspruchsbehörde hingegen den Widerspruch aus, um ihrerseits eine vom AusgangsVA völlig unabhängige Maßnahme zu verhängen (sog. unzulässiger Selbsteintritt), so fehlt es bereits am Devolutiveffekt und folglich auch an der sachlichen Zuständigkeit der WS-Behörde. Diesbezüglich ist der angefochtene Widerspruchsbescheid dann also formell rechtswidrig. Sollte es in einer Klausur auf die rip ankommen, so wird die Widerspruchsbehörde i.d.R. mehrere Maßnahmen getroffen haben, von denen wenigstens eine wegen fehlender Zuständigkeit formell rechtswidrig ist. In diesen Fällen sollten aber bei jeder angegriffenen Maßnahme getrennt Zulässigkeit und Begründetheit geprüft werden.

578 Es sei denn es liegen die Voraussetzungen einer Ersatzvornahme nach Art. 113 GO vor.

579 Pietzner-Ronellenfitsch, § 40, Rn. 23 ff.

580 Pietzner-Ronellenfitsch ,a.a.O., jeweils m.w.N.

581 Vgl. BayVGH, BayVBl. 1973, 555 f.

582 Schmitt Glaeser/Horn, Rn. 221 f. Nach der Gegenansicht, vgl. Kopp/Schenke, § 68 VwGO, Rn. 12, ist die Zuständigkeit nur zu bejahen, wenn der Widerspruchsbehörde ein Selbsteintrittsrecht zusteht.

d) Materielle Rechtmäßigkeit der Verböserung

aa) Argumente gegen die Zulässigkeit der Verböserung

gegen Zulässigkeit der rip

⇨ arg. Art. 19 IV S. 1 GG

Man könnte argumentieren, der Charakter des Widerspruchsverfahrens als Rechtsschutzverfahren stehe der Zulässigkeit der rip grds. entgegen. Im Hinblick auf Art. 19 IV S. 1 GG könne es dem Betroffenen nicht zugemutet werden, bei Einlegung eines Rechtsbehelfes mit einer Verschlechterung rechnen zu müssen. Denn die Gefahr der Schlechterstellung könne ihn davon abhalten, Rechtsschutz zu suchen. 513

arg. aus §§ 88, 129 VwGO, § 331 StPO

Außerdem lasse sich aus den Regelungen der §§ 88, 129 VwGO, § 331 StPO (also der Dispositionsmaxime und dem Grundsatz der Bindung des Gerichts an die Anträge) ein allgemeines Verbot der reformatio in peius im Rechtsmittelverfahren ableiten.

bb) Argumente für die Zulässigkeit der Verböserung

für Zulässigkeit arg. der Selbstkontrolle der Verwaltung

Für die Zulässigkeit der rip wird vorgebracht, dass das Widerspruchsverfahren nicht allein Rechtsschutzverfahren sei, sondern auch der Selbstkontrolle der Verwaltung diene. 514

Sogar im gerichtlichen Verfahren sei die Schlechterstellung des Rechtsmittelführers zulässig, wenn der Gegner ein Anschlussrechtsmittel (z.B. § 127 VwGO) einlegt. Da die Verwaltung Herrin des Widerspruchsverfahrens ist, dürfe sie dort nicht schlechter stehen.

Arg. § 79 I Nr. 1, II S. 1 VwGO

Eine gesetzgeberische Wertung finde sich insbesondere in § 79 I Nr. 1 VwGO, nach dem Klagegegenstand der ursprüngliche VA in Gestalt des Widerspruchsbescheides sei. Daraus folgt, dass der VA erst nach Abschluss des Widerspruchsverfahrens seine endgültige Gestalt angenommen hat. Auch § 79 II S. 1 VwGO wäre unerklärlich, wenn eine Schlechterstellung des Widerspruchführers nicht möglich wäre.

hemmer-Methode: In der Klausur sollten Sie gerade auf die letzten Argumente besonderes Gewicht legen. Die Arbeit „hart am Gesetz“ erfreut jeden Korrektor.

Arg. kein Vertrauensschutz

Schließlich könne sich der Widerspruchsführer schon deswegen nicht auf Vertrauensschutz berufen, da er ja durch Einlegung des Widerspruchs dafür gesorgt hat, dass der VA nicht bestandskräftig wird.

cc) Die vermittelnde Ansicht des BVerwG

BVerwG: VwGO unentschieden, daher rip grds. möglich

Das BVerwG ist der Auffassung, dass die VwGO weder Argumente für den Ausschluss noch für die Zulässigkeit der rip hergebe.[583] Aus den angeführten Vorschriften (§§ 79, 88, 127, 129 VwGO, § 331 StPO) ergebe sich wohl, dass eine Verböserung möglich ist, nicht aber wann. 515

prüfe Rechtsgrundlage und Zuständigkeit

Die Antwort ist also dem jeweils einschlägigen Bundes- oder Landesrecht zu entnehmen. Da die Widerspruchsbehörde in die Rechte des Widerspruchsführers eingreift, bedarf die Verschlechterung einer eigenen Rechtsgrundlage. Es stellen sich also insbesondere zwei Fragen:

583 BVerwGE 51, 310 (313 f.).

dd) Rechtsgrundlage der Verböserung nach h.M.

Rechtsgrundlage: vergleichende Heranziehung der §§ 48, 49 VwVfG

Da es sich bei der rip letztendlich auch um einen belastenden VA handelt, ist für diesen nach dem Vorbehalt des Gesetzes eine Rechtsgrundlage notwendig. Fehlt, wie fast immer, eine spezialgesetzliche Ermächtigungsgrundlage, müssen die §§ 48, 49 VwVfG i.R.d. Rechtsgrundlage des Ausgangsverwaltungsakts „vergleichend herangezogen" werden. 516

D.h. die Verböserung ist dann unzulässig, wenn eine Vertrauensabwägung ergibt, dass das Interesse des Betroffenen am Bestand des ihn weniger belastenden VAs überwiegt. Allerdings kann sich der Betroffene nicht in gleichem Maße auf Vertrauensschutz berufen, wie der von einem unangefochtenen VA Begünstigte. Denn er hat die Ursache für die Unbeständigkeit des VAs selbst gesetzt. Hinzu kommt, dass bereits der Ausgangs-VA belastend ist, sodass fraglich ist, wieweit § 48 VwVfG überhaupt Vertrauensschutz bietet. Aus diesen Gründen erachtet die Gegenansicht die vergleichende Anwendung der §§ 48 f. VwVfG für überflüssig und prüft die rip nur an der jeweils einschlägigen Rechtsgrundlage.

ee) Materiell-rechtliche Grenzen der zulässigen rip

materiell-rechtl. Grenzen

Die rip steht somit im Ermessen der Behörde, wobei sie selbstverständlich die Grenzen der jeweiligen Rechtsgrundlage für den Ausgangsverwaltungsakt beachten muss. Die Ermessensentscheidung darf nach § 114 S. 1 VwGO nur eingeschränkt überprüft werden. Eine Ermessensreduzierung auf Null und damit die Unzulässigkeit der rip kommt nur in Frage, wenn die Grundsätze des Vertrauensschutzes die Aufrechterhaltung des VA erfordern. 517

hemmer-Methode: Selbstverständlich wird kein Mensch in der Klausur von Ihnen verlangen, die unzähligen für Zulässigkeit und Unzulässigkeit der rip sprechenden Argumente detailliert aufzubereiten. Es genügt, wenn Sie sich einige der genannten Argumente merken. Eine Klausurlösung sollte dann nach der Zuständigkeit der Widerspruchsbehörde für die rip und dem Vorliegen einer Ermächtigungsgrundlage für die rip gegliedert werden. Immer sollten Sie bei Ihrer Argumentation §§ 48, 49 VwVfG „vergleichend heranziehen" (ein Klausurbeispiel findet sich in VBlBW. 1993, 398, 446 ff.).
Vergegenwärtigen Sie sich nunmehr noch einmal die wichtigsten Prüfungsschritte bei der rip in der Klausurbearbeitung:

Zulässigkeit:
- **bei der Klageart Festlegung, ob sich der Kläger nur gegen den Widerspruchsbescheid oder auch gegen den Ausgangsbescheid wendet**
- **ein Vorverfahren ist nicht notwendig**
- **(je nach Bundesland Bestimmung des Klagegegners)**

Begründetheit:
- **Obersatz, je nachdem, was angegriffen wird**
- **(je nach Bundesland Bestimmung der Passivlegitimation)**
- **formelle Rechtmäßigkeit der Verböserung**
  materielle Rechtmäßigkeit der Verböserung

WIEDERHOLUNGSFRAGEN

Randnummer

1. Woraus erklärt sich u.a. das Recht auf umfassenden Rechtsschutz des Art. 19 IV GG? *2*
2. Welche verschiedenen Arten von Rechtsbehelfen werden im Bereich des Verwaltungsrechts unterschieden? *4*
3. Benennen Sie die vier formlosen außergerichtlichen Rechtsbehelfe. *6*
4. In welche Grundtypen lassen sich die Klagearten der VwGO einordnen? *7 ff.*
5. Wann spricht man von einer Leistungsklage? *9*
6. Wie unterscheidet sich die allgemeine Leistungsklage von der Verpflichtungsklage? *9*
7. Was ist eine Gestaltungsklage im Unterschied zur Leistungsklage? *10*
8. Was ist eine Feststellungsklage? *11*
9. Welche Folge hat das Fehlen einer Zulässigkeitsvoraussetzung? *13, 16*
10. Nennen Sie die Zulässigkeitsvoraussetzungen der Anfechtungsklage, die stets anzusprechen sind! *15*
11. Wie lautet der Obersatz für § 40 I VwGO? *17*
12. In welchen Fällen müssen Sie zur Rechtswegbestimmung nicht auf die verwaltungsgerichtliche Generalklausel zurückgreifen? *18*
13. In welche drei Schritte lässt sich die Prüfung, ob eine öffentlich-rechtliche Streitigkeit vorliegt, unterteilen? *23*
14. Welche Ansichten stehen sich bei der rechtlichen Zuordnung eines behördlichen Hausverbotes gegenüber? *27*
15. Zuordnungsprobleme, nämlich nach welchen Rechtsnormen sich die Streitigkeit beurteilt, ergeben sich bei Subventionen. Was sind Subventionen? *31 ff.*
16. Welche Konstellationen sind innerhalb der Anfechtungsklage typisch für Subventionsfälle? *32*
17. In Subventionsfällen kann auch bei Anfechtungsklagen genauso wie bei Verpflichtungsklagen mit der Zwei-Stufen-Theorie gearbeitet werden. Erklären Sie diese? *33 ff.*
18. Grundsätzlich ist die Qualifikation einer Norm als öffentlich-rechtliche oder privatrechtliche unproblematisch. Trotzdem wird im Examen zum Teil von Ihnen erwartet, die einschlägigen Normen unter Rückgriff auf die Qualifikationstheorien einzuordnen. Nennen Sie die Qualifikationstheorien, die klären, ob die streitentscheidenden Normen solche des öffentlichen Rechts sind? *39 ff.*
19. Wann liegt eine verfassungsrechtliche Streitigkeit im Rahmen von § 40 I VwGO vor? *44*
20. Ist eine doppelte Verfassungsunmittelbarkeit zu bejahen, wenn sich ein Bürger unter anderem auch auf die Verletzung von Grundrechten beruft? *45 f.*
21. Gem. § 40 I S. 1 HS „ und S. 2 VwGO dürfen, damit der Verwaltungsrechtsweg eröffnet ist, keine anderweitigen Rechtswegzuweisungen vorliegen, sog. abdrängenden Sonderzuweisungen. Gegen polizeiliches Handeln kann sowohl der ordentliche Rechtsweg gem. § 23 EGGVG als auch der Verwaltungsrechtsweg eröffnet sein. Nach welchen Grundsätzen wird abgegrenzt? *48 ff.*
22. Kann das Verwaltungsgericht <u>vorab</u> über den zulässigen Rechtsweg entscheiden? *51 f.*
23. Gibt es einen Grundsatz, dass Vorfragen vorab vom sachnächsten Gericht entschieden werden müssen? 53
24. Welche prozessuale Bedeutung hat der Verwaltungsaktbegriff heute im Verwaltungsrechtsschutz? *58*

25. Was versteht man unter der „actus-contrarius-Theorie“? *59*

26. Von welchen anderen Formen des Verwaltungshandelns muss der VA abgegrenzt werden? *60*

27. Wo ist der Begriff der Behörde definiert? *64*

28. Was sind Realakte? *67 ff.*

29. Wie kann sich der Bürger gegen Realakte wehren? *67 ff.*

30. Erklären Sie den Begriff der konkludenten Duldungsanordnung! *68*

31. Wie unterscheiden sich Zweitbescheid und wiederholende Verfügung? *69 f.*

32. Welches Problem besteht beim gesetzeskonkretisierenden VA? Nach welchen Kriterien wird abgegrenzt? *71 f.*

33. Warum sind vorbereitende Maßnahmen grundsätzlich keine VA? *74 f.*

34. Warum werden VA als konkret-individuelle Maßnahmen bezeichnet? *76 ff.*

35. Welches Merkmal in § 35 S. 1 VwVfG wird bei Allgemeinverfügungen abgeschwächt? Zu welcher anderen Handlungsform ist vor allem abzugrenzen? *80*

36. Welche Erleichterungen bestehen bei Allgemeinverfügungen im Verfahrensrecht? *81*

37. Welche drei Fälle von Allgemeinverfügungen gibt es? *82 ff.*

38. Bei zwei Merkmalen des § 35 S. 1 VwVfG kommt es auf Finalität, also die Absicht der Behörde, an. Welche sind das? *86*

39. Welchen Rechtscharakter haben Verwaltungsvorschriften? *87*

40. Nach h.M. haben Weisungen im übertragenen Wirkungskreis Außenwirkung, wenn sie in eine rechtlich geschützte Position der Selbstverwaltungskörperschaft eingreifen. Was bedeutet das für den Klausuraufbau? *91 ff.*

41. Wodurch zeichnen sich Sonderstatusverhältnisse aus? *96*

42. Wonach wird entschieden, ob eine Maßnahme des Dienstherrn gegen den Beamten ein VA ist? *98*

43. Durch Widerruf wurde M die Erlaubnis, einen Marktstand zu führen, entzogen. Welche Klageart würden Sie ihr empfehlen? *101*

44. Warum wird die isolierte Anfechtungsklage für grundsätzlich unzulässig gehalten, wenn der Bürger nach Ablehnung seines Antrags auf Erlass eines begünstigenden VA will? *102*

45. Wann wird die isolierte Anfechtungsklage ausnahmsweise zugelassen? *103*

46. In welchen Fällen kann das Gericht bei einer Anfechtungsklage den Widerspruchsbescheid aufheben und den VA bestehen lassen? *105*

47. Was ist der Hauptfall der § 79 II VwGO? *108*

48. Muss sich im Fall des § 79 II VwGO die Verletzung der Verfahrensvorschrift auf die Sachentscheidung ausgewirkt haben? *109*

49. Was muss der Kläger beachten, wenn sich der VA nach Erhebung der Klage erledigt? *112*

50. Wann liegt Erledigung eines Verwaltungsaktes vor? *112*

51. Welchem Zweck verfolgt § 42 II VwGO? *113*

52. Was genügt nach allgemeiner Meinung für die Bejahung der Klagebefugnis? *113*

53. Warum genügt bei belastenden VAen der Hinweis auf die Adressatenstellung? *115*

54. Wann genügt die Verletzung von Verfahrensvorschriften, um § 42 II VwGO zu bejahen? *116*

55. Was wird als Rechtsreflex im Rahmen der Klagebefugnis bezeichnet? *118*

56. Wie wird der Drittschutzcharakter einer Norm ermittelt? *120 ff.*

57. Wirkt das baurechtliche Gebot der Rücksichtnahme drittschützend? *127*

58. Definieren Sie bitte den baurechtlichen Begriff des Nachbarn! *132, 136*

59. Welche Wirkung hat die Unterschrift des Nachbarn unter die Baupläne? *134*

60. Welche wichtige drittschützende Norm gibt es im Immissionsschutzrecht? *135*

61. Erklären Sie den Nachbarbegriff im Immissionsschutzrecht in Abgrenzung zum Baurecht! *136*

62. Was versteht man unter materieller Präklusion im Immissionsschutzrecht? *137*

63. Was ist eine Konkurrentenklage? Welche Hauptfälle gibt es? *139*

64. Kann die Zulassung eines Konkurrenten unter Berufung auf die Verletzung von Grundrechten, insb. Art. 12 GG, angefochten werden? *141, 143*

65. Was gilt bei der staatlichen Förderung eines bereits im Wettbewerb stehenden Konkurrenten mit Blick auf Art. 12 in der Klagebefugnis? *142*

66. Was versteht man unter dem Stichwort „Verbandsklage“? *144*

67. Die Durchführung eines ordnungsgemäßen Vorverfahrens ist Zulässigkeitsvoraussetzung für die Anfechtungs- und Verpflichtungsklage (§ 68 I S. 1, II VwGO). Ist das VwVfG auf das Widerspruchsverfahren anwendbar? *146*

68. Welcher Grundsatz gilt bei der Auslegung eines Rechtsbehelfs? *148*

69. Dogmatisch lassen sich die formlosen Rechtsbehelfe in Art. 17 GG (Petitionsrecht) verorten. Sie sind weder an eine Form noch an Fristen gebunden; der Rechtsbehelfsführer muss keine eigene Beschwer vortragen. Es besteht also die Möglichkeit, sich zum Sachwalter der Allgemeinheit aufzuschwingen, sog. Popularbeschwerde. Ist die Behörde zur Entscheidung über einen formlosen Rechtsbehelf verpflichtet? *150*

70. Welche außergerichtlichen Rechtsbehelfe kennen Sie, welche Funktion haben sie jeweils? *152 ff.*

71. Wie gelangen Sie auch bei verfristetem Widerspruch zur Begründetheitsprüfung? *156*

72. In welchen Fällen ist ein Vorverfahren vor Erhebung der Anfechtungsklage entbehrlich? *157 ff.*

73. Wo ist die Untätigkeitsklage geregelt? *158*

74. Welche Bedeutung hat die Dreimonatsfrist bei der Untätigkeitsklage? *158*

75. Welche prozessualen Folgen kann es haben, wenn der Widerspruchsbescheid vor der letzten mündlichen Verhandlung über die Untätigkeitsklage ergeht? *159*

76. Welche Konstellationen sind bei § 68 I 2 Nr. 2 VwGO denkbar? *165, 166*

77. Welchen Zwecken dient das Abhilfeverfahren nach § 72 VwGO? Worin liegt seine besondere Bedeutung? *168*

78. Beschreiben Sie grob den Ablauf eines Widerspruchsverfahrens! *169*

79. Welche Entscheidungen kann die Ausgangsbehörde im Abhilfeverfahren treffen? *170*

80. Nennen Sie Fälle, in denen das Widerspruchsverfahren über § 68 I 2 VwGO hinaus entbehrlich ist! Welche Regel lässt sich aufstellen? *171 ff.*

81. Der Widerspruch ist schriftlich oder zur Niederschrift bei der Ausgangsbehörde bzw. bei der Widerspruchsbehörde einzulegen. Nach welchen Vorschriften wird die Widerspruchsfrist berechnet. Verfolgen Sie bitte die Paragraphenketten im Gesetz! *179*

82. Wann beginnt die Widerspruchsfrist zu laufen? *180*

83. Was ist die "Dreitagesfiktion"? Wann gilt sie? *181*

84. Wie muss der Widerspruchsbescheid bekannt gegeben werden; welche Vorschriften sind anwendbar? *183*

85. Liegt ein Bekanntgabefehler vor, wenn der Betroffenen nicht ausreichend bezeichnet ist? *184*

86. Wird der VA gegenüber einem Betroffenen wirksam, wenn er von dessen Ergehen und Inhalt zuverlässige Kenntnis erlangt hat? *184, 186, 210*

87. Bei fehlender oder unrichtiger Rechtsbehelfsbelehrung beginnt die Monatsfrist nicht zu laufen (§§ 70 II, 58 I VwGO). Stattdessen gilt über § 70 II VwGO die Jahresfrist des § 58 II VwGO. Wann ist eine Rechtsbehelfsbelehrung unrichtig? Bilden Sie bitte Beispiele! *187 ff.*

88. Genügt die fristgemäße Einlegung des Widerspruchs bei einer unzuständigen Behörde? *191 f.*

89. Welche Möglichkeit hat der Bürger, der schuldlos die Widerspruchsfrist versäumt hat? Welche Vorschriften gelten? *193*

90. Was ist beim Wiedereinsetzungsantrag zu beachten? *194*

91. Die Wiedereinsetzung im Vorverfahren ist gerichtlich überprüfbar. Wie gestaltet sich das Verfahren im Einzelnen, wenn die Wiedereinsetzung abgelehnt und der Widerspruch als unzulässig abgewiesen wird? *195 ff.*

92. Wird der Widerspruch nicht fristgerecht erhoben, wird der VA formell bestandskräftig. Insoweit ist problematisch, ob die Widerspruchsbehörde nach Eintritt der Bestandskraft des VAs überhaupt noch eine Entscheidung treffen darf, ob sie also noch die Sachentscheidungsbefugnis hat. Welche Argumente werden vertreten? *198*

93. Gibt es eine Ausnahme vom Grundsatz der „Heilung durch Sachentscheidung"? *199*

94. Zu welchem Zeitpunkt müssen die Sachurteilsvoraussetzungen vorliegen? *201*

95. Was heißt "ordnungsgemäße Zustellung" in § 74 I VwGO, welcher die Klagefrist regelt? *203 ff.*

96. Nur die ordnungsgemäße Zustellung lässt die Monatsfrist des § 74 I VwGO anlaufen. Bei einem Zustellungsfehler, etwa einem Verstoß gegen § 4 II VwZG, läuft zunächst gar keine Frist. Können Zustellungsfehler im Rahmen von § 74 VwGO geheilt werden? *206*

97. Wann ist ein eingeschriebener Brief zugegangen? *208*

98. In welcher Form muss die verwaltungsgerichtliche Klage erhoben werden? *211, 178*

99. Der Klageschrift des C fehlt ein bestimmter Antrag. Welche Folge hat das? *212*

100. Durch wen erhebt die Gemeinde Klage? *214*

101. Warum ist eine Klage durch Telefax zulässig? *216*

102. Ist eine Klageeinreichung via Telefon möglich? *217*

103. Nach Art. 50 BayGO dürfen Gemeinderatsmitglieder gegenüber der Gemeinde nicht als Bevollmächtigte Dritter Ansprüche geltend machen. Sie sind analog § 67 II S. 3 VwGO vom Gericht zurückzuweisen. Gilt das Vertretungsverbot in Art. 50 GO auch für den Sozius? *219*

104. Was ist Beteiligtenfähigkeit? *221*

105. Nennen Sie bitte Beispiele für Vereinigungen im Sinne von § 61 Nr.2 VwGO! *223*

106. Was bedeutet Prozessfähigkeit? *227*

107. Was wissen Sie über die sachliche Zuständigkeit im Verwaltungsprozess? *231*

108. Welche Rangfolge besteht zwischen den einzelnen Gerichtsständen? *232*

109. F erhebt Klage vor dem örtlich unzuständigen VG. Die Beklagte lässt sich gleichwohl zur Sache ein. Wie entscheidet das Gericht? *233*

110. Was bedeutet materielle Rechtskraft? *234*

111. Wodurch wird die materielle Rechtskraft bestimmt? *235*

144. Verstöße gegen die sachliche Zuständigkeit führen grundsätzlich (nur) zur Rechtswidrigkeit des VA. Ob im Einzelfall Nichtigkeit vorliegt, ist durch eine Prüfung von § 44 I VwVfG festzustellen. Ist § 46 VwVfG auf Verstöße gegen die sachliche Zuständigkeit anwendbar? *297*

145. Ist ein ohne Anhörung ergangener Eingriffs-VA immer rechtswidrig, wenn keine Heilung eingetreten ist? *307*

146. Gemeinde G erlässt gegen A einen kommunalabgabenrechtlichen Bescheid, eine Anhörung findet nicht statt. A meint, der Bescheid sei unzweckmäßig. Er legt Widerspruch beim Landratsamt ein. Dort wird er mit seinen Argumenten gehört. A klagt und trägt vor, es liege formelle Rechtswidrigkeit vor. Hat er Recht? *311*

147. Kann das Fehlen einer Begründung nachgeholt werden? *321*

148. Ist ein VA formell rechtmäßig, wenn § 46 VwVfG eingreift? *324*

149. Welche Klage steht gegen nichtige VAe zur Verfügung? *326*

150. In welcher Reihenfolge ist § 44 VwVfG zu prüfen? *327 ff.*

151. Sind mitwirkungsbedürftige VAe beim Fehlen des Mitwirkungsaktes immer nichtig? *334*

152. Warum gibt es unbestimmte Rechtsbegriffe? *339*

153. Grenzen Sie unbestimmte Rechtsbegriffe und Ermessen ab! *342*

154. Sind Prüfungsentscheidungen gerichtlich voll überprüfbar? *343 f.*

155. Welche Formulierungen des Gesetzes eröffnen Ermessen? *356*

156. Selbstverständlich ist es möglich, dass eine Norm auf der Tatbestandsseite unbestimmte Rechtsbegriffe enthält und als Rechtsfolge eine Ermessensausübung anordnet. An sich weisen diese Vorschriften keine Besonderheiten auf: Jede Seite ist nach ihren Regeln zu beurteilen. Welche Gefahren bestehen bei sog. Mischtatbeständen? *359 f.*

157. Was versteht man unter Auswahl-, was unter Entschließungsermessen? *362*

158. Ist § 114 S. 1 VwGO immer der Ausgangspunkt für die Überprüfbarkeit von Ermessensentscheidungen? *364*

159. Welche zwei Unterfälle des Ermessensausfalls sind zu unterscheiden? *368*

160. Wo liegt der Fehler bei der Ermessensüberschreitung? *366*

161. Definieren Sie Ermessensfehlgebrauch! *367*

162. Was heißt Ermessensreduzierung auf Null? *371 ff.*

163. Welche Entscheidungen trifft das Gericht bei ermessensfehlerhaften Entscheidungen der Verwaltung? *374*

164. Welche Arten von Abwägungsfehlern gibt es? *384*

165. Gibt es ein Recht auf Planung? *386*

166. Was wird unter dem Stichwort "Plangewährleistung" diskutiert? *386 f.*

167. Auf welchen Zeitpunkt ist grundsätzlich bei der Anfechtungsklage abzustellen? *389*

168. Warum ist für Dauerverwaltungsakte eine Ausnahme zu machen von dem Grundsatz, dass für die Beurteilung der Rechtmäßigkeit der Zeitpunkt der letzten Behördenentscheidung maßgeblich ist? *391 f.*

169. Warum muss ein Nachschieben von Gründen grds. zulässig sein? *395*

170. Wann ist auch bei Ermessensentscheidungen das Nachschieben zulässig? *396*

171. Warum ist die Rechtsverletzung des Klägers bei der Anfechtungsklage in der Regel unproblematisch? *399*

172. Welche zwei Gesichtspunkte können in Drittbeteiligungsfällen problematisch sein? *401*

173. § 46 VwVfG gilt grundsätzlich sowohl bei gebundenen Entscheidungen als auch bei Ermessensentscheidungen. Voraussetzung ist, dass der Fehler offensichtlich die Entscheidung in der Sache nicht beeinflusst hat. Nennen Sie einige Beispiele für Verfahrensfehler, bei denen § 46 VwVfG in Betracht kommt! *404*

174. Muss die Umdeutung eines Verwaltungsaktes durch behördliche oder gerichtliche Entscheidung herbeigeführt werden? *406*

175. Welche Anforderungen sind an eine Umdeutung zu stellen? *406*

176. Was ist das Kernproblem beim Rechtsschutz gegen Nebenbestimmungen? *408*

177. Warum ist gegen scheinbare Nebenbestimmungen nur die Verpflichtungsklage statthaft? *409*

178. Welche Fälle scheinbarer Nebenbestimmungen kennen Sie? *410 ff.*

179. Was ist eine modifizierte Gewährung? *414*

180. Wodurch unterscheiden sich Bedingung und Befristung im Rahmen der Nebenbestimmungen? *418 f.*

181. Was ist eine Auflage im Rahmen der Nebenbestimmungen? *422 ff.*

182. Grenzen Sie modifizierte Gewährung und modifizierende Auflage voneinander ab; ergeben sich Unterschiede im Rechtsschutz? *416, 428*

183. Grenzen Sie Bedingung und Befristung von der Auflage im Rahmen der Nebenbestimmungen ab! *422 ff.*

184. Welche herrschende Ansicht wird zur isolierten Anfechtbarkeit von Nebenbestimmungen vertreten? *431 ff.*

185. Was gilt beim Rechtsschutz eines Dritten gegen VAe mit Nebenbestimmungen? *442*

186. Inwieweit unterscheidet § 36 VwVfG zwischen gebundenen und Ermessens-VAen? Welche Bedeutung hat diese Unterscheidung für die Zulässigkeit einer Nebenbestimmung? *447 ff.*

187. Welche Klageart ist bei Aufhebung von VAen normalerweise gegeben? *452 f.*

188. Nennen Sie zwei Spezialvorschriften zu §§ 48, 49 VwVfG und erläutern Sie das jeweilige Verhältnis! *455 ff.*

189. Sind VAe mit Mischwirkung belastende VAe mit Blick auf §§ 48, 49 VwVfG? *465 ff.*

190. Welche Arten von begünstigenden VAen sind im Rahmen von § 48 VwVfG zu unterscheiden? *467*

191. Das Vertrauen ist nicht schutzwürdig, wenn einer der zwingenden Ausschlussgründe des § 48 II S. 3 Nr. 1 - 3 VwVfG eingreift, der VA also mit unlauteren Mitteln erlangt wurde. Entfällt gem. § 48 II 3 Nr.2 VwVfG die Schutzwürdigkeit des Vertrauens schon dann, wenn der Begünstigte die Unrichtigkeit mitverursacht hat? *471 f.*

192. Ist im Falle des § 48 II 2 VwVfG das Vertrauen immer schützenswert? *473*

193. Kann im Rahmen des § 48 III VwVfG immer zurückgenommen werden? *475*

194. Mit welchem Argument kann ein rechtswidriger VA auch nach § 49 II VwVfG zurückgenommen werden? *476*

195. Sind Tatsachen i.S.d. der Frist des § 48 IV VwVfG auch Rechtsanwendungsfehler? *478*

196. Wann beginnt die Frist des § 48 IV VwVfG zu laufen? *480*

197. Auf wessen Kenntnis kommt es im Rahmen des § 48 IV VwVfG an? *481*

198. Inwieweit ist die Rücknahmeentscheidung der Behörde nach § 48 IV VwVfG überprüfbar? *482*

199. Der Widerruf nach § 49 VwVfG ist die Aufhebung eines rechtmäßigen VA. Welchen Einschränkungen unterliegt der Widerruf belastender VAe? *488*

200. Die Behörde wird sich den Widerruf vorbehalten, wenn eine Änderung der sachlichen oder rechtlichen Verhältnisse vorhersehbar ist. Sie hat so die Möglichkeit, den VA zu beseitigen, ohne den Begünstigten für die Aufhebung entschädigen zu müssen, vgl. § 49 VI VwVfG. Kann ein rechtswidriger Widerrufsvorbehalt Rechtsgrundlage eines Widerrufs sein? ***490***

201. Warum ist § 48 VwVfG neben § 21 BImSchG anwendbar? ***498***

202. Kann § 21 BImSchG auch bei rechtswidrigen Genehmigungen Anwendung finden? ***499***

203. Welchen Zweck verfolgt § 50 VwVfG? ***500***

204. Die erleichterte Aufhebung nach § 50 VwVfG ist möglich, „soweit dadurch dem Widerspruch oder der Klage abgeholfen wird". Der Vertrauensschutz soll also nur in dem Umfang eingeschränkt werden, wie die Rechte eines Dritten berührt sind. Welche Anforderungen sind an den Drittrechtsbehelf zu stellen? ***502***

205. Wann liegt eine reformatio in peius vor (rip)? ***504***

206. Gegenstand der Anfechtungsklage ist grds. der AusgangsVA in der Gestalt, die er durch den Widerspruchsbescheid gefunden hat, § 79 I Nr. 1 VwGO. Eine Anfechtungsklage gegen den Widerspruchsbescheid selbst ist in diesen Fällen nicht möglich, da es einer diesbezüglichen Klage am Rechtsschutzbedürfnis fehlt. Nach § 79 II S. 1 VwGO kann aber Gegenstand der Anfechtungsklage ausnahmsweise auch der Widerspruchsbescheid selbst als VA sein, wenn und soweit er über den Ausgangsbescheid hinaus eine selbstständige Beschwer enthält. Zusätzliche selbständige Beschwer i.S.d. § 79 II VwGO ist jede Änderung des VA zu Ungunsten des Widerspruchsführers, also insbesondere eine reformatio in peius. An welchen Stellen treten bei der rip bereits in der Zulässigkeit der Klage typische Problemfelder auf? ***505 ff.***

207. Wie lautet der Obersatz, wenn der Kläger gegen den gesamten VA vorgehen möchte? ***509***

208. Wie lautet der Obersatz, wenn der Kläger nur gegen die Verböserung vorgehen möchte? ***509***

209. Auswirkungen hat die reformatio in peius ggf. auch auf den richtigen Klagegegner (s.o.) bzw. die Passivlegitimation. Welche? ***510***

210. Woraus ergibt sich bei der rip die Zuständigkeit der Widerspruchsbehörde? Wovon ist die rip deshalb im Rahmen der formellen Rechtmäßigkeit des angefochtenen VA sorgfältig abzugrenzen? ***511***

211. Was spricht gegen die materiellrechtliche Zulässigkeit einer Verböserung? ***513***

212. Welche Argumente lassen sich für die Zulässigkeit der reformatio in peius ins Feld führen? ***514***

213. Welche Rechtsgrundlage ist nach h.M. für die Verböserung gegeben? ***516***

Die Zahlen verweisen auf die Randnummern des Skripts

A

B

C

D

E

F

G

H

I

K

REIHE INTELLIGENTES LERNEN

hemmer/wüst
Verlagsgesellschaft mbH
Mergentheimer Str. 44 / 97082 Würzburg
Tel.: 09 31 /7 97 82 38 / Fax: 09 31/7 97 82 40
Internet: www.hemmer-shop.de

ISBN 978-3-86193 — Auflage/Jahr/Euro

Grundwissen für Anfangssemester

GW10 (-460-8)	BGB-AT Theorieband zu den wicht. Fällen	8.A/16 · 9,90
GW11 (-276-5)	SchuldR-AT Theorieband zu den wicht. Fällen	6.A/14 · 9,90
GW12 (-457-8)	SchuldR-BT I Theorieband zu den wicht. Fällen	7.A/16 · 9,90
GW13 (-399-1)	SchuldR-BT II Theoriebd. zu den wicht. Fällen	6.A/15 · 9,90
GW14 (-357-1)	Sachenrecht I Theorieband zu den wicht. Fällen	6.A/15 · 9,90
GW15 (-256-7)	Sachenrecht II Theorieband zu den wicht. Fällen	5.A/14 · 9,90
GW20 (-294-9)	Strafrecht AT Theorieband zu den wicht. Fällen	6.A/14 · 9,90
GW21 (-301-4)	Strafrecht BT Theorieband zu den wicht. Fällen	5.A/14 · 9,90
GW30 (-308-3)	StaatsR Theorieband zu den wicht. Fällen	6.A/14 · 9,90
GW31 (-269-7)	VerwaltungsR Theorieband zu den wicht. Fällen	6.A/14 · 9,90

Die wichtigsten Fälle

DF0 (-198-0)	**Sonderband:** Der Streit- und Meinungsstand im neuen Schuldrecht	5.A/13 · 14,80
DF1 (-354-0)	76 Fälle - BGB AT	8.A/14 · 12,80
DF2 (-386-1)	55 Fälle - Schuldrecht AT	9.A/15 · 12,80
DF3 (-456-1)	51 Fälle - Schuldrecht BT - Kauf/WerkV	9.A/16 · 12,80
DF4 (-351-9)	42 Fälle - GoA/Bereicherungsrecht	8.A/14 · 12,80
DF5 (-345-8)	45 Fälle - Deliktsrecht	7.A/14 · 12,80
DF6 (-304-5)	44 Fälle - Verwaltungsrecht	8.A/14 · 12,80
DF25 (-400-4)	30 Fälle - Verwaltungsrecht BT Bayern	4.A/15 · 12,80
DF7 (-453-0)	32 Fälle - Staatsrecht	10.A/16 · 12,80
DF8 (-362-5)	34 Fälle - Strafrecht AT	9.A/15 · 12,80
DF9 (-350-2)	44 Fälle Strafrecht BT I - Vermögensd.	9.A/14 · 12,80
DF10 (-377-9)	44 Fälle Strafrecht BT II - Nicht-Vermögensd.	8.A/15 · 12,80
DF11 (-461-5)	50 Fälle - Sachenrecht I	8.A/16 · 12,80
DF12 (-328-1)	43 Fälle - Sachenrecht II - ImmobiliarSR	8.A/14 · 12,80
DF13 (-346-5)	40 Fälle - ZPO I - Erkenntnisverfahren	7.A/14 · 12,80
DF14 (-283-3)	25 Fälle - ZPO II - ZwangsvollstreckungsV	6.A/14 · 12,80
DF15 (-423-3)	35 Fälle - Handelsrecht	7.A/15 · 12,80
DF16 (-307-6)	36 Fälle - Erbrecht	6.A/14 · 12,80
DF17 (-274-1)	26 Fälle - Familienrecht	7.A/14 · 12,80
DF18 (-416-5)	32 Fälle - Gesellschaftsrecht	6.A/15 · 12,80
DF19 (-341-0)	39 Fälle - Arbeitsrecht	6.A/14 · 12,80
DF20 (-339-7)	35 Fälle - Strafprozessrecht	5.A/14 · 12,80
DF21 (-428-8)	23 Fälle - Europarecht	5.A/15 · 12,80
DF22 (-422-6)	10 Fälle - Musterkl. Examen ZivilR	7.A/15 · 14,80
DF23 (-079-2)	10 Fälle - Musterkl. Examen StrafR	5.A/11 · 14,80
DF24 (-391-5)	8 Fälle - Musterkl. Examen SteuerR	8.A/15 · 14,80

Skripten Basics (110)

BI/1 (-448-6)	Zivilrecht I - BGB AT u.vertragl. SchuldV	10.A/16 · 16,90
BI/2 (-251-2)	Zivilrecht II - Sachenrecht/gesetzl. SV	7.A/13 · 16,90
BI/3 (-442-4)	Zivilrecht III - FamilienR/ErbR	8.A/15 · 16,90
BI/4 (-364-9)	Zivilrecht IV - ZivilprozessR	8.A/15 · 16,90
BI/5 (-309-0)	Zivilrecht V - Handels-/GesellschR	7.A/14 · 16,90
BI/6 (-258-1)	Zivilrecht VI - ArbeitsR	5.A/13 · 16,90
BII (-122-5)	Strafrecht	6.A/12 · 16,90
BIII/1 (-268-0)	Öffentliches Recht I -VerfassR/StaatsHR	6.A/14 · 16,90
BIII/2 (-388-5)	Öffentliches Recht II - VerwaltungsR	7.A/15 · 16,90
BIV (-403-5)	Steuerrecht - EstG & AO	9.A/15 · 16,90
BV (-314-4)	Europarecht	8.A/14 · 16,90

ISBN 978-3-86193 — Auflage/Jahr/E

Skripten Zivilrecht (120)

1 (-415-8)	BGB-AT I, Ensteh.d.Primäranspruchs	14.A/15 · 19,9
2 (-296-3)	BGB-AT II, Scheitern des Primäranspr.	13.A/14 · 19,9
3 (-343-4)	BGB-AT III, Erlösch.d. Primäranspruchs	13.A/14 · 19,9
4 (-278-9)	Schadensersatzrecht I	8.A/14 · 19,9
5 (-109-6)	Schadensersatzrecht II	6.A/12 · 19,9
6 (-293-2)	Schadensersatzrecht III (§§ 249 ff.)	11.A/14 · 19,9
7 (-342-7)	Verbraucherschutzrecht	4.A/14 · 19,9
51 (-443-1)	Schuldrecht AT	10.A/15 · 19,9
52 (-359-5)	Schuldrecht BT I	9.A/15 · 19,9
53 (-379-3)	Schuldrecht BT II	9.A/15 · 19,9
8 (-318-2)	Bereicherungsrecht	14.A/14 · 19,9
9 (-321-2)	Deliktsrecht I	12.A/14 · 19,9
10 (-203-1)	Deliktsrecht II	9.A/13 · 19,9
11 (-447-9)	Sachenrecht I	13.A/15 · 19,9
12 (-264-2)	Sachenrecht II	10.A/14 · 19,9
12A (-378-6)	Sachenrecht III	12.A/15 · 19,9
13 (-333-5)	Kreditsicherungsrecht	11.A/14 · 19,9
14 (-259-8)	Familienrecht	12.A/13 · 19,9
15 (-459-2)	Erbrecht	13.A/16 · 19,9
16 (-313-7)	Zivilprozessrecht I	12.A/14 · 19,9
17 (-317-5)	Zivilprozessrecht II	11.A/14 · 19,9
18 (-433-2)	Arbeitsrecht	15.A/15 · 19,9
19A (-462-2)	Handelsrecht	11.A/16 · 19,9
19B (-360-1)	Gesellschaftsrecht	13.A/15 · 19,9
31 (-450-9)	Herausgabeansprüche	7.A/16 · 19,9
32 (-254-3)	Rückgriffsansprüche	7.A/13 · 19,9

Skripten Strafrecht (120)

20 (-295-6)	Strafrecht AT I	12.A/14 · 19,9
21 (-385-4)	Strafrecht AT II	12.A/15 · 19,9
22 (-355-7)	Strafrecht BT I	12.A/14 · 19,9
23 (-392-2)	Strafrecht BT II	12.A/15 · 19,9
30 (-374-8)	Strafprozessordnung	11.A/15 · 19,9

Skripten Öffentliches Recht (120/130)

24 (-285-7)	Verwaltungsrecht I	12.A/14 · 19,9
25 (-380-9)	Verwaltungsrecht II	12.A/15 · 19,9
26 (-347-2)	Verwaltungsrecht III	12.A/14 · 19,9
27 (-300-7)	Staatsrecht I	11.A/14 · 19,9
28 (-287-1)	Staatsrecht II	9.A/14 · 19,9
29 (-463-9)	Europarecht	12.A/16 · 19,9
40 (-335-9)	Staatshaftungsrecht	4.A/14 · 19,9
33 (-369-4)	Baurecht/Bayern	11.A/15 · 19,9
33 (-086-0)	Baurecht/Nordrhein-Westfalen	8.A/11 · 19,9
33 (-435-6)	Baurecht/Baden-Württembg.	4.A/15 · 19,9
33 (-331-1)	Baurecht/Hessen	2.A/14 · 19,9
33 (-847-0)	Baurecht/Saarland	1.A/08 · 19,9
34 (-327-4)	Polizei- u. Sicherheitsrecht/Bayern	10.A/14 · 19,9
34 (-097-6)	Polizei- u. Ordnungsrecht/NRW	5.A/12 · 19,9
34 (-432-5)	Polizeirecht/Baden-Württembg.	4.A/15 · 19,9
34 (-417-2)	Polizei- u. Ordnungsrecht/Hessen	2.A/15 · 19,9
34 (-028-0)	Polizei- u. Ordnungsrecht/Rheinl.-Pfalz	1.A/11 · 19,9
34 (-877-7)	Polizei- u. Sicherheitsrecht/Saarland	1.A/09 · 19,9
35 (-371-7)	Kommunalrecht/Bayern	10.A/15 · 19,9
35 (-076-1)	Kommunalrecht/NRW	8.A/11 · 19,9
35 (-261-1)	Kommunalrecht/Baden-Württembg.	4.A/13 · 19,9

hemmer/wüst
Verlagsgesellschaft mbH

Mergentheimer Str. 44 / 97082 Würzburg
Tel.: 09 31 /7 97 82 38 / Fax: 09 31/7 97 82 40
Internet: www.hemmer-shop.de

REIHE INTELLIGENTES LERNEN

ISBN 978-3-86193

Lexikon/Definitionen

ISBN 978-3-86193		Titel	Auflage/Jahr/Euro
D1	(-288-8)	Definitionen Strafrecht - schnell gemerkt	4.A/14 · 19,90
D2	(-065-5)	Legal terms für Juristen - Fachwörterbuch Englisch - Deutsch	1.A/11 · 19,90

Skripten Schwerpunkt (120)

P1	(-429-5)	Kriminologie	7.A/15 · 21,90
P2	(-245-1)	Völkerrecht	8.A/13 · 21,90
P4	(-349-6)	Kapitalgesellschaftsrecht	5.A/14 · 21,90
P7	(-243-7)	Rechtsgeschichte I	3.A/13 · 21,90
P8	(-119-5)	Rechtsgeschichte II	2.A/12 · 21,90
P11	(-085-3)	Rechts- und Staatsphilosophie sowie Rechtssoziologie	2.A/11 · 21,90
P12	(-183-6)	Insolvenzrecht	3.A/12 · 21,90
P13	(-805-0)	Wasser- und ImmissionsschutzR	1.A/08 · 21,90

Skripten Steuerrecht (120)

H2	(-173-7)	Abgabenordnung	8.A/12 · 21,90
H3	(-267-3)	Einkommensteuerrecht	8.A/14 · 21,90

Skripten für BWL´er, WiWi & Steuerberater

W1	(-430-1)	PrivatR f. BWL'er, WiWi & Steuerberat	8.A/15 · 19,90
W2	(-102-7)	Ö-Recht f. BWL'er, WiWi & Steuerberat	4.A/12 · 19,90
W3	(-480-9)	Musterkl. für's Vordiplom PrivatR	2.A/04 · 19,90
W4	(-197-6)	Musterkl. für´s Vordiplom Ö-R	1.A/00 · 19,90
WF1	(-250-5)	Die 74 wicht. Fälle (BGB AT, SchuldR AT/BT)	4.A/13 · 19,90
WF2	(-247-5)	Die 44 wicht. Fälle (GoA, BerR, GesR, ...)	2.A/13 · 19,90

Skripten Fachbegriffe & Erläuterungen

G1	(-146-1)	Mikroökonomie & Makroökonomie	1.A/12 · 19,90
G2	(-147-8)	Buchführung/Jahresabschl./Rechnungsw.	1.A/12 · 19,90
G6	(-151-5)	HandelsR/GesellschaftsR/WirtschaftsR	1.A/12 · 19,90
G7	(-152-2)	Öffentl. Recht/EuropaR/VölkerR	1.A/12 · 19,90

Basics Karteikarten

BK1	(-329-8)	Basics - Zivilrecht	6.A/14 · 16,90
BK2	(-441-7)	Basics - Strafrecht	4.A/15 · 16,90
BK3	(-320-5)	Basics - Öffentliches Recht	4.A/14 · 16,90

Karteikarten Zivilrecht

KK1	(-408-0)	BGB-AT I	9.A/15 · 16,90
KK2	(-305-2)	BGB-AT II	7.A/14 · 16,90
KK3	(-340-3)	Schuldrecht AT I	9.A/14 · 16,90
KK4	(-271-0)	Schuldrecht AT II	7.A/14 · 16,90
KK5	(-252-9)	Schuldrecht BT I (Kauf-u.WerkVR)	7.A/13 · 16,90
KK6	(-201-7)	Schuldrecht BT II	6.A/13 · 16,90
KK7	(-464-6)	Arbeitsrecht	5.A/16 · 16,90
KK8	(-413-4)	Bereicherungsrecht	7.A/15 · 16,90
KK9	(-306-9)	Deliktsrecht	6.A/14 · 16,90
KK11	(-286-4)	Sachenrecht I	8.A/14 · 16,90
KK12	(-244-4)	Sachenrecht II	7.A/13 · 16,90
KK13	(-947-7)	Kreditsicherungsrecht	3.A/10 · 16,90
KK14	(-336-6)	Familienrecht	4.A/14 · 16,90
KK15	(-188-1)	Erbrecht	4.A/13 · 16,90
KK16	(-225-3)	ZPO I	6.A/13 · 16,90
KK17	(-168-3)	ZPO II	5.A/12 · 16,90
KK18	(-358-8)	Handelsrecht	5.A/14 · 16,90
KK19	(-383-0)	Gesellschaftsrecht	6.A/15 · 16,90

ISBN 978-3-86193

Die Shorties (Minikarteikarten) inkl. Box

ISBN 978-3-86193		Titel	Auflage/Jahr/Euro
SH1	(-373-1)	**Box 1:** BGB AT, Schuldrecht AT	8.A/15 · 24,90
SH2/I	(-326-7)	**Box 2/1:** vertragliches Schuldrecht	5.A/14 · 24,90
SH2/II	(-316-8)	**Box 2/2:** gesetzliches Schuldrecht	5.A/14 · 24,90
SH3	(-405-9)	**Box 3:** Sachenrecht, ErbR, FamR	7.A/15 · 24,90
SH4	(-368-7)	**Box 4:** ZPO I/II, GesellschaftsR, HGB	6.A/15 · 24,90
SH5	(-446-2)	**Box 5:** Strafrecht	9.A/15 · 24,90
SH6	(-382-3)	**Box 6:** Grundrecht, StaatsOrgR, BauR, u.a.	7.A/15 · 24,90

Karteikarten Strafrecht

KK20	(-324-3)	Strafrecht AT I	8.A/14 · 16,90
KK21	(-376-2)	Strafrecht-AT II	8.A/15 · 16,90
KK22	(-275-8)	Strafrecht-BT I	8.A/14 · 16,90
KK23	(-410-3)	Strafrecht-BT II	8.A/15 · 16,90
KK24	(-409-7)	StPO	6.A/15 · 16,90

Karteikarten Öffentliches Recht

KK25	(-315-1)	Verwaltungsrecht I	8.A/14 · 16,90
KK26	(-348-9)	Verwaltungsrecht II	6.A/14 · 16,90
KK27	(-352-6)	Verwaltungsrecht III	6.A/14 · 16,90
KK28	(-389-2)	Staats- u. Verfassungsrecht	9.A/15 · 16,90
KK29	(-161-4)	Europarecht	3.A/12 · 16,90

Überblickskarteikarten

ÜK I	(-337-3)	BGB im Überblick I	11.A/14 · 30,00
ÜK II	(-282-6)	BGB im Überblick II (Nebengebiete)	7.A/14 · 30,00
ÜK III	(-312-0)	StrafR im Überblick	8.A/14 · 30,00
ÜK IV	(-325-0)	Öffentl.-R im Überblick	9.A/14 · 19,90
ÜK V	(-289-5)	Öffentl.-R im Überblick II Bayern	7.A/14 · 19,90
ÜK VI	(-787-9)	Öffentl.-R im Überblick II NRW	2.A/08 · 19,90
ÜK VII	(-242-0)	Europarecht	5.A/13 · 19,90

Assessor-Basics/Theoriebände (410)

A IV	(-401-1)	Die zivilrechtl. Anwaltsklausur/Teil 1	11.A/15 · 19,90
A VII	(-372-4)	Das Zivilurteil	11.A/15 · 19,90
A VIII	(-270-3)	Die Strafrechtskl. im Assessorexamen	7.A/14 · 19,90
A IX	(-412-7)	Die Assessorklausur Öffentl. Recht	6.A/15 · 19,90

Assessor-Basics/Klausurentraining

A I	(-281-9)	Zivilurteile	16.A/14 · 19,90
A II	(-298-7)	Arbeitsrecht	14.A/14 · 19,90
A III	(-411-0)	Strafrecht	12.A/15 · 19,90
A V	(-396-0)	Zivilrechtl. Anwaltsklausuren/Teil 2	11.A/15 · 19,90
A VI	(-390-8)	Öff.rechtl. u. strafrechtl.Anwaltskl.	6.A/15 · 19,90

Assessorkarteikarten

AK I	(-353-3)	Zivilprozessrecht im Überblick	6.A/14 · 19,90
AK II	(-272-7)	Strafprozessrecht im Überblick	7.A/14 · 19,90
AK III	(-384-7)	Öffentliches Recht im Überblick	5.A/15 · 19,90
AK IV	(-195-9)	Familien- und Erbrecht im Überblick	2.A/13 · 19,90

REIHE INTELLIGENTES LERNEN

hemmer/wüst Verlagsgesellschaft mbH
Mergentheimer Str. 44 / 97082 Würzburg
Tel.: 09 31 /7 97 82 38 / Fax: 09 31/7 97 82 40
Internet: www.hemmer-shop.de

Sonderartikel

		Euro
	Lernkarteikartenbox (28.01)	
LB ______	Die praktische Lernbox für die Karteikarten	1,99
S 810 _____	Din A4, 80 Blatt 10er Pack	17,50
S1 ______	**Der Referendar (70.01)** 24 Monate zwischen Genie und Wahnsinn (Format A6)	9,80
S2 ______	**Der Rechtsanwalt (70.02)** Meine größten Rein-) Fälle (Format A6)	9,80
S3 ______	**Der Jurist (70.03)** Ein Lehrbuch für Leader (Format A6)	9,80
S5 _______	**Coach dich! (70.05)** Psychologischer Ratgeber	19,80
S6 _______	**Lebendiges Reden (70.06)** Psychologischer Ratgeber inkl. Audio-CD	21,80
S7 _______	**NLP für Einsteiger (71.01)** Psychologischer Ratgeber	12,80
S8 _______	**Prüfungen als Herausforderung (70.08)** Psychologischer Ratgeber	14,80
___________	**Wiederholungsmappe (75.01)** Intelligentes Lernen inkl. Handbuch und Kurzskript	9,90
___________	**Ordner hemmer.group (88.20)** Ringbuchmappe für Einlagen, DIN A4	2,50
(100.201) ___	**AudioCards auf CD:** BGB AT I - III Das Frage-Antwort-System der hemmer-Skripten zum Hören	59,95
(-200-0) ____	**Die wahren Paradiese** - 15 traumhafte Gärten Gebunden (Hardcover) mit Schutzumschlag, 208 Seiten (275 x 255 mm)	39,80

Dieses Buch begleitet Sie durch 15 wunderschöne Gärten in Deutschland und Österreich. Die beschreibenden Texte wurden von den Gartenbesitzern selbst verfasst. So individuell wie die Gartengeschichten sind auch die gezeigten Gärten. Vom eleganten Landhausgarten und überbordende Rosengärten bis hin zum verwunschenen Waldgarten - den Leser erwartet eine lustvolle grüne Reiseroute.

Life&Law

		Euro
__________	Einzelheft der Life&LAW	6,80
AboLL_____	Abonnement der Life&LAW Life&Law 3 Monate kostenfrei, danach erhalten Sie die Life&Law zum Preis von	5,80
LLJ _______	Life&LAW Jahrgangsband 1999 - 2014	
__________	bitte Jahrgang eintragen	je 50,00
LLJ14 _____	Life&LAW Jahrgangsband 2015	80,00
LLE _______	Einband für Life&LAW Jahrgang	je 6,00

Die AnwaltsBasics

978-3-9813969-0-4 ________	**Die AnwaltsBasics Erbrecht** 1. Auflage, November 2010, 429 S.	39,90
978-3-9813969-5-9 ________	**Die AnwaltsBasics Mediation** erweiterte 2. Auflage, November 2013, 237 S.	23,90
978-3-9813969-4-2 ________	**Die AnwaltsBasics Mietrecht** 1. Auflage, November 2013, 401 S.	39,90

Endsumme:

Lieferung erfolgt in aktueller Auflage

Kundennummer D

Prüfen Sie in Ruhe zuhause!
Alle Produkte dürfen innerhalb von 14 Tagen an den Verlag (Originalzustand) zurückgeschickt werden. Es wird ein uneingeschränktes gesetzliches Rückgaberecht gewährt. Hinweis: Der Besteller trägt bei einem Bestellwert bis 40 Euro die Kosten der Rücksendung. Über 40 Euro Bestellwert trägt er ebenfalls die Kosten, wenn zum Zeitpunkt der Rückgabe noch keine (An-) Zahlung geleistet wurde.

Die Lieferung erfolgt (ausschließlich innerhalb Deutschlands) versandkostenfrei an Ihre angegebene Adresse.
Ich weiß, dass meine Bestellung nur bearbeitet wird, wenn ich zum Einzug ermächtige. Bestellungen auf Rechnung können nicht berücksichtigt werden.
Bei fehlerhaften oder unleserlichen Angaben, sowie einer Rücklastschrift aufgrund Nichtdeckung meines Kontos wird der branchenübliche Schaden in Rechnung gestellt. Der Kunde ist berechtigt, diesem Pauschalbetrag den Nachweis entgegenzuhalten, dass nur ein geringerer Schaden entstanden ist. Die Lieferung erfolgt unter Eigentumsvorbehalt.

Name: ______________________ Vorname: ______________________

Adresse: ____

Telefon: ______________________ e-mail-adresse: ______________________

Buchen Sie die Endsumme von meinem Konto ab:

Konto-Nr.: ______________________ Bankleitzahl: ______________________

Bank: ______________________ BIC: ______________________

IBAN: | | | | | | | | | | | | | | | | | | | | | | |

Ort, Datum: ______________________ Unterschrift: ______________________